LAUTER FRAUEN

TRAUDE KOGOJ

Lauter Frauen

Hintergründe und Perspektiven des Frauenvolksbegehrens

Mit Beiträgen von Gitti Geiger, Sieglinde Katharina Rosenberger u.a.

TURIA + KANT
Wien

Die Deutsche Bibliothek – CIP-Einheitsaufnahme

Kogoj, Traude: Lauter Frauen :
Hintergründe und Perspektiven des Frauenvolksbegehrens
/ Traude Kogoj. – Wien : Turia und Kant, 1998
ISBN 3-85132-171-5

Publiziert mit Unterstützung des Bundesministeriums
für Wissenschaft und Verkehr in Wien und
der Abteilung für Stadtplanung und Stadtentwicklung
der Stadt Wien

ISBN 3-85132-171-5

Verlag Turia + Kant
A-1190 Wien, Weinberggasse 17
http://www.netway.at/turia.kant/

Inhalt

UFF-AKTIVISTINNEN

Annemarie Aufreiter
Sonja Baltres
Romana Bartl
Karin Brabec-Klein
Edith Breyer
Andrea Brunner
Veronika Ewald
Margit Hahn
Elfriede Hammerl
Sabine Ivankovits
Maria Jonas
Friederike Kainz-Wittmann
Christiane Kempf
Regina Kern
Sabine Kern
Barbara Klein
Traude Kogoj
Brigitte Mandak
Barbara Neuwirth
Christa Pölzlbauer
Elisabeth Rosenmayr
Eva Rossmann
Hilde Schmölzer
Helen Schwarzinger-Gatt
Krista Schweiggl
Edith Stohl

UFF-MITARBEITERINNEN

Margot Dimi
Monika Giller
Svetlana Grimm
Monika Zacher

In diesem Buch kommt – neben der neuen Rechtschreibung – die umfassende grammatische Feminisierung zur Anwendung: Das maskuline grammatische Geschlecht wird für Menschen nur dort verwendet, wo tatsächlich Männer gemeint sind.

CHRISTA PÖLZLBAUER

Vorwort

Eine Gesellschaftsordnung, die zulässt, dass ein Teil der Menschen aufgrund ihres Geschlechtes den Großteil der unbezahlten Arbeit leistet, im Beruf benachteiligt wird, kaum Aufstiegschancen hat und immer Mehrfachbelastungen ausgesetzt ist, diese Gesellschaftsordnung macht krank – und diese Krankheit ist nicht mit den herkömmlichen Therapiemethoden zu heilen.
Der Befund ist nicht neu und er betrifft mich mehrfach. Einerseits, weil ich als langjährige Psychotherapeutin täglich mit den Ängsten, Zwängen und Depressionen von Frauen zu tun habe. Zweitens, weil ich weiß, dass ich die seelischen Wunden dieser Frauen lindern, die Ursachen jedoch nicht beseitigen kann. Und drittens, weil ich selbst eine Frau bin, eingebettet in einem System, dass weitgehend auf Abhängigkeiten von Männern gebaut ist.
Zur gesellschaftlichen Situation kommen 1995/96 die zwei Sparpakete der Regierung. Die Hauptbetroffenen sind einmal mehr die Frauen. Diese atemberaubende Übervorteilung von 52 Prozent der österreichischen Bevölkerung durch die Politiker können und wollten viele Frauen nicht hinnehmen. Unsere Antwort ist das Frauenvolksbegehren.
Über den Ablauf, die Arbeit, die vielen Kontakte und Unterstützungen wird in dieser Dokumentation ausführlich berichtet.
Bleibt mir noch die Frage: »Was hat das Frauenvolksbegehren gebracht, was hat es bewegt?«

• Zunächst einmal hat es eine bewusstseinsverändernde Wirkung – die Menschen haben sich mit Zahlen und Fakten auseinandergesetzt und feststellen müssen, dass sie zwar vor dem Gesetz gleich sind, aber noch lange nicht gleichgestellt;
• Politikerinnen, die mit Frauenangelegenheiten befasst sind, allen voran die Frauenministerin, hatten Aufwind bekommen. Ihre Anliegen wurden zumindest dem Anschein nach wieder gewichtiger;
• Vielleicht konnten wir sogar den Backlash für Augenblicke verzögern;

- Europa hat kurz hergeschaut, sah ein kleines Aufbegehren, bevor viele Frauen, den wirtschaftlichen Erfordernissen entsprechend, per Ideologie wieder vom Arbeitsmarkt verdrängt werden;
- Machthaber wurden vorsichtiger, werden aber wahrscheinlich nicht frauenfreundlicher agieren;
- Manche begehrte Posten werden vielleicht mit Frauen besetzt, aber viele fähige Frauen werden sich weiterhin den Kopf an der gläsernen Decke wundhauen;
- In den Gleichbehandlungs-Ausschüssen werden die Köpfe rauchen, wenige engagierte Politikerinnen werden sich gegen die Mehrheit – die von ihren Klubchefs abhängigen Abgeordneten – nicht durchsetzen.

Viele Frauen, hoffnungsvolle und verzweifelte, schreiben uns Briefe, um ihre Freude und Dankbarkeit für unser Engagement mitzuteilen. Selbst Frauen, die nahe der Armutsgrenze stehen, schicken kleine Geldspenden – beschämend – für wem wohl? Für jene abgestumpften Politiker und Politikerinnen, die die Realität nicht mehr sehen und hören können, die Machtspiele mit Verantwortung verwechseln.

Trotzdem bin ich überzeugt, dass es sich lohnt zu protestieren, aufzubegehren, Unrecht aufzuzeigen und Veränderungen anzustreben. Ich hoffe sehr, dass sich immer wieder Frauen finden, die Sand ins Getriebe der Machthaber streuen, und sich nicht als Marionetten der Wirtschaft in einer ungerechten Gesellschaftsordnung missbrauchen lassen.

Zuletzt möchte ich noch erwähnen, dass die Organisation des Frauenvolksbegehrens und die Zeit danach, trotz der vielen Arbeit und des großen Aufwandes, für das ganze Team des UnabhängigenFrauenForums eine spannende, konstruktive und schöne Zeit war und ist.

Danke an alle, die uns unterstützen, Dank an Traude Kogoj für diese Dokumentation, Dank an die Frauen des UnabhängigenFrauenForums für ihren unermüdlichen Einsatz und Dank an alle anderen Aktivistinnen in den Bundesländern, die den großen Erfolg des Volksbegehrens möglich gemacht haben.

Als die Frauen feiern lernten

Montag, der 14. April 1997 – Eine Einstimmung

Rotzige Hip-Hop-Rhythmen füllen den Raum und lassen den Rauch hunderter Zigaretten tanzen. Stimmengewirr und Gelächter verlieren sich in den schlauchartigen Nischen und Gängen des Wiener Lokals ›Zugabe‹. Es ist kurz vor 22 Uhr. Mehrere Dutzend Frauen schieben und drängeln, um einen guten Platz vor dem Fernsehmonitor zu ergattern. Die Männer bilden, analog zum Bevölkerungsanteil, die klare Minderheit.

Nichts ist heute so wie sonst. Die schweißverschmierten Holzsessel, auf denen andernnachts unterkühlte Fans zu Jazzklängen nicken, sind heute an den Rand gedrängt. Auf der Bühne, in der Regel Schauplatz für zweitklassige Boy-Bands oder höhersemestrige Blues-Sänger, ist ein meterlanges Transparent festgezurrt. Die Aufschrift: »Alles was Recht ist. FrauenVolksBegehren.«

Unbeschreiblich weiblich, das ist das Wiener Szenelokal ›Zugabe‹ am 14. April 1997. Von der Decke baumeln Tausende Ballons nicht etwa in rot, sondern in orange. Die Wiener Interpretin Tini Kainrath singt »Die Hälfte der Welt« und kommentiert mit der eigens komponierten Frauenhymne das Bühnenbild. »Enthusiasmierte Feministinnen jeglichen Alters wiegen sich zur harten Disco-Musik«, heißt es zwei Tage später in der konservativen österreichischen Tageszeitung *Die Presse*. »Die Prominenz ist nur schemenhaft zu erkennen, denn offensichtlich gehört Zigarettenrauchen zur Selbstbefreiung der Damen«[1].

»Die Themen, die in die Hoden gehen, sind doch immer dieselben«[2], weiß Johanna Dohnal, eine der anwesenden Prominenten, Raucherin, langjährige Frauenministerin und Inbegriff des Feminismus für eine ganze österreichische Männergeneration. Es geht um gleichen Lohn für gleichwertige Arbeit, um zwei Jahre Karenzgeld für AlleinerzieherInnen, um eine Verlängerung der Behaltefrist nach der Karenzzeit, um das Recht auf eine Grundpension, kurz: um die Hälfte der weiblichen Macht in Politik und Wirtschaft. Zwischen dem 7. und 14. April sind über fünf Millionen wahlberechtigte Österreicherinnen aufgerufen, die elf Forderungen des Frauenvolksbegehrens zu unterschreiben. Nur noch wenige Atemzüge trennt die anwesende Gesellschaft von der offiziellen Mitteilung aus dem Innenministerium.

»Rund 350 Frauen (und ein paar wohlgelittene Männer) haben sich im überfüllten Wiener Innenstadtlokal eingefunden, um auf einem kleinen Bildschirm die Ergebnisse des Frauenvolksbegehrens abzuwarten«, schreibt die Wochenzeitschrift *News* einige Tage später und verdeutlicht, dass die Zahl der männlichen Besucher gering und diejenigen, die anwesend sind, einen besonderen Status genießen müssen. Welchen Status, ob es nun Kastraten, Eunuchen, Softies oder ganz besonders mutige Zeitgenossen sein sollen, das bleibt ungeklärt. Das Signal hingegen ist klar: Eintritt zum Fest der vermeintlichen Xanthippen, Erynnen, Medusen haben nur diejenigen Männer, die eben »wohlgelitten« sind, als ob es ein usurpatives Hexentreffen am Blocksberg wäre und nicht ganz einfach ein FrauenVolksBegehren-Fest mitten in Wien. Das Frauenvolksbegehren polarisiert die österreichische Bevölkerung. Wie sehr, das zeigt sich schon am ersten Tag der Eintragungswoche. Am 7. April wird die Wohnungstür der Autorin Eva Rossmann, Mitinitiatorin des Frauenvolksbegehrens, über und über mit Exkrementen beschmiert. Im dazugelegten Brief steht: Wenn du so weitermachst, passiert noch was[3].

Die Botschaft, polymorph pervers und nach Sigmund Freud ein Zeichen von Kastrationsangst ist geruchsintensiv, aber nichts Neues. Zwölf Monate Knochenarbeit stecken in den Gliedern der anwesenden Frauen. Ein Jahr aufgemotzt mit politischen Intrigenspielen und medialen Denunziationen. Von alledem ist bei den Feministinnen in der ›Zugabe‹ nichts zu spüren. Die Müdigkeit ist wie abgeduscht, die grauen Haare getönt, der Unbill zählt zur Vergangenheit. Frau ist stolz, stark und selbstbewusst. Ihre Körperhaltung signalisiert Aufbruch und Größe. Und es ist, als ob die ersten Fernsehsekunden das Frauenbild an diesem 14.04. zurechtrücken, die Größe der Frau auf das rechte Maß zurechtstutzen müssten. Die Werbung füllt knapp vor der ZiB 2 den Fernseher. Mit »Wisch & Weg« lassen sich selbst die hartnäckigsten Wasserspritzer von der emaillierten Kochplatte entfernen. Heim und Herd, das bleiben die Orte der Frau und wir liefern ihnen das geeignete Putzmittel dazu. Die Werbebotschaft sitzt. Die Reaktion im Publikum ist vernichtend. Hätten Pfiffe die Fähigkeit, Sendungsverantwortliche zu transmutieren, würden diese künftig als Glühwürmchen ihren Job machen.

Die Werbeeinschaltung ist nur eine mediale Einstimmung auf das, was folgt. Am Bildschirm erscheint eine sich verhaspelnde Moderatorin, deren Erregung nur durch die Unsicherheit des österreichischen Innenministers übertroffen wird. »Das Frauenvolksbegehren kommt österreichweit auf 644.977 Stimmen«, tönt Karl Schlögl. Die Stimme des Innenministers vibriert, sein Gesagtes ist gepresst. Und ein bisschen wirkt es auch, als ob die Auskunft eine pikante wäre. Die Stimmung in der ›Zugabe‹ kocht. Der Geräuschpegel im Publikum wird zur Demonstration ultimativer Freude und es ist, als ob sich die Spannung der letzten Monaten, die vielen Canossagänge, die Unsicherheit des Innenministers in einem einzigen, nur wenige Sekunden langen Siegestaumel verbinden und manifestieren würde. 644.977 Unterschriften, das ist das sechstbeste Volksbegehren in der Geschichte der österreichischen Republik. 644.977 Stimmen, das gäbe bei einer Nationalratswahl 21 Mandate. 644.977 Bekundungen für eine soziopolitische und ökonomische Gleichberechtigung der Frau sind ein klares, politisches Zeichen. Die anwesenden Feministinnen sind zufrieden, während der Innenminister wiederholt über seine Sätze stolpert. Es ist nicht gerade wenig, was an jenem Abend auf Karl Schlögl zu kommt. Zwei Volksbegehren wurden in der Zeit zwischen 7. und 14. April geschlagen. Darunter auch das Gentechnik-Volksbegehren, mit 1.226.551 Unterschriften. Und sowohl das Ergebnis des einen wie das des anderen will im Fernsehen zitiert sein. Eine mediale Omnipotenz, die ein Politiker erst über die Bühne bringen muss. Mitleid wird ihm an diesem Abend allerdings nicht zuteil, eher schon Gelächter.

Während Karl Schlögl seine gute Miene aufsetzt, beginnt ein ORF-Journalist das böse Spiel mit den Proponentinnen der beiden Volksbegehren. Dem einen, und das ist der Sprecher des Gentechnik-Volksbegehrens, zollt der Journalist Zeit und den nötigen Respekt. Im Interview mit der anderen, und das ist die Mitinitiatorin des Frauenvolksbegehrens, Eva Rossmann, lässt er derlei Attribute vermissen. Aus 644.977 Unterschriften werden »wisch und weg« 644.000 und aus dem sechstbesten Volksbegehren in der Hitliste der österreichischen Plebiszite wird – »geben sie‘s doch zu, Frau Rossmann«[4] – eigentlich eine Niederlage. Der Auftritt des Journalisten gerät zu einer Machtdemonstration männlicher Provenienz und selbst der Fernsehkolumnist der Tageszeitung Kurier tadelt die »ungeheuerliche Unfähigkeit des ORF-Journalisten«[5], auch wenn sich seine Kritik mehr auf die vielen ›Ähs‹ und ›Pannen‹ als auf Art und Inhalt der Interviewführung bezieht.

Für die Feministinnen in der ›Zugabe‹ wird der Abend ein letztes Mal spannend. Ein Kameraschwenk entführt die Anwesenden in den Empfangsraum des Bundeskanzleramtes. Mitten in der großen Halle stehen zwei Herren in schlecht sitzenden Anzügen. Der eine ist Peter Kostelka, Klubobmann der Sozialdemokraten. Seine Hände sind um die Männerbrust verschränkt, als ob er sich vor dem was kommt fürchten müsste. Der andere ist Andreas Khol, Klubchef der Österreichischen Volkspartei. Seine Haltung ist kerzengerade, wie vor einem militärischen Rapport. Auch wenn die beiden Politiker ein überaus pittoreskes

Bild abgeben, lassen ihre Statements keinen Zweifel an den Machtverhältnissen im Staate. »Neun von zwölf Punkten sind einfach nicht umsetzbar, sondern schädlich für Frauen«, betont der konservative Andreas Khol, als ob er die österreichischen Frauen vor diffusen Bauchschmerzen schützen müsste. Sein sozialdemokratischer Widerpart formuliert sichtlich verschränkt: »Prinzipiell ist keiner der Punkte nicht zu verwirklichen. Wir müssen uns nur über die Wege unterhalten.« Wie die Unterhaltung aussehen wird, darüber lässt Andreas Khol keinen Zweifel: »Welche Punkte des Frauenvolksbegehrens umgesetzt werden, dass entscheiden wir.«

Die weiblichen Stimmbänder werden erneut strapaziert. Das Objekt der Begierde verliert seine Faszination. Der Fernseher wird abgedreht und die prominenten Proponnentinnen ziehen sich in die Nischen zurück, um den scharrenden Journalistinnen Rede und Antwort zu stehen. Den Tenor formuliert Eva Rossmann: »Jetzt geht es erst richtig los und wir werden nicht Ruhe geben, ehe das Frauenvolksbegehren Punkt für Punkt umgesetzt ist.« Ein letztes Mal an diesem Abend orchestrieren weibliche Stimmbänder den Jubel im Saal. Rossmann: »Bis Ende 1998 geben wir den Politikern Zeit unsere Forderungen umzusetzen. Tun sie das nicht, dann werden wir uns mit Sicherheit etwas einfallen lassen.« »Photographen und Kameraleute haben ihre Bilder – die Männer der Arbeit verlassen erleichtert das Frauenfest«[6], schreibt *Die Presse* anderntags. »Die Nacht der Emanzen«[7], die den männlichen Narzissmus zutiefst zu kränken scheint, aber geht weiter. In den ruhigen Winkeln des Szenelokals wird die feministische Gangart für die Zukunft festgelegt. Einige Punkte des Frauenvolksbegehrens sollen bereits vor der parlamentarischen Sommerpause über die Bühne gebracht werden. Ein Expertinnenkomitee unter dem Dirigentinnenstab von Johanna Dohnal wird »der neu entstandenen Frauenbewegung für die Umsetzung der elf Forderungen des Frauenvolksbegehrens ... zur Verfügung stehen.«[8] Johanna Dohnal, Kennerin des äußerst glitschigen Parketts auf dem Österreichs Politikerinnen tanzen, weiß um die patriachalen Spitzfindigkeiten, derer sich Politiker in Bezug auf die Frauenpolitik bedienen. Die ihr sattsam bekannten Versuche, »die Forderungen abzuschwächen, zu verstümmeln, zu diskreditieren«, sollen »keinen Erfolg haben.«[9]

Österreichs Frauen stehen wieder auf der politischen Tagesordnung, diesmal allerdings nicht unter dem Punkt »Allfälliges«. Das war nicht immer so. Frauenpolitik in der Alpenrepublik, das war – mit Ausnahmen – das, was so manchen Mann angesichts von 645.000 Unterschriften überkommen hat – tote Hose.

Der Feminismus ist tot

Eine kurze Geschichte des hausgemachten Backlash

»Ist der Feminismus am Ende?«, lautet die brisante Frage eines Symposions am Institut für Philosophie in Wien[10]. Vom »Emanzen-Bankrott«[11] schreibt die Kolumnistin Ruth Pauli. Und das Monatsmagazin ›Wienerin‹ füttert die österreichischen Frauen mit »Trugbild Powerfrau. Wie das Ideal zur Falle wird.« oder »›Trau dich! 50 Gründe, verheiratet zu sein und es auch zu bleiben«. Der Tenor in Wissenschaft, Politik und Medien: Der Feminismus ist gescheitert. Die schrecklichen Konsequenzen der Emanzipation sind depressive Karrieristinnen, verhärmte Alleinerzieherinnen und gnadenlose Rabenmütter: Der Anteil der Problemkinder, so die *Wienerin*, nimmt seit zwanzig Jahren stetig zu. Allein in Österreich steigt der Anteil der »verhaltensauffälligen« und der »sinnes- und körperbehinderten« Schüler zwischen 1994/95 und 1995/96 um 16 Prozent. Der Grund für diese Misere liegt in gesellschaftlichen Veränderungen: in den »wachsenden Scheidungsraten und AlleinerzieherInnen-Zahlen, der Mangelware Zeit und der Berufstätigkeit beider Eltern.«[12] Die Hauptschuldige identifiziert die *Wienerin* in einem Szenarium: »Auf die Bitte: »Mami spielst du mit mir?« kriegt Marga die stereotype Antwort: »Nein, Schatz, jetzt nicht. Ich muss bügeln, kochen, eine Arbeit am Computer beenden.« Erst wenn das Mädel dringend Lernhilfe benötigt, ist Mutter zur Stelle.«[13] Den Kindern sind die Mütter abhanden gekommen, den Männern die Hausfrauen und dem Staat die gebärwütigen Frauen. Kurz, die Gesellschaft steckt in einer veritablen Krise. Schuld daran trägt der Feminismus, darüber sind sich die Meinungsträgerinnen einig. Der Feminismus, so das himmelblaue Märchen, hat im gesellschaftlichen Gefüge kräftig umgerührt und die Frauen an die Spitze der Machthierarchie geschwemmt.

Wenn es die Frauen wirklich geschafft haben, warum hängen dann fast 80 % der berufstätigen Frauen immer noch in den traditionell ›weiblichen‹ Berufen fest – als Sekretärinnen, Aushilfskräfte in der Verwaltung, als Verkäuferinnen, als Fließbandarbeiterinnen, Friseurinnen und Pflegerinnen[14]? Wenn Frauen wirklich alles haben, warum dann nicht die elementaren Voraussetzungen für die Chancengleichheit im Beruf? Warum erreichen nur drei Prozent der Frauen die gutdotierten Jobs in den Vorstandsetagen[15], während sie drei Viertel der Teilzeit- und geringfügig Beschäftigten darstellen? Wenn die Frauen wirklich so gleichberechtigt sind, warum repräsentieren sie dann zwei Drittel aller Erwachsenen unter der Armutsgrenze? Warum leben Frauen immer noch viel häufiger als Männer in ärmlichen Unterkünften, warum erhalten über vierzig Prozent keine eigene Rente und warum ist die Rente derjenigen, die eine bekommen rund 43 Prozent geringer als die der Männer? Wenn Frauen den Männern wirklich gleichgestellt sind, warum liegt der Lohn der berufstätigen Frauen im Durchschnitt immer noch genauso weit unter dem des Mannes wie vor zwanzig Jahren? Die Ursache für die miserablen Verhältnisse beschreibt die amerikanische Pulitzerpreisträgerin und Reporterin Susan Faludi in ihrem Buch ›Backlash‹[16]. Die Kälte, die den Frauen entgegenschlägt, hat einen Namen: Der eisige Wind kommt von der Seite der Konterrevolutionäre. Der Backlash (Gegenschlag) ist männlich. Den Begriff wählt Susan Faludi ganz bewusst: ›Backlash‹ ist der Titel eines 1947 gedrehten Hollywoodfilms, in dem ein Mann seine Frau eines Mordes beschuldigt, den er selbst begangen hat. Der Gegenschlag auf die Frauenrechte funktioniert ähnlich: »Er beschuldigt die Feministinnen all dessen, was er selbst verbricht.«[17] Der Gegenschlag macht die Frauenbewegung für die ›Feminisierung der Armut‹, für die ›Deprivation der Kinder‹, für das ›Burnout der Alleinerzieherinnen‹ verantwortlich, wo doch die politischen Väter des Gegenschlages die Budgetkürzungen im sozialen Bereich, die Kürzung der Karenzjahre, der Familienbeihilfe, des Pflegegeldes usw. durchgesetzt haben. Noch ehe sich die Männer wirklich bedroht fühlen müssen (von einer faktischen Gleichstellung trennen Frau und Mann noch Sonnensysteme), schlagen sie zurück. Die Wut des Gegenschlags tobt unter der Oberfläche, gleich einer brodelnden Erdmasse. Gelegentlich bricht ein Vulkan aus und lässt seine heißen Lavamassen fließen, dann, wenn Politiker der Neuen Rechten den Feminismus als »verhängnisvollen Irrtum«[18] proklamieren, wenn Abtreibungsgegner wie die Pro-Life Aktivistinnen[19] sich vor Abtreibungsambulatorien postieren und Frauen tyrannisieren. Oder wenn Fundamentalistenprediger Frauen, die über ihren Körper selbst entscheiden, als Menschen, die »böses«[20] tun stigmatisieren.

Gelegentlich reagiert die Medienöffentlichkeit irritiert, dann etwa, wenn ein Joachim H. Bürger mit aufgeblähter Brust den Übermann raushängen lässt und Verbalattacken gegen die Feministinnen reitet. Seine Überlegungen sind schlicht: »Frauen sollten entweder lernen, im Leben ihren Mann zu stehen oder sich auf die ihnen von der Natur zugewiesenen Rolle zurückziehen«[21], schreibt er, nur um wenige Sätze später klarzustellen, »nicht ein einziges Mal haben unsere Frauen in der Menschheitsgeschichte den Beweis angetreten, Führungsqualitäten zu besitzen. Die wenigen Ausnahmen, die uns da vorgehalten werden, ändern nichts am Tatbestand des historisch bewiesenen Unvermögens.«[22] Seine Schlussfolgerung gerät zur Drohung: »Wenn unsere Frauen nicht einsichtig sind, dann wird Sexualität nach neuen Normen abreagiert, dann wird die Zweisamkeit in Frage gestellt und ihre wirtschaftliche, soziale und gesellschaftliche Rolle neu überdacht werden müssen.«[23] Die Intention seines Buches formuliert der Deutsche J. Bürger, selbst Unternehmer in der Kommunikationsbranche, im Prolog: Um »den intellektuellen VerwesungsProzess zwischen den Geschlechtern aufzuhalten, um den Anfeindungen Hunderter Autorinnen zu begegnen, kann die konterrevolutionäre Kommunikation sich nicht in Reaktion verschleißen, sondern muss zur spektakulären Gegenbewegung werden.«[24] Bürgers Buch wird zum Bestseller und die österreichischen Medien, darunter auch der öffentlich rechtliche Rundfunk, geben ihm und seinen triebgesteuerten Gedanken (»gegen den Trieb anzukämpfen, funktioniert nicht«[25]) mehr Raum, als dies solide wissenschaftliche Arbeiten jemals zu bekommen scheinen. Selbst im Frauenmagazin *Wienerin* wird Bürger als besonderer »Provokateur« oder »Der Bluff des Bürger-Schrecks«[26] gleich zweimal ausgiebig beschrieben. Schlimm genug, dass die banal brachialen Gedankengänge Bürgers in den Medien, wenngleich leicht ironisiert, so doch reproduziert werden. Alarmierend allerdings ist die Analogie zwischen der Schlussfolgerung in Bürgers zweitem Buch (siehe weiter unten) und der Botschaft, die zwei amerikanische Studien Ende der achtziger Jahre rund um die Welt gehen lassen.

Die eine Botschaft kommt von Dr. Scrully Blotnik, Kolumnist der Zeitschrift *Forbes* und vielzitierter Medienexperte, und lautet: Beruflicher Erfolg »vergiftet sowohl das Berufs- als auch das Privatleben der Frauen.«[27] In einer Langzeitstudie hat Dr. Blotnik, selbsternannter Psychologe (»er besaß nicht nur keine Zulassung als Psychologe; selbst der Professor, den er als seinen damaligen Mentor nannte, war schon 15 Jahre tot«[28]) über 25 Jahre lang das Leben von 3466 Frauen beobachtet, um schließlich zu erkennen, dass »erfolgreiche Karrierefrauen mit hoher Wahrscheinlichkeit am Ende ohne Liebe dastehen und ihr Altjungfernelend schließlich auch ihre Karriere zerstört.«[29] Die Medien nehmen seine Erkenntnisse mit Wärme auf. Von der ›New York Times‹ bis zu *Donahue* wird Dr. Blotnik zu einer fixen Institution. Und amerikanische Zeitschriften wie *Forbes* und *Savvy* zahlen ihm Hunderttausende von Dollar dafür, dass er weitere Studien über diese von Sehnsucht gepeinigten Karrierefrauen produziert.[30] Niemand zieht seine Methode in Zweifel im Gegensatz etwa zu Shere Hite, deren ›Hite-Report‹ im *Time Magazin* als »fragwürdig«, »höchst unwahrscheinlich«, geprägt von »extremen Ansichten zänkischer Frauen, die wahrscheinlich einfach nur unzufrieden seien« abgekanzelt wird.[31] 4.500 Aussagen von Frauen trägt Shere Hite in ihrem Kompendium zusammen. Hauptergebnis des Reports: Die meisten Frauen macht der anhaltende Widerstand ihrer Lebensgefährten, sie gleichberechtigt zu behandeln, unglücklich und verzweifelt. Vier Fünftel von ihnen geben an, sie müssten zu Hause immer noch um Anerkennung und um ihre Rechte kämpfen, und nur 20 Prozent haben das Gefühl, in den Augen ihrer Partner ebenbürtig zu sein. Die Frauen berichten, ihre Emanzipationsbestrebungen habe bei ihren Lebensgefährten wachsende Erbitterung ausgelöst. Die Presse ignoriert Hites Erfahrungsberichte weitgehend, ihre Methodik wird raumfüllend kritisiert, ihre Erkenntnisse allerdings »nicht überprüft, sondern einfach nur lächerlich gemacht.«[32] Und während die Enthüllung, dass Dr. Scrully Blotnik nichts weiter als ein Hochstapler ist, von der *U.S.News*-Redaktion als uninteressant abgetan und erst ein Jahr später in der *New York Daily News* veröffentlicht wird, »ein Ermittlungsverfahren wegen Betrugs wurde eingeleitet«; »die Nachricht von Blotniks falschen Auskünften schlug in der Presse keine große Wellen«[33], wälzen die wichtigsten Publikationsorgane Amerikas mit ungewöhnlichen Eifer Hinweise auf die Eigenheiten der feministischen Forscherin Shere Hite. Das Gerücht, Hite habe einen Taxifahrer geohrfeigt, der sie »Schätzchen« nannte, und habe Reporter angerufen und sich als Diana Gregory, ihre eigene Assistentin ausgegeben, wird zum Anlass, um Hites Integrität und Arbeit in Zweifel zu ziehen. Dieser Vergleich vom Umgang der Medien mit Daten, wissenschaftlichen Erkenntnissen und den Urheberinnen ist ein wichtiger Punkt in der Symptomatik des Backlash. Die erste Botschaft, wonach Frauen, die Karriere machen, alleine bleiben und ob des Frustes sich selbst aber auch andere zerstören, hat (weil die Veröffentlichung über Dr. Blotniks zweifelhafter wissenschaftlicher Kompetenz ignoriert wird) über ein Jahr Zeit, um sich in den Köpfen der Leserinnen festzusetzen.

Die zweite amerikanische Botschaft, die die Welt bis nach Japan umsegelt, stammt aus der Feder zweier Wissenschaftler aus Yale und Harvard und einer Studentin von der Yale-Universität. Die Studie befasst sich mit den Heiratsmustern von Frauen und lautet: »Frauen mit Collegestudium, die zunächst Ausbildung und Karriere verfolgen, bevor sie ans Heiraten denken, werden es schwerer haben, einen Mann zu finden. »Es könnte leicht sein, dass der Heiratsmarkt an ihnen vorbeirauscht«, erklärt der Soziologe Neill Bennet gegenüber einer Journalistin.[34] Die Daten aus der Studie sprechen für sich: Dreißigjährige Collegabsolventinnen, die nie verheiratet waren, haben eine Heiratschance von 20 %; mit fünfunddreißig sinkt ihre Chance bereits auf 5 % und mit vierzig liegt sie bei 1,3 %. Bei farbigen Frauen liegen die Zahlen noch niedriger. Die Neuigkeit sickert umgehend in die amerikanische Massenkultur. »Die Statistik machte in praktisch allen wichtigen Zeitungen Schlagzeilen und wurde in sämtlichen Nachrichtensendungen und Talkshows an erster Stelle genannt«[35], schreibt Susan Faludi. Sie fließt in die Situationskomödien ein ebenso wie in Soapoperas, in Ratgeber genauso wie in Werbetexte der öffentlichen Verkehrsmittel. Selbst in Filmen wie ›Harry und Sally‹ oder ›Eine verhängnisvolle Affäre‹ liefert die Studie situative Pointen. Die Botschaft, dass Frauen, die sich um ihre Ausbildung kümmern, auf einen akuten »Männermangel« stoßen, erregt die Gemüter bis nach Australien. Auf die Idee, dass die Studie ganz einfach auf falschen Ausgangsdaten aufbaut, kommt niemand. »Angesehenen Universitäten nimmt man normalerweise alles ab. Eine Yale-Studie wird einfach gedruckt«, meint die Reporterin Lisa Marie Peterson, die die Story im ›Advocate‹ veröffentlicht. Eine, die der Theorie des ›Männermangels‹ kritisch gegenübersteht, ist Jeanne Moorman, eine Demographin in der Abteilung Ehe und Familie des Census Bureau. Moorman macht ihre eigene Heiratsstudie. Ihre Umfrage stützt sich auf die Volkszählung von 1980, die 13,4 Millionen Haushalte erfasst, im Gegensatz zu den 60.000 Haushalten, auf die sich die Harvard-Yale-Studie bezieht. Die Resultate: Mit dreißig liegen die Heiratschancen bisher ledig gewesener Collegeabsolventinnen zwischen 58 und 66 %, dreimal so hoch wie in der Harvard-Yale-Studie. Mit fünfunddreißig liegen die Zahlen zwischen 32 und 41 %, siebenmal höher als die Harvard-Yale-Zahl. Mit vierzig liegen die Heiratschancen zwischen 17 und 23 %, also dreiundzwanzigmal höher. Die Reagan-Administratoren verbieten Moorman, die Heiratsstudie betreffende Äußerungen gegenüber der Presse zu machen. Erst ein halbes Jahr später werden die Daten veröffentlicht. »Die Medien verbannten sie auf die Innenseiten, wenn überhaupt darüber berichtet wurde«[36], so Faludi. Um weitere öffentliche Kontroversen zu vermeiden, bekommt Moorman Auftrittsverbot in der Presse. Anstatt dessen wird sie vom Weißen Haus mit einem neuen Studienauftrag betraut. Das Thema: Der Missbrauch des Wohlfahrtssystems durch sozial schwache, alleinerziehende Mütter. »Bei all dem Aufwand, den die Reporter mit der Harvard-Yale-Studie trieben, brachte es die Presse fertig, einen wesentlichen Punkt zu übersehen: dass es nämlich gar keinen Männermangel gab«[37], schreibt Faludi. Eine Überprüfung der Volkszählungstabellen hätte gezeigt, dass es in der Altersgruppe zwischen fünfundzwanzig und fünfunddreißig 1,9 Millionen mehr ledige Männer als Frauen gibt und zwischen fünfunddreißig und vierundfünfzig etwa eine halbe Million mehr. Die Quote der noch niemals verheirateten Frauen liegt in den achtziger Jahren niedriger als jemals sonst im 20. Jhdt. Das Durchschnittsalter der alleinlebenden Frauen liegt bei 66 Jahren, das der Männer bei zweiundvierzig. Wenn also jemand mit einem Mangel an potentiellen Ehepartnerinnen konfrontiert ist, dann sind es die Männer im besten Heiratsalter. In der Altersgruppe zwischen vierundzwanzig und vierunddreißig Jahren kommen 119 ledige Männer auf 100 ledige Frauen. Hinzu kommt, dass alle Studien dieser Welt verdeutlichen, dass die Ehe vor allem für ein Geschlecht vorteilhaft ist, nämlich für den Mann[38]. Die Harvard-Yale-Studie, so methodisch wenig korrekt sie auch ist, hat dennoch ihren Zweck erfüllt. »Die Annual Study of Womans Attitude ... fand heraus, dass sich der Anteil aller ledigen Frauen, die Angst hatten, nie einen Ehepartner zu finden, in dem einen Jahr nach dem Erscheinen der Harvard-Yale-Studie fast verdoppelt hatte – von 14 % auf 27 % – und der Anteil der Frauen ab fünfundzwanzig, also der Zielgruppe der Studie, sogar auf 39 % emporgeschnellt war.«[39] Das Alter der Frauen, die zum ersten Mal heiraten, sinkt zum ersten Mal seit zwanzig Jahren. Die Traditionalisten Amerikas feiern.

Zusammengefasst lässt die amerikanische Botschaft der achtziger Jahre keine Zweifel: Frauen, die nur Ausbildung und Karriere im Kopf haben, sind nicht bloß frustriert und auf dem besten Wege sich selbst zu zerstören, sie bekommen darüberhinaus auch keinen Mann. Joachim H. Bürger, der in Europa durch sämtliche Medien schwirrt, kommt in seinem zweiten Buch, auch ohne nur eine Studie zur Hilfe zu nehmen, zu einem ähnlichen Ergebnis: »Die verbrauchte Frau, von der harten Arbeit gezeichnet, whiskytrinkend und qualmend in ihrer luxeriösen, aber langweiligen Stadtwohnung allein vor sich hinlebend, wird zum Symbol für die Auswirkungen der Feministinnen-Diskussion werden. In ihrer Freizeit fliegen diese Frauen nach Tunesien oder Kenia, damit sie wenigstens hier noch einmal gegen Entgelt einen Fellachen auf sich arbeiten lassen ... Daheim findet sich keiner mehr, der dem Millionenheer der aussortierten Mädchen den Hof machen will. Die in den neunziger Jahren gewachsene Angst vor dem Dauerfrust hat die Jungs gelehrt, sich in neuen, ungeahnt attraktiven Lebensgewohnheiten voll auszuleben, ohne sinnentleerte eheliche Bindungen an eine nörgelige, nunmehr gleichberechtigte, aber nichtsdestoweniger privilegierte Xanthippe.«[40]

Der Backlash oder »Roll-back«[41] wie der Gegenschlag von der österreichischen Politikwissenschaftlerin Eva Kreisky bezeichnet wird, um-

fasst eine ideologische Gehirnwäsche von der feinsten Sorte. Auf der einen Seite wird die scheinbare Gleichberechtigung von Frau und Mann transportiert. Auf der anderen Seite wird die Gleichberechtigung durch staatliche und ökonomische Maßnahmen ausgehöhlt und eine Wirklichkeit konstruiert, die Frauen gerade wegen der Gleichberechtigung unglücklicher denn je erscheinen lassen. Die Botschaft ist ambivalent: Die feministische Bewegung hat Euch die Befreiung von der Geißel des Mannes gebracht. Ihr seid frei, um eine erfolgreiche Geschäftsfrau, empathische Mutter, glückliche Ehefrau und erotische Liebhaberin zu werden. Doch was macht Ihr aus dieser Freiheit. Ihr zerstört Euch, Eure Männer (so ihr überhaupt einen bekommt), Eure Kinder (so ihr die Empfängnis in all den Jahren, die ihr nur Eure Karriere im Kopf habt, nicht verabsäumt) und schlimmer noch, die ganze Gesellschaft (weil Ihr arbeitet, Euch ausbrennt anstatt Kinder zu bekommen, die euch die Pensionen zahlen[42]).
Der Backlash ist ein diffuses Zusammenspiel von Politik, Medien und Wissenschaft. Die Backlash-Produkte sind miteinander verknüpft, was aber nicht heißen soll, dass sie in irgendeiner Weise aufeinander abgestimmt sind. »Der Gegenschlag«, so Susan Faludi, »ist kein Komplott, bei dem irgendeine Befehlszentrale Agenten losschickt, und wer seinen Zwecken dient, ist sich dessen oft gar nicht bewusst, sondern hält sich manchmal sogar durchaus für feministisch. Der Backlash funktioniert verschlüsselt und verinnerlicht, ist diffus und chamäleonhaft. Seine Manifestationen haben nicht immer das gleiche Gewicht aber die gleiche Tendenz: »Sie wollen die Frauen in ihre akzeptablen Rollen zurückdrängen – in die Rolle von Daddys kleinem Mädchen oder in die Rolle der hektischen Romantikerin, in die Rolle der emsigen Hausfrau oder der des passiven Liebesobjekts.«[43] Seine Strategie lautet divide et impera (teile und herrsche). Alleinstehende Frauen gegen verheiratete Frauen, berufstätige Frauen gegen Hausfrauen, Mittelschicht gegen Arbeiterinnenschicht, Frauen, die es geschafft haben, gegen Frauen, die um ihre Rechte kämpfen. Wie sehr der Gegenschlag funktioniert, lässt sich an der Haltung derjenigen Frauen ablesen, die es geschafft haben. So hält die Bankerin Elisabeth Bleyleben-Koren die »Quotendiskussion für frauenfeindlich« mit dem Argument: »Ich möchte nicht etwas werden, weil ich eine Frau bin, sondern weil ich imstande bin, Leistung zu bringen.«[44] Elisabeth Bleyleben-Koren ist eine von drei Prozent, die es in Österreich als Frau bis in die wirtschaftlichen Vorstandsetagen geschafft hat. Ihr Tip an die Frauen, die es auch soweit bringen möchten: »Ich halte es auch für falsch, wenn Frauen sich von vornherein unterdrückt und benachteiligt fühlen. Frauen, die ganz besonders auf die Emanzipation pochen, rufen in ihrer Umgebung automatisch eine

Gegenreaktion hervor.« Böse Zungen behaupten, dass Elisabeth Bleyleben-Koren es gar nicht nötig hat, es zu tun. Obwohl ihre erste Bewerbung von der Bundeskammer mit der Erklärung »wir nehmen sie nicht, weil sie eine Frau sind«[45] abgelehnt wird, macht sie Karriere. Antifeministinnen, insbesondere aber Frauen, die gegen die Gleichberechtigung das Wort führen, werden in den Medien hofiert. Mehr noch. Die Frage: Wie haben Sie als Frau diese Karriere gemacht? ist eine feste Instanz inländischer Interviewführung. Wir stellen uns kurz vor, wie das Gesicht von Multimilliardär Bill Gates gefriert, wenn er mit der Frage nach seiner Männlichkeit konfrontiert würde. Es gibt kaum Journalistinnen, die erfolgreiche Männer wie etwa Bundeskanzler Viktor Klima fragen, wie sehr sein Geschlecht, seine Kleidung, seine Figur, seine Frisur, sein Gebiss seiner Karriere genutzt hat und nutzt. Bei Frauen ist diese Frage, so scheint es, ein Must. Erinnern wir uns an die Nationalratswahl im Jahre 1994. Der mandatsmäßige Zugewinn für die Grünen und das Liberale Forum läuft unter dem medialen Superwort »Frauen-Power«[46]. In den Hintergrundgeschichten erfahren die Leserinnen alles über das neue Styling und die fulminante Gewichtsabnahme von Madeleine Petrovic[47], ganz nach dem Frau im Spiegel Schema: vorher – nachher. Die Beschreibung einer anderen Politikerin liest sich so: »Signalrote Lippen, dekorativ dauergewellte Mähne, auffallender Silberschmuck – der Kontrast zu ihrer Vorgängerin ist nicht zu übersehen.«[48] Sie ahnen es bereits! Die Rede ist von Helga Konrad. Besonders bestätigt fühlen sich die Schreiberlinge auch, wenn eine Frau wie Anita Roddicks sich auf ihre wahre Stärke besinnt: »Ich bin ein warmherziger Mensch und möchte mir das Weibliche bewahren, denn viele Frauen in Führungspositionen verwandeln sich regelrecht in Männer. Niemand zeigt seine Gefühle, umarmt jemanden und küsst ihn, um ihn zu loben.«[49], meint die Besitzerin von mittlerweile 1.500 Body-Shop-Filialen. Die Aufforderung könnte eindeutiger nicht sein. Frauen aller Länder, bleibt Euch treu, bringt Eure wahre Qualität ins Spiel, küsst eure Chefs, Eure Mitarbeiter und am besten auch die Postboten, denn sicher ist sicher. Der Erfolg wird Euch recht geben. Wenn nicht, dann liegt es wohl am Lippenstift.

IST FEMINISMUS EINE WEIBLICHE WELTVERSCHWÖRUNG, ODER DOCH ETWAS ANDERES?

Was aber steckt hinter dem magischen Begriff Emanzipation, die Frauen emotional verrohen lassen und fundamental am Weiterkommen hindern soll? Wer sind und was wollen die Feministinnen, die für

das Elend der Frauen verantwortlich gemacht und als Gefahr für die Gesellschaft abgestempelt werden? »Ich selbst habe nie herausgefunden, was der Feminismus ist«, formuliert Rebecca West 1913 zynisch, »ich weiß nur, dass man mich als Feministin bezeichnet, wann immer ich Gedanken äußere, die mich von einem Fußabtreter unterscheiden.«[50] Am 27. April 1895 bringt die Zeitschrift *Athenäum* in einer Rezension folgende Definition: »Feministin« ist eine Frau, die die »Fähigkeit besitzt, sich ihre Unabhängigkeit zurückzuerobern.« Die Voraussetzung ist die weibliche Autonomie, die Zielrichtung sind gleiche Rechte und Chancen für Frauen und Männer. Daran hat sich bis heute nichts geändert. Wie alle -ismen ist auch der ›Feminismus‹ ein »Reizwort politischer Kontroversen«, verdienen auch hier die Praktiken einer »Politik der Benennung« jene kritische Aufmerksamkeit, die »diktieren und kontrollieren, was die herrschende Stimmung und Meinung unter Feminismus versteht«.[51] Bei der Definitionsfindung spielen Massenmedien und der Buchmarkt eine wichtige Rolle. »In der anarchischen Beliebigkeit des Angebots auf dem Informationsmarkt, das nicht selten biographische Literatur, feministische Klassiker und antifeministische Pamphlete unter demselben Schlagwort – ›Frau‹, ›Feminismus‹ – präsentiert, spiegelt sich eine Einstellung gegenüber Frauenproblemen wider, deren Wirkung nicht zu unterschätzen ist. Trotz ihrer Oberflächlichkeit und augenscheinlichen Harmlosigkeit verrät die globale Etikettierung von Frauenliteratur unter dem Stichwort ›feministisch‹ eine Tendenz der marktorientierten Vereinnahmung und Verfälschung der Intentionen des Feminismus als politische Bewegung.«[52]
Die Definition dessen, was Feminismus ist, kann »nicht von außen« geschehen, vielmehr muss es »eine Definition sein, die den Bezug feministischen Denkens und Handelns auf Frauen als Gruppe reflektiert und keine Mehrheit oder Minderheit von Frauen ausschließt«[53], schreibt die österreichische Philosophin Elisabeth List und bezieht sich auf eine Definition, die am 2. Internationalen und Interdisziplinären Frauenkongreß in Groningen 1984 entwickelt wird. Feminismus wird hier als politische Perspektive und Position verstanden, die hauptsächlich an zwei Zielen orientiert ist:
(1) Gleichheit, Würde und Entscheidungsfreiheit für Frauen auf der Basis der Kontrolle der Frauen über ihr eigenes Leben und ihren Körper, innerhalb wie außerhalb des Hauses …
(2) Beseitigung aller Formen von Ungleichheit, Herrschaft und Unterdrückung durch die Schaffung einer gerechteren sozialen und ökonomischen Ordnung, national wie international.[54]
Die Frage, wie diese beiden Zielsetzungen umgesetzt werden sollen, wird ebenfalls im Bericht des Workshops geklärt:

»Dieser Ansatz fordert, dass sich der Feminismus sowohl die so verstandene Befreiung jeder einzelnen Frau als auch die Erlangung jener gemeinsamen Macht der Frauen, die notwendig ist, um Veränderungen in der Gesellschaftsstruktur zu erwirken, zur Aufgabe machen muss. In diesem Sinne reden wir von Feminismus als transformativer Politik – eine Perspektive, die die Transformation individueller Lebenszusammenhänge wie auch der Gesellschaft als ganzer einschließt. Der Feminismus ist, so gesehen, eine Weltanschauung, die sich auf alle Probleme bezieht und nicht auf einen Spezialkatalog von ›Frauenproblemen‹ reduziert ist, der häufig dazu dient, die Vorstellung von einer getrennten ›weiblichen Sphäre‹ zu bekräftigen. Das heißt nicht, dass jene Problembereiche, auf die Feministinnen in besonderem Maße politisch aufmerksam gemacht haben – gleicher Lohn, reproduktive Rechte, sexuelle Selbstbestimmung –, aufgegeben oder heruntergespielt werden. Vielmehr geht es darum, die Einsichten, die wir aus unserer Arbeit in diesen Bereichen gewonnen haben, für andere Belange fruchtbar zu machen und die vielfältigen Probleme von Unterdrückung und Herrschaft zu einer umfassenden feministischen Vision von sozialer Veränderung und Gerechtigkeit zusammenzufassen.«[55]
Feminismus als transformative Politik ist darauf gerichtet, »gesellschaftliche Institutionen zu verändern, jede Form von Unterdrückung zu überwinden, und nicht darauf, bestimmten Gruppen von Frauen innerhalb bestehender Strukturen mehr Raum zu verschaffen«[56], so die Wissenschaftstheoretikerin Elisabeth List. Streng hierarchische Entscheidungsstrukturen werden durch einen basisdemokratischen WillensEntscheidungsprozess ersetzt, autoritäre Muster durch partizipatorische. Diese symmetrische Entscheidungs- und Meinungsfindung ist ein zentraler Punkt feministischer Politikgestaltung, wird insbesondere in Organisationsstrukturen der autonomen Frauenbewegung kultiviert und hält in den achtziger und neunziger Jahren unter dem Stichwort ›Empowerment‹ Einzug in das mittlere Unternehmens-Management. Diese (feministische) Politik, geprägt durch Sichtbarmachung von Herrschaftsverhältnissen, einer autonomen Eigendefinition und Partizipation, ist nicht nur im Interesse aller Frauen, sondern aller Menschen, aber dennoch – oder gerade deshalb – eine Herausforderung für die Verteidiger traditioneller patriachaler Machtverhältnisse. In den abgeschwächten Worten von Susan Faludi fordert »der Feminismus alle Welt auf zu erkennen, dass Frauen kein schmückendes Beiwerk, keine kostbaren Gefäße, keine Mitglieder einer ›bestimmten Interessensgruppe‹ sind. Vielmehr machen sie die Hälfte (und inzwischen mehr als die Hälfte) der Bevölkerung aus und verdienen die gleichen Rechte und Chancen wie die andere Hälfte, sind genauso befähigt, ak-

tiv an allen gesellschaftlichen Entwicklungen mitzuwirken wie die andere Hälfte. Die feministische Tagesordnung enthält elementare Forderungen: Frauen dürfen nicht gezwungen werden, zwischen Gleichstellung in der Gesellschaft und privatem Glück ›wählen‹ zu müssen; Frauen sollen sich selbst definieren können – statt dass ihre Identität immer wieder von der Kultur, der sie angehören, und von den Männern dieser Kultur definiert wird.«[57]

Wie weit Österreichs Frauen vom »gelobten Land der Gleichberechtigung« entfernt sind, zeigt sich in den Forderungen des FVB. Manche sind bis zu 72 Jahre alt: Bereits 1926 fordert die sozialdemokratische Abgeordnete Theresia Schlesinger gleichen Lohn für gleiche Arbeit[58]. Heute verdienen Frauen bei gleicher Qualifikation rund ein Viertel weniger als Männer. Der Grund: die versteckte Diskriminierung. Frauen und Männer mit gleicher Qualifikation werden zwar gleich eingestuft, aber mit unterschiedlichen Tätigkeiten betraut. Ein Beispiel aus dem Bankwesen: Der Mann kommt in die Zentrale, wo ihm weitere Aufstiegsmöglichkeiten offen stehen, die Frau an den Schalter einer Filiale. In einer Studie[59] weisen die österreichischen Sozialwissenschaftlerinnen Birgit Buchinger und Erika Pircher nach, dass Frauenkarrieren immer noch in einer Sackgasse enden.[60] Auch im Stadtbild: Von 508 Linzer Straßen und Plätzen sind genau 20, also vier Prozent, nach Frauen benannt. Neun davon sind Sackgassen.[61] Ein durchschnittliches Menschenleben reicht für die Durchsetzung gleicher Rechte nicht einmal im Ansatz aus.

Wie sehr die Initiatorinnen des FVB die feministische Intention vertreten, zeigt ein Statement von Elfriede Hammerl einige Tage vor dem Frauentag 1996: »Wir sind die Bevölkerung. Wir wollen gefragt werden, was wir akzeptieren. Wir akzeptieren nicht, dass Männer immerzu besser wissen als die Frauen, was Frauen akzeptieren und zu akzeptieren haben.«[62] Der Begriff Feminismus bleibt im öffentlichen Diskurs weitgehend ausgespart, als ob die Lautbildung des Wortes schon reichen würde, um Eiterbeulen zu bekommen. Mit gutem Grund, so Eva Rossmann: »Gerade wenn es um ein so pragmatisches Projekt wie das FVB geht, kommt das Wort Feminismus automatisch nicht so häufig vor. Natürlich hat es in der medialen Vermittlung auch damit was zu tun, dass die Journalistinnen und es sind meistens Frauen, die darüber schreiben, genau wissen, wenn sie das Wort auch nur verwenden, sagt ihr Chefredakteur: »Diese Geschichte wird nur ein Einspalter oder sie fliegt raus.«[63]

Der Backlash entwickelt seine Blütendolden. Mit Mythen und Imaginationen des Weiblichen wird der Feminismus desavouiert, soll die Frau gefälligst dorthin zurückkehren, wo sie laut Trendforscherin Faith Popcorn bereits zu Beginn der 90er Jahre sein sollte: im Kokon ihres Heimes.

DER MYTHOS POWER-FRAU. IMAGINATIONEN DES WEIBLICHEN IN DER ALLTAGSKULTUR

»Frauen handeln mit einem neuen Selbstverständnis. Sie haben die Gleichberechtigung mit der Muttermilch aufgesogen und nehmen ihr Leben in ihre Hände.«[64] Die »postmoderne Frau«, will uns der deutsche Trendforscher Mathias Horx weismachen, verzettelt sich nicht im Kampf der Geschlechter, vielmehr stellt sie sich selbstbewusst den neuen Herausforderungen oder bügelt Unterhosen, je nach dem. Jedenfalls tut sie das, was sie will und nicht, was der Feminismus ihrer Mütter rät. Die Welt, in der sie ihre Talente erprobt, ist frei nach dem Kultautor Douglas Coupland, eine Welt der »Brazilification«[65], »Decade Blending«[66] und eine der »McJobs«[67]. Sie ist Teil der »Generation X«, verarscht die Reichen[68], hält politische Parteien für überholt[69] und betreibt den »Cult of Aloneness«[70]. Sie, das sind sie und er. Die Unterschiede liegen im Detail: Sie ist eine »Zeitarbeit-Bürokraft«, ihr Selbstverständnis lässt Coupland in einer Sprechblase formulieren: »Mach dir keine Sorgen, Mutter. Wenn die Ehe scheitert, können wir uns immer noch scheiden lassen.«[71] Er, das ist ein »Fahrrad-Kurier«, sein Selbstverständnis steckt ebenfalls in einer Sprechblase: »He Papa, man muss sich entscheiden, ob man ein Haus will oder ein Leben ... Ich will das Leben.«[72] Douglas Coupland zeichnet der Jugend Europas vor, was er im Amerika der 80er Jahre zu sehen vermeint. Der politische Hintergrund ist ein sparender Staat, der in einer konservativen Wende die ohnehin schon spärlichen Sozialleistungen kürzt. Die wirtschaftliche Umstrukturierung bringt den Unternehmern Steuervorteile und den Arbeitnehmerinnen andere Formen der Arbeit, sowie den zeitweiligen Verlust von gewerkschaftlichen Rechten. Für den Kultautor vollzieht sich eine gesellschaftliche Trennlinie zwischen den Durchstartern, den Yuppies und der Generation X. Beide verzichten weitgehend auf eine geschlechtspolitische Theorie. Im Land der unbegrenzten Möglichkeiten ist eben alles möglich. Die Geschichte vom Tellerwäscher macht die Runde. Dass der Tellerwäscher männlich ist, stört vorderhand nicht. Am Horizont zeichnet sich der selbstbewusste Homeboy[73] in Arbeiterkluft und das plateaubeschuhte Girlie ab. Zeitgleich hämmert die deutsche Popsängerin Lucy van Org, Inbegriff des Girlie, das Lied »Weil ich ein Mädchen bin« in die Köpfe der europäischen Frauen. In einem Interview meint sie: »Zärtlichkeit, Liebe und Vertrauen ist ein absolutes Must für mich. Mit meinem Boy gibt es keine Probleme. Wir zanken uns nicht, wer den Kaffee kocht.«[74] Über die Situation der Frau weiß Lucy Bescheid. »Wir sind noch weit von der Situation, wie sie für Frauen in Skandinavien besteht, entfernt. Trotzdem, ich fühle mich nicht diskriminiert, ich sage, was ich will, und genieße es, ein Mädchen zu sein.«[75] Die existentialistische schwarze Kluft wird gegen pastellige Latexkleidung eingetauscht. Mädchen sein heißt, zum Geschlecht stehen, es hervorzustreichen, von Liebe zu träumen und nicht zu kuschen. Vier Jahre später rappen sich die deutschen Tic Tac Toe mit Texten wie *du hast dein Hirn in der Hose, okay, ich mach es kurz, denn deine Argumente sind mir schnurz, für mich bist du nur ein riesengroßer F...* in die europäischen Charts. Zum Selbstverständnis meint Ricky, eine der drei Rapperinnen: »Erstens sind wir keine Männerhasserinnen; und Girlies schon gar nicht. Für unsere Generation ist das einfach normal, dass eine Frau sagt, was sie denkt.«[76] Ganz so überzeugt, dass Frauen sagen, was sie denken, ist Ricky dennoch nicht. Ihre Musik soll die »Scheißwelt« verändern: »Wenn ein Kind sich nicht aus Liebeskummer umbringt wegen ›Verpiß dich‹ und ein anderes nicht Aids bekommt wegen ›Leck mich am A,B,Zeh‹; wenn ein Kind nicht – wie vor drei Jahren meine Freundin Melanie – an Drogen stirbt wegen ›Warum‹, dann haben wir schon eine Menge geschafft.«[77] Die veröffentlichte Meinung rotiert. Die deutsche ›Bild am Sonntag‹ titelt mit »Tic Tac Toe: Aus Sch.. machen sie Geld.«[78] 1997 gibt es einen großen Krach unter den Rapperinnen. Das konnte ja nicht gutgehen.

Parallel dazu spült eine gigantische Medienwelle fünf englische Twens über die heimischen Adoleszentinnen und schüttet sie gnadenlos zu. Die Rede ist von den Spice Girls. Ihre Medienstrategie ist äußerst simpel. Fünf Mädels stehen für fünf unterschiedliche Charaktertypen, Stylings und (zumindest vier) Weltteile. Ihr Motto an die männlichen Teenager und ältere: Für jeden etwas. Superenge Hot pants, formbetonte Tops und rotgefärbtes Haar, für Männer, die das Abenteuer suchen. Zuckerlrotes, kariertes Schulmädchenkleid, das alles mit langem blonden Haar und süßlichem Lächeln für Machtgeile, die auf einfältige Unschuldstypen stehen. Fehlt noch die betont Schrille mit Brille, die Lässige mit Pferdeschwanz und die Durchschnittliche mit halboffenem Kussmund. Wähle aus, und Du kannst Drachen steigen lassen. Die Botschaft an die weiblichen Teenager lautet: »Sei einfach Du selbst, egal ob Du Dich sexy, sportlich, schick, süß oder verrückt fühlst.«[79] Fünf Gefühls- und Handlungsebenen sind für die rezipierenden Mädchen in Gestalt der Personen vorgesehen: Ginger Spice ist Geri Halliwell, rotgefärbt, scharf und feurig, als Ex-Aktmodel eben ginger. Scary Spice ist

Melanie Brown (MelB), Schülerin und grell. Sporty Spice ist Melanie Jane Chisholm, als ehemalige Damenfußballerin totaly sporty. Baby Spice ist Emma Bunton, kindlich, süß, stets dämlich grinsend. Als Ex-Kabarettistin spielt sie Baby Spice überzeugend. Fehlt nur noch Posh Spice, nämlich Victoria Adams. Der Part, den die Schülerin absolviert, ist posh – todschick.

Ähnlich glattgestrickt wie ihr Werbekonzept ist ihre Message: »Wir wollen bloß gute Laune verbreiten«[80], meint Geri. »Positives Denken« und »so zu sein wie Du bist«, lautet ihre Botschaft. Geri ist erst unlängst sie selbst. Sie shakert mit Prince Charles und kneift ihn in den Po. »Ein kleiner, süßer Hintern«, kommentiert Ginger Spice die Grapschaffäre. Die Folge ist ein Medienhype. Der Erkenntniswert lautet: »Die ist echt frech.« Und bald – mitsamt Bandkolleginnen – rund eine Milliarde schwer.[81] Nachdenklichkeit und Intellekt paßt jedenfalls nicht ins Bild der spice-igen Mädchengeneration. Sei einfach Du selbst. »Wir sind doch Frauen und dazu da, Kinder zu kriegen«[82], verkünden Emma und Co. MelB legt noch ein Schäuferl nach: »Es gibt nichts Besseres, als ein Spice Girl zu sein.« Wenn Du pickelgesichtig und dick bist, oder ungeputzte Schuhe trägst, dann hast Du Pech gehabt, dann bist Du völlig unspice-ig, also ungewürzt und out. Dann kannst Du nicht so sein wie Du bist, dann fehlt Dir die »Girl-Power«. Also häng dich auf, lass dich runter oder kauf dir Buffalo Boots (von den Spice Girls signiert) und brich dir die Beine. Soweit die Ganzheitsmessage an die Mädchen. Die Medienstrategie wirkt. MelB: »Das Geld ist nett, doch viel wichtiger ist unser Einfluss auf die Jugend.«

Hier muss ich ganz einfach einen Sidestep machen. Wir schreiben den 15. Jänner 1998. Jacqueline kommt in unsere Wohnung, latscht auf Miriam zu und meint: »Das war echt cool.« Wer, was? Es bleibt ein Geheimnis. Jacqueline ist sieben Jahre und eine der rund ein Dutzend Freundinnen von Miriam. Miriam ist acht Jahre und meine Tochter. Die beiden verziehen sich ins Zimmer zu den zwölf Barbies, die Miriam besitzt. »Let's kill Barbie« schießt mir durch den Kopf. Krampfhaft denke ich an die Barbie-Komponente, von denen die Autorinnen Benard/Schlaffer schreiben, sehe Miriam in zehn, oder sind es doch eher acht Jahren, in einem Chevrolet mit einem 40jährigen Mann davon brausen und Jahre später mit drei Kindern an der Hand zurückkehren. Ach was, denke ich: Miriam ist klug, Rechenkönigin und weckt mich jeden Morgen geschneuzt und gekämmt und das alles um halb sieben Uhr, obwohl die Schule ja ums Eck ist und die Zeit bis acht keineswegs wie im Flug vergeht. Zweifel schleichen sich ein, als die beiden wieder auftauchen. Miriam reißt mir die spicigen Artikel vom Schreibtisch, (muss ich Trottel die Sachen, über die ich schreibe, auch immer auf dem Tisch liegen lassen,) und erzählt, dass Spice World – The Movie, den Jacqueline gesehen hat, echt super ist und dass Geri (ausgerechnet die) genau ihr Typ sei. Mir ist auf einmal furchtbar schlecht und ich merke, dass mir der Sinn so gar nicht nach Pädagogik stehen will, sondern eher nach verbaler Gewalt: »Alles Tussis« schreie ich und während Jacqueline mir erklärt, dass ich das ja gar nicht wissen kann, schaut Miriam mich mit ihrem »Ich versuche dich zu verstehen Blick« an. Schon bald, zum Glück, verschwinden sie ein weiteres Mal. Zeit, um diese Aktion zu reflektieren. Hat mir nicht unlängst erst wieder eine Mutter strahlend erzählt, dass Miriam stundenlang ihre Tochter im schuleigenen Ärztinnenzimmer betreut hat, als es ihr schlecht ging. Das Bild von Miriam, die die Hälfte ihres Lebens ihren Schwiegervater, ihren Ehemann und was weiß ich noch wen pflegt, schiebt sich in meinen Kopf. Dann sind sie wieder da, die zwei. Sie tänzeln, pfeifen, sind furchtbar aufgeregt und ziemlich glücklich. Die Zwischenzeit haben die beiden – wie mir Miriam später erklärt – im Kinderraum verbracht, hüpfend und singend zur Spice Musik. Seither kennt Miriam die Spice Girls, sie ist dabei, eine echte Expertin zu werden. Das Date im Kinderraum wird zusehends zur fixen Instanz. Seither nervt sie mich mit: »Welche gefällt Dir am besten?« Keine zu nennen, gilt nicht. Seither reden wir über die Vor- und Nachteile von Buffalo Boots, Latexkleidung und gefärbtem Haar. Und ich frage mich, wie es sein wird, wenn Miriam 12 Jahre ist. Mehrere Aktionsebenen bietet die Frauen-Ratgeber-Literatur. Der Tip von Cheryl Benard und Edit Schlaffer könnte lauten: Ruf doch bei irgendeiner Spice-Corporation an, rede mit den PR-Leuten und wenn das nichts nützt, mache einen globalen Boykott. Chris Lohner plädiert für »liebe dich selbst« und Du wirst sehen, dass die und andere Probleme lachhaft sind. Hera Lind lässt mich wahrscheinlich in gummierte Kleidung schlüpfen und gemeinsam mit Miriam zum Superteam mutieren. Und die gute Ute Ehrhardt rät mir, böse zu sein und alles ist paletti. Diese und Regale anderer Bücher sagen Frauen, wie sie sich all ihrer Probleme entledigen: »Sie sind erbarmungslos gut gelaunt. Sie verfügen über einen bislang nicht gekannten Optimismus, eine Art von ironisch-augenzwinkernden, burschikosem Humor ohne besonderen Tiefgang.«[83] Und sie gehen allesamt wie warme Semmeln. Die Hauptsache ist das Ideal »der postfeministischen Frau, die alle Antagonismen, mit denen sie die neunziger Jahre konfrontieren, fröhlich wegkichert.«[84] Bücher wie »Bye, bye Bruno« (Sabine Deitmer) oder »Windeln, Wut und wilde Träume« (Claudia Keller) entspannen ungemein. Bücher wie »Mich übersieht niemand mehr« (Eva Wlodarek) oder »Das Wörterbuch für böse Frauen!« (Marion von Schröder) zeigen, wie es geht. Das Ideal ist die Power-Frau oder »Marathonfrau«. »Marathonfrauen ziehen mit respektgebietender Energie ihre Bahnen, erziehen Kinder, sind Männern starke Partnerinnen, wollen manchmal lieber ohne Familie Karriere machen oder manchmal nur für die Familie da sein«[85], schreibt Uschi Fellner in Frau 97. Marathonfrauen sind »auf gesunde Weise egoistisch«, »setzen beruflich wie privat ihren Ellbogen ein« und kehren analog zu den bösen Mädchen »die Aufmüpfige« hervor. Belegen Sie den »Böse-Mädchen-Kurs«, »für Anfängerinnen genügt oft schon die beherzte Feststellung gegenüber manchen Bürokollegen, dass frau jetzt geht, obwohl alle anderen noch da sind, um mit den Kindern was zu unternehmen«, vergessen Sie dabei aber nicht den neuen Office-Look, die neuen Beauty-Strategien, die Diät des Jahres und den Gewichtstest. Die Frau 97: das sind sieben Seiten über Frauen, die es geschafft haben; 6 Seiten darüber, wie auch Sie es schaffen können; 13 Seiten darüber, was Sie anziehen sollen (Chanel, Armani, Sander), damit Sie es schaffen; drei Seiten darüber, wie Sie mit Hilfe von Chemie ihre Falten wegätzen und 6 Seiten über das Idealgewicht und wie leicht es ist, leicht zu werden; Macht in Summe: 7 Seiten Information, 6 Seiten Tips und Tricks und sagenhafte 22 Seiten Mode und Schönheit. Wenn Sie nach eingehender Lektüre dieses *News*-Extra und anderer Ratgeberliteratur immer noch nicht wissen, was Sie zu tun haben, dann wird es allerdings eng. Man muss keine Prophetin sein, um zu erkennen, dass hinter dem medialen Mythos Powerfrau, Marathonfrau, jedenfalls Superfrau, eine tiefe Entpolitisierung und Entsolidarisierung der Gesellschaft steckt. Die erste Botschaft ist, dass jede Frau (einerlei ob Frau mit Lehre oder UniversitätsAbschluss, ob mit oder ohne Kind, ob mit oder ohne Partner usw.) die gleichen Chancen hat, um, wenn vorhanden Kinder und Küche zu versorgen, jedenfalls um eine steile Karriere zu machen. Die zweite Botschaft ist, dass jene, die den Bilderbuchaufstieg nicht schaffen, schlicht und ergreifend selber schuld sind. In diese Schuld-Kerbe trifft auch das neue Buch von Shere Hite: Frauen »sollten eine bessere Art finden, miteinander umzugehen und miteinander zu arbeiten.«[86] Echte Frauenallianzen im öffentlichen Leben fehlen, weil sie tabuisiert sind. Jede Frau hat loyal zum Mann zu sein, das ist sozial verträglich. Loyalität unter Frauen aber ist verdächtig. »Wenn zwei Frauen miteinander auf die Bank gehen, um eine Firma zu gründen, reagiert die Bank viel skeptischer als bei Männern. Sie nehmen Frauen viel weniger ernst, oder sie denken überhaupt gleich, sie wären lesbisch.«[87] Um diese soziale Konstruktion zu verändern, sollen nicht etwa Männer aufhören in Gleichungen wie eine Frau allein ist ein ohnmächtiges Leichtgewicht, zwei Frauen sind lesbisch zu denken. Vielmehr sollen Frauen gemeinsam baden, sich gegenseitig

die Haare bürsten und solcherart das notwendige Unterfutter für die weibliche Solidarität erarbeiten.
All diese Botschaften geben vor, dass das Frauenleben nichts (oder nur wenig) mit dem Gesellschaftssystem, in dem es stattfindet, zu tun hat. Sie tradieren das alte Rollenbild, in dem Frauen für alles zuständig zu sein haben. Sie schleudern den Ball an die Frauen zurück, nach dem Motto: Wenn Ihre Tochter mit sechzehn gemeinsam mit einem miesen Typen abzischt, um Jahre später völlig entnervt mit Kind und Kegel wieder anzutanzen, dann haben Sie verabsäumt bei der Barbie-Corporation anzurufen, Sie Supernull.« Sie verklären die Realität, in der Österreichs Frauen stecken. Und tun so, als ob Frauen »kurz vor der Übernahme der Schlüsselpositionen in Wirtschaft und Gesellschaft«[88] wären. Bedauernswerterweise ist das Gegenteil der Fall. Alle Herausgeberinnen der maßgeblichen Tageszeitungen und Wochenzeitschriften sind männlich. Es gibt keine einzige Chefredakteurin bei den heimischen Tageszeitungen. Lediglich 17 % Frauen schaffen den Sprung in höhere Medienpositionen.[89] Ein wenig anders ist das Bild bei Kunst- und Kulturschaffenden[90]. Bildende Kunst: Beiräte für Kunstankäufe: 10 Frauen : 15 Männer; Ateliers: 6 Frauen : 15 Männer; Staatsstipendien: 4 Frauen (576.000 ATS) : 11 Männer (1.584.000 ATS)
Musik und Darstellende Kunst: Einzelförderungen: 33 Frauen (1.570.600 ATS) : 185 Männer (9.540.850 ATS); Jury Förderpreis: 0 Frauen : 3 Männer; Preise: 0 Frauen : 3 Männer
Männer sind häufiger in kulturellen Spitzenpositionen zu finden und bekommen häufiger öffentliche Förderungen als Frauen. Das bestätigt sich auch in den Bereichen Fotografie, Film/Medienkunst und Literatur. Unabhängig von der Hochkultur, scheinbar nebenbei werden Ausstellungen der Palmers »Trau dich ... « Plakate zu Publikumsmagneten, gilt öffentliche Kritik gegenüber sexistischen Darstellungsformen in der Werbung als ewiggestrig, »unweiblich« und »stillos«[91]. »Im Trend liegt die Frauenfeindlichkeit«[92], resümiert der Präsident des Österreichischen Werberates Heinrich Schuster. 90 Prozent der Beschwerden werden wegen Frauenfeindlichkeit und sexuell anstößiger Werbung geführt.

DER MYTHOS VON DER GLEICHBEHANDLUNG. IMAGINATIONEN DES WEIBLICHEN IN POLITIK, KULTUR UND WISSENSCHAFT

Sprache schafft Bewusstsein[93]. Diese Erkenntnis ist ein alter Hut. Und die patriarchalen Angriffe auf dieser Ebene sind besonders unerbittlich. Seit mehreren Jahrzehnten arbeiten Österreichs Linguistinnen an einer Feminisierung der deutschen Sprache. Frauen, so der feministische Ansatz, müssen sichtbar gemacht werden. Die Herstellung der sprachlichen Symmetrie betrifft zunächst einmal die Personen- und Berufsbezeichnungen[94]. Dem Oberamtsrat wird die Oberamtsrätin zur Seite gestellt, dem Minister die Ministerin. Kniffliger schon ist die Situation, wenn es um die Umsetzung der geschlechtergerechten Sprache geht. So verweigert die Vereinspolizei beispielsweise den Gebrauch von femininen Formen (wie Organverwalterinnen, Sprecherinnen ...) in den Vereinsstatuten der Jungen Wiener Liberalen mit dem Argument, dass sie »nicht üblich« seien und »man sich nicht auskennt«[95]. Die Kritikerinnen sind sich darin einig: Die geschlechtergerechte Sprache ist und bleibt ein »privates Steckenpferd einiger wildgewordener Feministinnen«[96]. Das große I im Wortinnern ist »eine Vergewaltigung der Sprache«, ein »sprachgeschichtlicher Unsinn« und »ein barbarisches und vollkommen ungeeignetes Mittel im Kampf um die Gleichberechtigung der Frauen«[97], meint etwa der Wiener Philosoph Paul Liessmann. Linguisten und große Teile der Presse sind sich einig: Die Herausgeber von *Falter* und *Kurier* lehnen das große I konsequent ab. In der *Profil*-Redaktion gilt die Einigung, es nicht zu verwenden. *News* Chefredakteur Werner Schima hält nichts vom Innen-I und Presse-Chefredakteur Andreas Unterberger verzichtet »im Dienste der Leserschaft« darauf und hält es für »eine Dummheit, das grammatische Geschlecht mit dem sexuellen gleichzusetzen.«[98] Herbert Hufnagl, bekannt für seine Kolumne ›Kopfstücke‹ im *Kurier* schreibt dazu: »Der Landesschulrat für Salzburg sucht per Ausschreibung dieses: RechnungsführersIn. Wer sagt, es handelt sich dabei um einen grammatischen Krampfakt im Sinne des Gleichbehandlungsgesetzes, hat recht. Wer nichts sagt, ebenfalls, denn die Rolle des stillen NurwunderersIn hat auch ihre Reize.«[99] Lediglich Gerfried Sperl, *Standard*-Chefredakteur verwendet das Innen-I selbst und empfiehlt es auch der Redaktion, weil es »die Wahrnehmung einer gesellschaftlichen Veränderung« dokumentiere.[100] Anlass für die gesellschaftspolitische Auseinandersetzung rund um Sprache und Sprachgebrauch sind die »Anleitungen zu geschlechtergerechtem Sprachgebrauch«, herausgegeben von Frauenministerin Barbara Prammer. So nennt sich die Geburtshelferin Hebamme und ihr männliches Pendant der Hebamme. Das Zimmermädchen soll durch Hotelangestellte ersetzt werden. Dem Landeshauptmann ist linguistisch eine Landeshauptfrau zur Seite gestellt. Die Broschüre »Kreatives Formulieren« aber will vor allem, dass den Leserinnen die unterschiedlichen, sprachlichen Diskriminierungsmuster bewusst gemacht und grammatikalische Möglichkeiten eines geschlechtergerechten Gebrauchs von Sprache angeboten werden. »Ziemlich zum Krenreiben«[101] findet der Frauenministeringatte Prammer. »Der Abstand zwischen den sprachlichen Reinheitsgeboten des Dritten Reiches und den witzlosen feministischen Sprachregelungen ist kleiner, als frau denken würde«[102], kommentiert Samo Kobenter im *Standard*. Wie ungehörig die Forderung nach sprachlicher Benennung ist, zeigt die Geschichte der Politikerin Waltraud Klasnic. Als Nachfolgerin von Josef Krainer, betritt Klasnic 1995 die Bühne an der Spitze der steirischen Landespolitik. Auf die Frage, ob sie nun Frau Landeshauptmann oder Landeshauptfrau der Steiermark ist, antwortet Klasnic: »In dieser Frage orientiere ich mich am Duden und der sieht keine Landeshauptfrau vor, daher bleibt es bei Frau Landeshauptmann. Und die, die etwas gegen diesen Titel haben, sollen mich mit Frau Klasnic ansprechen.«[103] Die feministische Linguistin Maria Pober kommentiert die Reaktion von Klasnic: »Weibliche Bescheidenheit ist ein Muss auch für eine Politikerin. Understatement kann nur funktionieren, wenn die Etablierung von Frauen als politisch öffentliche Personen in Machtpositionen tatsächlich erreicht ist und nicht wie jetzt eine Ausnahme darstellt.«[104] Waltraud Klasnic ist die erste Landeshauptfrau in der politischen Geschichte Österreichs.

Bisher sind Frauen in der Sprache weitgehend unsichtbar. Obwohl Maria Schaffenrath, Bildungssprecherin des Liberalen Forums, die konkrete Umsetzung der Leitlinien zum geschlechtergerechten Sprachgebrauch fordert[105], passiert nichts. Anders im UFF, dort gilt (zumindest laut Protokoll) eine eigene Sprachregelung: »Grundsätzlich wird die weibliche Form gewählt. Sollten explizit und ausschließlich Männer angesprochen werden, wird die männliche Form möglich.«[106] Die »totale Feminisierung«[107] gilt auch für dieses Buch.

Zu den perfiden Methoden des männlichen Rückschlags zählen die Beiträge in Kultur und Wissenschaft. Es stellt sich allerdings die Frage, ob es jemals anders war. Gilt vor hundert Jahren noch das Argument: ›Aber gnädige Frau, sie sind ja nicht studiert!‹ So hat sich zwar die Zahl der studierten Frauen erhöht, die Frauen haben im Universitätsbereich mit den Männer gleichgezogen[108], dieser Umstand ändert a priori noch nichts an der Realität, die Frauen vom wissensvermittelnden Podium fernhält und an dem für sie reservierten Platz im Publikum verweist. Und es scheint, als ob immer die gleichen Argumente ins Treffen geführt würden: »Wir haben uns um Frauen bemüht, aber sie alle haben keine Zeit und abgelehnt«, kommentiert etwa Dozent Christian Vielhaber im Rahmen des Internationalen Symposiums ›Kinderalltag zwischen Liebe und Gewalt‹[109] das Fehlen von Frauen am Podium. Ob der Professor dies sagt, weil einige Frauen vom UFF mit Transparenten die männliche Gewaltdiskussion zu stören drohen, oder weil es tatsächlich seine Erfahrung widerspiegelt, bleibt offen. Tatsache allerdings ist, dass an diesem Vormittag alle um den Verlust der Fachfrauen trauern, so auch Wissenschafts- und Verkehrsminister Caspar Einem: »Es ist bedauerlich und leider allzu oft der Fall, dass Frauen am Podium fehlen, während sie die Mehrzahl im Publikum bilden. Und, dass Männer, die, wie in diesem Falle die Mehrzahl der Täter bilden, als Fachleute alleine vertreten sind.« Einem verfügt über eine brillante Beobachtungsgabe, tatsächlich sind drei Viertel der etwa hundert Hörer Hörerinnen. Einem ist informiert, tatsächlich prügeln rund 67 % der Väter ihre Kinder. Einem ist ein ›Guter‹, um die Kategorie der christlich geprägten dichotomen Welteinteilung zu bemühen. Das Faktum, dass am ersten Tag des Symposiums ausschließlich Männer am Podium vertreten sind, bleibt trotzdem bestehen. Die inhaltliche Tendenz des Symposiums verbalisiert Prof. Volker Krumm in einem Gespräch[110]: »Die Gewalt gegen Kinder ist vor allem Sache der Mütter.« »Gewalt beginnt«, so der Erziehungswissenschaftler, »beim Anbrüllen.« Seine Beweisführung: »Weil es ja die Mütter sind, die die meiste Zeit mit ihren Kindern verbringen, kommen die Übergriffe vor allem von ihnen.« Ein Befund daran stimmt. Kinderbetreuung ist Sache der Frauen: Im Durchschnitt befassen sich 12 % aller Männer mit der Betreuung und Erziehung ihrer Kinder. Der Anteil der Frauen ist doppelt so hoch. Im Durchschnitt wenden die Väter 1 Stunde 30 Minuten für die Kinderbetreuung auf und hier vor allem für das gemeinsame Spiel, für Ausflüge und andere Freizeitaktivitäten. Mütter wenden das doppelte an Zeit für Kinderbetreuung auf, wobei das Lernen mit dem Kind exklusiv Sache der Mutter zu sein scheint.[111]

Nicht gegen den wissenschaftlichen Zugang, der Gewalt als Kontinuum zwischen psychischer und physischer Verletzung der Integrität des Gegenübers definiert – übrigens ein Ansatz, den vor allem die autonome Frauenbewegung entwickelt hat – ist etwas einzuwenden, sondern vielmehr dagegen, wie dieser Forschungsansatz dazu verwendet wird, um die Mutter als Täterin zu identifizieren. Kein Mensch wird ernsthaft (öffentlich) behaupten, dass Schreien und Wutausbrüche von

Eltern für die Entwicklung des Kindes förderlich sind.[112] Dass die Konzentration auf die ›mütterliche‹ Ambivalenz (Väter werden nur selten als ambivalent geschildert) zwischen Liebe und Zorn aber den Blick für eine andere, archaisch brachiale Gewalt zu verstellen droht, scheint den Referenten nicht zu stören, denn »natürlich ist diese Gewalt ernstzunehmen und abzulehnen, aber ist der Anteil der Väter tatsächlich so hoch?«, relativiert der Professor. Und ob! Die Gewalt trägt vor allem ein Geschlecht, das des Mannes: Jede dritte Frau wird zumindest einmal von ihrem Lebensgefährten misshandelt. Über 300.000 Opfer gibt es pro Jahr und die Gewalt an diesen Frauen passiert nicht im Park. Zwischen 15.000 – 20.000 Kinder werden jährlich missbraucht. Die Täter sind bis zu 95 Prozent Männer[113], nicht fremde Männer, sondern der eigene Vater oder der liebe Onkel. Über 67 % der Väter (61 % Frauen) geben an, ab und zu leichte körperliche Gewalt wie Klapse und Ohrfeigen gegenüber ihren Kindern anzuwenden. Über 25 % der Väter (genausoviele Mütter) üben schwere Gewalt wie eine Tracht Prügel und Schläge mit Gegenständen aus.[114]

Nicht, dass diese Fakten ein Staatsgeheimnis wären, die meisten Wissenschaftlerinnen kennen die Zahlen. An der sachlichen Analyse aber scheint es zu hapern. Während bei diesem Symposium den Müttern in einem Referat erklärt wird, wie sie durch intensives Stillen die frühkindliche Phase in eine glückliche Mutter-Kind Beziehung verzaubern, rangiert die Rolle des Mannes als Fußnote. Nebenbei wird er als Vater, Täter, Unterstützer, Kollaborateur skizziert. Ein eigener Vortag, der die Stellung des Mannes in Familie und Gesellschaft elaboriert und die Ursache der Gewalt dort ortet, wo Teilnahme fehlt und der Burnout der Alleingelassenen in Wutanfällen und Depression mündet, bleibt dem männlichen Teil des Publikums erspart. Seine Rolle, zynisch gesprochen, ist sowieso eine aktive. Er stellt 90 % der Vortragenden und 90 % der Täter, so what.

Die Entdeckung der Biologie und ihre Auswirkung auf die Kultur ist nicht bloß in Bezug auf das Stillen, es gibt eigene Stillambulanzen, Stillverbände, den Verein Muttermund ..., gegeben. Mit Biologie können Wissenschaftlerinnen in der Medizin reüssieren, aber gerade auch in den Sozialwissenschaften und der Psychologie. Ob es sich nun um das Balzverhalten der Menschen handelt, um ihren Spieltrieb oder um ihre kognitive Intelligenz, aufmerksame Leserinnen können sich bei der Lektüre der Studien des Eindrucks nicht erwehren, als ob die Menschheit das Herdfeuer niemals verlassen hätte. Im Bereich der Gefühle und sexuellen Instinkte ist die Analogiebildung zur Tierwelt zeitlos schön. Die Frau ist die umworbene Taube, der Mann der werbende

Täuberich, der aufgebläht und gurrend seine Kreise zieht, ehe er die Taube bespringt. Je nach Wunsch und gesellschaftlichen Kalkül ist die Frau die Gottesanbeterin, die ihre geschlechtliche Ergänzung nach dem Akt verspeist (obwohl sie es nur tut, wenn sie Hunger leidet) oder eine Königin, die ihre starke Stellung daraus bezieht, indem sie in einer Tour kleine Bienchen-Eier wirft. Dank Charles Darwin, Konrad Lorenz, Helmuth Pechlaner und anderer erklärt die vermeintliche Analogie zwischen Mensch und Tier weiterhin unsere eigentlich komplizierten sozialen Strukturen auf einfache, überschaubare, unterhaltende wenngleich unzulängliche Weise. »Die Tiere haben mehr mit uns zu tun, als wir annehmen«, sagt etwa der Schönbrunner Zoo-Direktor Pechlaner im ›Universum-Spezial‹ augenzwinkernd und bemüht den König der Tiere, also den Löwen, als Analogon für Stärke, für männliche Stärke, versteht sich. Es ist ja ein Löwe und keine Löwin, die sich in der Prärie nach Essbarem abstrudelt, während der majestätische Löwe im Schatten eines Eukalyptusstrauches pennt und darauf wartet, bis die Löwin endlich mit einer Antilope angerast kommt, damit sich der brüllende Löwe als erster den Bauch vollschlagen kann. Menschen, die sich von Vergleichen zwischen Mensch und Tier distanzieren, wirken suspekt, zumindest aber humorlos. So passiert in einem ›Report‹, in dem Österreichs Politikerinnen die Möglichkeit hatten, sich ein Lieblingstier auszusuchen, um gleichzeitig die jeweilige Wahl audiovisuell im Fernsehen auf ihre Ähnlichkeit mit diesem Tier zu kommentieren. Heide Schmidt vom Liberalen Forum verweigert als einzige Spitzenpolitikerin ihr Kommentar zum Lieblingstier. Sie trifft die volle Wucht der nonverbalen Ablehnung, nach dem Motto: ein humorloser Blaustrumpf eben.

Im Bereich der Psychologie erlebt die Biologie ebenfalls eine Renaissance. Bei Kongressen werden jene Wissenschaftlerinnen gefeiert, die die alte These von der Verlockung des Weibes im neuen Gewand präsentieren: Einerlei wie die Frau auch immer ist, entscheidend für ihre sexuelle Attraktivität sind die Körpermaße. Beträgt das Verhältnis zwischen Taille und Hüfte 7 : 10, dann beginnt der sexuelle Speichelfluß des Mannes zu fließen, gleich einem »Pawlow'schen Hund«. Wie richtig diese Analyse ist, beweist der Playboy. Drei Jahrzehnte lang sollen die Playmates im Männermagazin Playboy diese verhältnismäßigen Proportionen ausgewiesen haben. Die Wissenschaftlerinnen sind sich einig: 7:10 lautet die kabbalistische Formel sexueller Anziehung, sie ist so etwas wie eine »Naturkonstante«. Aus der Partnerwahlstudie[115] von David Buss können wir erfahren: »Ein Gujarati in Indien wählt mit dem gleichen Suchmuster seine Partnerin wie ein Student in den USA.« Den Männern ist »Treue und Attraktivität« am wichtigsten. Also schön brav sein, wenn Euch der Sinn nach einem Mann steht, und großzügig[116]. Denn Männer nehmen die Treue, so Buss, selbst nicht so ernst: Sie sind wesentlich schneller bereit, mit einer Frau ins Bett zu gehen, als umgekehrt. Frauen stehen auf »Zärtlichkeit, Aufrichtigkeit und Zuverlässigkeit.« Alles andere wäre eine echte Überraschung gewesen!

Wichtig für die sexuelle Anbahnung ist der erste Blick, wobei Frauen viel häufiger den visuellen Kontakt suchen als Männer. Schließlich agieren Frauen eher feldabhängig, während Männer eher dazu neigen, feldunabhängig zu handeln. Kurz: Die Feldabhängigen handeln – wie der Begriff bereits verrät – nicht unabhängig vom gegebenen Kontext. Sie brauchen äußere Hinweise und Reize, an denen sie sich orientieren können. In der Interpretation der Wissenschaftlerinnen sind sie sozial zugänglicher, nehmen eher Blickkontakt, zum Beispiel mit »ihren Lehrern«, auf, sind eher konfliktscheu, diskutieren mit Herz und Hirn und sind alles andere, denn »kühle Mathematiker«. Die Feldunabhängigen hingegen – die Leserin wird es bereits ahnen – konzentrieren sich auf das Wesentliche, können die Dinge besser trennen, blenden den Kontext aus und denken analytisch, mit dem Kopf eben.[117]

Ein Gutteil der wissenschaftlichen Mühen und staatlichen Forschungsgelder fließen in Studien, die das tradierte Charakterbild von Frau und Mann zementieren: Die Frau verfügt (je nach Mode) über die Gabe der Assoziation und/oder des räumlichen Denkens und/oder der sozialen Kompetenz und/oder der emotionalen Intelligenz. Der Mann ist der Analytiker, verfügt über das logische Denken und ist Herr über die kognitive Intelligenz. Mögen die Ergebnisse auf den ersten Blick neutral erscheinen, so bestätigen sie auf den zweiten Blick all jene Denkstrukturen, die sich in der Kybernetik der zivilisierten Kultur manifestieren. Das System Frau bedarf der Ergänzung durch den Mann und vice versa. Was ist schon die emphatische Ader im sozialen Kontext ohne die fordernde Logik, die strukturiert? Was ist ein mathematisch konstruiertes Haus ohne soziales Innenleben? Ergo ist die maximale Beziehungskultur dort, wo Frau und Mann eine Alliance eingehen. Diese Paar-Konstruktion aber schließt das Single-Dasein oder homosexuelle Beziehungsstrukturen als denkbare Variante wenn schon nicht (mehr) aus, so zumindest als wenig ideale Zivilisationserscheinung ein. Letztendlich münden die geschlechtsspezifischen Interpretationen dort, wo sie vor mehreren tausend Jahren den Ausgang nehmen und im Postmodernismus esoterisch verbrämt im déjà vu verharren: Die Frau, die ist Ying, das Weiche, das Bewahrende, das Passive. Der Mann, der ist Yang, das Aggressive, das Wachsende, das Aktive. Die Frau ist Natur, der Mann Kultur.[118] Mehr noch: Die Frau ist das Phantasma des Mannes, sie existiert lediglich in der Abstraktion des Mannes. Für sich allein genommen ist sie Nichts, meint etwa der zeitgenössische Philosoph Deleuze. Gebetsmühlenartig reproduziert die Wissenschaft die geschlechtsspezifischen Unterschiede von Mann und Frau. Es ist uns sattsam bekannt, dass die rechte Gehirnhälfte des Mannes größer ist, das Gehirn insgesamt schwerer wiegt, die Muskulatur ausgeprägter ist. Wir wissen allerdings auch, dass der Mann triebgesteuerter auf sein Ziel zugeht (mehr Männer als Frauen neigen zu einem one-night-stand, wobei die Intelligenz des Sexualpartners bei den Männern keine Rolle spielt im Gegensatz zu den Frauen), dass er bei über 90 % der Sexualdelikte den Täter stellt, dass er farbenblind ist, eher zu Depression und Selbstmord neigt und sprachlich assoziativ der Frau nicht das Wasser reichen kann. Die Wissenschaft ist zweifelsohne bemüht, allenthalben ist das Differenzierungsniveau so hoch, dass die Wahrheit das ist, was Einstein berühmt gemacht hat, nämlich relativ. Aber was bringt uns diese eigentlich steinalte Erkenntnis angesichts der Interpretinnen, die in sozialbiologistischer und wertekonservativer Manier die Zeichen der Zeit zu interpretieren suchen? Dass die Beiträge aus Kultur und Wissenschaft so ausfallen wie sie es gegenwärtig tun, ist alles andere, denn Zufall. Die Wissenschaft dient den Mächtigen, das meinte schon der österreichische Philosoph Paul Feyerabend: »Wer hat nicht mit Interesse festgestellt, wie verschiedene Wissenschaftler, je nach der Quelle, aus der ihre Bezahlung fließt, zu ganz verschiedenen Ergebnissen kommen. So viele Köpfe so viele Lösungen, das ist die beste Beschreibung der Situation.« [119] Ist die »die Fabrikation der Erkenntnis«[120] nicht opportun, dann landen die Studien in den Schubladen der Auftraggeberinnen und verstauben, oder werden in ihrer Aussagekraft entschärft und interpretiert. Die Wissenschaftlerinnen schwören zwar den Eid auf die Wissenschaft und sind nur der Wahrheit im Sinne der Wissenschaft verpflichtet. Ihre Freiheit endet allerdings dort, wo die Auftraggeberin kraft des Geldes als Eigentümerin (oder als Besitzerin) über die Forschungsarbeit verfügt. Und da ist es einerlei, ob die Auftraggeberin aus dem Bereich der staatlichen Verwaltung kommt oder in der Privatwirtschaft angesiedelt ist. Publiziert wird, was dem eigenen gesellschaftlichen, ökonomischen, kulturellen Ziel dient, nicht per se, allerdings doch. Und dieses Faktum des Doch ist ein weiteres Puzzlestein im globalen Backlash wie ihn etwa Johanna Dohnal[121] ortet. Sei es, dass Studien zu alternativen Unterrichtssystemen ganz einfach in Ministerien schubladisiert werden, ohne je das Licht der Öffentlichkeit erblickt zu haben. Oder sei es, dass Texte verändert werden, die die soziale Sprengkraft von Studien mildern. Wie Wörter die Realität[122] bestimmen, ist am folgenden Beispiel zweier Einleitungen ersichtlich. Im

Folgenden sollen Auszüge einer Studie zum Thema Teilzeitarbeit zitiert werden. Mit gutem Grund: Kaum eine Form der Arbeit hat mehr mit Frauen zu tun. Im Jahr 1995 sind 83,8 % aller österreichischen Teilzeitbeschäftigen weiblich.[123] Laut Auskunft vom Hauptverband der Sozialversicherungsträger sind 1995 24 % aller beschäftigten Frauen teilzeitbeschäftigt aber nur 2 % der beschäftigten Männer.[124] In absoluten Zahlen ist die Teilzeitbeschäftigung (von mind. 12 Stunden wöchentlich – Lebensunterhaltskonzept) von 216.000 im Jahre 1987 auf 370.000 im Jahre 1995 angestiegen. 1995 also arbeiten 323.000 Frauen als Unselbständige, mithelfende Familienangehörige und Selbständige in ganz Österreich teilzeit. Vor dem Hintergrund dieser Berufsrealität ist die Aussage von wissenschaftlichen Studien überaus interessant. Nicht bloß im Hinblick auf das politische Ziel der Vollbeschäftigung sondern gerade auch auf die Karriereverläufe und berufliche Zufriedenheit von Frauen. Letzteres scheint für die Auftraggeberin uninteressant zu sein, wie die Auszüge verdeutlichen. In der ersten unbearbeiteten Version lautet es: »*Teilzeitarbeit wird fast ausschließlich von Frauen nachgefragt: Die typische Teilzeitsuchende ist Wiedereinsteigerin, minderqualifiziert, hat eine längere Kinderpause hinter sich und war zuletzt in einem typisch weiblichen Beruf tätig.* Das Angebot an Teilzeitstellen deckt sich mit der Nachfrage insofern, als Teilzeitkräfte meist in untergeordneten Positionen beschäftigt werden. Insgesamt ist es jedoch vergleichsweise gering. Zu den positiven Aspekten der Teilzeitarbeit zählen auf betrieblicher Seite vor allem der kapazitätsorientierte Einsatz sowie die höhere Motivation und Leistungsfähigkeit der Mitarbeiterinnen. Für Arbeitnehmerinnen auf der anderen Seite stellt sie eine Möglichkeit des Zeitgewinns während familienbetonter Lebensphasen dar. *Doch nicht bei allen Frauen und Männern erfreut sich Teilzeitarbeit uneingeschränkter Beliebtheit: Denn mit der Reduzierung der Arbeitszeit gehen meist geringe Entlohnung, oft auch der Verlust von Aufstiegschancen einher.* Unternehmerinnen beklagen an dieser Arbeitszeitform vor allem die entstehenden Mehrkosten sowie die Tatsache, dass Teilzeitkräfte nicht ständig verfügbar sind.«[125] Die zensurierte Version, in der ›Endfassung‹ der Studie ist folgendes zu lesen: »*Teilzeitarbeit stellt ein Zukunftsmodell dar: im Sinne der Verteilung der vorhandenen Arbeit auf eine möglichst große Anzahl von Menschen, aber auch in Hinblick auf eine zeitweise Familienorientierung und ein Mehr an Freizeit, das für Weiterbildung oder andere persönliche Vorlieben genutzt werden kann.* In der vorliegenden Untersuchung wird Teilzeitarbeit fast ausschließlich von Frauen nachgefragt: *Die typische Teilzeitsuchende ist Wiedereinsteigerin, hat eine längere Kinderpause hinter sich und war zuletzt in einem typisch weiblichen Beruf tätig. Der Grund, warum soviele*

Frauen den Wunsch nach Teilzeitbeschäftigung äußern: Sie ermöglicht es, Kinder und Beruf zu vereinbaren, ohne der vollen Doppelbelastung ausgesetzt zu sein. Das Angebot an Teilzeitstellen ist vergleichsweise gering: Eine Deckung erfährt es in Tätigkeitsfeldern, die bis dato eher im »Frauenbereich« angesiedelt sind, Schwierigkeiten in der Übereinstimmung von Angebot und Nachfrage gibt es bei der Arbeitszeit: *Frauen würden am liebsten vormittags arbeiten.* Zu den positiven Aspekten der Teilzeitarbeit zählen auf betrieblicher Seite vor allem der kapazitätsorientierte Einsatz sowie die höhere Motivation und Leistungsfähigkeit der Mitarbeiterinnen. Für Arbeitnehmerinnen auf der anderen Seite stellt sie eine Möglichkeit des Zeitgewinns während familienbetonter Lebensphasen dar. Die Nachteile: *Mit der Reduzierung der Arbeitszeit gehen meist geringe Entlohnung, oft auch der Verlust von Aufstiegschancen einher.* Unternehmerinnen beklagen an dieser Arbeitszeitform vor allem die ihrer Ansicht nach enstehenden Mehrkosten sowie die Tatsache, dass Teilzeitarbeitskräfte nicht ständig verfügbar sind.« Auch wenn die textliche Veränderung von ›Erstversion‹ und ›Endfassung‹ auf den ersten Blick marginal erscheint, wird in Summe ein völlig unterschiedliches Bild erzeugt. In der ›Erstversion‹ wird Teilzeitarbeit als Arbeitsform für Frauen kritisch hinterfragt. Die Botschaft: Mit der spezifischen Form von Teilzeitarbeit werden die traditionellen geschlechtsspezifischen Rollenzuschreibungen zementiert. Die Frau arbeitet am vormittag, wenn das Kind im Kindergarten ist, während sie den Rest des Tages das Kind betreut. Sie ist keineswegs zufrieden mit dieser Form der Arbeit, weil Teilzeitarbeit wenig Geld bringt, darüberhinaus so gut wie keine Karrierechancen bietet und letztendlich die gesamte Kinderbetreuung (abgesehen vom Kindergarten) auf ihr lastet. Die ›Endfassung‹ generiert das Bild von Teilzeitarbeit als moderne Arbeitsform, als erstrebenswertes Ziel, bei der die Frau die Möglichkeit hat, mehr an Freizeit für Weiterbildung und persönliche Vorlieben zu bekommen. Nicht nur das: Teilzeitarbeit schützt die Frauen auch vor der vollen Doppelbelastung. Kein Wunder also, dass Frauen am liebsten am vormittag teilzeitbeschäftigt sein wollen (mit dem Umstand, dass zu dieser Zeit die Kinder im Kindergarten sind, scheint es nur wenig zu tun zu haben). Angesichts dieser Vorteile nimmt sich der Nachteil der geringen Entlohnung und der fehlenden Aufstiegschancen vernachlässigbar aus. Ein Faktum zieht sich durch die ›Endfassung‹ der gesamten Studie: Es soll offensichtlich klar gemacht werden, dass Frauen diese Arbeitsform wollen. Während die erste Version auf emotionale Eigenschaftswörter verzichtet und sprachlich sachlich bleibt, wird in der ›Endfassung‹ aus »um einen Wiedereinstieg« – »um einen gewünschten Wiedereinstieg« und aus »der Wiedereinstieg« – »der ersehnte Wiedereinstieg«. Bei der wissenschaftlichen Qualifizierung der persönlichen Motive für eine Teilzeitarbeit ist der Unterschied von ›Erstversion‹ und ›Endfassung‹ am deutlichsten. So steht in der ›Erstversion‹: »*Die Ergebnisse lassen daher den Schluss zu, dass Frauen mit Kindern, die den größten Anteil der Teilzeitsuchenden ausmachen, vermutlich nicht grundsätzlich teilzeit arbeiten wollen, sondern aufgrund internalisierter Rollenbilder und gesellschaftlicher Verpflichtungen den Kompromiß einer Reduzierung der Arbeitszeit eingehen.*« In der ›Endfassung‹ steht schließlich: »*Frauen mit Kindern, die den größten Anteil der Teilzeitsuchenden ausmachen, gehen vermutlich deshalb den Kompromiß einer Reduzierung der Arbeitszeit ein, um sowohl ihren mütterlichen Betreuungspflichten nachkommen zu können als auch, um zumindest teilweise zum Familienbudget beitragen zu können.*« Die ideologische Tendenz der ›Endfassung‹ ist eindeutig und lautet auf den Punkt gebracht: Frauen sind mit dieser Form der Arbeit gut beraten und jene, die noch nicht teilzeit arbeiten, sollten dies tunlichst tun, denn es zahlt sich fürs Kind, fürs Familienbudget, für die persönliche Weiterbildung und nicht zu vergessen für das hohe Maß an persönlicher Freizeit aus. Dass Frauen diese Form der Arbeit eigentlich nicht wollen, bleibt sekundär. Genauso wie die Tatsache, dass diese Frauen zumeist minderqualifiziert sind (im Untersuchungsraum haben 43,4 % nur einen PflichtschulAbschluss; 33 % einen LehrAbschluss und 13,5 % einen FachschulAbschluss), eine typische weibliche Berufsausbildung genossen haben (29 % Einzelhandel; 24,1 % Hilfstätigkeiten; 20 % Bürohilfstätigkeiten) und nicht ausreichend mobil sind (Frauen, die keinen PKW zur Verfügung haben sind auf öffentliche Verkehrsmittel angewiesen und da gibt es Regionen, die öffentlich ganz einfach nicht adäquat erschlossen sind), für sie die Familien- vor der Berufsorientierung kommt (62 % arbeiten teilzeit aus familiären und finanziellen Gründen (»um Kind und Beruf unter einen Hut zu bringen«; 28 % tun dies aus Geld- und aus Gründen der sozialen Kontakte; nur bei 10 % spielen Familie/Geld/Sozialkontakte keine Rolle) und eine geschlechtsspezifische Sozialisation genossen haben (der Tenor bei den Befragten ist, dass die Rolle des Ehemannes als Ernährer und Entscheidungsträger akzeptiert ist). Das Faktum, dass es sich bei der Berufsgruppe der Teilzeitarbeiterinnen um eine ökonomisch eher arme Schicht handelt, die minderqualifiziert, jeden Job annehmen muss, der ihnen angeboten wird, bleibt ignoriert. Detto das Selbstverständnis, das durch erlebte Machtlosigkeit und persönlichen Versagensängsten geprägt ist. Nicht um eine Analyse der soziokulturellen Befindlichkeit der Teilzeitarbeiterinnen geht es, um die Verbesserung des Selbst- und Fremdbildes, um eine adäquate berufliche Perspektive, sondern lediglich darum, diese Form

der Arbeit als modern und reizvoll zu beschreiben. Dass die teilzeitbeschäftigen Frauen am Rande der Armut taumeln, ohne den Hauch einer Möglichkeit, ihre berufliche Situation zu verbessern, interessiert niemanden. Es geht also weniger darum, der Wahrheit näher zu kommen als die Wahrheit so zu formulieren, dass diese Wahrheit der eigenen Wahrheit entspricht und das eigene Denken und Tun zu legitimieren hilft. Das ›missing link‹ fehlt in diesem Kontext bewusst. Es geht um die Zementierung des geschlechtsspezifischen Rollenverhaltens und um männlichen Machterhalt und nicht darum, den Frauen jene – für Männer selbstverständliche – Möglichkeiten einzuräumen, die eine Befreiung aus der selbstverschuldeten Unvernunft (um Immanuel Kant zu zitieren) in Aussicht stellen. Eine Gesellschaft im Sinne einer Geschlechterdemokratie zu realisieren heißt, zunächst das Bewusstsein für die eigene Situation schärfen. In einem Job, der im Schnitt 10.000 ATS im Monat bringt, wo nach der Arbeit Kinder betreut werden, fließt die ganze Energie in die Existenzabsicherung und Kinderbetreuungsarbeit. Zeit für einen philosophischen Diskurs bleibt da keine.
Die oben zensurierte Studie ist nur ein Beispiel für den fragwürdigen Umgang mit Daten, Fakten und Interpretationen. Andere Beispiele sind mir bekannt, die Wissenschaftlerinnen wollen allerdings nicht, dass ihre Erfahrungen veröffentlicht werden. Es ist keine Frage der Zivilcourage, sondern eine Frage der Existenzsicherung. Sie befürchten, dass ihre Reputation als Wissenschaftlerinnen darunter leiden könnte und Arbeitslosigkeit die Folge ihres Outings wäre. Nicht alle Institutionen/Auftraggeberinnen etc. gehen so mit wissenschaftlich produzierten Wahrheiten um. Viele von ihnen sind durchaus engagiert in Sachen Gleichberechtigung, geben Pressekonferenzen und bemühen sich um eine allgemeine Diskussion. Es ist allerdings auffällig, dass jene Studien, die sich äußerst kritisch mit dem Geschlechterverhältnis (Migrantinnen/geschlechtsspezifische Gewalt/Prostitution etc.) auseinandersetzen, weit weniger liebevoll von der medialen Öffentlichkeit umschmeichelt werden als dies bei Forschungen der Fall ist, die die Frage nach den ultimativen sexuellen Höhepunkt beantworten. Zweifelsfrei, der K, G oder wie immer die Punkte heißen mögen, ist wichtig und jede Frau kann aufatmen, wenn ihre Anatomie nicht zum letzten Geheimnis des sinnlichen Universums zählt und der/die PartnerIn ihn findet. Mindestens genauso wichtig ist, dass eine Million Österreicherinnen an der Armutsgrenze leben, dass die Mehrheit davon weiblich ist, dass Kinderbetreuung fast ausschließlich den Müttern überlassen wird, dass jede Frau durchschnittlich einmal von ihrem Partner vergewaltigt wird, dass 40 % der Frauen keine eigene Pension bekommen, dass lediglich 26,8 % der Nationalratsabgeordneten Frauen sind, dass

3,7 % der Professorenschaft weiblich ist, dass ... Bei diesen Themen scheint sich der Kreis zu schließen. Wenn entsprechende Studien nicht bereits der ersten Selektion zum Opfer gefallen sind, dann schlägt die Presse zu, bringt eine entsprechende Interpretation, eine Kurznotiz oder schweigt. Und noch einmal: Der Backlash ist keine Weltverschwörung. Es ist nur so, dass bestimmte Themen nur wenig postmodern sind. Eines davon ist der Feminismus.

ANMERKUNGEN

[1] Die Presse, 16.04.97.
[2] Die Zeit, 4, 17.01.97, S.61.
[3] zit. n. News, 15, 10.4.97, S. 10.
[4] Zeit im Bild 2, 14.04.97.
[5] Kurier, 8.04.97, S.
[6] Die Presse, 16.04.97.
[7] Die Presse, 16.04.97.
[8] News, 16, 17.04.97, S. 26.
[9] Ebenda, S. 26.
[10] Im Frühjahr 97.
[11] Die ganze Woche. 47/ 20.11.96.
[12] Wienerin, 100/April 97, S.42.
[13] Wienerin, 100/April 97, S.44.
[14] der Anteil der Frauen am Dienstleistungssektor ist signifikant höher als der der Männer. Hier wiederum überwiegt der Frauenanteil im Bereich des Gesundheits- und Fürsorgewesen; in Körperpflege, Reinigung und Bestattungswesen; in Haushaltung; Hauswartung; aber auch im Bereich des Unterrichts- und Forschungswesens (aufgrund des hohen Lehrerinnenanteils, wobei die Funktion der Landeschulrätin so gut wie gänzlich den Männern vorbehalten ist; ähnlich die Situation im universitären Bereich: der Anteil der Professorinnen an Österreichs Universitäten beträgt etwa 3 Prozent, der Rest sind Männer). Im Produktionssektor sind Frauen vor allem in der Textil- und Bekleidungsindustrie vertreten. Vgl. dazu: Frauenbericht 1995. Wien 1995, S. 327. 42 Prozent der österreichischen Pensionistinnen haben keinen Anspruch auf eine eigene Pension. Frauen verdienen im Durchschnitt bis zu 40 Prozent weniger als Männer und sind potentiell von der Armut gefährdet.
[15] Der Geschlechteranteil an Managerinnenfunktionen (Stand 9/97): 23,9 % Prokuristinnen; 14,5 % Geschäftsführerinnen; 31,1 % Gesellschafterinnen/Kommanditistinnen; 14,5 % Masseverwalterinnen; 7 % Aufsichtsrätinnen; 3,7 % Frauen haben die Vorstandsetagen erreicht. Zit. n.: Profil. Die Quadratur des Weibes. 46/10.11.97, S. 97.
[16] in der dt. Übersetzung: Die Männer schlagen zurück. Reinbek bei Hamburg. 1991.
[17] Susan Faludi: Die Männer schlagen zurück. Reinbeck bei Hamburg 1991, S. 27.
[18] Jörg Haider: Die Freiheit, die ich meine.
[19] Vgl. dazu: [sic!]. Forum für feministische GangArten. Nr. 20/21. Wien 1997, S. 5f.

Pro Life Veranstaltung im Stephansdom und anschließend am Fleischmarkt, vom 3.8.1997.

[20] News. 34/97, S. 39. Im Streitgespräch rund um das Thema Abtreibung sagt Bischof Andreas Laun zu einer Frau, die abgetrieben hat: Die Tat als solches ist böse, und Sie sollten es nicht mitragen ... Darf man in Österreich ein Lebewesen, von dem wir wissen, dass es ein Kind ist, töten? ...

[21] Joachim H. Bürger: Mann bist du gut. Was Männer den Frauen schon immer sagen wollten. München 1991, S. 205.

[22] Ebenda, S. 205.

[23] Ebenda, S. 205.

[24] Ebenda, S. 9.

[25] Ebenda, S. 33.

[26] Wienerin. Okt.90 und im Okt. 93.

[27] Susan Faludi: Die Männer schlagen zurück. Reinbeck bei Hamburg 1991, S. 35.

[28] Susan Faludi: Die Männer schlagen zurück. Reinbeck bei Hamburg 1991, S. 36.

[29] Ebenda. S. 35.

[30] Ebenda. S. 36.

[31] Vgl. dazu: Ebenda. S. 33.

[32] Vgl. dazu: Ebenda. S. 33.

[33] Vgl. dazu: Ebenda. S. 37.

[34] Vgl. dazu: Ebenda. S. 39.

[35] Vgl. dazu: Ebenda. S. 39.

[36] Vgl. dazu: Ebenda. S. 43.

[37] Vgl. dazu: Ebenda. S. 45.

[38] Vgl. dazu: Ebenda. S. 48f.

[39] Susan Faludi: Die Männer schlagen zurück. Reinbeck bei Hamburg 1991, S. 49.

[40] Joachim H. Bürger: Mann, leb dich aus! Über das große Vergnügen ein echter Mann zu bleiben. München 1991, S.194f.

[41] Brot & Rosen. Fraueninformation der Grünen Frauen Wien. 4/96, S. 6. »Die 90er Jahre seien geprägt vom ›roll-back‹ der männlichen Machtstrukturen. Sie (gemeint ist Eva Kreisky, Anm d. Verfin) rief auf, die Vielfalt und Unterschiedlichkeit unter Frauen als schöpferische Kraft zu entwickeln, um den patriachalischen Mechanismen entgegenzuwirken.«

[42] Ein Denkansatz von Minister Werner Fasslabend zum Thema Pension. Vgl. dazu: Profil 97

[43] Ebenda. S. 26.

[44] Der Standard, 24./25.05.97, S.17.

[45] Ebenda. S. 17.

[46] News. 41/94. Allerdings ist News nur ein Beispiel für den Medienhype Frauen-Power.

[47] Klubfrau der Grünen.

[48] Kurier. 4.4.95. S. 3. Helga Konrad ist Frauenministerin von 1995 bis 1997.

[49] Kurier, 12.10.97, S. 7. Zit. n.: Wolfgang Herles: Die Machtspieler. Econ-Verlag 1997.

[50] Zit.n. Susan Faludi: Die Männer schlagen zurück. Reinbeck bei Hamburg 1991, S. 27.

[51] Elisabeth List/ Herlinde Studer (Hginnen): Denkverhältnisse Feminismus und Kritik. Frankfurt am Main 1989, S. 8.

[52] Ebenda. S. 8f.

[53] Elisabeth List/ Herlinde Studer (Hginnen): Denkverhältnisse Feminismus und Kritik. Frankfurt am Main 1989, S. 9.
[54] Charlotte Bunch/ Roxana Carillo/ Ied Guinee: Feminist Perspectives. Report on the Feminist Perspectives Working Group to the Closing Plenary. In: Women's Studies International Forum, 8, Nr.4, 1985, S. 243-247, S. 244.
[55] Ebenda. S. 244.
[56] Elisabeth List/ Herlinde Studer (Hginnen): Denkverhältnisse Feminismus und Kritik. Frankfurt am Main 1989, S. 10.
[57] Susan Faludi: Die Männer schlagen zurück. Reinbeck bei Hamburg 1991, S. 28.
[58] Zit. n. Eva Rossmann: Unter Männern. Frauen im Österreichischen Parlament. Wien/Bozen 1995, S. 30.
[59] Schriftenreihe zur Frauenforschung. Band 3. Wien 1993.
[60] Vgl. dazu: Salzburger Nachrichten. 28.3.96.
[61] Die Presse. 8.3.96. S.19.
[62] News, 10/96, S. 21.
[63] Interview mit Eva Rossmann vom 03.01.98.
[64] Mathias Horx in einem Interview für die Ö1-Sendung: Moment. Leben. Heute. Frühjahr 1994.
[65] Brazilification meint die sich verbreiternde Kluft zwischen Reichen und Armen und das damit einhergehende Verschwinden des Mittelstandes. In: Douglas Coupland: Generation X. Geschichten für eine immer schneller werdende Kultur. München 1991, S. 23.
[66] Decade Blending: Bei Kleidung: das wahllose Kombinieren von zwei oder mehr Artikeln aus verschiedenen Jahrzehnten, um einen eigenen Stil zu kreieren. Sheila 0 Mary Quant Ohrringe (60er) + Schuhe mit keilförmigen Plateausohlen aus Kork (70er) + schwarze Lederjacke (50er und 80er). In: Douglas Coupland: Generation X. Geschichten für eine immer schneller werdende Kultur. München 1991, S. 27.
[67] MCJOB: Ein niedrig dotierter Job mit wenig Prestige, wenig Würde, wenig Nutzen und ohne Zukunft im Dienstleistungsbereich. Oftmals als befriedigende Karriere bezeichnet von Leuten, die niemals eine gemacht haben. In: Douglas Coupland: Generation X. Geschichten für eine immer schneller werdende Kultur. München 1991, S. 27.
[68] O'PROPRIATION: Das Einfügen von Sprüchen aus alten Werbe- und Unterhaltungssendungen in die Alltagssprache, um ironische oder witzige Effekte zu erzielen. In: Douglas Coupland: Generation X. Geschichten für eine immer schneller werdende Kultur. München 1991, S. 154.
[69] BREAD AND CIRCUITS: Die Tendenz, im Zeitalter der Elektronik politische Parteien als abgedroschen anzusehen, nicht länger relevant, von Bedeutung oder Nutzen für die Belange einer modernen Gesellschaft, und in vielen Fällen gefährlich. In: Douglas Coupland, S. 114.
[70] CULT OF ALONENESS: Das Bedürfnis nach Autonomie um jeden Preis, gewöhnlich auf Kosten langfristiger Beziehungen. Oftmals entstanden durch überhöhte erwartungen an andere. In: Ebenda, S. 98.
[71] Die Sprechblase mit dazugehöriger Frau folgt dem Stil des Pop-Art-Künstlers Roy Lichtenstein und dient Coupland als quasi-Vorwort. Vgl. dazu: Ebenda, S. 8.
[72] Ebenda, S. 199.
[73] Das ist eine Modemarke aus Amerika.
[74] Interview 1994, anlässlich ihrer Tournee.
[75] Ebenda.

[76] Zit. n. Wienerin, April 97, S. 26.
[77] Ebenda. S. 26.
[78] Ebeda. S. 26.
[79] Zit. n. einer Werbekarte von Impulse Spice Competition. 22 Millionen lässt sich Impulse diesen spice-igen WerBezug kosten.
[80] News, 9.10.97.
[81] 800 Millionen Gage als Sängerinnen und rund 226 Millionen an Werbeeinnahmen. Zit. n. News, 9.10.97.
[82] Ö3 magazin. Die club Ö3 pop illustrierte. 10/Dez. und Jänner 1997/98. S.24.
[83] Profil. 46/97. S.95.
[84] Ebenda.
[85] News. Extra. Herbst 1997. S. 3.
[86] Shere Hite: Wie Frauen Frauen sehen. 1997
[87] Zit. n.: Profil. 46/97. S.96.
[88] Profil. 46/97.
[89] Vgl. dazu: Der Standard. 22.5.96. S. 25.
[90] Auszüge aus dem Kunstbericht 1995 des BM für Wissenschaft, Verkehr und Kunst. Nicht zuletzt wegen der Unterrepräsentanz von Frauen im Kulturbereich forciert Barbara Klein, UFF-Aktivistin, die Realisierung des Projektes »LINK-Frauen-Raum«.
[91] Susan Faludi. Die Männer schlagen zurück. Reinbek bei Hamburg 1993, S. 120.
[92] Der Standrad, 18./19. Okt. 97, S. 16.
[93] »Die wichtigste Frage für die feministische Linguistik in diesem Kontext ist, ob die Sprache Wirklichkeit determiniert oder reflektiert, d. h., ob Sprache die Unterdrückung der Frau schafft oder (bloß) wiederspiegelt«, schreibt Deborah Cameron. In: Deborah Cameron (Hgin): The feminist Critique of Language. A reader. London/New York 1990, S. 99. Die Anwort gibt die fem. Linguistin Ingeborg Breiner: »Wir müssen mit beidem rechnen: So wie uns unsere Sprache heute entgegentrittm wie sie Frauen herabwürdigt zbd verschwinden lässt, spielt sie Handlangerin für die reale Ungleichbehandlung von Frau und Mann. Gleichzeitig bildet sie die beiden unterschiedlichen geschlechtsspezifischen Rollennormen ab – zu deren Bestehen sie beiträgt – und perpetuiert sie dadurch, dass diese in jeder Äußerung wiederholt und somit aufs neue festgeschrieben werden.« In: Ingeborg Breiner: Die Frau im deutschen Lexikon. Eine sprachpragmatische Untersuchung. Wien 1996, S. 13f.
[94] 1987 geben die Linguistinnen Ruth Wodak und Birgit Stimmer die Broschüre »Sprachliche Gleichbehandlung von Frau und Mann« heraus. Diese Broschüre enthält linguistische Empfehlungen ausschließlich für den öffentlichen Bereich. Eine sogenannte ›Generalklausel‹, also die Feststellung zu Beginn eines Textes, dass mit der gewählten Sprachform beide Geschlechter gemeint sind, wird als Erfolg gefeiert. Der Effekt: Im Gleichbehandlungsgesetz für die Privatwirtschaft heißt es heute noch in §1 Abs.4: »Bei allen personenbezogenen Bezeichnungen (Arbeitnehmer, Stellenwerber, Arbeitgeber, Vorsitzender der Gleichbehandlungskommission) gilt die gewählte Form für beide Geschlechter … « Diese Formulierung wurde gewählt, obwohl dieses Gesetz eigens für die beruflich benachteiligten Arbeitnehmerinnen geschaffen wurde, und obwohl die Vorsitzende der Gleichbehandlungskommission seit rund zehn Jahren eine Frau ist.
[95] Zit. n. Profil Nr. 32/96.
[96] Vgl. dazu: Schriftenreihe der Frauenministerin. Band 13. Juli 97. Maria Kargl/Karin Wetschanow/Ruth Wodak: Kreatives Formulieren. Anleitungen zu geschlechter-

gerechtem Sprachgebrauch. Wien 1997, S. 17. Die Autorinnen zitieren die häufigsten Argumente der KritikerInnen. Dazu zählen: – Maßnahmen auf der Ebene des Sprachsystems betreffen lediglich die Oberfläche, das führt zu einer Verschleierung der Ungleichheiten (durch nichtsexistischen Sprachgebrauch werde die Ungleichheit zwischen den Geschlechtern weniger wahrnehmbar, weil sprachlich der Eindruck entsteht, dass Frauen und Männer gleichbehandelt würden); – nicht die Art, in der über Frauen gesprochen wird, ist entscheidend, sondern einzig und allein die rechtliche Gleichstellung der Geschlechter. Sobald diese festgeschrieben ist, stelle auch eine nicht symmetrische sprachliche Behandlung von Frau und Mann kein Problem dar; Die Autorinnen resümieren: »Im Widerspruch zu dem Argument der »Sprachspielerei« und der »Unwichtigkeit« steht gewöhnlich die Heftigkeit und Emotionalität der Abwehr, die gegen einen geschlechtergerechten Sprachwandel aufgewendet wird. So unwichtig ist die Änderung von Sprachgewohnheiten offensichtlich wieder nicht, dass Mann sie einfach akzeptieren und damit auf einige Bevorzugung verzichten würde.«

[97] Falter. Stadtzeitung Wien. 16/97, S. 18.

[98] Ebenda. S. 18.

[99] Kurier, 12. Okt. 1997, S. 16.

[100] Falter. Stadtzeitung Wien. 16/97, S. 18.

[101] Zit.n.:Falter. Stadtzeitung Wien. 31/97, S. 7.

[102] Der Standard. 24.7.97. S. 24.

[103] ORF, 1996.

[104] Zit. n. Kogoj/Mandl/Pober: Das Feministische Wörterbuch. Von historischen zu utopischen Feminismen. Unveröffentl. Manuskript, S. 7. Maria Pober ist Obfrau vom ›WörterInnenspiegel‹, Verein zur Erweiterung der deutschen Sprache.

[105] Der Standard. 24.7.97. S.5.

[106] Protokoll vom 24.3.96.

[107] Schriftenreihe der Frauenministerin. Band 13. Juli 97. Maria Kargl/Karin Wetschanow/Ruth Wodak: Kreatives Formulieren. Anleitungen zu geschlechtergerechtem Sprachgebrauch. Wien 1997, S. 70.

[108]Im Jahre 1997 gibt es erstmals mehr weibliche Erstinskribierende, nämlich 55 Prozent, als männliche. Der Anteil der weiblichen Studentinnen beträgt insgesamt 46,7 Prozent (1997). Während der Anteil der weiblichen Assistentinnen 21,7 Prozent beträgt, ist die Luft an der Spitze der Universitätspyramide spürbar dünn: Nur 3,9 % der Professorinnen sind weiblich. Zit.n.: Kurier. 20.2.98. S.3.

[109] Das Symposium findet am 21. und 22. November in Wien statt. Die Veranstaltung wird von der MA 13 der Stadt Wien gefördert. Unter den anwesenden ReferentInnen, es sind dies zehn, befinden sich ein Frau, die sachlich zum Thema spricht. Sie kommt von der Still-Ambulanz Innsbruck und weist daraufhin, wie wichtig das Stillen für die Mutter-Kind-Beziehung ist, nach dem Motto: Je länger um so besser. Die andere ist eine Kabarettistin und sorgt für Unterhaltung.

[110] Das Gespräch mit Prof. Krumm führe ich einige Minuten vor Beginn des Symposiums.

[111] Bundesministerin für Frauenangelegenheiten (Hgin): Bericht über die Situation der Frauen in Österreich. Frauenbericht 1995. Wien 1995, S. 38f.

[112] Fühlen sich die Erwachsenen nicht von ihrer Umgebung kontrolliert wie etwa beim Ausfüllen von Fragebögen, dann treten sieben von zehn Erwachsene für die ›gesunde Watschn‹ (BM für Umwelt, Jugend und Familie 1991) ein. Vgl. auch: Beate Wimmer-Puchinger: Gewalt in der Familie. Wien 1991.Dass auch hier so etwas wie

eine gesellschaftspolitische Reaktion stattfindet, wird an den Artikeln, die sich mit dem Scheitern der antiautoritären Erziehung befassen, ersichtlich. Vgl. dazu: Profil 36. 1. Set. 97. S.84f. Nachzulesen auch im Spiegel-Special zum Thema: Menschenkinder. Erschienen im Nov. 97.

[113] BM für Frauenangelegenheiten (Hgin): gegen Gewalt an Frauen und Kindern handeln. Wien 1994, S.23

[114] Zit. n.: Aktionsgemeinschaft der autonomen österreichischen Frauenhäuser: Partnerschaft gegen Männergewalt. Wien 1997, S. 18.

[115] David Buss: Evolution des Begehrens. Kabel-Verlag 1995. In 37 Ländern wurden insgesamt mehr als 10.000 Personen befragt. Das Ergebnis: »Die sexuellen Strategien sind überall gleich.« Begründung: In der Evolution haben sich jene Begierden durchgesetzt, die sich als tauglich erwiesen haben.

[116] Der amerikanische Universitätsdozent A. Justin Sterling vom Institute of Relationship in Oakland rät in seinem Buch »Männer« (Knaur Verlag) den Ehefrauen: »Hören Sie auf, ihm zu beweisen, dass er im Unrecht ist; Es kostet Sie überhaupt nichts, wenn sie ihn gewinnen lassen; Kümmern Sie sich um seine Eitelkeiten, Wehwehen und Ticks... ...

[117] Hier begegne ich einem neuen Phänomen: Die Zitate kommen von einem Wissenschaftler, der seit längerer Zeit im Bereich der kognitiven Intelligenz u.a. forscht und überaus interessante Forschungsansätze und Erkenntiswege beschreitet, die er der Wissenschaftsgemeinde präsentiert. Im Zusammenhang mit einem feministischen Buch auf populärwissenschaftlicher Basis möchte er nicht genannt werden, weil er den Verlust seiner wissenschaftlichen Reputation fürchtet. Eine Konklusion daraus ist, dass Forschungszitate von Wissenschaftlern im Kontext feministischer Kritik dem guten Ruf als Wissenschaftler in der Wissenschaftsgemeinde abträglich sind. Es hat sich also nichts verändert.

[118] Vgl. dazu: Camille Paglia: Die Masken der Sexualität. Berlin 1992. S. 56f: »Zu den ärgerlichsten Erscheinungen des Feminismus gehört seine Abscheu gegen die »patriarchalische Gesellschaft«, an der kein gutes Haar gelassen wird- Aber es ist eben die patriarchale Gesellschaft, die mich als Frau freigemacht hat. Dem Kapitalismus verdanke ich die Muse, an diesem Schreibtisch zu sitzen und ein Buch zu schreiben. Lassen wir die kleinkarierte Kritik an den Männern und erkennen wir den Reichtum an, mit denen ihre fixe Idee unsere Kultur überschüttet hat. Es ergäbe einen endlosen Katalog, die männlichen Leistungen aufzuzählen ... Jedesmal, wenn ich eine Brücke überquere, denke ich: Die haben Männer gemacht. Bauen ist sublime männliche Poesie ... Wäre die Zivilisation den Frauen überlassen geblieben, wir lebten noch immer in Schilfhütten.« S. 21: »Die Gleichsetzung von Frau und Natur ist der heikelste und anfechtbarste Punkt in dieser historischen Gedankenkette. Die meisten feministischen Leserinnen werden sich dagegen verwahren. Ich denke jedoch, sie ist kein Mythos, sondern entspricht der Wirklichkeit.«

[119] Vgl. dazu: Andrea Maria Sivrikaya: Paul Feyerabend – Ketzer oder Visionär? Diplomarbeit. Wien 1998. Paul Feyerabend: Kursbuch Nr. 53. Berlin 1978, S. 50. An anderer Stelle meint Feyerabend: »Im Grunde ist also der Prozess, der zu Aufstellung einer wissenschaftlichen Wahrheit führt, nicht verschieden vom Prozess der Aufstellung neuer Gesetze im Staat, oder vom Prozess der Annahme, oder der Ablehnung gewisser Projekte wie des Baus einer Brücke über eine Bucht, oder des Baus eines zoologischen Instituts in einem öffentlichen Park: Man unterrichtet die Beteiligten, man sammelt Tatsachen und Vorurteile, man diskutiert, und man kommt schließlich durch Abstimmung zu einem Entschluss.«

[120] Karin Knorr-Cetina: Die Fabrikation der Erkenntnis. Frankfurt am Main 1991. S. 55. »Der sozial produzierte Erkenntnisanspruch von heute ist die wissenschaftlich »gefundene« Tatsache von morgen und umgekehrt.«

[121] Interview mit Johanna Dohnal vom 1.12.97.

[122] »Eine rhetorische Angewohnheit von Anhängern von Ideologien ist die betonte Verwendung von Adverbien und Adjektiven; sie haben nicht die Funktion, etwas näher zu bestimmen, sondern sollen die Stoßrichtung ihrer Äußerungen stützen«, meint etwa der Historiker John Lukacs.

[123] vgl. dazu: OECD-Vergleich 1995; wobei das Labour-Force-Konzept die geringfügigen Beschäftigungsverhältnisse einbezieht.

[124] diese Auskunft wurde telefonisch eingeholt.

[125] Diese Version hat mir die Autorin dieser Teilzeitstudie dankenswerterweise zukommen lassen. Namentlich allerdings möchte sie nicht genannt werden, da sie berufliche Repressalien fürchtet.

2. Das erste FrauenVolksBegehren in Österreich

2.1. Die Chronik der Ereignisse

JETZT REICHTS! – DER INTERNATIONALE FRAUENTAG 1996

Es ist einer der ersten Frühlingstage in Wien. Hunderte Frauen strömen aus den Bundesländern in die österr. Metropole. Frau fährt umsonst, an jenem Tag, dem Frauentag 1996. »Kann sich die ÖBB diese Freifahrt angesichts der angespannten wirtschaftlichen Situation leisten«[1], diese parlamentarische Anfrage vom ÖVP-Mann Helmut Kukacka erhitzt die parlamentarischen Gemüter. Helga Konrad, damalige Frauenministerin, pariert den Angriff mit der lakonischen Feststellung, dass alle Abgeordneten ÖBB Fahrer erster Klasse sind. Und die *Kronenzeitung* schreibt:

»Da diskutiert eine Ministerin über das Sparpaket mit – besonders über jene Punkte, die Frauen in Not treiben. Dann zeigt sie beim Abstimmen auf, beschließt die Knebelbestimmungen mit. Einige Zeit später aber organisiert die gleiche Frau Minister am gestrigen Frauentag einen Protest gegen dieses »frauenfeindliche Sparpaket« in Wien. Und weil sie Einfluss hat, bringt sie, die für das Sparpaket war, die defizitäre ÖBB dazu, Anti-Sparpaket-Protestler gratis nach Wien zu karren. Dass in der Politik Unglaubliches passiert, erschüttert längst nicht mehr. Doch dass diese famose Ministerin aus Graz stammt, ist einem eher peinlich.«[2]

Einige Frauen verlassen an jenem Tag die Route des Frauenkampfes und bummeln über die größte Wiener Einkaufsstraße. Die Reize der Shopping Mall locken. Wann schon hat eine Fabriksarbeiterin aus Vorarlberg die Gelegenheit, umsonst in die Metropole zu fahren? Die Zeitungsschreiberinnen reiben sich die Hände:

»Die große Protestwelle blieb aber aus. Lediglich rund 500 Frauen und einige wenige Männer demonstrierten vor dem Parlament in Wien für »Chancengleichheiten und Frauenrechte«.«[3]

Die Allianz im Vorfeld beeindruckt. Ausgehend von der ÖBB-Frauenchefin Irmgard Schmidtleithner und der Vorsitzenden der Katholischen Frauenbewegung, Ingrid Klein, rufen SPÖ-Frauen, evangelische Frauen, die Grünen, Kinderfreunde und SOS-Mitmensch zur Frauenkundgebung. Die neuralgischen Plätze, die Straßen, die Orte der politischen Macht bleiben dennoch spärlich besucht. Dabei gäbe es genügend Grund zur Wut: Das Sparpakete 96 zerbröselt die Grundlagen des Sozialstaates. Die Wucht trifft ins Mark der Frauen: Das Karenzgeld wird von zwei Jahren auf eineinhalb Jahre gekürzt[4]. Alleinerzieherinnen müssen den Kindesvater nennen, um ans erhöhte Karenzgeld zu kommen. Frauen, die für ihr Kind keinen geeigneten Kindergartenplatz finden und solcherart nach der Karenz ihre Arbeit nicht wieder aufnehmen können, fallen um die Sondernotstandshilfe[5]. Die Geburtenbeihilfe entfällt, desgleichen die Familienbeihilfe bei Studentinnen, die länger studieren. Das Pflegegeld wird reduziert. Bei der Notstandshilfe gelten künftig längere Anwartschaften. Finanzminister Viktor Klima (SP), ganz Sparefroh, ortet eine breite Akzeptanz seiner Kürzungsmaßnahmen. Bundeskanzler Franz Vranitzky (SP) meint zum Stichwort Widerstand der Frauen: »Wir können nicht ausschließen, dass es Unannehmlichkeiten gibt. Deshalb haben wir flankierende Maßnahmen vorgesehen. Die wichtigste ist der Ausbau der Kinderbetreuungseinrichtungen.«[6]

Dass aus der versprochenen Kindergartenmilliarde, auf deren Grundlage Frauenministerin Helga Konrad bereit ist das Paket mitzutragen, schließlich 600.000 ATS werden, beweist für die Frauen einmal mehr die atemberaubende Ignoranz der Politikerinnen. Die Autorin Elfriede Hammerl artikuliert, was sich viele Frauen denken: »Wir sind die Bevölkerung. Wir wollen gefragt werden, was wir akzeptieren.«[7]

Zorn erfüllt jene fünfhundert Frauen, die an jenem 8.3. vor dem Parlament für die Hälfte der Macht im Staate parolieren. Reden werden gehalten, Transparente geschwenkt, Flugblätter verteilt. Es ist wie seit neun Jahrzehnten[8], wäre da nicht der kleine Unterschied. Frei nach der Hegemonietheorie[9] von Ernesto Laclau à la »die Frage nach der Uhrzeit hat die Französische Revolution ausgelöst«, ist es diesmal die Wiener Kabarettistin Barbara Klein, die den entscheidenden Appell an die Frauen richtet: »Alle, die eine vernünftige Frauenpolitik wollen, alle, die nicht länger darauf warten wollen, dass mächtige Männer für sie die Welt verändern, sind aufgerufen, am kommenden Montag ins Café Celeste zu kommen.« Der Keim zum Aufstand ist gesät. Das Treffen im Wiener Kaffeehaus läutet die Geschichte einer neuen Frauenbewegung ein.

DIE VORGESCHICHTE ZUM FRAUENVOLKSBEGEHREN

Begonnen hat alles bei einem Abendessen. Im Februar 1996 lädt Fritzi Kainz-Wittmann, Institutssekretärin in der Akademie der Wissenschaften, zum Brainstorm über die Situation der Frau in Österreich. Mit dabei: Kabarettistin Barbara Klein, Sachbuchautorin Edit Schlaffer, Autorin und Kolumnistin Elfriede Hammerl, die Psychologin Christa Pölzlbauer, die ÖGB Frauenvorsitzende Irmgard Schmidtleitner u.a. »Wir brauchen eine Frauenplattform sprach Irmgard Schmidtleitner, stand auf und ging«, erinnert sich Christa Pölzlbauer ein Jahr später. Eine tickende Bombe hätte die einflussreiche Gewerkschaftsfrau liegengelassen. Das Ergebnis ist vergleichsweise harmlos: Ein Flugblatt, das einmal mehr auf die Ungerechtigkeit zwischen Mann und Frau verweist. Dass ausgerechnet jene Psychologin, die sich in dieser Runde als »Barfußfeministin«[11] fühlt, schon ein Monat später von der Wochenzeitschrift *News* als Initiatorin eines Frauenvolksbegehrens zitiert wird, hätte sie sich nicht träumen lassen: »Es war atemberaubend, aber eigentlich eine Panne, denn unser Vorhaben lief unter strikter Geheimhaltung.« Ein Leck im U-Boot der neuen Frauenbewegung, dass ein kurzes Auftauchen erzwingt. Die Frau, die dieses strategische Missgeschick anrichtet, verlässt die Bühne. Das Unternehmen Frauenvolksbegehren geht für über sechs Monate auf mediale Tauchstation.
Unterdessen beschäftigt sich die österreichische Medienlandschaft mit Frauentag und Frauenministerin. In der *Presse* vom 8.3.96 erfahren die Leserinnen: »Die Großveranstaltung des Landes Oberösterreich am heutigen Frauentag im Linzer Design Center wird von verschiedenen Frauengruppen kritisiert. Es werde mit Gewinnspielen (Preis: Ein Beauty-Weekend), Beziehungs-Workshops und »Powerfrauen« wie Vera Russwurm, Jazz-Gitti oder Ulla Weigerstorfer ein überholtes, auch traditionelle Klischees ausgelegtes Frauenbild transportiert, lautet die Kritik. Die Landes-Grünen nannten die drei Millionen Schilling teure Veranstaltung eine »Alibiaktion« des Frauen-Landesrates Walter Aichinger ... «
Am 11.3.96 steht im *Kurier*, dass »Frauenministerin Helga Konrad nichts von der Idee hält, eine eigene Frauenpartei zu gründen.«[12] Eine Frauenpartei wurde eine Woche zuvor in der »WirtschaftsWoche« von Johanna Dohnal ins Spiel gebracht, weil das Sparpaket die Frauen einseitig belastet. Ebenfalls am 11.3.96 ist in der *Presse* zu lesen, dass im Koalitionsabkommen das Frauenministerium ganz einfach vergessen wurde. »Kein Wunder: ein Frauenministerium ist für Männer nicht angenehm – normalerweise«, kommentiert Norbert Rief in der *Presse*

vom 11.3.96. Helga Konrad aber ist seiner Ansicht anders. »Den großen Krach mit ihrem Parteichef Franz Vranitzky hat es jedenfalls noch nicht gegeben ... Und auch die sonst parteiübergreifende Frauen-Allianz bröckelt. Die FPÖ will das Frauenministerium abschaffen, die Grünen halten Konrad für verzichtbar ... Dohnal war eine Reizfigur, an Sturheit nicht zu übertreffen, eine Frau, die verbal zu Hammer und Meißel statt zum Staubwedel griff.« Die Schlussfolgerung von Norbert Rief: »Eine Frauenministerin muss unbequem sein – auch auf die Gefahr hin, abgelöst zu werden – oder sie ist überflüssig.«
In den *Salzburger Nachrichten* vom 15.3.96 wird der »Start der ÖVP-Frauenbildungsoffensive« kommentiert: »Während die Flintenweiber demonstrieren, protestieren, kritisieren, zeigen die bürgerlichen Ladies, wo die Auswege liegen:
»Kürzlich absolvierten 20 Funktionärinnen der ÖVP-Frauen des Landes Salzburg ein Seminar zum Thema Persönliches Styling.« ... Gekonnt eingefädelt. Wir vermuten: Die ÖVP-Frauen wollen erst einmal apart und adrett aussehen, um dann bei den ÖVP-Männern ein politisches Leiberl zu haben. Der alleine macht natürlich das Kraut noch lange nicht fett ... Es folgt Raffinesse zweiter Teil: »Als nächstes Seminar findet ein Selbstbewusstseinstraining am 29. März in St. Johann statt.« Angesichts dieser Beweise strategischen Denkens wollen wir uns in Ehrfurcht verbeugen.«

DIE INITIATION – DAS FRAUENVOLKSBEGEHREN ENTSTEHT

Am *16. März* kommt es zum ersten Treffen im Celeste. Vierzig Frauen folgen dem Aufruf von Barbara Klein. Solche, die schon Jahrzehnte in der ›Frauenszene‹ tätig sind, aber auch ganz andere Frauen: Tagesmütter, Studentinnen, Psychologinnen, Künstlerinnen, Technikerinnen, Lehrerinnen. Das Alter dieser Frauen reicht von zwanzig bis über sechzig. Gemeinsam ist ihnen lediglich, die Wut, die Erfahrung, die Bereitschaft zur Veränderung. Der Abend ist ein hitziger. Favorisiert werden Frauenpartei, Fraueninitiative, Frauenplattform. Es wird geredet, gestritten, gelacht. Die Frage nach dem Wohin kristallisiert sich in der direktdemokratischen Option des Volksbegehrens. Die Idee kommt von Elfriede Hammerl[13]. Der Gedanke dahinter: »Das Volksbegehren ermöglicht ein konzentriertes Arbeiten auf ein bestimmtes Ziel und es ist zeitlich begrenzt«, argumentiert Hammerl und erreicht weitgehende Zustimmung. An diesem 16. März wird von den anwesenden Frauen jener Akzent gesetzt, den die Medienforscherin Gitti Geiger ein Jahr später als »Erfolgsstory«[14] bezeichnet. Die Wahl des politischen Mittels Volksbegehren signalisiert von Beginn an die Tragweite eines breiten Themas und stellt, im Gegensatz etwa zu Italien oder Irland, ein neues Terrain frauenspezifischer Politikgestaltung in Österreich dar.[15] Die Zeit ist reif, denn ihre Zeichen sind alles andere denn rosarot.

DER HIMMELBLAUE HINTERGRUND – DAS SPARPAKET NR. 2

Zurzeit werden sechs der 180 UNO-Staaten von Frauen regiert, das sind 3,3 Prozent. Auf Ministerinnenebene agieren 3,5 Prozent Frauen. In mehr als der Hälfte der Länder gibt es keine einzige Ministerin. Die Internationale Arbeitsorganisation ILO hat errechnet: Wenn das gegenwärtige Tempo beibehalten wird, dauert es noch sagenhafte 475 Jahre, ehe die Frauen die Männer in der Führung von Wirtschaft und Politik eingeholt haben. Eine Ausnahme bildet Skandinavien. Die nordischen Staaten nehmen bei dem von den Vereinten Nationen entwickelten Gender Equality Index[16] den ersten Platz ein. Norwegen hat eine Premierministerin. Etwa 40 % des Kabinetts- und der Parlamentsabgeordnete sind Frauen. Bei der Parlamentswahl 1993 hatten drei Kandidatinnen gegeneinander um die Gunst der Wählerinnen gekämpft. Als Geheimnis dieses Geschlechterparität nennt Karin Stoltenberg[17] die Einführung der Quote in den 80er Jahren. »Die Quotenregelung in der Sozialdemokratischen Partei sieht so aus, dass in keinem Gremium der Partei weniger als 40% eines der beiden Geschlechter vertreten sein darf. Als auch in der Regierung 40% Frauen waren, dauerte es nicht sehr lange, bis sich die Leute nicht nur daran gewöhnten, sondern diese Verteilung auch als die einzig legitime Form demokratischer Willensbildung ansahen.«[18] Auch Österreich kennt die rechtliche Fixierung von Gleichbehandlung und Quotenregelung. Ausgehend vom Artikel 7 der Bundesverfassung[19], wonach alle Bundesbürger – einerlei welchen Geschlechts – vor dem Gesetz gleich seien, beweist die Theorie auch hier, wie weit sie von der Praxis entfernt ist. Frauen werden ausgebeutet, misshandelt, missbraucht, vergewaltigt. Wobei diese männlichen Übergriffe an Frauen von der Justiz nicht selten als Kavaliersdelikte gehandelt werden[20]. Gleichheit vor dem Gesetz schützt vor Ungleichheit nicht. Das beweist nicht bloß die Rechtssprechung in Strafverfahren, sondern auch der Umgang mit dem Faktor Arbeit. Seit 1979 verbietet das Gleichbehandlungsgesetz[21] finanzielle Benachteiligung von Frauen in privatrechtlichen Arbeitsverhältnissen. 1997 verdienen Frauen immer noch bis zu 43 Prozent weniger als Männer. »Von Gleichstellung kann keine Rede sein«, wie eine Studie der Wissenschaftlerinnen Ulli Pastner und Ulrike Papouschek beweist. Lediglich 15 % der untersuchten Betriebe in Österreich betreiben eine weitgehend »institutionalisierte und programmatisch angelegte Personalpolitik«, mit dem Ziel, eine Chancengleichheit für Frauen herbeizuführen.[22]

1993 tritt das Bundesgesetz über die Gleichbehandlung von Frauen und Männern und die Förderung von Frauen im Bereich des Bundes (B-GBG) in Kraft. Mit dem BGBG wird der Bund als Dienstgeber über die Einhaltung des Gleichbehandlungsgebotes hinaus dazu verpflichtet, in all jenen Bereichen, in denen Frauen bislang unterrepräsentiert sind, einen Frauenanteil von 40 % anzustreben. Im Gegensatz zum Gleichbehandlungsgesetz für privatrechtliche Dienstverhältnisse besteht eine Berichtspflicht gegenüber dem Nationalrat. Wie sehr sich diese Quotierung auf die Gleichstellungspolitik auswirkt, darüber gibt es noch keine Zahlen. Wenn die Quotenregelung ähnlich rasant umgesetzt wird wie in den großen Parteien Österreichs, dann besteht aller Grund zu wenig Hoffnung.[23] Die erste Partei, die eine Quotenregelung einführt, ist die SPÖ. 1985 wird eine Quotierung von 25 % als Kann-Bestimmung beschlossen. 1993 folgt der Beschluss einer Mindestquote von 40 %, die innerhalb von zehn Jahren umgesetzt werden soll. Gegenwärtig liegt der SP-Frauenanteil im Nationalrat bei 29,5 %. Die ÖVP sieht im Grundsatzprogramm 1995 eine Ein-Drittel-Quote vor. Der VP-Frauenanteil im Nationalrat beträgt 19,2 %. Die FPÖ lehnt eine Quotenregelung für Frauen ab. Ihr Frauenanteil im Nationalrat hält bei 19 %. Das Liberale Forum sieht ebenfalls keine Quotenregelung vor. Im Nationalrat sind 44,4 % Frauen vertreten. Für die Grünen gilt seit 1989 eine Quote von zumindest 50% Frauen. Der Frauenanteil im Nationalrat liegt bei 55,5 %. Insgesamt sind im Nationalrat derzeit 49 Frauen (21 SP, 10 VP, 8 FPÖ, 6 Grüne, 4 Liberale), das sind 26,8 Prozent. Der Bundesregierung gehören drei Frauen an, das sind 21 %.[24]

Für den Backlash[25] in der Frauenpolitik gibt es triftige ökonomische Gründe. Seit dem EU-Plebiszit vom Juni 1995, mit dem Ergebnis der satten Mehrheit von über 60 Prozent für den Beitritt zur Europäischen Handels- und Währungsunion, regiert die Politik der Macher. An die Stelle der sozialen Marktwirtschaft tritt eine radikale Privatisierung und ein rücksichtsloser Sozialabbau. »Was uns als Deregulierung verkauft wird, ist ein Versuch, die Ehe als Versorgungsinstitution zu festigen«[26], analysiert die Autorin Eva Rossmann. Die österreichische Bundesregierung betreibt eine ausgabenseitige Budgetkonsolidierung[27], indem sie Unterstützungen gnadenlos zu streichen beginnt. Dabei handelt es sich keineswegs um finanzielle Almosen. Vielmehr werden Gelder wie beispielsweise das Karenzgeld, auf das ein Rechtsanspruch besteht[28], gekürzt. Österreich nimmt Abschied vom sozialgarantistischen Politikansatz. Es herrschen die Gesetze des freien Marktes. Produktionsbetriebe (z.B. Semperit, Unilever) wandern ins benachbarte Tschechien oder anderswohin ab, andere Betriebe werden ›gesund‹-geschrumpft[29] wie die OMV oder privatisiert wie die österreichische Post. Allen Deregulierungsmaßnahmen gemeinsam ist die Freisetzung von Heerscharen an Arbeitskräften und die Flucht in neue Formen der Arbeit (gerinfügige Beschäftigung). Im Jänner 1997 überschreitet Österreich die magische Grenze von 300.000 Arbeitslosen. Zehn Prozent der beschäftigten Bevölkerung hat keine Arbeit. Auffällig ist, dass der Anteil der weiblichen Arbeitslosen kontinuierlich steigt, ohne dass die Freigesetzten wieder in den Arbeitsprozess eingegliedert werden. Hinzu kommt eine äußerst ungleiche Bewertung des Produktionsfaktors Arbeit. Frauen verdienen bis zu 43 Prozent weniger als Männer. Über 100.000 Frauen sind mit weniger als 3.700 ATS geringfügig beschäftigt und weder pensions- noch arbeitslosenversichert. 42 Prozent der Österreicherinnen haben keine eigene Pension. »Keine wirklich guten Zeiten für die Frauen«[30], schreibt die Wochenzeitschrift *News*. Was fehlt ist eine ernstzunehmende Frauenlobby. Klingt seltsam, wenn man weiß, dass 51,7 Prozent der österreichischen Bevölkerung Frauen sind, deren Organisationsgrad vergleichbar mit anderen Ländern ein durchaus beachtenswerter ist. Auf der Regierungsebene gibt es seit den achtziger Jahren eine Frauenministerin, in den Bundesländern vertreten Frauenbeauftragte, allerdings weitgehend kompetenzlos[31], die Anliegen der weiblichen Bevölkerung, und eine Palette von unterschiedlichen Frauenprojekten, vom autonomen Spektrum bis hin zu konservativ-christlichen Frauenvereinen, organisiert in der Österreichischen Frauenlobby, im Österreichischen Frauennetzwerk, im Bund demokratischer Frauen u.a. überzieht das Alpenland. Und dennoch ist es der Regierung möglich, gerade den Alleinerzieherinnen die Butter vom Brot zu kürzen. Die Gründe für die atomisierte Frauenkultur liegen u.a. in den unterschiedlichen ideologischen Zielkonzeptionen. Während der eine Teil die politische und soziale Stellung der Frau unabhängig vom Mann definiert und gegen die Machtmechanismen des Patriarchats zu Felde zieht, baut der weitaus größere Teil der österreichischen Frauenbewegung auf eine Zusammenarbeit von Mann und Frau, die sich schließlich in einer wie immer gelagerten »Egalité« auflösen soll. Dieser Hauptwiderspruch in Organisationsform und Wahl der Strategie macht ein gemeinsames Vorgehen vielfach zur Illusion. Ganz abgesehen vom Faktum, dass Projekte, die das weibliche Lebenskonzept in der Familie vorsehen, eine breitere öffentliche und somit finanzielle Unterstützung[32] genießen, als Projekte, die Frauen im gesamtgesellschaftlichen Lebenszusammenhang zu stärken beabsichtigen. Insofern neigt sich der Effektivitätsgrad einer »österreichischen Frauenbewegung« gegen Null, auch wenn die Umwegrentabilität nicht aus den Augen verloren werden darf[33]. Der Lauf durch die Institutionen[34] mit den flächendeckenden Frauenprojekten und Frauenagenden hat je nach politischer Saison gut wie etwa in der Ära Kreisky[35], oder weniger gut wie in Zeiten des Neokonservativismus, der bis auf die Grünen und Liberalen sowohl die FPÖ, SPÖ wie die ÖVP beeinflusst, funktioniert. Darüber hinaus ist das Amt der Frauenministerin klein, vergleichsweise gering budgetiert und bei der Umsetzung realpolitischer Themen direkt von anderen Ministerien abhängig. Und doch: »Ich war noch viel zu wenig unbequem«[36], kommentiert Johanna Dohnal ihre Zeit als Frauenministerin im Herbst 1996.

DAS VERLORENE PARADIES – LEGITIMATIONEN FÜR EINE FRAUENFEINDLICHE POLITIK

»Wenn es um Frauenrechte geht, müssen wir immer wieder bei Adam und Eva anfangen.«[37] Die Erfahrung von Johanna Dohnal, der Grande Dame österreichischer Frauenpolitik, wiederholt sich im Jahre 1996. Das Sparpaket mit all den Lohnsteuererhöhungen und Förderungskürzungen kostet die Österreicherinnen bis zu 60.000 ATS im Jahr[38]. Auf dem Weg zum europäischen Binnenmarkt, bei der Erfüllung der magischen Konvergenzkriterien, outen sich Österreichs Finanzpolitiker als ausgesprochene Hardliner. Zur Kasse gebeten wird der Mittelstand, das Nachsehen haben die sozial Schwächeren. Die verbale Hexenjagd auf vermeintliche »Sozialschmarotzer« ist en vogue und politisch toleriert. Das Bild vom ›braven Bauarbeiter‹[39], der im Schweiße seines Angesichts die Steuern zahlt wird im politischen Diskurs zur neuen rhetorischen Figur. Die Frau hat sich, »nachdem sich die feministische Illusion von der Selbstverwirklichung der Frau und Mutter im Beruf als verhängnisvoller Irrtum erwiesen hat«[40] wieder am Küchenherd einzufinden. Doch der Parteichef der Freiheitlichen, Jörg Haider, ist nicht der Einzige, der eine ›neue Mütterlichkeit‹ herbeiphantasiert. Der Startschuss für die ideologische Offensive kommt aus den Reihen der Sozialdemokratie. Christine Vranitzky, ihres Zeichens First Charity-Lady, spricht aus, was auf kuscheligen Fauteuils in so manchen Politikerwohnungen zur ›Frauenpolitik‹ frei assoziiert wird: »Ich halte nichts davon, dass Frauen Kinder kriegen und sie um sieben Uhr früh abgeben, um dann vielleicht 4.000 oder 5.000 ATS dazuzuverdienen. Kinder kriegen und dann wegrennen ist das Feigste. Man kennt ja die Resultate.«[41] Abgesehen davon, dass sich die Christinsche Analyse ob ihres Tiefgangs (klar, dass Mütter jede Gelegenheit nutzen, um von ihren Bälgern wegzukommen und sei es, dass sie als Putzfrau dabei genau soviel verdienen wie sie der Kindergartenplatz kostet, denn es geht um die Ruhe, Erfüllung und den Spaß beim Putzen) auszeichnet, erzielen ihre glasklaren Gedanken die Wirkung einer politischen Tretmine. Plötzlich fühlt sich jeder berufen, zu sagen, was er sich schon immer gedacht hat: »Die Kinder wie die Milchkannen abzugeben«[42], das sei »schädlich«, predigt der konservative Klubobmann Andreas Khol. Deshalb ist im Haushalt des ÖVP-Klubobmanns stets jemand für seine Kinder da. Frau Khol hat ihren Job aufgegeben, um ihre Kinder zu hüten und für ihre Enkel will sie auch da sein, denn Herr Khol würde zwar selbstredend sehr gerne, aber auf ihn warten (wie auf so viele Männer) »wichtigere Aufgaben«, denen sich Andreas Khol verpflichtet fühlt.

24. MÄRZ 1996 – ALLES WAS RECHT IST! – DIE ERSTEN TREFFEN ZUM FRAUENVOLKSBEGEHREN

»Alleine die Tatsache, dass wir in den Keller gesteckt werden, ist für den allgemeinen Stellenwert von Frauenpolitik bezeichnend«[43], kommentiert Hammerl die Zuweisung der Örtlichkeit für die Frauentreffen. Schmeichelhaft daran ist nur, dass in der Geschichte viele mehr oder weniger subversive Ideen in Kellern geschmiedet wurden. So auch hier. Bei diesem Treffen werden die Weichen für das ideologische Vorgehen gestellt. Die formalen Kriterien für das Plebiszit[44] werden diskutiert. Damals schon zeichnet sich ab, dass die 10.000 geforderten Unterstützungserklärungen für das Volksbegehren illusorisch sind und »die Unterstützung durch Abgeordnete zum Nationalrat die wahrscheinlichere Variante in der Vorgehensweise«[45] darstellt. Um die acht Unterstützungserklärungen von Nationalratsabgeordneten zu bekommen, muss »eine möglichst große Bandbreite der politischen Parteien, d. h. wenn möglich sollen zumindest die Grünen, das Liberale Forum sowie die SPÖ in den Kreis der Unterstützerinnen einbezogen werden«[46], hergestellt sein. Zwei Fliegen werden solcherart mit einer Klappe geschlagen: das Einbeziehen politischer Parteien sichert eine breite Unterstützung des Volksbegehrens insgesamt; darüber hinaus ist »das breite Parteienspektrum nötig, um sich in keine Richtung parteipolitisch vereinnahmen zu lassen.«[47] Die Zusammenarbeit mit politischen Parteien ist gewünscht. Eine klare Positionierung gegen die weitgehend patriarchal organisierten und strukturierten Parteien findet, im Gegenteil zu den autonomen Feministinnen[48] etwa, nicht statt. Nach dem Motto: Der Zweck heiligt die Mittel, endet die ideologische Reflexionsarbeit vorläufig bei der durchaus realistischen Gefahr der parteipolitischen Vereinnahmung. Eine ideologische Positionierung zu gender, race und class bleibt ausgespart. Der Diskussionsbogen spannt sich um die ökonomische, politische und kulturelle Stellung der Durchschnittsfrau in der österreichischen Gesellschaft.[49] »Wir haben bewusst keine Ideologiediskussion geführt«[50], meint Hammerl, obwohl »man ohne Theoriebildung keine gescheite praktische Arbeit leisten kann«[51], ergänzt Rossmann. Der »realpolitische« Zugang, der sich an der konkreten Situation der Frau orientiert, wird von den Aktivistinnen goutiert: »Endlich hatte ich das Gefühl, dass wirklich etwas passiert, das die Frauen weiterbringt«[52], erinnert sich die Journalistin Edith Stohl. Edith Stohl zählt zu denjenigen Frauen, die die Sparmaßnahmen des Staates am meisten spüren: Als Alleinerzieherin zweier Kinder hat sie Mehrausgaben von rund 1.000 ATS im Monat. Das Stipendium für ihre Tochter bekommt sie nicht, weil es »500 ATS ausmacht und der Staat Beträge unter 1.000 ATS, mit der Begründung administerieller Überbelastung, nicht ausbezahlt.«[53] Getrieben von »Wut« beginnt sie 1995 in den »Frauenkreisen herumzukrebsen«. Das, was sie vorfindet, ist »eine Szene, die total überaltert ist. Ein Stillstand, getragen von Leuten, die in starker Beziehung zueinander stehen. Männliche Veranstaltungen waren nicht anders. Ich war von deren Gehabe schockiert und von der Tatsache, dass diese Männer die geistige Elite des Landes sein sollen.« Edith Stohl zählt zum Aktivistinnenkreis der ersten Stunden, damals noch Frauenplattform genannt.

1. APRIL 1996 – – VON DER FRAUENPLATTFORM ZUM UNABHÄNGIGENFRAUENFORUM

»Es besteht ein Riesenunterschied zwischen uns und einer Männergruppe. Wir opfern die spärliche Freizeit, um an der Gleichberechtigung zu arbeiten«[54], resümiert Barbara Klein, Kabarettistin, Alleinerzieherin und die explosive Denkfabrik der Gruppe. Explosiv, weil sie mehr als andere Frauen auf das Recht »wütend sein zu dürfen« pocht. Mit der Aktionistinnengruppe »Machtwärts« setzt Barbara Klein gemeinsam mit Elfriede Hammerl Akzente in der feministischen Szene. So wird beispielsweise in einer Annonce in Profil »der goldene Eierstock an ORF-Generalintendanten Gerhard Zeiler für das Absetzen der

Fernsehsendung Wir-Frauen verliehen.« Im Herbst 1995 werden rotgefärbte Tampons an die Parlamentarierinnen mit dem Text: »Blutet uns nicht aus« verschickt. Die Legislative reagiert prompt: »Wenn Sie dieses Kuvert bekommen! Nicht öffnen, sondern im Nebenraum lagern«, lautet eine interne Aufforderung. Nach zwei Wochen bekommt Barbara die Wucht der österreichischen Exekutive zu spüren: »Drei Männer und eine Frau von der Staatspolizei haben meine Wohnung und mein Büro auf den Kopf gestellt.« Diese Kriminalisierung der Aktion und die offene Repression reichen. Seither mögen es auch die feministische Kabarettistin Barbara Klein und die feministische Autorin Elfriede Hammerl ruhiger: »Legal war für mich dann ein bisschen wichtig«[55], bemerkt Klein. Äußerst legal sind die Treffen der Frauen (seit dem Vereinsrecht für Frauen aus dem ausgehenden 19. Jhdt.) im Kaffeehaus. Organisatorisch kann die Frauenplattform zu diesem Zeitpunkt noch nicht qualifiziert werden. Sie ist relativ durchlässig. Neue Frauen kommen hinzu, andere bleiben fern. Die ersten Gruppen für die inhaltliche Arbeit bilden sich heraus. Der Diskurs findet in Kleingruppen und am Wochenende statt. Bei regelmäßigen Treffen am Montag werden die Konzepte vorgestellt. Ideen für eine soziopolitische Veränderung der Machtverhältnisse sprudeln. Gleichzeitig beginnt das Dilemma zwischen Anspruch und Wirklichkeit, das formaljuridisch im Rahmen eines Volksbegehrens gegeben ist, zu greifen. Prinzipiell gilt, dass der inhaltliche Text eines Volksbegehrens entweder direkt auf einen konkreten Gesetzestext abzielen, oder das Anliegen in einen Gesetzestext gegossen werden können muss. Sieht der Forderungskatalog anfangs noch die gesetzliche Verankerung der Absicherung der Wohnsituation, das Verbot der Delogierung, die Sicherung der Finanzierung von Frauenhäusern ohne zeitliche Beschränkung u. a. vor, so ist bald schon »die Beschränkung auf einige wenige Punkte nötig.«[56] Um eine gewisse »Plakativität« der VBForderungen zu gewährleisten, kreist die inhaltliche Diskussion künftig um die Themenbereiche Kinderbetreuungseinrichtungen, Pension, Chancengleichheit/Quote, Ausbildung/Bildung; »Wir sehen das Frauenvolksbegehren als ersten Schritt auf dem Weg der Besserung an. Deshalb konzentrieren wir unsere Forderungen auf die Probleme, die die meisten Frauen betreffen«[57], heißt es Monate später in einem Informationsblatt. Zu diesem Zeitpunkt sind die inhaltlichen Forderungen durchaus noch sehr pointiert. So wird eine verpflichtende Männerkarenz oder die Durchsetzung einer Quote auch auf dem freien Arbeitsmarkt diskutiert.

Was andere Frauen überlegen, ist dem *Kurier* vom 18.5.96 zu entnehmen. Unter dem Titel: »Nur wenig Frauenpower in der Politik« wird festgehalten, dass »nur eine Burgenländerin für die Landtagswahlen de

facto einen Spitzenplatz hat«. Und das ist die Landtagsabgeordnete und HAK Professorin Helga Braunrath. Ihre Haltung: »Wir Burgenländerinnen sind stark«, meint Braunrath. »Rechnet man die Arbeit für Haushalt und Familie zum Bruttoinlandsprodukt, so leisten Frauen insgesamt 55 Prozent vom BIP«, rechnet die Mathematikprofessorin vor. Die Politikerinnen fühlen sich deshalb auch der politischen Herausforderung durchaus gewachsen und wollen keine Quotenregelung. Ihre Strategie, so Braunrath: die Bünde und Organisationen zu »unterwandern« und dann »von innen heraus« auf die weiblichere Linie bringen.« Eine andere, die im zweiten Ermittlungsverfahren eine Chance auf einen Landtagssitz bekommt ist die Unternehmerin Andrea Gottweis. Andrea Gottweis »kämpft für Arbeitsplätze. Teilzeitbeschäftigung und Jobsharing für Frauen, die so besser Arbeit und Kinderbetreuung unter einen Hut bringen könnten, sind ihr Programm.«[58]
Was eine andere Politikerin denkt, steht in den *Salzburger Nachrichten*. Die Rede ist von Helga Machne (ÖVP). Sie ist in Österreich die einzige Bürgermeisterin einer Bezirkshauptstadt, nämlich Lienz. »Von der Quotenregelung halte ich nichts. Es kommt immer nur auf die Qualifikation an, nicht darauf, ob es eine Frau oder ein Mann ist.« In die Gemeindepolitik ist sie vor zehn Jahren eingestiegen, »als ihre Kinder langsam erwachsen wurden und sie nicht mehr so sehr brauchten.«[59]

APRIL/MAI/JUNI 96 – DAS UFF IST EIN VEREIN

Uff! Das ist nicht bloß der passende Ausdruck für den unheimlichen Wust an Arbeit, der sich vor den 17 aktiven Frauen auftürmt. UFF ist das Akronym, das »nach Erstaunen klingen soll«[60] und stellt die Kurzform für UnabhängigesFrauenForum dar. Die Frauenplattform hat einen Namen, ist rechtskräftig ein gemeinnütziger Verein[61] und verwaltet seit April ein Spendenkonto. Alles beginnt in »geordneter Weise«[62] zu laufen. Und es scheint, als ob der Vereinsstatus auch auf die interne Organisation und externe Präsentation Einfluss hätte. Die Zeiten, in denen Frauen einfach so vorbeikommen und in der Gruppe bleiben oder wieder gehen können, scheint vorbei zu sein. »Für interessierte Frauen soll es eine Besuchsmöglichkeit in der 2. Reihe geben, vorausgesetzt eine Patin aus dem UFF! ist anwesend.«[63] Die zweite Reihe meint, dass diejenigen Frauen, die in einer UFF-Frau eine Mentorin finden, beim ersten Treffen nicht mitreden dürfen. Mit dieser Regelung soll verhindert werden, dass »neue Frauen den Arbeitsfluß stören, indem sie dauernd Fragen zu UFF, dem Volksbegehren und dem status quo stellen.«[64] Nur diejenigen Frauen sollen am Volksbegehren arbei-

ten, denen absolut vertraut werden kann. Pannen wie die Informationsweitergabe an die Wochenzeitschrift *News* im Frühjahr 1996 müssen verhindert werden. Es gilt, dass das UFF »und seine Mitarbeiterinnen nach außen keine Informationen weitergeben. Jegliche weitere Informationspolitik erfolgt nach Absprache.«[65] Welche Inhalte an die Öffentlichkeit gelangen, darüber entscheidet das Plenum. Alleingänge sollen solcherart verhindert werden. Zu dieser Zeit sickert die Idee eines FVB zu größeren Teilen der Bevölkerung durch. Die Österreichische Frauenlobby verschickt 1.200 Newsletter, denen ein Flugblatt zum Frauenvolksbegehren kostenlos beigelegt ist. Der Verein Alleinerzieherinnen der katholischen Frauenbewegung (AE der kfb) tätigt 2.000 Aussendungen an Organisationen und Privatpersonen, in denen u.a. für das FVB gratis geworben wird.
Aus dem *Kurier* können Leserinnen unterdessen erfahren, dass es mit der Gleichbehandlung trotz Bundes-Gleichbehandlungsgesetz eher schlecht aussieht: »In den 86 Sektionsleitungen der Ministerien heißt es in dreien »Frau Sektionschefin«. Zwei davon sind im Sozialministerium, eine im Familienministerium. »Das Einsparen von Planstellen trifft besonders karenzierte Frauen. Ihnen wird nach der Karenz häufig nahegelegt, aus dem Beruf auszuscheiden«, ärgert sich die Oberrätin und Gleichbehandlungsbeauftragte Elfriede Fritz aus dem Finanzministerium. Geht es um Führungspositionen, so würden Frauen oft gegeneinander ausgespielt. Ersuchen um Teilzeitarbeit oder Zeitausgleich für berufstätige Mütter werde mit dem Argument »die Finanzbehörden sind Dienstleister und haben Dienstzeiten« quittiert. Fritz bezweifelt, dass die 40prozentige Frauenquote quer durch alle Besoldungsgruppen jemals erreicht wird.«[66]

JUNI/JULI/AUGUST 96 – POSITIONIERUNG GEGENÜBER POLITISCHEN PARTEIEN

»Die Haltung gegenüber Politikerinnen soll offen für Diskussionen, höflich und klar sein«, heißt es im Protokoll vom 10.06.1996. Werden die vergangenen Monate dazu genutzt, um sich über die politische und gesellschaftliche Stellung der Österreicherin zu informieren[67], so stehen die Sommermonate ganz im Zeichen des politischen Lobbyismus. Ein Ziel dieser politischen Arbeit ist die Geldbeschaffung. Die Spendengelder fließen nur sehr zögerlich. Im August beläuft sich der Kontostand auf 8.655 ATS. Die Treffen finden entweder in den Wohnungen der UFF-Frauen oder im Kaffeehaus statt. Ein Büro wird verzweifelt gesucht. Die Telefon- und Faxkosten werden von den UFF-Frauen selbst finanziert. Die Zeit, in denen UFF-Frauen Gespräche mit politischen Vertreterinnen führen, bedeutet für viele einen empfindlichen Einkommensverlust. »Die Arbeit rund um das Frauenvolksbegehren ging an die Grenze meiner finanziellen Ressourcen«, meint Elfriede Hammerl im Herbst 1997 und bedauert »sicher zu wenig Zeit für meine Tochter gehabt zu haben«[68]. Fast die Hälfte der UFF-Frauen sind Alleinerzieherinnen. Rund ein Drittel hat entweder kein eigenes Einkommen (Nur-Hausfrau[69]), ist arbeitslos, pensioniert oder geringfügig beschäftigt; ein weiteres Drittel ist angestellt und ein Drittel der UFF-Frauen arbeitet als Selbständige. Insoferne ist das zentrale Ziel der Geldbeschaffung weder ein unsittliches Vorgehen, sondern ganz einfach eine Überlebensfrage für das FVB-Projekt. Die Gespräche verlaufen zum Teil kontroversiell, in der Tendenz aber positiv. Die ÖVP-Generalsekretärin Maria Rauch-Kallat »steht der Idee ablehnend gegenüber.«[70] Sie repräsentiert den politischen Tenor in der Bundes-ÖVP, der auch gegenwärtig Gültigkeit besitzt. Die ÖGB-Frauenvorsitzende Irmgard Schmidtleithner unterstützt das FVB, indem sie am Donauinselfest UFF-Flublätter (zunächst kostenlos kopiert) verteilen lässt und bei diversen Veranstaltungen der Gewerkschaft über das FVB informiert. Der Besuch bei den Grünen sichert eine finanzielle Unterstützung von monatlich 1.500 ATS, in der Zeit vom 6/96 bis 3/97[71]. Gespräche mit Heide Ambrosch (KPÖ) münden in einer Spende von 10.000 ATS[72]. Frauenministerin Helga Konrad ist »100 % dafür«, weil »es ihrer Meinung nach die einzige Möglichkeit ist, momentan etwas zu tun.«[73] Sie stellt eine Subvention von 500.000 ATS (für zwei Jahre) in Aussicht[74], versichert dem UFF die nötigen Unterstützungserklärungen für das VB durch die Parlamentarierinnen, verspricht zum »8. März ein großes, gemeinsames Fest«, das ironischerweise aber ohne Helga Konrad stattfinden sollte, da sie im Jänner 1997 über ihre »Ganze Männer machen halbe/halbe«-Aktion stolpern wird. Wiederholte Interventionen beim Liberalen Forum sichern einen Betrag von 30.000 ATS für die Faxkosten des UFF.[75] Ex-Frauenministerin Johanna Dohnal überweist einen monatlichen Betrag von 5.000 ATS bis 03/97[76] und eine einmalige Spende von 55.860 ATS. Ein Ansuchen um Subvention im Frauenbüro der Stadt Wien bringt eine Summe von 75.000 ATS.[77] Obwohl jeder Groschen wichtig ist, werden nicht alle Gelder angenommen. Ein Kriterium ist der korrekte Umgang mit Frauen.[78] Parallel zur Geldfrage wird die Stimmung zum geplanten FVB sondiert. Die Österreichische Frauenlobby goutiert die Idee, ein FVB zu machen, desgleichen Ingrid Klein von der Katholischen Frauenbewegung, die »eine Unterstützung durch Verteilermöglichkeiten in deren Aussendungen«[79] zusichert. Gleichzeitig gibt es auch die ersten Rückschläge. Terminvereinbarungen mit politischen Vertreterinnen werden zur Geduldprobe. »Die ÖVP ziert sich noch«, heißt es im Protokoll vom 22.07.1996, nachdem mehrere Kontaktversuche scheitern. Die Arbeiterkammerpräsidentin Lore Hostasch schiebt ein Treffen auf die lange Bank. Vom Wiener Frauenbüro werden die UFF-Frauen versetzt. Und beim NGO-Treffen ist die Feministin Rosa Logar »vom Vorhaben nicht zu überzeugen.« [80] Aufatmen gibt es bei der Frauensynode in Gmunden: »Es herrschte reges Interesse bei den Frauen. Eva Kreisky und Madeleine Petrovic begrüßen UFF! und bieten ihre Hilfe an.«[81] Schließlich meldet sich auch Alice Schwarzer, weil sie ihrerseits ein ähnliches Vorgehen in Deutschland überlegt.

Am 30.6.96 lässt die Grüne Klubobfrau Madeleine Petrovic im einem *APA* Interview verlauten, dass sich mehrere Volksbegehren ankündigen, etwa von Frauengruppen: »Die Frauen nehmen ihre diskriminierte Situation nicht mehr hin.« Petrovic plädiert, dass Volksbegehren, die mehr als 100.000 Unterschriften bekommen, verpflichtend einer Volksabstimmung unterzogen werden.

Am 13.8.96 fordert Frauenministerin Helga Konrad ein »Verdoppelung der derzeitigen Familienbeihilfe«[82] im Gegensatz zu den Plänen der ÖVP, die Familien künftig mehr über steuerliche Begünstigungen fördern will. Am 22.8.96 präsentiert Frauenministerin Helga Konrad drei Modelle, die eine eigenständige Alterssicherung für Frauen gewährleisten sollen. 180.000 Frauen haben keinen eigenen Pensionsanspruch. Weitere 260.000 Frauen müssen mit einer eigenen Pension unter dem Existenzminimum auskommen.[83] Am 4.9. wird der Gleichbehandlungsbericht der Öffentlichkeit vorgestellt. Laut Schätzung des Frauenministeriums werden 60 bis 90 Prozent aller Frauen am Arbeitsplatz belästigt. Rund 500 Fälle von Diskriminierung werden pro Jahr von der Gleichbehandlungskommission geprüft.

SEPTEMBER/OKTOBER – DER AUFBAU EINER MINIORGANISATION

»Das war der einzige Tag, an dem ich mir gedacht habe: Das wird nichts. Wozu also soll ich mir das antun?«[84] Der Tag, den die Psychologin Christa Pölzlbauer meint, ist jener, an dem die Stadt Wien durchsickern lässt, dass das mit der Subvention doch nichts wird. Dabei ist gerade Pölzlbauer einiges gewöhnt. 1956 flüchtet sie gemeinsam mit Familie von Ungarn nach Niederösterreich. Die Ehe mit ihrem Mann wird am Frauentag 1995 geschieden. Seither lebt Christa mit ihren beiden Söhnen in Wien. Anfang September sieht sie für das FVB-Projekt schwarz. Die ganzen Mühen, eine Ministruktur für das UFF zu schaffen, drohen zu scheitern. Seit April wird verzweifelt nach einem Büro gesucht. Die Vereins-Korrespondenz türmt sich auf den Wohnzimmertischen einzelner UFF-Frauen. Und die gesammelten Adressen von potentiellen Unterstützerinnen warten darauf, bearbeitet zu werden. Und noch etwas: Kommen im April 1996 noch rund 17 Frauen regelmäßig zu den Montagtreffen, so pendelt sich die Zahl in den Folgemonaten auf 10 bis 12 Frauen ein. Gleichzeitig geht die Arbeit am VB-Text in die letzte Runde. Die einzelnen Arbeitskreise zu Beruf/Bildung/Kinderbetreuung/Pension treffen sich. Die Ergebnisse werden Eva Rossmann[85] übergeben, von ihr als juristischer Text entworfen und Expertinnen[86] zur Überprüfung ausgehändigt. Zwischen den Textentwürfen und dem letztgültigen FVB-Forderungen klaffen inhaltliche Unterschiede. Werden im ersten Textenwurf[87] Forderungen wie: Teilzeitbeschäftigte müssen bei der Besetzung von Vollzeitarbeitsplätzen im Unternehmen vorrangig behandelt werden; Arbeitszeitflexibilisierung darf nicht vom Arbeitgeber einseitig verordnet werden; Schluss mit Modellen, die Arbeit auf Abruf bedeuten; die Schaffung von Frauenarbeitsplätzen und die Betreuung von Wiedereinsteigerinnen ist mit mindestens 50 Prozent der vorhandenen Fördermittel zu forcieren; für jedes Prozent, das die Frauenerwerbsquote unter der Männererwerbsquote liegt, muss den staatlichen Ausgaben für Aus- und Weiterbildung von Frauen ein Prozent mehr als 50 zugerechnet werden; eine Woche bezahlter Bildungsurlaub ist einzuführen; Kindergeld für Schülerinnen und Studentinnen bis zum 2. Geburtstag ihres Kindes; je geringer das Einkommen der unterhaltspflichtigen Eltern ist, desto höher muss die Summe der staatlichen Kinderbeihilfen sein; formuliert, so fehlen diese im endgültigen VB-Text.[88] Veränderungen aber gibt es auch innerhalb des UFF. Gilt bis zu diesem Zeitpunkt, dass bei öffentlichen Präsentationen jeweils mehrere UFF-Frauen mit dabei sein sollen, »um zu signalisieren, dass es eine breite Gruppe unterschiedlicher Frauen ist«[89], wie Regina Kern, UFF-Aktivistin seit Mitte April, meint, so wird Ende August eine neue Arbeitsgruppenaufteilung forciert. Künftig sind für die Kontakte zu den Medien Eva Rossmann, Elfriede Hammerl und Christa Pölzlbauer zuständig. Ein von Eva Rossmann entwickeltes Medienkonzept zeigt die Stoßrichtung in der Öffentlichkeitsarbeit. Ab diesen Zeitpunkt fühlt sich »die Basis« zusehends vom »Entscheidungsprozess abgekoppelt«. »Die Informationen dringen zum Teil nicht mehr ins Plenum.«[90] Thematisiert wird diese Unzufriedenheit niemals offen, sondern stets unter vorgehaltener Hand. »Hier beginnt die Aufteilung der Aktivistinnen in die Gebildeten und die anderen«, beschreibt Regina Kern diesen gruppendynamischen Prozess.[91] Regina Kern zählt sich zu den Basisdemokratinnen, in diesem Kontext zu »den anderen«. Sie kommuniziert offener als andere UFF-Frauen ihr persönliches Interesse und ihre Anliegen. In der Arbeitswelt wird ihr diese Offenheit zum Stolperstein. Weil ihr der berufliche Aufstieg bei gleicher Qualifikation vom Chef verwehrt wird, verliert sie ihren Job. Ihren Mut verliert sie nicht. Im UFF ist Regina als Obfraustellvertreterin eine Schnittstelle zu jenen Frauen, die sich im Hintergrund halten. Der Arbeitsstress verstärkt den Unmut in der Gruppe und vice versa. Eine Psychologin versucht mit gruppendynamischen Spielen die Wogen zu glätten[92]. Es bleibt bei dem einen Mal. Eine neue Wahl der Vorstandsmitglieder vom Verein wird notwendig. Die bisherige UFF-Obfrau Veronika Ewald verlässt die Bühne. An ihre Stelle tritt Christa Pölzlbauer. Die Mehrheit der UFF-Frauen sieht in ihr eine »Integrationsfigur«. In diesem emotionellen Obfrauwechsel[93] zeigt sich die Diskrepanz zwischen Anspruch und Realität im UFF. »Wir treffen uns hier, um zu arbeiten, nicht um unsere Situation zu beweinen und/oder um Freundinnen zu werden«, definiert eine UFF-Frau die Rahmendingungen. UFF bricht aufgrund seiner pragmatischen Vorgangsweise schon zu Beginn mit der Tradition der autonomen Frauenbewegung. »Das oberste Anliegen war stets, dass wir Realpolitik machen wollen. UFF ist keine Frauengruppe, die sich einmal mehr 20 Jahre erzählt, wie es Frauen geht.« [94] Selbsterfahrung als Methode gilt als obsolet. Eine ideologische Grundsatzdiskussion wird niemals geführt. Das professionelle Arbeiten auf das Ziel FVB bestimmt letztlich die Strukturen des Vereins. Dass für viele der arbeitenden UFF-Frauen zu wenig an persönlicher Zuwendung und Sozialprestige aus der Vereinsarbeit abfällt, liegt auf der Hand. »Ich arbeite nicht für die Karriere einzelner UFF-Frauen«, bringt eine der Aktivistinnen diese Diskrepanz zwischen persönlichem/finanziellem Einsatz und fehlendem Lohn auf den Punkt. Differenzierter formuliert es eine andere: »Das Geschehen in der Gruppe ist sehr bald von einigen wenigen Frauen dominiert worden. Auf die Grundbedürfnisse anderer wurde keine Rücksicht genommen. Wir waren eine Zweckgemeinschaft, die ein gemeinsames Ziel verfolgt.« Ihre Stellung formuliert die zitierte UFF-Aktivistin so: »Ich habe mich als Randfigur erlebt und tue dies heute noch. Ich habe nicht das Gefühl eine treibende Kraft und hundert Prozent involviert zu sein.«[95] Trotzdem ist diese Frau seit dem ersten Treffen im Kaffeehaus aktives Mitglied. Ihr Motiv: »Ich möchte die Situation der Frau verändern.« Dieser Durst nach Veränderung, diese Wut auf die patriarchalen Strukturen in Wirtschaft und Politik, auf den vom Staat verordneten Sparkurs, der vor allem Frauen trifft, ist jener kleinste gemeinsame Nenner, der das Durchhaltevermögen der UFF-Frauen nährt und dort in geballter Form zum Ausdruck kommt, wo die männliche Penetranz unübersehbar ist. Eine der zahlreichen Möglichkeiten bietet der 5. und 6. September. Das Thema des Symposions ist »Die Zukunft der Demokratie«. Veranstaltungsort ist das ORF-Funkhaus in Wien. Zum Vortag eingeladen sind 14 Männer. Angeregt von Elisabeth Rosenmayr, Pressesprecherin von Frauenministerin Helga Konrad, hüllen sich einige UFF-Frauen während der Eröffnungsrede durch Bundespräsident Thomas Klestil in schwarze Gewänder, verteilen Flugblätter und stellen sich demonstrativ und stumm vor den Redner, bis Polizisten »die Ordnung wieder herstellen und Thomas Klestil seine Fassung zurückgewinnt.«[96] Die Nachrichtensendung ZIB 2 zeigt die männliche Verstörung ob der weiblichen Störung. Am zweiten Tag der Veranstaltung werden die UFF-Frauen von Polizisten perlustriert. Der Zugang zur Demokratiediskussion bleibt ihnen versperrt. »Mir wäre mehr Aktionismus lieber gewesen«[97], resümiert Edith Stohl die Vorgangsweise bis zum FVB. »Der Humor ist uns abhanden gekommen«[98], meint Barbara Klein und sieht ähnlich wie Edith Stohl im Büro eine eindeutige Zäsur, weg vom Kreativen hin zum Pragmatismus. Anfang Oktober, kurz vor der Wahl der neuen Obfrau, bereichert Annemarie Aufreiter das UFF-Plenum. Bereits seit Mitte Juni signalisieren Johanna Dohnal und Annemarie Aufreiter, die Bereitschaft das UFF »unterstützen und inhaltlich mitarbeiten«[99] zu wollen. Zwischenzeitlich gibt es immer wieder informelle Gespräche zwischen einzelnen UFF-Frauen (Christa Pölzlbauer, Elfriede Hammerl, Eva Rossmann) und Dohnal/Aufreiter. Seit Mitte August darf das UFF Johanna Dohnal als unterstützendes Mitglied nennen[100]. Das Büro, in dem 3 PCs, gespendet von Siemens, und ein Drucker, bereitgestellt von der Aktivistin Sabine Kern, installiert werden, wird künftig u.a. von Annemarie Aufreiter und Maria Jonas geführt. Annemarie Aufreiter, die u.a. im Bereich der Friedensbewegung aktiv tätig war, und Maria Jonas, die in der Politik schon länger tätig ist, erweisen sich als äußerst kundig im Bereich der politischen Vermittlung von Inhalten. Sie revolutionieren das UFF »einen Schritt in Richtung zum Konkreten«, wie es Christa Pölzlbauer beschreibt. »Wir verhalten uns wie eine Partei«, meint eine andere Aktivistin und bedauert den Verlust des künstlerischen Freiraumes[101]. »Manche brauchen Macht. Um die, die wegbleiben, kräht keine Henne.«[102] Das Unbehagen entlädt sich in kleinen Grabenkämpfen und therapeutisch wirksamen Telefongesprächen. Die Arbeit wird professionalisiert, die Ressourcen werden bedarfsorientiert genutzt und der Informationsfluss »in gezielte Bahnen gelenkt.« Ein Termin im Innenministerium lässt den Wunsch, das FVB rund um den Frauentag abzuhalten, wie eine Seifenblase zerplatzen.[103] Die letzten mündlichen Reaktionen von den Expertinnen zum VBText werden diskutiert. Jetzt gilt es zu handeln. Die Pressekonferenz findet am 20.11.1996, um 11 Uhr im Presseclub »Concordia« statt und kostet den UFF-Verein 4.800,– ATS.[104]

NOVEMBER – DIE MEDIENPOLITIK DES UFF UND DER ERFOLGREICHE START AM 21. NOVEMBER

Der Mittwoch als Pressetermin wird nicht zufällig gewählt. Die Wochenzeitschrift *News* erscheint am Donnerstag. Seit Oktober werden »Gespräche mit ausgewählten Jounalistinnen geführt.«[105] Interessierte Journalistinnen werden vertröstet. Bereits Anfang Juni formuliert Tessa Prager von *News* ihr Interesse an einem »großen Artikel« für die Ausgabe »im August 96 über UFF!/VB exklusiv«[106]. »Wir wollen, dass der Bericht erst im September erscheint und stehen daher wegen urlaubsbedingter Abwesenheit erst ab 01.09.96 zur Verfügung«, lautet die Antwort im Protokoll. Anfang Oktober ist Tessa Prager im Plenum. »Der geplante Inhalt im Artikel wird besprochen.« Der Artikel wird »mehrere Seiten umfassen, da auch der Herausgeber sehr interessiert ist.«[107] Renate Pfeiffer von der damals noch existierenden ORF-Radioleiste *VIVA* möchte ebenfalls einen Beitrag machen. Desgleichen die Zeitschrift *LAUFSCHRITTE*, die *Zeitschrift für Alleinerzieherinnen* u.a. Parallel dazu laufen Informationsveranstaltungen im *ega*, im *Republikanischen Klub* und in diversen Bundesländern. Die Frauenreferate der *Österreichischen HochschülerInnenschaft* signalisieren ihre Bereitschaft, das UFF zu unterstützen[108]. Die Auswahl der Personen, die an der Pressekonferenz teilnehmen sollen, wird festgelegt. Die Stimmung unter den Abgeordneten zum FVB sondiert. Und immer mehr Frauen aus den Bundesländern melden ihr Interesse am FVB an. Die ersten Unterstützungszuschriften von weiblichen Abgeordneten trudeln als Antwort auf den verfassten Abgeordnetenbrief ein. Die Hauptaktivität konzentriert sich auf die Pressekonferenz.

Am 12.11. entbrennt laut *APA* eine hitzige Diskussion rund um das Landesfrauenförderungsgesetz in Vorarlberg. So soll ein Frauenpolitischer Rat als Beratungsgremium der Landesregierug beigestellt werden.
Am 21.11. beschließt der Ministerrat eine Prämie für Familien von 2.000 ATS, die die eingesparte Geburtenbeihilfe zumindest teilweise ersetzen soll. Dabei gilt für die Familien eine Einkommensobergrenze von 40.800 ATS.[109]

Am 19. November schreibt die Tageszeitung *Oberösterreiche Nachrichten* unter dem Titel: ›Das Frauenministerium – Ressort an kurzer Leine‹: »Vielleicht haben es die männlichen Koalitionspolitiker noch nicht gemerkt: Aber Frauen lassen sich nicht mehr alles gefallen – auch nicht von der Politik. Ob sie erfolgreich sein werden, sei noch dahingestellt, jedenfalls aber manifestieren sich Protestmaßnahmen – etwa das Frauenvolksbegehren, dessen Ziele morgen präsentiert werden.« [110]
Über den Wert des Frauenministeriums meint Birgit Baumann: »Gänzlich abschaffen kann man das Frauenministerium natürlich schlecht. Immerhin sind 52 Prozent der Wähler weiblich, und viele von ihnen würden das gar nicht guotieren. Also leistet sich die Koalition zwar eine Frauenministerin, führt diese aber an der kurzen Leine.«

Zwar steht im Kapitel ›Reformen‹ des Koalitionsabkommens die ›Regionalisierung der Gleichbehandlungsanwaltschaft‹, bloß es fehlt an Geld. »Nur ein weiteres Modellprojekt in Innsbruck gestatten die Herren der Regierung neben dem schon in Wien existierenden.« Eine weitere Idee von Konrad ist, das Allgemeine Bürgerliche Gesetzbuch zu novellieren, »das ausdrücklich das Gebot zur Frauenförderung in die Verfassung aufnehmen und Männer zur Hausarbeit verpflichten« soll. »Nein sagt die VP.« Und schließlich: »Konrad ist strikt gegen eine Zulassung von Frauen zum Heer.« Außerdem, während die Familien-Servicestellen seit 1974 gesetzlich abgesichert sind, stockt der Geldfluss bei Frauen-Einrichtungen, mit dem Argument der VP: »Bei automatischem Geldfluss könnten ›Anstrengung und Leistungsdenken‹ der Organisationen nachlassen«, heißt es in der *Oberösterreichischen Nachrichten.*
Am 20. November platzt die Bombe: Das UFF präsentiert das Frauenvolksbegehren im Presseclub Concordia: »Gedacht ist es als Warnung an die männlichen Politiker, Frauenforderungen ernstzunehmen«, (Eva Rossmann) heißt es in einer Aussendung der *APA*[111]. Grund dazu gibt es genug: Frauen arbeiten viel und verdienen wenig. Wie wenig, das zeigt das Mediaeinkommen 1995: Bei männlichen Angestellten liegt es bei 34.049 ATS, bei weiblichen Angestellten bei 20.821 ATS. Die Differenz beträgt 13.228 ATS oder 38,85 Prozent. Ein Grund für die hohe Differenz ist, dass Frauen eine höhere Teibeschäftigungsquote aufweisen als Männer. Mit bei der Präsentation des FVB sind Ex-Frauenministerin Johanna Dohnal, Kabarettistin Dolores Schmidinger, die evangelische Superintendentin Gertraud Knoll, die Bergbäuerin Heidi Rest-Hinterseer. Die Reaktion auf die Promi-Frauen fällt hart aus: Unter dem Titel ›Emanzen-Bankrott‹ kommentiert Ruth Pauli am 20.11. in der Wochenzeitschrift *Die ganze Woche*: »Ein paar Frauen entwerten

gerade das wichtige Instrument des Volksbegehrens mit einem Frauenreferendum für gleiche Chancen. Unterstützt werden die betulichen Emanzen von Johanna Dohnal: 1979 von Kreisky zur Frauenstaatssekretärin, einige Jahre später sogar zur Ministerin gemacht. Wozu haben wir ihr eigentlich länger als ein Jahrzehnt eine Millionengage gezahlt und geben ihr jetzt monatlich 133.000 ATS Pension? Für die offensichtliche Erfolgslosigkeit? Die sie ja selber zugibt, indem sie will, dass jetzt der weibliche Teil des Volks aufbegehren soll, damit endlich das geschieht, wofür sie und jetzt ihre Nachfolgerin Konrad für teures Geld von Amts wegen hätten sorgen sollen. Die beiden geben eine lächerliche Bankrotterklärung ihrer hochbezahlten Regierungsarbeit ab.«[112]

Während die einen das Ansinnen, ein VB abzuhalten, polemisieren, bekunden andere Frauen ihre Unterstützung: Die Frauensprecherin der Grünen, Doris Pollet-Kammerlander, etwa sagt »die Unterschriften der Grünen Abgeordneten zur Einleitung des Frauenvolksbegehrens zu und fordert – um jeden Eindruck einer parteinahen Aktion zu vermeiden – die Abgeordneten aller Fraktionen auf, sich mit ihren Unterschriften zu beteiligen.« [113] Die Frauensprecherin des LIF, Maria Schaffenrath, sichert »die Unterstützung des Frauenvolksbegehrens durch das Liberale Forum«[114] zu. Frauenministerin Helga Konrad begrüßt das Frauenvolksbegehren und sieht darin eine Unterstützung ihrer eigenen Politik. Die Bundesvorsitzende der Initiative Freiheitliche Frauen (IFF), Ursula Haubner, vermisst beim FVB »konkrete Forderungen« und meint, »die Hälfte von öffentlichem Einfluss, Geld und Macht den Frauen, die Hälfte der privaten Haus- und Betreuungsarbeiten den Männer« seien »wirklich zu wenig«.[115] Andrea Kuntzl, SPÖ-Bundesfrauensekretärin, meint in einer Aussendung: »Die im Frauenvolksbegehren enthaltenen Punkte unterstützen im wesentlichen wichtige Positionen der SPÖ-Frauen.«[116] Die ÖVP reagiert erst am 21. Nov. in einer Aussendung.

Der restliche Pressespiegel informiert in Kurznotizen und titelt mit »Warnung an Politiker« (*Die Presse*), UFF: »Wir packen den neuen Aufbruch« (*Wiener Zeitung*), »Volksbegehren für Frauenanliegen« (*Neues Volksblatt* – ÖVP-Linz), »Frauen starten Volksbegehren« (*Neue Zeit* – SPÖ-Graz), »Frauenvolksbegehren als Warnung an Machtpolitik« (*Oberösterreichische Nachrichten* – Unabhängig Linz), »Frauen-Power« (*Täglich alles*), «Frauenvolksbegehren als Schuß vor den Bug« (*Standard*) und die *Kronenzeitung* bringt eine Kurznotiz mit dem Inhalt: »Die Hälfte des öffentlichen Einflusses und der politischen Macht sollen Frauen ausüben, die Hälfte der Hausarbeit und der Kindererziehung die Männer übernehmen.« [117]

Von der »Wurschtigkeit« älterer Frauen gegenüber Frauenanliegen referiert Dolores Schmidinger bei der Pressekonferenz am 20. Nov.: Um den Zorn auf die Männer kleiner zu halten, »fahren Frauen auf Selbstfindungsseminare und reiben sich an Bäumen.« Schmidinger resümiert: »Ich habe vor 15 Jahren mit Johanna Dohnal begonnen, Sketches zu machen. Die Forderungen heute sind die gleichen wie damals.« Auf die Politik kann frau sich nicht mehr verlassen. »Das Volksbegehren ist eine positive Kanalisation des Unbehagens«, meint Johanna Dohnal, die im Kurier als »Doyenne der Frauenbewegung«[118] bezeichnet wird.

Die *Salzburger Nachrichten* berichten zu den Proponentinnen des Volksbegehrens: »Die sind so verschieden wie die Frauen selbst. Da war die Bergbäuerin und Bewährungshelferin Heidi Rest-Hinterseer aus Dorfgastein in Salzburg, der es schlicht um Menschenwürde für Frauen geht. Da war die evangelische Superintendentin Gertraud Knoll, die in dem Frauenvolksbegehren einen Beitrag zur Friedenssicherung sieht. Da war die Schauspielerin Dolores Schmidinger, der es darum geht, die Leute aus ihrer Wurschtigkeit zu wecken. Und da war die frühere Frauenministerin Johanna Dohnal, die feststellte, es sei fast schade, dass das Frauenvolksbegehren so spät komme: Mir hätte das sicher viel genützt. Die Forderungen des Begehrens beschränken sich auf das, was Frauenpolitikerinnen seit Jahrzehnten gefordert wird: bessere Chancen für Frauen im Berufsleben, genügend Kinderbetreuungseinrichtungen, gerechte Pension.«[119]

In den *Vorarlberger Nachrichten* heißt es, die Forderungen des VB »sind 15 und mehr Jahre alt, aber nach wie vor nicht erfüllt, deshalb will man jetzt politischen Druck machen.«[120] Im Kommentar von Ute Sassadeck lautet es: »Jetzt, da die Zeiten wirtschaftlich schwieriger werden und die Männer in alter Manier reagieren und die Frauen wieder an den Herd zurückschicken möchten, damit sie in der Berufswelt unter sich sind, dämmert es auch diesen jüngeren Jahrgängen: Es muss etwas geschehen, sonst müssen wir bald genau so leben. Wie wir es von den Müttern und Großmüttern erzählt bekommen haben.«[121]

In *News* vom 21.11. meint Dohnal: »Ich halte es für eine qualitiative Weiterentwicklung, dass Frauen ihr Schicksal in die Hand nehmen. Ich selbst war noch viel zuwenig unbequem.« Christa Pölzlbauer: »Wir sind keine Gegenbewegung zur herkömmlichen Frauenpolitik. Wir sind die Basis, damit sie (gemeint ist Frauenministerin Konrad) mehr Backing hat.«[122] Auch in einem *APA*-Interview versichern die anwesenden UFF-Frauen: »Wir wollen ihre (gemeint ist Helga Konrad) Frauenpolitik unterstützen«[123] Auf Anfrage meint die Frauenministerin zum Volksbegehren: »Das Frauenvolksbegehren zeigt mir, dass meine For-

derungen nicht abstrus oder reine Theorie sind, sondern dass ich die echten Anliegen der Frauen vertrete.«[124]
Am 22 Nov. meldet sich die ÖVP zu Wort: »VP-Frauenchefin Rosemarie Bauer zeigte sich enttäuscht über Inhalt des Begehrens, der für sie ›eine Bankrotterklärung sozialistischer Frauenpolitik ist‹.«[125] In einer *APA*-Aussendung meint Bauer, dass sie persönlich, als Bundes- und niederösterreichische Landesleiterin beim Frauenvolksbegehren nicht mitgehen werde.[126] Inhaltlich kritisiert Bauer, die Absicht in private Betriebe einzugreifen, indem man Förderungen und öffentliche Aufträge vom Frauenanteil abhängig macht, die Nichtanrechnung des Partnereinkommens bei Notstandshilfe und Ausgleichszulage, auch fehle der Hinweis auf flexible Öffnungszeiten in Kinderbetreuungseinrichtungen, Bauer spricht sich gegen zwei Jahre Karenzgeld für Alleinerzieherinnen aus, da wieder die Möglichkeit zum Missbrauch gegeben werde, und schließlich sei es unrealistisch in der jetzigen Wirtschaftssituation einen gesetzlichen Anspruch auf Teilzeitarbeit bis zum Schuleintritt eines Kindes zu fordern.[127] Kurz, die Forderungen des Frauenvolksbegehrens werden von der ÖVP von Beginn an heftig kritisiert. Eine Unterstützung zeichnet sich, wenn, dann lediglich punktuell ab (siehe PK gegen die Pensionsreform) Und doch scheint es, als ob die ÖVP uneins wäre, denn am 2. Dezember meint der Obmann der ÖVP Burgenland, Landeshauptmannstellvertreter Gerhard Jellasitz: Es sei ein richtiges und wichtiges Signal zur Angleichung der Rechte der Frauen. Er habe Verständnis für dieses Volksbegehren und werde seine Partei anweisen, es nicht zu behindern, sondern zu unterstützen.[128]
Grundsätzlich aber verlaufen die politischen Diskurse rund um das Frauenvolksbegehren eindeutig parteipolitisch motiviert. Während die VP mit Rosemarie Bauer die Kritik mit »der Forderungskatalog« ist »unpräzise, unrealisierbar und, wie so oft bei SPÖ-Frauenpolitik, heiße Luft«[129] auf den Punkt bringt, kontert die SPÖ Gleichbehandlungssprecherin Elisabeth Hlavac mit SPÖ Standpunkten zum Frauenthema und fordert die ÖVP auf, »ihre Rolle als Verhinderer aufzugeben und sich aktiv an der Umsetzung der Inhalte des Frauenvolksbegehrens zu beteiligen.«[130]
Die Positionierung der politischen Parteien zum FVB sollte sich im Verlauf der nächsten Monate nicht ändern.
Am 21. November wird die Österreichische Frauenkonferenz in Villach unter dem Motto: ›Arbeit teilen – Partnerschaft leben‹ eröffnet. Von Sozialreferentin Karin Achatz wird eine IFES-Studie zitiert, wonach jeder dritte weibliche Arbeitnehmer weniger als 10.000 ATS verdient. Zwei Drittel der Frauen fühlen sich bei der Arbeitssuche wegen ihrer Kinder benachteiligt. Außerdem würden Frauen schneller und im breiterem

Maße erwerbslos als Männer. Auch nimmt laut Studie die Zahl der Frauen in den sogenannten »ungeschützten Berufen« (geringfügiges Einkommen) zu.[131] Dazu schreibt die *Neue Zeit*: "ein Mindestlohn von 13.000 ATS ... waren die zentralen Forderungen der Kärntner Sozialreferentin Karin Achatz."

DEZEMBER/JÄNNER/FEBUAR – KOMMUNIKATIONS- UND ENTSCHEIDUNGSSTRUKTUREN IM UFF. KOORDINATIONSTREFFEN MIT VOLKSBEGEHREN-INITIATIVEN AUS DEN BUNDESLÄNDERN

»Wir waren alle furchtbar nervös«, erinnert sich Edith Stohl an die PK vom 20. November. Das Medienecho trifft die Erwartungen und gibt der durchaus umstrittenen Promi-Medienstrategie[132] des UFF in deren Grundzügen recht. Mit Heidi Rest-Hinterseer, Gertraud Knoll und Johanna Dohnal kann von Beginn an ein über alle Ideologien hinwegreichendes Volksbegehren signalisiert werden. Das »starke Auftreten«[133] der Frauen wird medial vermittelt, die inhaltlichen Vorbehalte von ÖVP und FPÖ rangieren in den Medien zunächst am Rande. Das bleibt nicht folgenlos. Gestärkt vom erfolgreichen, öffentlichen Start verengen sich die organisatorischen Strukturen im UFF. Eine Diskussion über Transparenz und Durchlässigkeit des Vereines wird geführt: »Einerseits benötigen wir weitere Mitarbeiterinnen, die die Anliegen nach außen tragen, andererseits ist es nicht ungefährlich, Frauen, die mitarbeiten wollen, mit Aufgaben zu betrauen, ohne dass wir diese Frauen richtig kennen – kann schiefgehen«, heißt es etwa im Protokoll vom 25.11.96. Das UFF reagiert. Neue, klar definierte Arbeitsgruppen werden installiert. Die jeweiligen Themata werden in den einzelnen Gruppen diskutiert und beschlossen. Das Plenum wird nur mehr bei grundsätzlichen Entscheidungen miteinbezogen[134]. Dieses thematische und personelle Splitting ermöglicht ein maximal flexibles Agieren innerhalb und außerhalb des Vereines, so auch im Bereich der Öffentlichkeitsarbeit und schützt das UFF insgesamt vor nicht hinreichend gebrieften neuen Mitarbeiterinnen. Diese haben die Möglichkeit in einer der Gruppen zu arbeiten, ohne darüber informiert zu sein, was insgesamt passiert. Am 27./28.11 wird klar, dass sich die persönlichen Gespräche mit Politikerinnen und die parallel dazu verschickten Abgeordnetenbriefe ausgezahlt haben. Wohl auch unter dem Eindruck des medialen Superstarts unterschreiben in der Kantine des Parlaments gleich 23 Abgeordnete, obwohl nur 8 für die Einreichung des Volksbegehrens nötig gewesen wären. »Das, was heute passiert, ist Geschichte«, soll Johanna Dohnal später bei einem Essen gesagt haben[135]. Die SP-Frauen gehen einfach in die Kantine und unterschreiben, ohne den Kostelka vorher zu fragen. Nur wenige SP-Männer, darunter auch Josef Cap, tun es, während alle Abgeordneten der Grünen unterschreiben. Die Abgeordneten des Liberalen Forums verzichten bewusst darauf: »Die Liberalen sind für das Volksbegehren, doch grundsätzlich dagegen, dass Abgeordneten-Unterschriften mehr zählen als andere, weshalb sie nicht unterschreiben«, heißt es schon Tage zuvor in *News*.[136] Am 29.11. wird das FVB im Innenministerium offiziell eingereicht. Die UFF-Frauen wünschen einen »Termin möglichst nahe zum Frauentag«.[137] Just zu dieser Zeit beginnen die parteipolitisch motivierten Strategiespiele. Bereits am 28. November beschäftigt sich das Parlament erstmals mit dem »Frauenvolksbegehren«.

Am 28. November sorgt die FP im Parlament für Furore: Die Frauen in der FPÖ bringen die im geplanten Frauenvolksbegehren formulierten Anliegen als Entschließungsantrag im Nationalrat ein.[140] In einer Pressekonferenz zeigt sich die FPÖ-Obfrau Susanne Riess-Passer über die Tatsache verwundert, »dass das »UnabhängigeFrauenForum«, mit allen Parlamentsfraktionen außer der FPÖ Kontakt aufgenommen habe: Wenn es um die Sache geht, sollte eine breite Zusammenarbeit angestrebt werden. Es erhebe sich daher der Verdacht einer parteipolitischen Taktik. Dies sei zu bedauern, weil das Thema dafür zu ernst sei.«[141] Der Entschließungsantrag mit dem Titel »Frauen-Erwerbstätigkeit, Kindererziehung, Frauenpensionen« wird in den Nationalrat eingebracht. Die Verwirrung unter den UFF-Frauen ist perfekt. Elfriede Hammerl kontert via *APA*, dass bei der FPÖ nun über Nacht ein Wandel erfolgt sein müsse hin zu einer Politik, »die Frauen endlich die Hälfte der Macht und des Geldes zugestehen wolle, während sich im Gegenzug auch Männer um Haus- und Kinderbetreuung kümmern sollen.«[142] Und Eva Rossmann meint: »Es erweckt den Eindruck, als wollte die FPÖ den Aufbruch der Frauen unter Vorspiegelung inhaltlicher Übereinstimmung für sich vereinnahmen.«[143] Politik machen heißt zu agieren – auch wenn das UFF zu diesem Zeitpunkt noch nicht wusste, was im FPÖ-Text verborgen liegt. Und das ist viel, wie sich später herausstellt. Noch am gleichen Tag laufen die Datenleitungen in der *APA* heiß. Die ursprüngliche Befürchtung, die FPÖ hätte den Text des Frauenvolksbegehrens 1 zu 1 übernommen, erweist sich als falsch. Vielmehr sei es »ein Flop« lässt Eva Rossmann wissen. »So lange Modelle wie der Kinderbetreuungsscheck« bzw. ein »attraktives Steuersystem für Alleinverdiener« verlangt, mit keinem Wort aber der Ausbau

DER TEXT DES FRAUENVOLKSBEGEHRENS

Die Unterzeichner*innen* des Frauenvolksbegehrens fordern den Beschluss folgender bundesgesetzlicher Maßnahmen:
Die Gleichstellung von Frauen und Männern ist im Bundes-Verfassungsgesetz zu verankern. Die Republik Österreich (Bund, Ländern und Gemeinden) verpflichtet sich damit zum aktiven, umfassenden Abbau der Benachteiligung von Frauen. Die tatsächliche Gleichberechtigung ist insbesondere durch folgende gesetzliche Maßnahmen herzustellen:

1. Unternehmen erhalten Förderungen und öffentliche Aufträge nur, wenn sie dafür sorgen, dass Frauen auf allen hierarchischen Ebenen entsprechend ihrem Anteil an der Bevölkerung vertreten sind.
2. Gleicher Lohn für gleiche Arbeit[139] ist anzustreben. Deshalb ist ein Mindesteinkommen von 15.000 ATS brutto, das jährlich dem Lebenskostenindex angepasst wird, zu sichern.
3. Teilzeitarbeit und geringfügige Beschäftigung sind arbeits- und sozialrechtlich der vollen Erwerbstätigkeit gleichzustellen.
4. Keine Anrechnung des Partner*in*einkommens bei Notstandshilfe und Ausgleichszulage.
5. Die Gleichstellung der Frauen muss auch durch staatliche Bildungsmaßnahmen gefördert werden. Die Bundesregierung hat geschlechtsspezifische Statistiken zu den Themen Beruf und Bildung zu erstellen und jährlich zu veröffentlichen.
6. Jeder Mensch hat das Recht, Beruf und Kinder zu vereinbaren. Daher hat der Gesetzgeber für die Bereitstellung ganztägiger qualifizierter Betreuungseinrichtungen für Kinder aller Altersstufen zu sorgen. Tagesmütter sind auszubilden und arbeits- und sozialrechtlich abzusichern.
7. Zwei Jahre Karenzgeld für alle Alleinerzieher*innen*.
8. Gesetzlich garantierter Anspruch auf Teilzeitarbeit für Eltern bis zum Schuleintritt ihres Kindes mit Rückkehrrecht zu Vollzeitarbeit.
9. Ausdehnung der Behaltefrist am Arbeitsplatz nach der Karenzzeit auf 26 Wochen.
10. Jeder Mensch hat das Recht auf eine Grundpension, die nicht unter dem Existenzminimum liegen darf. Wenn eine Lebenspartner*in* nicht erwerbstätig ist, hat der/die andere dafür Pensionsbeiträge zu zahlen. Kindererziehung und Pflegearbeit wirken pensionserhöhend.
11. Keine weitere Anhebung des Pensionseintrittsalters für Frauen, bevor nicht die tatsächliche Gleichberechtigung in allen Bereichen gegeben ist.

von öffentlichen Kinderbetreuungsplätzen, ein Mindesteinkommen von 15.000 ATS brutto oder bessere Aufstiegsmöglichkeiten für Frauen erwähnt würden, »handelt es sich um eine Frauenpolitik, die mit den Interessen des überparteilichen Frauenvolksbegehrens nicht vereinbar ist.« [144] Und selbst Rosemarie Bauer von der ÖVP meint in einer Aussendung, dass der Antrag der FPÖ das Frauenvolksbegehren »killt«.[145] Die parteipolitischen Strategien in Bezug auf das FVB werden in diesen Tagen gesetzt.[146] Das UFF ist zumindest formell gegenüber allen Parteien offen. Informell gibt es allerdings eine Einschränkung: »Es war von Anfang an klar, dass wir mit der FPÖ nichts zu tun haben wollen«[147], meint Edith Stohl. »Dieses Thema wurde nie ausdiskutiert, deshalb ist es eigentlich bis heute nicht klar definiert.« Tatsächlich findet sich keine protokollierte Abstimmung darüber, ob eine Zusammenarbeit mit der FPÖ stattfinden soll oder nicht.
Am 4. Dez. schlägt in Sachen FVB eine weitere Bombe ein. Zwölf Prozent der ÖsterreicherInnen, so eine Gallup-Umfrage für die Wochenzeitschrift *News*, würden bei der nächsten Nationalratswahl eine Frauenpartei wählen. Weitere 25 Prozent der Österreicher und Österreicherinnen können sich die Wahl einer Frauenpartei vorstellen.[148] Das Frauenvolksbegehren stößt auf große Zustimmung: 43 Prozent der Befragten können sich vorstellen, das FVB zu unterschreiben. 23 Prozent ziehen das möglicherweise in Erwägung. Für 38 Prozent der befragten Männer ist eine Unterschrift vorstellbar.[149] Jetzt treten die ganz großen Politiker Österreichs auf den Plan: Am 5. Dezember erklärt Bundeskanzler Franz Vranitzky gegenüber der *APA*: inhaltlich sei daran »manches erwägenswert, manches umsetzbar und manches nicht«. Unterschreiben werde er es nicht, weil es sich dabei um ein an die Politik – und damit an sich selbst – gerichtetes Anliegen handle.[150] Ähnlich reagieren Peter Kostelka (SPÖ) und der ÖVP-Klubobmann Andreas Khol: »Ich unterschreibe kein Begehren an mich selbst.«[151] Inhaltliche Bedenken melden Ewald Nowotny (SPÖ) und Gottfried Feuerstein (ÖVP) an.[152] Offen für alles zeigt sich der Bundeskanzler schließlich am 09.12.96: Vranitzky »lasse allerdings jeder Frau und jedem Mann offen, sich daran zu beteiligen.«[153] Zu diesem Zeitpunkt ist Helga Konrad als einziges Regierungsmitglied definitiv für das FVB. Insgesamt positioniert sich der männliche Teil der Abgeordneten in der SPÖ – mit Ausnahmen – eher ablehnend zum FVB[154], während die SPÖ-Frauen vorsichtig positiv argumentieren. Ilse Mertel, die stellvertretende SP-Klubobfrau, meint in einer Pressekonferenz: Der SPÖ-Parlamentsklub unterstützt das Frauenvolksbegehren in der »Grundtendenz«.[155] Probleme in der Umsetzung in der Frauenpolitik gibt es nach Mertel vor allem, weil die SPÖ mit der ÖVP in einer Koalition sei. In der konservativen

Politik herrsche noch das klassische Bild von einer Familie mit einer »Full-time Hausfrau« vor, obwohl dies nicht mehr der Realität entspreche.[156]
Während viele Politikerinnen scheinbar dabei sind, ihre Parteitaktik festzulegen, bekommt das FVB eine breite Zustimmung von Seiten anderer Organisationen. Am 6. Dezember ruft die Volkshilfe Österreich zur Unterstützung des Frauenvolksbegehrens auf.[157] Unterstützung kommt auch aus den christlichen Kreisen: Vertreterinnen der katholischen Frauenbewegung (kfb), der Katholischen Jungschar, der Plattform ›Wir sind Kirche‹, des Frauenforums Feministische Theologie und der Evangelischen Frauenarbeit.[158] Klare Worte findet der Kärntner SP-Landeschef Michael Ausserwinkler in einer Pressekonferenz: »Ich werde das Volksbegehren selbst unterschreiben und die Funktionäre sowie Parteimitglieder auffordern, dasselbe zu tun.«[159] Am 20. Dezember schließlich kündigen auch Freiheitliche wie Ursula Haubner, Karin Cirtek, Manfred Bodingbauer und Michael Rockenschaub in einer *APA*-Aussendung an, das Frauenvolksbegehren zu unterschreiben.[160] Die Landesleiterin der VP-Frauenbewegung in Oberösterreich und Landtagspräsidentin Angela Orthner, outet sich: »Ich unterschreibe das Volksbegehren«, lässt sie via *Neues Volksblatt* vermelden, auch wenn »von den Proponenten des Volksbegehrens versucht wird, viele Probleme von heute mit Antworten von gestern zu lösen.« Orthner kritisiert das Anliegen, die Kinderbetreuungsplätze zur Sache des Bundes machen zu wollen, »als eine gefährliche Drohung« ebenso wie die Aufteilung von Hausarbeit und Kindererziehung, weil man damit die Frauen geradezu »in die Erwerbstätigkeit zwingt.«[161] Im Gegensatz zu anderen ÖVP Frauen konzediert Orthner, dass »das Unabhängige-FrauenForum tatsächlich unabhängig ist.« Die Linie von FP und VP aber bleibt weitgehend offen.

Seit Mitte Dezember ist klar: Das FVB findet nicht wie gewünscht rund um den Frauentag, sondern gemeinsam mit den Gentechnikvolksbegehren zwischen 7. und 14. April statt. Der Stresspegel im UFF steigt. Folder und Plakate werden diskutiert, entwickelt, verworfen. Druckofferte werden eingeholt, die günstigsten Versandbedingungen diskutiert. Daneben füllt sich der Veranstaltungskalender und zieht vermehrt jene Frauen ab, die für die Medienarbeit zuständig sind. All dieser Kleinkram saugt die UFF-Frauen aus. Aus bleibt aber auch die Honorierung dieser Mühen. Nur wenige der aktiven Frauen genießen den Charme der Öffentlichkeit, und die Zeit für lustvolle Gespräche im Gasthaus ums Eck fehlt. Es passiert, was in Extremsituationen immer passiert: Scheinbare Kleinigkeiten werden zum großen Übel. Kleine

Pannen werden zur veritablen Vereinskrise. Das ist die Zeit, in der die alten Konfliktlinien innerhalb der UFF-Frauen aufbrechen. Frauen, die in der Vergangenheit viel an ihrer Freizeit in das Projekt FVB stecken, erkennen die Grenzen der Basisdemokratie und ziehen sich enttäuscht zurück. Kommunikationsschwierigkeiten lassen bereits vom Plenum fixierte Veranstaltungen platzen und legen den Gedanken nahe, dass die bindenden Entscheidungen woanders getroffen werden. Eine weitere Ursache für die Unzufriedenheit liegt in der Parallelität von Arbeiten. Während eine Grafikerin den Auftrag bekommt, einen Folder zu entwickeln, diesen vorlegt und auf Verbesserungsvorschläge aus der Gruppe wartet, beschließt die Werbegruppe aus werbetechnischen Erwägungen ein anderes Layout. Die Umsetzung erfolgt diesmal von einem Grafiker. Der tiefere Grund für die Problemsituation liegt nicht in der letztendlichen Realisation des Folders, vielmehr in der Art der Entscheidungsfindung. »Die Entscheidungsstrukturen wurden eigentlich nie wirklich besprochen. Das ist fast typisch Frauenprojekt«,[162] meint Eva Rossmann in einem Interview. Macht und Penetration (auch durch dritte Personen) sind in der Gruppe zwar evident, diskutiert werden sie nicht. Frauen, die es trotzdem tun, fühlen sich persönlich desavouiert: »Immer, wenn ich mich darum bemühe, über alle Vorgänge alles zu erfahren, habe ich den Eindruck als ob die Informationen lückenhaft wären, sicher aber nicht für mich bestimmt.«[163] Die Entscheidungen über Folder und Plakate werden zwar vorderhand im Plenum getroffen, letztlich aber ignoriert. Marketingentscheidungen werden verstärkt zur Sache von den Medienfrauen.[164] Die Basisarbeit, aufgrund derer das Layout und andere Parameter festgelegt werden, leistet die überaus versierte Werbefachfrau Romana Bartl. Es geht um viel Geld. 400.000 Folder und 10.000 Plakate müssen gedruckt werden. Das macht eine runde Summe von etwa 150.000 ATS. Das Plenum fühlt sich übergangen. Der Diskurs in der Gruppe endet mit dem Satz: »Der Ausgangspunkt war, dass wir ein VB machen wollen. Wir haben einen enormen Stress und jetzt muss ich mich dahersetzen und über den Quatsch diskutieren. Ich dachte, dass die Gruppe über diese Barrieren bereits darübersteht.«[165] Geübte Rhetorik und Wissen um die Vorgänge, die passieren, bedeuten Macht, auch im UFF. Macht aber will nicht so recht zu Frauenprojekten passen, genauso wie etwa aggressive Gesprächsführung oder Zornausbrüche während der Vereinssitzung. Ein Problem nicht nur des UFF, sondern großer Teile der feministischen Szene. Der fast schon katharsische Zugang »das Sachliche über das Persönliche« zu stellen, ist, wenn so etwas wie das Konfliktaustragungsniveau in der Gruppe qualifiziert werden soll, die

Stärke der UFF-Frauen. Die Zeit, um komplizierte Kommunikationsmuster zu hinterfragen, fehlt sowieso.
Am 21.1. findet das erste Bundesländertreffen[166] statt. Bereits im Herbst 96 werden eigene Bundesländerbeauftragte im UFF installiert. Informationsveranstaltungen von prominenten UFF-Proponentinnen erleichtern die Arbeit dieser Frauen. Mit Erfolg. Abgesehen von Kärnten, Niederösterreich, Burgenland und Salzburg verfügen die Initiativen bereits über eigene Organisationsstrukturen.
Am 6.2. findet eine Informationsveranstaltung vom besonderen Interesse statt. Nachdem Helga Konrad Ende Jänner aus der Regierung fliegt, betritt Barbara Prammer als Frauenministerin die politische Bühne. Seit Helga Konrad vom FVB weiß, gilt sie der Öffentlichkeit als Unterstützerin. Barbara Prammer ist neu. Die ersten politischen Meriten verdient sie sich u.a. in der Auseinandersetzung rund um das geplante Kraftwerk Lambach. Neben Helga Konrad als Nachfolgerin für und von Johanna Dohnal favorisiert, ist der Kontakt zwischen der Ex-Frauenministerin und Unterstützerin des FVB Dohnal und der Neo-Frauenministerin ein guter. Um so erstaunlicher ist die Unsicherheit der nunmehrigen Frauenministerin bei der Veranstaltung am 6.2.97 im *Republikanischen Klub*[167]: »Ich weiß noch nicht, ob ich das Frauenvolksbegehren unterschreiben werde!«[168] Diese Worte der Frauenministerin Barbara Prammer lassen nicht nur die UFF-Frauen hellhörig werden, sie verunsichern auch die anwesende Zuhörerinnenschaft. Im Strudel der Rechtfertigung rund um die Aussage von Bundeskanzler Viktor Klima bei ›Zur Sache‹ vom 2.2.1997: »Mit einigen Forderungen des FVB kann ich mitgehen, andere lehne ich ab. Ich werde das Frauenvolksbegehren nicht unterschreiben.«, kommt Prammer in Argumentationsnotstand. »Ich kann verstehen, dass der Bundeskanzler das FVB nicht unterschreibt, auch ich bin mir noch nicht sicher, obwohl ich eher dazu neige, es zu tun«, meint Prammer an jenem Abend. Der Grund liegt »in ihrer Arbeit als Frauenministerin. Aber auch in den Forderungen, die als »Minimalforderungen« (Elfriede Hammerl) zu verstehen sind.« Im Auditorium herrscht Aufregung. Was heißt Zielrichtung? Was heißt, Sie wissen noch nicht, ob sie das FVB unterschreiben werden? Ein Mann sieht im geschlechtsspezifischen Zustand der Philharmoniker eine österreichische Skurrilität und wird unterbrochen. Die Frau, die nach ihm zu Wort kommt und einen Wink in Richtung Philharmoniker macht, wird von anderen Frauen auf ihre unterstützende Rhetorik mit »laß ihn einfach« aufmerksam gemacht. Viele Emotionen weisen auf einen gesellschaftlichen Aufbruch. Frauen haben dazugelernt. Sie lassen sich nicht mehr so leicht ins Wort fallen. Es geht um ihre Sache und die lassen sie sich nicht mehr aus der Hand

nehmen, schon gar nicht durch Äußerungen à la »sollen die Frauen demnächst mit dem Bagger fahren«. Viel ist die Rede von den Quoten und vom gläsernen Plafond im Berufsleben (Doris Pollet-Kammerlander), von Bildung und besserer Bildung (Maria Schaffenrath) und von einer Frauenpartei (Eva Rossmann). Nix ist fix. Bis auf den Umstand der Zählbarkeit, die sich aus dem Erfolg oder Mißerfolg des FVB ergeben wird. »Soviel wie die Viecherln müssen wir schon kriegen«, meint Johanna Dohnal. Die Erfolgslatte liegt bei 460.000. Erstmals fixieren die Frauen vom FVB ihre Erwartungen. Das Treffen im *Republikanischen Klub* bleibt in der Presse nicht unkommentiert: Im Wochend-*Standard* vom 8/9. Februar schreibt Petra Stuiber: »Da hat die Frauenministerin aus der Provinz gerade noch zur rechten Zeit der richtige Instinkt gepackt, um nicht auf dem glatten Wiener Parkett auszurutschen: Sie hat sich nun doch entschlossen, das Frauen-Volksbegehren zu unterschreiben.«

Den Beobachterinnen ist Barbara Prammer eine wunderbare Vermittlerin, eine Politikerin nach österreichischem Maß[169]. Das beweist sie auch bei »Zur Sache« am 9.2.1997. Das Thema ist die »Halbe/halbe Aktion« von Helga Konrad und ob Barbara Prammer sie politisch einzulösen gedenkt. Prammer argumentiert vorsichtig, indem sie den Usus bei Scheidungen hinterfragt. Sie tritt nicht in totale Konfrontation mit den Diskutantinnen wie beispielsweise Michael Graff, der keinen Zweifel daran lässt wie ungehörig die Konrad'sche Forderung für ihn ist.

Entkoppelt von den politischen Strategiespielen, arbeitet das Gros der UFF-Frauen an der Informationsarbeit auf der Straße. Potentielle Großunternehmen und Institutionen, die als Verteilerkreise fungieren könnten, werden konsultiert. Die Österreichische Hochschülerschaft und andere Organisationen zeigen sich interessiert. Ein Schreiben von Global 2000, in dem die Möglichkeit einer Zusammenarbeit von Gentechnikvolksbegehren und FVB thematisiert wird, wird vom Plenum »entschieden abgelehnt.«[170]

Am 22.2.97 findet ein weiteres Bundesländertreffen in Linz statt. Bis auf Kärnten sind in jedem Bundesland FVB-Initiativgruppen installiert. Kärnten hat aufgrund der bevorstehenden Gemeinderatswahl nur wenige Kapazitäten frei. Nachdem in den Initiativen u. a. auch Parteifrauen aktiv sind, kommt es in einzelnen Bundesländern zu Vereinnahmungsversuchen durch einzelne Parteien. Parteipolitische und persönliche Animositäten erschweren das Engagement für das FVB und geben jenen Stoff, die das FVB von vornherein für eine Sache bestimmter Parteien gesehen hat. Die »Überparteilichkeit des FVB« wird bei diesem Bundesländertreffen erneut betont.[171]

Zur Unterstützung des FVB durch Graswurzelorganisationen, semipolitischen Frauenorganisationen und einzelne politische Parteien kommen immer mehr Prominente hinzu: etwa Jazz-Gitti, Ostbahnkurti, Josef Hader, Volker Korbei, Thomas Maurer, Christine Nöstlinger, Rotraud Perner, Barbara Frischmuth, Käthe Kratz u.v.a. An all diese prominente Personen werden seitens der UFF-Frauen klare Maßstäbe gesetzt. Alle, die in ihrem Alltag einen zweifelhaften Umgang mit Frauen pflegen, werden aus den Unterstützerinnenkomitees hinauskatapultiert. Sobald eine Affäre, die auf diskriminierendes Verhalten gegenüber dem anderen Geschlecht ruchbar wird, fliegen die Personen raus.[172] Diese Promi-Strategie wird auch in anderen Bundesländern eingesetzt. Wichtig dabei ist, dass nicht ausschließlich Frauen, sondern auch prominente Männer das FVB unterstützen.[173]

Seit Mitte Dezember beschäftigt die Frauenministerin Helga Konrad die Presse. Der Grund ist ihre Werbekampagne: Ganze Männer machen halbe/halbe. Den Hintergrund für diese Kampagne bildet eine Studie, wonach 86 % der Männer immer noch davon überzeugt sind, dass die Hausarbeit ausschließlich Frauensache sei. Deshalb will die Frauenministerin erreichen, dass die Aufteilung der Hausarbeit im Verhältnis 50:50 Gesetzestext werden soll. Das Ärgernis in der Öffentlichkeit aber auch in der sozialdemokratischen Partei[174] dauert nur kurz. Im Kabinett Viktor Klima, der Franz Vranitzky als Bundeskanzler folgt, ist Helga Konrad als Frauenministerin nicht mehr vorgesehen. Daneben beschäftigt die Öffentlichkeit vor allem zwei Themen: die Arbeitslosigkeit, die auf eine rekordverdächtige Zahl von 302.000 Menschen[175] ansteigt, das sind rund 10 % der arbeitenden Bevölkerung[176], und die Wiener Philharmoniker, die sich partout weigern eine Frau in den Kreis der »Elitemusiker«[177] aufzunehmen. *Die ganze Woche* schreibt von einem »Emanzen-Grüppchen. In vorderster Front der Kämpferinnen gegen die Männerwelt steht freilich nicht die statistische Durchschnittsfrau: Viel mehr führen privilegierte Damen, die ihre Hausarbeit von Bedienerinnen durchführen lassen, das Fähnlein an; mit dabei die unsägliche Ex-Ministerin Johanna Dohnal.« Gerd Leitgeb resümiert: »Der Verwaltungsaufwand für ein Volksbegehren wird mit rund 12 Millionen beziffert. Und die Konradsche Werbeaktion – die über zwei Jahre laufen soll – soll an die sieben kosten ... Jetzt, da die Geldverschwendungsaktion schon läuft, ergab eine hochoffizielle österreichweite Umfrage, dass 90 Prozent aller Frauen mit der derzeit familiär geregelten Hausarbeitsteilung ohnehin zufrieden sind. Aber was soll's – es wird ja ohnehin nur Geld der Steuerzahler verludert.«[178] Am 7.2.97 erfahren die Leserinnen aus dem *Kurier*, dass »Kinder in der

Schule am erfolgreichsten sind, wenn ein Elternteil zu Hause bleibt und sich um die Erziehung kümmert.«[179]

MÄRZ/APRIL 97 – DIE PR-ARBEIT DES UFF UND DIE STRATEGIEN EINZELNER POLITIKERINNEN, DAS FRAUENVOLKSBEGEHREN ZU VEREITELN

Über 300.000 ATS füllen das UFF-Konto, Geld von Unterstützerinnen und öffentlichen Institutionen. Dieser vorübergehende Geldsockel bringt Veränderungen. Brigitte Mandak wird halbtags auf befristete Zeit angestellt. Seither werden die Büroarbeiten, vom Schreiben der Briefe bis zum Einsackeln der Folder von ihr verrichtet, bis heute, mit einem Unterschied: Brigitte ist nur noch geringfügig beschäftigt. Unterstützung findet Brigitte vor allem durch Sonja Baltres. Sonja, auch mit einem befristeten Werkvertrag gesegnet, organisiert schon in der Vergangenheit für das Frauenministerium den Frauentag. Ihre Kontakte zu kulturschaffenden Frauen und Männern sind überaus gut. Mit ein Grund, weshalb die Auktion, vom 8.3. und die Volkstheater-Matinee (mit Unterstützung durch Margit Niederhuber), ein beachtenswerter Erfolg werden.
Am 8.3. findet die Auktion im Palais Liechtenstein statt. Exponate von Kiki Kogelnik, Maria Lassnig, Max Weiler, Alfred Hrdlicka und Hermann Nitsch u.v.a. bringen dem UFF einen Erlös von über 200.000 ATS.
Am 8.3. findet der traditionelle Frauentag statt. Die Uff-Frauen, allen voran Regina und Sabine Kern, sind mit einem Riesentransparent unterwegs. Seit Herbst werden die Kontakte zu den autonomen Frauen und zur Plattform Internationaler Frauentag (FrauenZoffensive) gehalten, nehmen UFF-Frauen wie Regina Kern, Maria Jonas, Elfriede Hammerl, Eva Rossmann u.a. an den Koordinationstreffen zum Frauentag teil. Jede dieser Gruppierungen macht ihre Arbeit autonom, eine personelle oder organisatorische Annäherung findet nicht statt.[180]
Am 1.4.97 findet die Generalversammlung statt. Drei Themen finden große Resonanz. Erstens der Kontostand: rund 550.000 ATS Einnahmen stehen 750.000 ATS Ausgaben gegenüber. Zweitens, ein Antrag, der die prominenten Frauen auffordert, künftig auch eine UFF-Frau in die Öffentlichkeit mitzunehmen. [181] Dieser Punkt wird nicht geklärt. Und drittens, die Frage nach der Zukunft. Darüber herrscht ebenfalls Uneinigkeit. Die eine Gruppe, und das ist die Minderheit, sieht keinen Sinn in einer weiteren Existenz des Vereins und deren Infrastruktur. Die andere Gruppe möchte weiterarbeiten, befürchtet aber u.a. auf-

grund der Geldknappheit die Auflösung des Büros und letztlich des UFF.[182] In der Zeit vor dem FVB gibt es viele offene Fragen, Unmengen an Arbeit und einige Highlights wie etwa die Volkstheater-Matinee, bei der die Schauspielerinnen, die übrigens gratis spielen, berühren und ein bisserl nachdenklich machen. Die Gangart für die Eintragungswoche wird fixiert. Die letzten Aktionen mit Prominenten, von Adi Hirschall bis Barbara Prammer, finden statt. Am 6.4. wirbt Eva Rossmann bei »Zur Sache«.
Eine strikte mediale Gangart wird diskutiert[183]. Das Treffen im Innenministerium wird fixiert. Beschwerden über überfüllte Eintragungslokale sollen weitergeleitet werden.[184] Die öffentlichen Reaktionen auf die Anzahl der Unterschriften wird geprobt. In der Woche des FVB darf nichts dem Zufall überlassen bleiben. Bei der Sitzung am 7.4. ist auch Johanna Dohnal dabei.

In den letzten Monaten überpurzeln sich die Pressemeldungen: Serien zum FVB werden gedruckt, Berichte über einzelne FVB Aktionen gebracht und die Forderungen des FVB nach der politischen Umsetzungstauglichkeit geprüft[185]. Letzte Positionierungen werden erfragt. So sagt etwa der steirische Wirtschaftskammerpräsident: »Ich unterschreibe nicht. Eine Frau muss sich entscheiden ob sie Karriere machen oder eine Frau sein will.« Der St. Pöltner Diözesanbischof Kurt Krenn meint: »Ich würde etwas ähnliches auch für Männer nicht unterschreiben. Abgesehen vom Lohn und einigen anderen Dingen geht's den Frauen nicht so schlecht, das müssen sie erst beweisen.« Oder Andreas Khol (ÖVP-Klubobmann), der ebenfalls nicht unterschreibt, weil er einige Forderungen schlicht für »frauenfeindlich« hält.«[186] Daneben outen sich viele Frauen in Gastkommentaren, wie etwa Marianne Zeiler, Kulturreferentin in der Stadtgemeinde Rottenmann: »Das Frauenvolksbegehren weist mir zu wenig auf die Notwendigkeit eines umfassenden Kinderwohlseins hin. Hinter mancher dieser Forderungen steht der massive Wunsch nach Selbstverwirklichung.«[187] Viele ÖVP Politikerinnen konstatieren ein letztes Mal, dass sie das FVB nicht unterschreiben werden, weil einige Forderungen »überzogen« sind und »sich nicht verwirklichen lassen«[188] (Nationalratsabgeordnete Ridi Steibl), obwohl es ein »wichtiger Anstoß«[189] ist (Unterrichtsministerin Elisabeth Gehrer), weil zu befürchten ist, »dass mit einigen Punkten Frauen Schaden entstehen könnte«[190] (Vorarlberger Frauen-Landesrätin Eva Maria Waibel), oder weil sie schlicht »kontraproduktiv«[191] sind (ÖVP Generalsekretärin Maria Rauch-Kallat). Andererseits enstehen Allianzen quer über alle Parteien hinweg, wie etwa in St. Johann in Tirol: »Die SPÖ Gemeinderätin Christl Bernhofer, Walburga Ebermayer von der ÖVP, die Soroptimist-Präsidentin Mag. Renate Magerle und die Kitzbühler Stadträtin Bettina Schimetschek (Grünen)« bilden die »St. Johanner Frauengruppe« und rufen »auch die Männer« auf, das FVB zu unterschreiben.[192] Die Grünen und die Frauen vom Liberalen Forum zählen zu den Unterstützerinnen der ersten Stunde und Barbara Prammer lässt anlässlich der SPÖ Bundesfrauenkonferenz in Linz verlauten: »Wer glaubt, heute für das Frauenvolksbegehren eintreten zu können, um es morgen in die Schublade zu legen, hat sich getäuscht. Kein Punkt vom Frauenvolksbegehren wird von uns relativiert.«[193] In der Eintragungswoche geht das FVB in die letzte Runde: »Volksbegehren: Männer für Frauen«, titelt *Der Standard* im März 97 und zitiert aus der Ökonsult-Studie, wonach 75 Prozent der Frauen und immerhin 43 Prozent der Männer das Frauenvolksbegehren »ganz sicher« unterschreiben.[194] »Volksbegehren: großer Andrang«, titelt der *Kurier* am 8. April. »Mangelnde Information über den Ort der Wahllokale und, vor allem in den Bundesländern, eine zu geringe Anzahl an Abstimmungslokalen wurden beklagt.«[195] Und im Wiener Bezirk Penzing gehen gar die Unterschriftenlisten aus.[196]

645.000 GRÜNDE FÜR EINE NEUE POLITIK: DIE ZEIT NACH DEM FRAUENVOLKSBEGEHREN

Mit »Enormer Erfolg für beide Volksbegehren«[197] oder »Die Volksbegehren brachen Rekorde«[198], titeln die einen Zeitungen. »Gentechnik »schlägt« Frauen mit 2:1«[199] machen die anderen zur Headline. Erfolg für beide Volksbegehren. 1,23 Millionen gegen Gen!«[200] titelt die *Kronenzeitung*. Die einen sind um Sachlichkeit bemüht, die anderen kolportieren das Bild von der feministischen Niederlage, als ob das direktdemokratische Instrumentarium des Volksbegehrens nichts weiter als ein Fußballspiel wäre, bei dem die Frauen lediglich ein Tor verwandeln konnten. Und bei den dritten sind die Frauen entweder nackt oder eine Fußnote. Ignorieren allerdings kann man die Frauen nicht mehr. Selbst die Tageszeitung mit der weltweit höchsten Dichte pro Einwohnerin widmet dem Frauenvolksbegehren magische sieben Zeilen, im Vergleich zu 131 Zeilen, die ihnen das Gentechnikvolksbegehren wert ist[201]. Die Plebiszite sind die causa prima österreichischer Berichterstattung und Politik. Aus der Affäre ziehen kann sich niemand mehr. 100.000 Unterschriften hätten gereicht, damit das Volksbegehren vom Parlament zwingend ›behandelt‹ wird. Jede zusätzliche Stimme erhöht das politische Gewicht in den Verhandlungen. Dieses Bewusstsein stärkt die Frauen und treibt so manchem Politiker Schweißperlen auf die Stirn. Besitzt der fürs Hemdaufkrempeln bekannte Bundeskanzler Viktor Klima vor mehreren Monaten noch die Chuzpe, das Frauenvolksbegehren zu desavouieren, indem er via Fernsehen ausrichten lässt, dass er das Frauenvolksbegehren nicht unterschreiben wird, »weil viele Punkte einfach unrealistisch sind«[202], so spricht er nach dem erfolgreichen Ausgang vom »klaren Auftrag an die Regierung«[203]. Plötzlich werde es »einen Dialog« geben. Der männliche Backlash[204] bekommt eine Antwort. Österreichs Frauen schlagen zurück. Was für viele männlichen Politiker vor einem Jahr noch als schlechter Aprilscherz Grund zum Schenkelklopfen gibt, ist heute ernste Realität. Österreichs Frauen stehen wieder auf der politischen Tagesordnung, diesmal allerdings nicht unter dem Punkt ›Allfälliges‹. Sollte die Umsetzung der Forderungen die Qualität von Lippenbekenntissen nicht übersteigen, »dann ist die Frauenpartei unaufhaltbar«[205], gibt sich Johanna Dohnal kämpferisch. 15 Prozent der Österreicherinnen sind bereit, bei der nächsten Nationalratswahl eine Frauenpartei zu wählen. Weitere 25 Prozent können sich solch ein Votum durchaus vorstellen.[206] Auf die Frage, wie so eine Frauenpartei ausschauen könnte, meint Elfriede Hammerl, Autorin und Mitinitiatorin des Frauenvolksbegehrens: »feministisch, das sollte sie sein.«

Das macht Angst. »Frauen wird es bald hervorragend gehen«[207], heißt es im Uff! Informationsblatt. Zumindest dann, wenn die politischen Ankündigungen auch umgesetzt werden. In der Zeit nach dem FVB hagelt es Zustimmung aus allen politischen Richtungen. Sie könnten ein eigenes Buch füllen, deshalb werde ich mich auf einige beschränken.

14.4.1997, ÖVP-Klubobmann Andreas Khol in der ZiB 2: »Mit dem Verlangen nach gleichem Lohn für gleiche Arbeit bin ich voll und ganz einverstanden.«

15.4.1997, SP-Bundesgeschäftsführer Andreas Rudasch: Das Frauenvolksbegehren ist ein ernstzunehmender Auftrag an die Politik.« »Im Zentrum sozialdemokratischer Politik werden deswegen in Zukunft noch deutlicher Maßnahmen zur Schaffung qualifizierter Arbeitsplätze, zur Aus- und Weiterbildung von Frauen, zur Vereinbarung von Beruf und Familie stehen. Auch eine eigene Existenzsicherung für Frauen wird ein Schwerpunkt der SPÖ-Arbeit sein.«[208]

15.4.97, ÖVP-Frauensprecherin Rosemarie Bauer: »Eine wichtige Frage wird sicherlich sein, wie das Ziel gleicher Lohn für gleichwertige Arbeit erreicht wird.« Man solle »sich grundsätzlich einmal zusammensetzen und raschest einen Stufenplan zur Durchsetzung von Frauenanliegen zu erarbeiten.«[209]

15.4.97, FPÖ Obmann Jörg Haider, Pressekonferenz: »Die Anliegen der Frauen haben politische Priorität.«
15.4.97, Landeshauptfrau Waltraud Klasnic (Stmk.): »Es ist eine klare Aufgabe der Politik, einzelne Punkte des Frauenvolksbegehrens, wie zum Beispiel die Forderung nach gleichem Lohn für gleiche Arbeit nicht nur zu unterstützen, sondern auch umzusetzen.«[210]
22.4.97, Kärntens Landtagspräsident Adam Unterrieder, anlässlich der Petition im Krtn. Landtag: »Vor allem die Forderung nach einem Mindestlohn von 15.000 ATS ist von zentraler Bedeutung.«
26.4.97, Bürgermeister Michael Häupl, Wiener SP-Parteitag: »Gleicher Lohn für gleiche Arbeit ist eine traditionelle Forderung der Sozialdemokratie.«[211]
22.4.97, Familien- und Umweltminister Martin Bartenstein: »Es gibt keinen Punkt, wo es sich richtig spießt.«[212]
21.4.97, Bundeskanzler Viktor Klima: »Das Frauenvolksbegehren wird Punkt für Punkt umgesetzt.«[213]
11.7.97: »Konsequent will Frauenministerin Barbara Prammer die Forderungen des Frauenvolksbegehrens umsetzen.«[214]
400 Veranstaltungen quer durch Österreich und rund 120 Veranstaltungen alleine in Wien, das ist die Bilanz der Initiatorinnen des FVB.[215] Die Mühen haben sich ausgezahlt. Der Erfolg, der Pressespiegel, die Aufmerksamkeit ermutigen die UFF-Frauen. Der Fortbestand von Büro und Verein wird nicht mehr in Frage gestellt.[216] Jetzt geht es darum, die Umsetzung der Forderungen Punkt für Punkt zu kontrollieren. Für Irritation sorgt das »ExpertenInnenkomitee zur Durchsetzung der Forderungen des Frauenvolksbegehrens« von Johanna Dohnal, zumal die Mehrheit der Aktivistinnen über die Installierung eines solchen einen Tag nach dem FVB aus den Medien erfahren. Am 21.4.97 informiert Johanna Dohnal das UFF über das Expertinnenkomitee. Offene Fragen werden geklärt und die Unterstützung durch Johanna Dohnal und ihrem Komitee »als sinnvoll und notwendig« begrüßt.[217] Über 20 Expertinnen wollen sich mit ihrem Fachwissen, ihrer moralischen Autorität und ihrer öffentlichen Reputation für die Umsetzung der Forderungen des FVB einsetzen. Für das FVB bedeutet das Expertinnenkomitee ein Backing in Politik und Öffentlichkeit. Wie empfindlich das trifft, dass liest sich in einem Kommentar von Dagmar Schwelle in der *Presse*: »Vorübergehende Irritation soll Dohnals Plan auch bei Frauenministerin Barbara Prammer (SP) verursacht haben, die sich dem Vernehmen nach wunderte, ob ihre Vorgängerin ihr mittels Komitee auf die Finger schauen will.«[218] In diesem Kommentar wird Eva Rossmann als mögliche »Präsidentschaftskandidatin für die Grünen« erwähnt. Die Spekulationen bzgl. einer Präsidentschaftskandidatur enden erst

im Dezember, nachdem sich die Grünen und Teile der SPÖ nicht auf Eva Rossmann einigen können.
Allen voran konzentriert sich die UFF-Arbeit auf die neuen Arbeitskreise, die gebildet werden und auf den Frauengipfel. Am 13.5. findet ein Erfahrungsaustausch zwischen UFF und Greenpeace-Aktivisten statt. Weil der Gen-Gipfel äußerst »kühl und ergebnislos« verläuft, werden bei diesem Treffen bereits erste Überlegungen in Richtung einer neuen Partei und/oder einer Initiative für direkte Demokratie angestellt. Am 21.5. findet der »Frauengipfel« statt. Mit dabei sind, nicht wie ursprünglich geplant drei sondern fünf Frauen vom FVB.[219] »Ein Frauengipfel der kleinen Schritte. Gute Stimmung, kaum Ergebnisse«[220], titelt die *Presse*. »Frauenwünsche kosten laut VP 44 Milliarden«, schreibt der *Kurier* am Titelblatt, um auf der Innenseite mit »Die Berechnung der Frauen«[221] über das Gipfelgespräch zu berichten. »Gleichstellung der Frauen kommt in die Verfassung«[222], heißt es etwa im Standard. Viel ist von »guter Stimmung« die Rede. Von der Verstimmung, die angesichts der Ankündigung von Klima, bei der Umsetzung der Forderungen »könne auch der koalitionsfreie Raum genützt werden, wenn man bei der ÖVP keine Mehrheiten finde«[223], ist nichts zu bemerken. »Es herrscht rundum eitel Sonnenschein.«[224] Summa summarum ist es »ein erster Schritt in die richtige Richtung«, »ein erster kleiner Teilerfolg«. Der Katzenjammer steckt im Detail. Zu den acht Sofortmaßnahmen[225], die noch vor dem Sommer umgesetzt werden sollen, werden Arbeitsgruppen gebildet. Die Ergebnisse im Einzelnen:

- *Die Gleichstellung von Frauen und Männern ist in der Verfassung zu verankern*. Bundeskanzler Klima will diesen Punkt noch vor dem Sommer ins Parlament bringen. Familienminister Bartenstein lässt (auch öffentlich) keinen Zweifel daran, dass die ÖVP diesem Punkt nur dann zustimmen wird, wenn im Gegenzug dazu auch eine Verankerung der Familie in der Verfassung stattfindet.
- *Öffentliche Förderungen und Aufträge sollen nur an Unternehmer vergeben werden, die geeignete Chancengleichheitspläne vorlegen können.* Schon jetzt müssen sich Bestbieter bei öffentlichen Ausschreibungen an das Gleichbehandlungsgesetz halten. Die Regierung will (analog zu Modellen in Deutschland) positive Anreize für Unternehmen mit Chancengleichheitsplänen schaffen. D. h. Unternehmen mit Chancengleichheitsplänen bekommen bei gleichem Anbot den Zuschlag. Liegt ihr Anbot nicht mehr als 20 Prozent über dem Bestbieteranbot, bekommen sie eine Nachbesserungsfrist. Auch wenn die UFF-Frauen dies als ersten Schritt hin zur Verwirklichung der eigentlichen Forderung sehen, freut sich Bartenstein in der *Presse*, »dass es nun kein Auftragsverbot, sondern nur mehr um ein Anreizsystem gehe.«[226]

• *Erklärung der Regierung, dass die niedrigsten Kollektivverträge in besonderem Ausmaß angehoben werden müssen.* Frauenarbeit wird traditionell niedriger bewertet, typische Frauenbranchen haben daher besonders niedrige Kollektivverträge.[227] Bei diesem Punkt erklären sich die Regierungsverhandlerinnen als nicht zuständig. Das ist Sache der Sozialpartner. Ebenso wie das Mindesteinkommen von 15.000 ATS, das nebenbei als »unfinanzierbar«[228] dargestellt wird. Zugesichert wird lediglich, dass die Gesetze auf »versteckte Diskriminierungen« hin durchforstet werden sollen.

• *Geringfügige Beschäftigungsverhältnisse sind im vollen Umfang sozialversicherungspflichtig zu machen.* Die ÖVP meldet »schwere Bedenken« an. Sozialministerin Lore Hostasch will zu diesem Punkt einen Zwischenbericht bei der Regierungsklausur am 10.6. vorlegen.

• *Betreuungspflichten dürfen nicht zum Ausschluss von Arbeitslosengeld und Notstandshilfe führen.* [229] Im Widerspruch zur Vorgangsweise bei Arbeitsämtern soll laut Sozialministerin Hostasch eine Weisung vorliegen, nach der Menschen mit Betreuungspflichten nur eingeschränkt vermittelt werden können. Sie verspricht, der Öffentlichkeit mitzuteilen, dass Frauen wegen ihrer Betreuungspflichten nicht vom Bezug des Arbeitslosengeldes oder der Notstandshilfe ausgeschlossen werden dürfen.

• *Die Schließung von frauenspezifischen Arbeitsmarkteinrichtungen ist zu verhindern.*[230] Laut Sozialministerin Lore Hostasch haben Kassandra und Mira eine zu niedrige »Vermittlungsquote« und verfügen zudem über eine unzureichende Akzeptanz bei Behörden, dem ÖGB und anderen öffentlichen Stellen. An Stelle dessen kündigt Prammer eine Ausweitung der frauenspezifischen Arbeitsmarktprojekte in engem Kontakt mit dem Arbeitsmarktservice an.[231] Die Initiatorinnen betonen den Wert der nicht staatlichen Frauenberatungsstellen und erwarten Akzente in diese Richtung.

• *Nächste Stufe des Ausbaus von Kinderbetreuungseinrichtungen.* Familienminister Bartenstein vertritt den Standpunkt, dass zu den »600 Millionen ATS, die der Bund für den Ausbau von Kinderbetreuungseinrichtungen zur Verfügung stellt, keine Mittel bereitgestellt werden.«[232] Zugesagt wird, die Kinderbetreuungseinrichtungen für Bundesbedienstete schrittweise auszuweiten. Auch auf die Erleichterungen von Betreibskindergärten soll Bedacht genommen werden. Die Initiatorinnen weisen darauf hin: Wenn Länder und Gemeinden nicht ausreichend Betreuungsplätze schaffen, dann müsse die Kompetenz dazu eben auf den Bund übergehen.

• *Zwei Jahre Karenzgeld für Alleinerzieherinnen.* Hier gibt es in der Regierung »verschiedene Ansätze.« Die ÖVP bezieht den Standpunkt, dass die Alleinerzieherinnen das Karenzgeld für das vierte Halbjahr am Zivilrechtsweg vom Kindesvater/Kindesmutter beschaffen soll. Die Initiatorinnen halten das für einen nicht gangbaren Weg.

• *Zu den acht Sofortmaßnahmen wird die Pension für alle Frauen andiskutiert.* Die ÖVP hält diese Forderung für »unfinanzierbar.« Bundeskanzler Klima verweist darauf, dass diese Forderung nur gemeinsam mit der großen Pensionsreform behandelt werden könne.

• *Die Anrechnung des PartnerIneinkommens bei Notstandshilfe und Ausgleichszulage sei bereits von der Regierung einhellig abgelehnt worden, sagt Familienminister Bartenstein.* Die SPÖ-Verhandlerinnen widersprechen nicht.

• *Gar nicht geredet wird über die Punkte:* Bildungsmaßnahmen, gesetzlich garantierter Anspruch auf Teilzeitarbeit bis zum Schuleintritt des Kindes, Behaltefrist von 26 Wochen, Bedingung zur Anhebung des Pensionseintrittsalters für Frauen.

• *Vereinbart werden weitere Gespräche auf Ministerinnenebene.*[233]

Alle Punkte, die etwas kosten, werden verschoben. Andere Quasi-Vereinbarungen, wie etwa die Verankerung der Gleichstellung von Frauen und Männer in der Verfassung, entpuppen sich bald schon als heiße Luft. Die Gespräche mit Sozialministerin Hostasch, Familienminister Bartenstein und mit VP-Frauen wie Rosemarie Bauer und Maria Rauch-Kallat bleiben ergebnislos. Einziger Lichtblick in diesen Tagen ist die breite Unterstützung der Grünen und der Politikerinnen des Liberalen Forums, das gute Einvernehmen mit Frauenministerin Barbara Prammer beim monatlichen Gesprächstermin und eine gemeinsame Pressekonferenz mit Vertreterinnen der SP, VP, Grünen und des Liberalen Forums gegen die geplanten Pensionsverschlechterungen für Frauen. Die UFF-Frauen fordern eine große Pensionsreform, die allen Frauen eine eigenständige Pension über dem Existenzminimum sichert. Durch bessere Arbeitschancen und volle Sozialversicherung für alle Frauen soll das Pensionssystem auch langfristig gesichert werden. Die Euphorie im UFF ist ob der politischen Seifenblasen gedämpft. Der Wille weiter zu machen bleibt ungebrochen. Ein Uff! Informationsblatt soll die Zwischenergebnisse zum FVB auch für die Aktivistinnen in den Bundesländern und andere frauenpolitisch Interessierte transparent machen. Darüber hinaus bewirbt sich das UFF um eine Radiolizenz. Am 24. Mai findet ein Bundesländertreffen in Wien statt. Der Rahmen ist eher bescheiden. Es kommen FVB-Aktivistinnen aus der Steiermark, Kärnten und Salzburg. Möglichkeiten der weiteren Zusammenarbeit werden diskutiert. Aber auch, was die Frauen aus den Bundesländern machen können, um die Umsetzung der Forderungen des FVB zu forcieren. Tatsächlich fallen einige Punkte des FVB auch in die Kompetenz von Landesregierung und Gemeinde, wie etwa die Vergabe von öffentlichen Aufträgen an Unternehmen, die Errichtung von Kinderbetreuungsstellen, die Vergabe von Sondernotstandshilfe[234], aber auch Fragen der Aus- und Weiterbildung an den Schulen. Nach dem Motto: »Das UFF ist nicht bloß Eva Rossmann«[235], stellt sich erneut die Frage nach Einbindung aller UFF-Frauen in die politische und mediale Arbeit. Viele UFF-Frauen haben bis zu diesem Zeitpunkt selten oder noch gar nicht mit Profis aus Medien und Politik zu tun gehabt. Künftig aber soll »eine UFF-Frau bei den jeweiligen Gesprächen auf Ministerinnenebene anwesend sein.«[236] All jenen Basisaktivistinnen kommt das von Johanna Dohnal angebotene Strategie- und Informationsseminar vom 30./31. Mai im Auersthal gerade recht. Drei Expertinnen, Johanna Hoffmann, Karl Wörister und Lilian Hofmeister referieren zu Themen wie Parlamentsarbeit, Arbeit und Verfassung. Es wird diskutiert, Wissen ausgetauscht und strategisch gedacht. Zwischenzeitlich spazieren die UFF-Frauen durch die Weinberge von Eva Rossmann, dass die Vögel die ganzen Trauben fressen werden, das weiß damals noch niemand, oder besuchen eine Weinkellerei und lernen sich solcherart näher kennen. Vieles verändert sich. Das UFF trifft sich künftig nur noch alle 14 Tage. Gleichzeitig wird das UFF immer mehr zur Anlaufstelle für fauenpolitische Anliegen. Privatpersonen rufen an, um sich professionelle Hilfe und gute Tips zu holen. Vertreterinnen von Initiativen kommen ins UFF und kommunizieren ihre Probleme mit Bürokratie und Staat. Kaum eine Veranstaltung, die ein Frauenthema zum Inhalt hat, findet ohne UFF-Frauen statt. Das UFF ist als Bündnispartnerin gefragt genauso wie als Problemlöserin[237]. UFF zeigt auf. Als publik wird, dass beim CA-Kulturfestival Rund um die Burg sechs Autorinnen lesen sollen aber 35 Autoren, engagieren sich die UFF Aktivistinnen Margit Hahn, Hilde Schmölzer und andere, schreiben einen offenen Brief und verteilen Flugblätter, um auf »diesen Missstand aufmerksam zu machen.«[238] UFF ist dabei eine Frauenlobby[239], eine Art Sprecherin für frauenpolitische Anliegen zu werden.[240] UFF ist in den Medien präsent, zumindest bis Ende Juni. UFF genießt eine breite Akzeptanz innerhalb der feministischen Szene genauso wie bei Frauenorganisationen unterschiedlicher Weltanschauungen. UFF spielt eine Rolle bei der politischen Umsetzung der Forderungen des FVB. Dass es eine untergeordnete Rolle ist, wird schon bald klar:

Am 11.Juni wird das FVB dem Parlament übergeben. Einige UFF-Frauen sind anwesend, obwohl diese Formsache nur wenige Minuten dauert.

Am 10. Juli findet im Nationalrat die erste Lesung des FVB statt. Ans Pult treten vor allem Frauen, Männer fühlen sich nicht zuständig.[241]

Der Tenor am Rednerinnenpult: Es muss etwas für Frauen in diesem Land geschehen. Die Grünen und die SPÖ-Frauen kündigen an, sich für die volle Umsetzung des FVB einsetzen zu wollen. Die ÖVP-Frauen vertreten den Standpunkt, dass Verbesserungen für Frauen jedenfalls der Wirtschaft nichts kosten dürfen. Und der Staat könne nicht zahlen. Die FPÖ-Frauen streifen das FVB nur am Rande. Die Liberalen schließlich differenzieren. Ein Abgeordneter teilt den Standpunkt mit den ÖVP-Frauen, wonach Wirtschaft und Staat zur Herstellung von gleichen Chancen nur wenig beitragen können. Die Frauensprecherin des Liberalen Forums aber will das FVB unterstützen.

Über die Sommermonate melden sich UFF-Frauen zwar zu Themen wie »Kinderbetreuungsscheck«[242] oder die zusätzliche »Verankerung der Familie in der Verfassung« zu Wort, eine breite Medienöffentlichkeit bleibt jedoch aus. Gleichzeitig verhärten sich die inhaltlichen Positionen bei den Gesprächen mit dem Sozialministerium und der Frauenministerin: »Sie wollen nicht mit uns reden, müssen aber. Wir fühlen uns dabei, als würden sie uns »pflanzen«, meint etwa Eva Rossmann.[243] Die Begutachtungsentwürfe zur Pensionsreform liegen auf. Manche der Punkte sind akzeptabel wie etwa das Recht auf Teilzeitarbeit für über 50jährige und Personen mit Betreuungspflichten. Dieser Entwurf garantiert aber nicht die automatische Rückkehr in die Vollzeitarbeit. Andere Punkte wie etwa die Verlängerung des Durchrechnungszeitraumes sind für die Frauen schlicht katastrophal. Darüber hinaus bevorzugt Barbara Prammer ein Modell, in dem geringfügig Beschäftigte von 3.700 ATS freiwillig einen Teil (500 ATS) in die Kranken- und Pensionsversicherung einzahlen sollen. Arbeitslosen- und Karenzversicherung sind hier nicht vorgesehen.[244] Die UFF-Frauen sind unzufrieden.

Nach dem Frauenvolksbegehren hagelt es nicht bloß Bewunderung, sondern auch Kritik. So steht beispielsweise in *ArbeiterInnenstandpunkt*[245]: » ... diese Mobilisierung gegen die Unterdrückung der Frauen war eben so breit wie passiv. Es blieb einer halben Million Menschen nach dem Unterschreiben nichts anderes übrig, als im Fernsehen mitzuverfolgen, wie von der Regierung eine Forderung nach der anderen zu Brei geredet wurden. Diese Produktion der Passivität ist der vielleicht schwerwiegendste Fehler des UFF: Sie resultiert aus dem klassenübergreifenden Selbstverständnis des Frauenforums. Es möchte mit der Profitwirtschaft kompatibel sein, den sozialen Frieden erhalten und kann daher vor den einzigen Kampfmitteln, die die Mächtigen beeindrucken, nur die Augen verschließen. Diese Kampfmittel sind die des proletarischen Klassenkampfes (wie Demonstrationen, Massenkundgebungen und Streiks)«

Massenkundgebungen aus den Hut zu zaubern, das können die UFF-Frauen nicht. Die Idee, jeden ersten Samstag im Monat einen Aktionstag zu den einzelnen Punkten des FVB zu starten, aber wird fixiert. Ab 4. Oktober soll in chronologischer Reihenfolge ein Jahr lang auf die eigentlich 12 Punkte des FVB hingewiesen werden. Wie sehr der »Druck von Basis« nicht bloß für die politische sondern auch für die Öffentlichkeitsarbeit von Bedeutung ist, zeigt die »Bettelaktion« vom September. *Der Standard* und einige Bundesländerzeitungen bringen bebilderte Kurznotizen. In der TV-Sendung *Willkommen Österreich* wird diese Aktion etwas später gespielt. Protestaktionen gegen das Doppelbudget 98/99, gegen die Pensionsreform und gegen die Verfassungsgerichtshoferkenntnis zur Familienbesteuerung finden statt. Die Position des UFF: Es muss eine Reform geben, die Kindern und Frauen faire Chancen gibt. Die Armutsfalle für Familien lässt sich nicht dadurch beseitigen, dass Besserverdienende ihre Kinder von der Steuer absetzen können[246], während Alleinerzieherinnen aufgrund ihres niedrigen Einkommens in diesen Genuß gar nicht erst kommen. Im Zuge der Bundespräsidentschaftskandidatur wird das UFF vom *Kurier* indirekt aufgefordert, eine mögliche Kandidatin auszusuchen. Die Zielrichtung lautet: abwarten und wenn die Parteien keine Frauen aufstellen, dann sollte maximal eine Nennung gemacht werden.[247]

Am 11. Okt. findet ein weiteres Bundesländertreffen, diesmal in Klagenfurt statt. Am 14 Oktober, exakt ein halbes Jahr nach dem FVB, ziehen das Expertinnenkomitee zur Durchsetzung der Forderungen des FVB und die Initiatorinnen des FVB eine Zwischenbilanz: »Kein Punkt des FVB wurde bisher umgesetzt. Die Regierung hat die Initiatorinnen hingehalten. Schuld daran tragen nicht wir, sondern die Regierung, die sich verweigert. ... Jeder Mensch in Österreich muss erfahren, welche PolitikerInnen sich konkret für das FVB einsetzen und welche nicht. Die nächsten Wahlen kommen bestimmt«, heißt es im Uff! Informationsblatt.[248]

Das UFF meldet sich in die Medienöffentlichkeit zurück. *News* zitiert die Stimmung der Aktivistinnen: Eva Rossmann: Die ÖVP-Vorschläge sind völlig kontraproduktiv. »Und die SPÖ findet halt schöne Worte für uns. Entweder sie will nicht, oder sie ist politisch zu schwach.« Johanna Dohnal muss »die totale Ignoranz der Regierung feststellen.« Und Elfriede Hammerl: »Wir werden die Namen von all jenen nennen, die versagt haben.« [249] Im *Profil* meint Eva Rossmann: »Bei der Pensionsreform hätten wir uns ein anderes Verhalten von Ministerin Prammer gewünscht.« Und weiter: »Wenn es nicht geht, in den Parteien Politik für Frauen zu machen, dann bleibt uns nur als Ausweg die Gründung einer eigenen.«[250]

»Lauter Frauen« lautet indessen das neue Motto des UFF und baut auf die Solidarität von Frauen. Am 4. Okt. wird der Aufstieg mit Haushaltsleitern geprobt. Viele Frauen, darunter auch Johanna Dohnal und Madeleine Petrovic, kommen auf den Stephansplatz. Am 2. Nov. wird der Allerscheinheiligen-Tag gefeiert und die Gerechtigkeit mit einer Litanei von Elfriede Hammerl, »Wir raten dir, erhöre uns« (gemeint ist die Bundesregierung), zu Grabe getragen. Am 5. Dezember wird »geringfügiger Punsch«, ohne Alkohol, ausgeschenkt. Es ist sehr kalt und die Passantinnen freuen sich. Am 3. Jänner gehen lauter Frauen, aneinadergefesselt als Pärchen. Lauter Frauen ist auch die Intention des UFF-Radio. Das nichtkommerzielle Freie Radio Wien bekommt eine Lizenz für eine 100 Watt Minifrequenz. Das UFF-Radio geht leer aus. Eine Voraussetzung für eine eigene Radiolizenz ist die Breite des Programms. Im Bescheid dazu heißt es, dass »das geplante Programm aufgrund seiner erklärten Schwerpunktsetzung »in der Vermittlung des feministischen Lebenszusammenhanges« diesen Anforderungen weniger entsprochen wird.«[251] Deshalb bekommt eine andere Bewerberin die Lizenz. Aufgrund einer Kooperation mit dem Freien Radio Wien, im Vorfeld der Lizenzverhandlungen, sendet das UFF ab Sommer 2 Stunden in der Woche.[252] Die Idee dahinter ist als UFF-Radio zu beginnen und sich zum Frauenradio zu entwickeln. Zugang haben lauter Frauen. In den Bundesländern sind die Plattformen zum FVB weitgehend aktiv. Die Landesregierungen in der Steiermark und in Kärnten befassen sich im Rahmen eines Ausschusses und eines Hearings mit dem FVB. Nach dem Tief rund um die Pensionsreform herrscht Aufbruchsstimmung. Die katholischen Frauen sichern erneut ihre Unterstützung zu.

Das Hauptinteresse gilt der ersten Sitzung des parlamentarischen Gleichbehandlungsausschusses zum FVB. Den Vorsitz führt die SP-Abgeordnete Elisabeth Hlavac. »Wochenlang habe ich formaljuridische Spitzfindigkeiten gepaukt«, verrät Christa Pölzlbauer. Auch die Form bestimmt den Inhalt. Sich über den Tisch ziehen zu lassen, dass hat die UFF-Vertreterin nicht vor. Pölzlbauer kennt die Kommunikationskultur österreichischer Politikerinnen. Seit einem halben Jahr zählt das Gespräch mit politischen Repräsentantinnen geradezu zum täglichen Brot. Der Stil ist »äußerst freundlich.« »In Einzelgesprächen zeigen Politiker wie Andreas Khol oder Heinrich Neisser volles Verständnis für unsere Anliegen«, erzählt Pölzlbauer. Je größer die Gesprächsrunde, desto verklausulierter die Botschaft: »Alle sagen: »Die Forderungen des FVB muss man ernst nehmen.« Um diesen Satz mit Statements wie »Die Vereinbarkeit von Beruf und Familie muss gewährleistet werden«

zu konkretisieren.«[253] All diese Politikerinnen verwechseln das Frauen-VolksBegehren mit einem Familien-Volksbegehren. Wirklich alle? Nein, da gibt es welche, die den Sinn der Übung instinktiv zu verstehen glauben. Ihre Statements lauten so: »Mit dem Punkt 1 des FVB gefährdet Ihr die Wettbewerbsfähigkeit der Wirtschaft.«[254] Das erschreckende dabei: »Nicht nur ÖVP Abgeordnete, auch SPÖ Politikerinnen sagen das.«[255]

Ob es nun an der Fähigkeit der Rezipientinnen liegt, oder am FVBText, der zugegebenermaßen ziemlich lang ist? Diese Frage bleibt ungeklärt. Faktum hingegen ist, dass heute selbst jene Frauen entnervt sind, die bisher stoisch über die harten Fakten der Geschlechterdiskriminierung erzählten.

Dabei beginnt alles anders. Das Lobbying bei den Parlamentarierinnen scheint zu funktionieren. Themenblöcke werden diskutiert und Zusammengefasst. Die Gliederung wird von Elisabeth Hlavac, der Vorsitzenden, angenommen. Viele Ausschusstermine werden anberaumt. Ein Etappensieg.

Dann kommt der 30.9.97: »Das Glück begleitet mich einige Schritte weit«[256], schreibt Christa Pölzlbauer. Im Budgetsaal, wo der Ausschuss tagt, sitzt Pölzlbauer links neben Hlavac und Barbara Prammer. Ihre Sitzposition ist ideal, sie kann alle 21 Abgeordneten sehen. Die erste Sitzung dauert lange, ist voller parteitaktischer Winkelzüge, aber erfolgreich, zumindest für die Befürworterinnen des FVB. »Eine Panne erhöht die Anzahl der vom UFF zu nominierenden Expertinnen auf zwei, ursprünglich ist nur eine vorgesehen. Alle Fraktionen dürfen für die folgenden Sitzungen Expertinnen beiziehen. Das Verhältnis lautet 2:2:2:1:1. Wäre »der Harndrang bei der einen und Schlauheit bei der anderen«[257] nicht gewesen, säße Pölzlbauer künftig nur mit einer Expertin da. Bei dieser Sitzung »kommt es zum ersten Mal zu einer Konfliktstellung zwischen SPÖ, Grünen und Liberalen auf der einen und FPÖ und ÖVP auf der anderen Seite«[258], heißt es im Informationsblatt Uff!

Am 27.11.97 folgt das öffentliche Hearing. Das ist der Auftritt der Expertinnen, die ihre »unabhängige« sachliche Meinung äußern.[259] Christa Pölzlbauer: »Eine von der ÖVP nominierten Expertin stellt folgende Nachteile für berufstätige Frauen dar: »Durch den Beruf begibt sie sich von der Abhängigkeit des Mannes in die Abhängigkeit des Chefs!« Diese Expertin wird auch für eine Unterausschuss-Sitzung nominiert. Sie muss wohl einigen Abgeordneten aus der Seele gesprochen haben.«[260] Acht Stunden werden an diesem Tag die Expertinnen gehört. »Abgesehen vom Experten der FPÖ geben alle ExpertInnen zu erken-

nen, dass von einer tatsächlichen Gleichberechtigung der Frauen keine Rede sein kann.« Immerhin!
Am 14. Jänner belagern rund 20 Frauen die Säulenhalle des Parlamentes. Einige davon tragen knöchellange Frauenkleider aus der Jahrhundertwende und dokumentieren solcherart den »Rückschritt in der Frauenpolitik«[261]. Die Stimmung ist angespannt. Christa Pölzlbauer droht vor laufender Kamera mit dem Auszug aus dem Unterausschuss. »Dieser politische Umgang mit Frauenanliegen ist mir einfach unerträglich. Wir versitzen Stunden und es kommt einfach nichts heraus.« Wie sehr sie mit der Einschätzung der Arbeit recht hat, dass weiß sie nicht nur aus internen Kanälen. Auch Maria Schaffenrath vom Liberalen Forum bestätigt diese Tendenz: »Es schaut ganz schlecht aus mit den Forderungen des FVB. ÖVP und FPÖ blocken ab. Ein Konsens über einzelne Punkte ist ausgeschlossen«, meint sie im Gespräch mit Journalistinnen. Doris Pollet-Kammerlander, Frauensprecherin der Grünen, ergänzt: »Die einzige Möglichkeit etwas zu bewirken, ist ein großer Druck von außen.«
Ein Jahr lang haben UFF-Frauen und andere Aktivistinnen der Öffentlichkeit bewiesen, dass Frauen in vielfacher Hinsicht behindert, diskriminiert und benachteiligt werden. Keine Person in der Politik behauptet ernsthaft (zumindest in der Öffentlichkeit), dass Frauen auch nur annähernd die gleichen Chancen genießen wie Männer. Nicht das objektivierbare Argument scheint der Maßstab für politisches Handeln zu sein. In der obigen Definition passiert Politik dann, wenn genügend Druck erzeugt wird. Nach dem Motto: Wenn Ihr etwas erreichen wollt, dann langweilt uns nicht mit Daten und Fakten, sondern lasst Euch gefälligst etwas Besseres einfallen. »Bloß was«, fragen sich die anwesenden UFF-Frauen zynisch. Eine Armee, die haben wir nicht bei der Hand und über den Abschreckungswert von Besen sind wir noch uneins. Bleibt noch die Gasse. Also, beschäftigt Eure Klientinnen mit Psychotests, verlasst Eure Fließbandarbeit, schmeißt den Putzwedel in die Ecke, steckt die Kinder ins Bett, geht auf die Straße und dann …, dann seid Ihr vielleicht Euren Job los aber sei es drum. Doch nicht bloß die Angst als Rabenmutter in die Geschichte der Familienchronik einzugehen, die Angst in Zeiten von Sparpaket und mäßiger Konjunktur die Arbeit zu verlieren, lässt viele Frauen weiterhin als stabile Trägerinnen ungerechter Gesellschaftskonstruktionen wirken. Frauen haben ganz einfach keine Zeit, sich vor das Parlament zu setzen und auf bessere Zeiten zu warten. Die Freizeit der Frauen beträgt 4 Stunden 48 Minuten pro Tag. Männer kommen immerhin auf 5 Stunden 32 Minuten. Frauen füllen ihre Freizeit häufiger mit »familiären Binnenkontakten«, während Männer die Zeit eher mit »Außenkontakten« vertreiben.[262]

Angesichts der Doppel- und Dreifachbelastung, unter denen Frauen zu leben haben, ist jede Form des zusätzlichen Engagements so etwas wie ein Weltwunder.

Viele Möglichkeiten auf Durchsetzung von Frauenanliegen scheint es jedenfalls nicht zu geben. Johanna Dohnal: »Meines Erachtens ist es gefährlich, wenn sich die Initiatorinnen des FVB totstreicheln lassen. Sie müssen erkennen, wem und wofür sie verantwortlich sind. Sie sind keine Partei. Verhandlungen können sie nicht führen, denn die können sie nicht gewinnen. Sie müssen sich darauf zurückziehen, auf das, was es ursprünglich war.« Von totstreicheln kann keine Rede sein. Gegen Ende der 4. Sitzung verlässt die Vertreterin des FVB den Parlamentsausschuss. »Mehrere Male wollte ich erfahren, ob die Ausschussmitglieder eine Möglichkeit sehen, zu einem positiven Ergebnis zu gelangen.« Die Aussagen der Abgeordneten ließen keinen Zweifel daran, dass im Ausschuss die Stimmen derjenigen, die sich gegen die Umsetzung des FVB stark machen, in der Überzahl sind. Christa Pölzlbauer verlässt die 4. Sitzung des Unterausschusses mit den Worten: »Ich bin nicht mehr gewillt, an weiteren Sitzungen teilzunehmen.«[263] »Ich hätte diesen Schritt nicht gemacht«, meint die vom UFF nominierte Arbeitsrechtexpertin Gabriele Michalitsch, auch wenn sie einschränkend hinzufügt: » manche Bemerkungen der anwesenden Experten und Expertinnen waren zum Haare raufen«.

Die Unzufriedenheit der UFF-Frauen ob der parlamentarischen Unterausschussarbeit im Konkreten, deckt sich mit dem Bild von der Parlamentsarbeit der Abgeordneten im Allgemeinen. Laut einer vom Parlament in Auftrag gegebenen Umfrage bekritteln »84 Prozent der Befragten die mangelnde Eigenständigkeit der Abgeordneten. 80 Prozent werfen ihren Vertretern mangelnde Volksverbundenheit vor. Ebenfalls 80 Prozent meinen, das Niveau der parlamentarischen Auseinandersetzung sei tief (mangelnde Diskussionskultur).«[264]

Am 20.1.98 geht Christa Pölzlbauer an die Öffentlichkeit. Die Vertreterin des Frauenvolksbegehrens verlässt den Parlamentsausschuss: »Ich bin keine Alibifrau für Alibisitzungen!«, heißt es in der Einladung zur Pressekonferenz. Ein Offener Brief an die 645.000 Unterzeichnerinnen des FVB informiert über den Frust in den Ausschusssitzungen und fordert auf: »sich erneut gegen die Hinhaltetaktik der Regierungsparteien zu wehren.« Mehr noch: »Wir fordern Sie hiermit auf, mit ihrer Stimme als Wählerin oder Wähler auf das Verhalten der VolksvertreterInnen zu reagieren.«[265] Die indirekte Wahlempfehlung: Grünen oder Liberale Forum.[266]

Am 21.01.98 wird die »Initiative Direkte Demokratie« der Öffentlichkeit präsentiert. Die Initiative wird von den Proponentinnen dreier

Volksbegehren getragen: dem FVB, dem GentechnikVB und dem TierschutzVB. Über 2 Millionen Österreicherinnen haben diese Plebiszite unterschrieben. Allen gemeinsam ist die Enttäuschung über die Gespräche auf Regierungsebene. Zumindest das und der Wunsch nach direkter Demokratie verbinden. Der Tenor: Damit Volksbegehren künftig »von der etablierten Politik ernst genommen werden.«[267] Die Berichterstattung ist überaus positiv. Mit »Gemeinsam sind sie stärker: das Aufbegehren der Volksbegehrer«[268], titelt *Täglich Alles* auf Seite 3. »Protest gegen Verschleppung«[269], heißt es im *Standard*. Die *Kronenzeitung* hält die Initiative für eine »gute Sache«. Das FVB, als Teil dieser Initiative, wird mit keinem Wort extra erwähnt.[270] *News* berichtet in einem Einseiter von der Kooperation der Volksbegehreninitiatorinnen[271], detto die *Tiroler Tageszeitung*. Lediglich der *Kurier* verzichtet auf eine Notiz. Anstelle dessen wird auf eine dringliche Anfrage der Grünen zum Thema Volksbegehren verwiesen. Hier konkretisiert Klima, dass die SP für mehr Kinderbetreuungseinrichtungen sorgen wolle, dass das Tierschutzgesetz von der ÖVP blockiert würde und dass es in der Gentechnik kein Forschungsverbot geben werde, die Anwendungen aber einer Prüfung unterzogen würden.[272]

Wie sehr das politische Engagement von Frauen missachtet wird, zeigt sich am 21.01.97. Einen Tag später erfährt die Öffentlichkeit, dass bei der Bestellung eines neuen Verfassungsrichters einem Mann gegenüber zwei Frauen der Vorzug gegeben wurde.[273] Nicht bloß, dass eine »höchstqualifizierte Universitätsprofessorin, die dem Verfassungsgerichtshof seit langem als Ersatzmitglied angehört« das Nachsehen hat. »Damit haben die Regierungsparteien eine Entschließung missachtet, in der noch 1991 alle Fraktionen übereinstimmend angekündigt haben, bei künftigen Ernennungen in dieses Höchstgericht Frauen vorzuschlagen.«[274] Die UFF-Frauen, allen voran Elfriede Hammerl und Christa Pölzlbauer, schäumen und sehen ein »Signal dafür, dass die Regierungsparteien offensichtlich weder willens noch in der Lage sind, jenseits aller Parteiinteressen wirksam Frauenpolitik zu betreiben.«[275] Mehr denn je gilt das, was das UFF im offenen Brief an die Unterzeichnerinnen des FVB formuliert: »Mobilisieren wir alle Kräfte und wehren wir uns erneut gegen die Ignoranz und die Verschleppungstaktik der Regierungsparteien!«

Beim UFF-Treffen vom 26.1.98 werden die Weichen für die neue Gangart gestellt. Das Motto lautet: Zurück an die Basis. Bewährte Allianzen werden wieder geschlossen. Der Kontostand des UFF beträgt rund 60.000 ATS. Der Widerstand der österr. Frauen regt sich erneut. Am 20.3.98 fahren die Initiatorinnen des FVB aus den Bundesländern nach Wien, um gemeinsam auf das Versagen inländischer Frauenpolitik hinzuweisen. Zeitgerecht zum Internationalen Frauentag, an dem die Frauen die Straße zurückerobern, lässt Nationalratsabgeordnete Edeltraud Gatterer (ÖVP) bei einer öffentlichen Enquete im Kärntner Landtag verkünden, dass die Forderung nach einer Verankerung der Gleichstellung von Frau und Mann und in der Verfassung erfüllt wird. Die Republik Österreich verpflichtet sich damit zum aktiven, umfassenden Abbau der Benachteiligung von Frauen. Ein Tropfen auf den heißen Stein, der die Wut der Frauen kühlen sollte, ohne Erfolg! Das Ringen um die Umsetzung der FVB-Forderungen geht weiter.

ANMERKUNGEN

[1] News, 10/96, S. 22.
[2] Kronen Zeitung. Ausgabe Stmk. 9.3.96. S. 14.
[3] Kurier. Abendausgabe Stmk. 9.3.96. S. 1.
[4] Die Novellierung sieht vor, dass bei Pärchen, wo der Mann willens ist, ein Jahr in Karenz zu gehen, der Anspruch auf zwei Jahre Karenzgeld weiterbesteht. Im Gegensatz dazu beziehen Alleinerzieherinnen lediglich eineinhalb Jahre das Karenzgeld.
[5] Eine fragwürdige Gangart vom Arbeitsamt, die sich im Zuge des Frauengipfels infolge einer internen Weisung des Sozialministeriums als ungerechtfertigt entpuppt.
[6] News, 6/96, S. 14.
[7] News, 10/96, S. 21.
[8] Am 19. März 1911 findet der erste Internationale Frauentag in Wien statt. Die Demonstrationen stehen im Zeichen des Frauenstimmrechts., das erst sieben Jahre später, am 12. November 1918, mit der Ausrufung der Ersten Republik proklamiert wird.
[9] Verkürzt meint die Hegemonietheorie, dass allein der richtige Blick zur richtigen Zeit reicht, um das berühmte Fass zum Überlaufen zu bringen, vorausgesetzt die Gesellschaft ist ausreichend antagonisiert.
[11] Christa Pölzlbauer bezeichnet sich im Interview vom 22.2.97 als Barfußfeministin: »Ich habe den Eindruck gewonnen, dass ich über die soziale Situation der Frau, über die feministische Theorie ganz einfach keine Ahnung hatte, aber gleichzeitig mit unglaublich gescheiten Frauen darüber reden musste.« Ein Gefühl, das sie jetzt nicht mehr hat.
[12] Kurier. 11.3.96. S.2.
[13] Interview mit Hammerl vom 26.11.97. »Diese Idee war weder abgesprochen, mit jemanden diskutiert oder sonst etwas, sie war ganz einfach da, als ich später als die anderen Frauen im Celeste ankam.«
[14] Vgl. dazu: Gitti Geiger: Das FrauenVolksBegehren als Medienereignis. S. 178f.
[15] Vgl. dazu: Sieglinde Rosenberger: Alles was Recht ist!? S. 185f.
[16] Index zur Gleichstellung der Geschlechter; vgl. dazu: Karin Stoltenberg: Gleichstellungspolitik in Norwegen. Eine Erfolgsgeschichte mit Lücken. In: Bundesministerium für Frauenangelegenheiten: Beyond Beijing. Schriftenreihe Bd.2. 1996, S. 31.
[17] Karin Stoltenberg ist Generaldirketorin im norwegischen Ministerium für Kinder- und Familienangelegenheiten.

[18] vgl. dazu: Karin Stoltenberg: Gleichstellungspolitik in Norwegen. Eine Erfolgsgeschichte mit Lücken. In: Bundesministerium für Frauenangelegenheiten: Beyond Beijing. Schriftenreihe Bd.2. 1996, S. 32.

[19] Artikel 7 der Bundesverfassung: Alle Bundesbürger sind vor dem Gesetz gleich. Vorrechte der Geburt, des Geschlechts, des Standes, der Klasse und des Bekenntnisses sind ausgeschlossen.

[20] Die Freispruchsquote bei Vergewaltigungen liegt bei 34 %, die der geschlechtlichen Nötigung in 2 von 3 untersuchten Fällen. Wenn verurteilt wird, wird der Strafrahmen nicht ausgeschöpft. Jeder dritte Verurteilte kommt mit einer bedingten Strafe davon. Bekanntschaft und Verwandschaft schützen vor Sanktion. Die Verfahren gegen vergewaltigende Ehemänner endeten ausnahmslos mit einem Freispruch. Zwischen Justiz und Tätern scheint es eine fatale Allianz zu geben. Wenn das urteilende Richtergremium ausschließlich männlich besetzt ist, verdoppelt sich für Vergewaltiger die Wahrscheinlichkeit, freigesprochen zu werden. vgl. dazu: Bundesministerium für Frauenangelegenheiten (Hgin): Frauenbericht. Wien 1995, S. 544f.

[21] Bundesgesetz über die Gleichbehandlung von Frau und Mann bei Festsetzung des Entgelts (BGBI. 108/1979). Dieses Gesetz wird 1985/90/92 novelliert und schreibt fest, dass jedes Unternehmen bei Entlohnung, Einstellung, Beförderung, Weiterbildung und Kündigung zwischen Männern und Frauen nicht differenzieren darf. Frauen, die lediglich aufgrund ihres Geschlechts weniger verdienen als ihre männlichen Kollegen oder männliche Bewerber ihnen vorgezogen wurden, können den Verdienstentgang einklagen oder für die Nichteinstellung Schadenersatz verlangen. Zur Beratung der Frauen und Feststellung von Diskriminierungen wird eine Gleichbehandlungsanwältin und eine Gleichbehandlungskommission eingerichtet. Darüber hinaus gibt es auch die Anweisung, dass einem diskriminierenden Betrieb öffentliche Förderungsmittel zu versagen sind. Dieses Gesetz ist insoferne totes Recht, als die Betriebe weder eine Berichtspflicht haben, noch Förderstellen die Betriebe vor der Vergabe von Geldern auf den Gleichbehandlungsstandard prüfen.

[22] Ulli Pastner/Ulrike Papouschek: Im Dornröschenschlaf – Betriebliche Frauenförderung in Österreich. Wien 1996, S. 77f. S. 154.

[23] Stand vom 30.1.98. Zitiert nach Hermann Pruckner, parlamentarischer wissenschaftlicher Dienst.

[24] Inklusive Bundeskanzler. Staatssekretärinnen und Staatssekretäre zählen nicht zur Bundesregierung im verfassungsrechtlichen Sinn und werden daher nicht berücksichtigt.

[25] Übers.: Rückschlag

[26] Die Zeit. 4/17.1.97. S. 61

[27] Von der Opposition wird diese Form der Budgetkonsolidierung als »Kosmetik« kritisiert. Vgl. dazu die Kommentare rund um die parlamentarische Budgetsitzung.

[28] Karenzgeld bekommen nur jene Personen, die sich diesen Anspruch sichern, indem sie mindestens 52 Wochen vor der Geburt des Kindes beschäftigt sind und Gelder in die Arbeitslosenversicherung zahlen. Ausnahme: Sind die Mütter jünger als 25 Jahre, reichen 20 Wochen. Übrigens: Amtlich heißt diese Unterstützung Karen*zurlaubs*geld. Die Männerwelt hält das Aufziehen kleiner Kinder wohl für eine andere Art von Ferien, oder will das zumindest werdenden Müttern vorgaukeln. Als Ursache mag Ahnungslosigkeit gelten;

[29] Ein positiver Neologismus, der einen gesellschaftlichen Gewinn vermuten lässt. Doch gerade die Geschichte des OMV lehrt uns, dass auch dann, wenn ein Betrieb mittels Arbeitskräfteabbau gesundgeschrumpft wird, die Dynamik der maximalen

Gewinnorientierung greift. So schreibt die OMV gegenwärtig schwarze Zahlen, dennoch sollen alle Arbeitskräfte, die das 50. Lebensjahr überschritten haben, in die Pension oder in die ›Wüste‹ geschickt werden. Die Gesundschrumpfung wird zum Bumerang.

[30] News. 6/96, S. 14.

[31] Anfang 1995 gibt es in Österreich 14 Frauenbeauftragtenstellen. Hinsichtlich Verbreitungsdichte aber auch in Hinblick auf Ausstattung mit Kompetenzen sowie personellen und budgetären Ressourcen liegt Österreich im europäischen Vergleich auf den hinteren Rängen. Vgl. dazu: Bundesministerin für Frauenangelegenheiten: Bericht über die Situation der Frauen in Österreich. Frauenbericht 1995. Wien 1995, S. 600f.

[32] Vgl. dazu: Traude Kogoj/ Konrad Mitschka: Geschenktes Geld. Wien 1994. Die Palette der unterschiedlichen Förderungsmaßnahmen für Familienprojekte übersteigt in frappierender Weise jene, die exklusiv für Frauenprojekte vorgesehen sind.

[33] Gerade autonome Frauenprojekte wie Verein der Österr. Frauenhäuser, Amandas Matz, Frauenrechte Menschenrechte etc, haben grundlegende politische Akzente gesetzt. So ist es das Verdienst der Betreiberinnen der Frauenhäuser, dass die familiäre (männliche) Gewalt gegen Frauen zum gesellschaftspolitischen Anliegen wird. Die Bewusstseinsarbeit mündet 1997 im Wegweiserecht mit Rückkehrverbot für eine Woche. Das politische und soziale Engagement einzelner Initiativen lässt sich auf Themen wie sexueller Missbrauch oder die rechtliche Gleichstellung von heterosexueller und lesbischer Beziehungen (auch wenn letztere in Österreich rechtlich noch nicht legitimiert sind) etc. erweitern.

[34] Eine Strategie, die die Teilnahme am politischen System meint, das heißt, das System soll nicht außerparlamentarisch verändert werden, sondern durch aktive Teilnahme am politischen System verändert werden.

[35] Die Abtreibung wird legalisiert, es entstehen die ersten Frauenhäuser, autonome Frauenprojekte werden zusehends gefördert, ein Staatssekretariat für Frauenangelegenheiten wird eingerichtet, das schließlich in einem eigenen Ministerinnnenamt mündet etc.

[36] News, 47/96, S. 27.

[37] Die Zeit, 4/17.Jan. 97, S. 61.

[38] News. 6/96, S. 13. Die ›Großbürger-Familie‹ (Einkommen 100.000,–/m) kostet das Sparpaket 61.471,– im Jahr, die ›Aufsteiger-Jungfamilie (beide verdienen zusammen 40.000,–/m) 18.248,– im Jahr und die ›Arbeiter-Familie (20.000,–/m) 10.214,– im Jahr und den ›Swinging-Single‹ (Einkommen 40.000,–) gar 17.185,– im Jahr.

[39] Eine beliebte Metapher von Jörg Haider im Rahmen der Fernsehdebatten anlässlich der vorgezogenen Nationalratswahl 1995.

[40] Zit. n. Jörg Haider: Die Freiheit, die ich meine.

[41] Profil. 30/94, S. 14.

[42] Das Khol-Interview (Profil) wird auch für VP-nahe Organisationen zum Ärgernis. Kurier 14.3.96. S.2: »Der Familienbund beklagte sich, dass von der ÖVP Druck ausgeübt worden sei, nicht an der Demonstration (Familiendemonstration vom 14.3.96) teilzunehmen. Besonders verärgert ist die Familienbundsprecherin Pitzinger über VP-Klubchef Khol. Dieser hatte im profil gesagt, dass Kinder wie Milchkannen abgegeben würden. Auch Khols Hinweis auf die Rolle der Großmütter bei der Kinderbetreuung hält Pitzinger für empörend. Sie antwortete mit einem Transparent: »Wir haben keine Großmütter.« In News 10/96. S. 21f.: »Ingrid Klein, Vorsitzende der Katholischen Frauenbewegung: »Es gibt so etwas wie ein übervolles Maß. Das Strei-

chen der Kindergartenmilliarde und zynische Äußerungen wie die von Klubobmann Khol, der die Großmütter wieder einsetzen will.«
[43] Interview mit Elfriede Hammerl vom 26.11.97.
[44] Vgl. dazu: Sieglinde Rosenberger: Alles was Recht ist!? S. 195f.
[45] Protokoll vom 24.03.96. Dieses Vorgehen wird bei der Sitzung vom 03.06.96 einstimmig angenommen.
[46] Protokoll vom 24.03.96.
[47] Protokoll vom 24.03.96.
[48] Vgl. dazu: 3. Die Neue Frauenbewegung. S. 212f.
[49] Vgl. dazu: Sieglinde Rosenberger: Alles was Recht ist!? S. 189f.
[50] Interview mit Elfriede Hammerl vom 26.11.97.
[51] Interview mit Eva Rossmann vom 3.1.98.
[52] Interview mit Edith Stohl vom 20.10.97.
[53] Interview mit Edith Stohl vom 20.10.97.
[54] Interview mit Barbara Klein vom 10.3.97.
[55] Interview mit Barbara Klein vom 10.3.97.
[56] Protokoll vom 01.04.96.
[57] Titel des Informationsblattes: Wir machen ein Frauenvolksbegehren vom 7. – 14. April. Dieses Informationsblatt wird im Winter 1996 formuliert und an potentielle Unterstützerinnen verschickt.
[58] Kurier. 18.5.96. S. 10.
[59] Salzburger Nachrichten. 9.4.96.
[60] Interview mit Christa Pölzlbauer vom 22.2.97. Die Wortkreation UFF stammt von Barbara Klein.
[61] Seit Mitte Juni ist das UFF rechtskräftig ein gemeinnütziger Verein. Vgl. dazu: Protokoll vom 17.06.96.
[62] Vgl. dazu: 3. Die Neue Frauenbewegung. S. 215f.
[63] Protokoll vom 03.06.96. Dieser Vorschlag wird einstimmig angenommen.
[64] Interview mit Christa Pölzlbauer vom 22.02.1997.
[65] Protokoll vom 24.03.1996.
[66] Kurier. 25.7.96. S. 3.
[67] Zu den Montagtreffen sind regelmäßig Expertinnen zu einzelnen Themenbereichen geladen: u.a. Ingrid Nikolay-Leitner (Gleichstellung und Gleichbehandlung), Heide Schrott (Koedukation in der Schule), Ingvild Birkhan (Situation der Frauen an den Universitäten)...
[68] Interview mit Elfriede Hammerl vom 26.11.97.
[69] Der Begriff ›Nur-Hausfrau‹ gilt allgemein zur begrifflichen Unterscheidung zwischen jenen Frauen, die reproduktive Arbeiten leisten und jenen, die neben den reproduktiven Tätigkeiten auch einen Beruf ausüben. Das ›Nur‹ vor der ›Hausfrau‹ qualifiziert diese Tätigkeit als ›wenig oder gering‹ und ist im Kontext der patriachal organisierten Gesellschaftsstruktur zu verstehen. Konsequenterweise ist im DUDEN das Lexem ›Nur-Hausfrau‹ angeführt nicht aber der ›Nur-Hausmann‹ (siehe DUDEN BAND 1, 21. Auflage, 1996, S. 531).
[70] Protokoll vom 10.06.96. Entgegen des von der ÖVP häufig zitierten Vorwurfs, das UFF hätte mit der ÖVP keine Gespräche geführt und sei ideologisch eher links und SP-lastig, finden die ersten Kontakte mit prominenten ÖVP Politikerinnen schon sehr früh statt. Die erste UFF-Präsentation findet am 22.6.1996 im Club Alpha statt.
[71] Protokoll vom 17.06.96.
[72] Protokoll vom 22.07.96.

[73] Protokoll vom 08.07.96.
[74] Protokoll vom 08.07.96. Die erste Subvention vom BMfF bekommt das UFF im November 1996 (siehe Protokoll) zugesichert. Insgesamt müssen im Winter 1997 rund 200.000 ATS von den insgesamt 500.000 ATS zurückgezahlt werden.
[75] Protokoll vom 26.08.96.
[76] Protokoll vom 12.08.96.
[77] Protokoll vom 04.11.96.
[78] Als etwa die CA Interesse an einer finanziellen Unterstützung des UFF zeigt, wird im Plenum über den unternehmensinternen Umgang mit Frauen diskutiert. (Protokoll vom 09.12.97)
[79] Protokoll vom 01.07.96.
[80] Protokoll vom 24.06.96.
[81] Protokoll vom 29.07.96.
[82] Kurier. 13.8.96. S. 2.
[83] Kurier. 22.8.96. S. 2.
[84] Interview mit Christa Pölzlbauer vom 22.2.96.
[85] Am 5. August 96 entwickelt Eva Rossmann den ersten Textentwurf zum FVB. Forderungen wie »die Schaffung von Frauenarbeitsplätzen und die Betreuung von Wiedereinsteigerinnen ist mit mindestens 50 Prozent der vorhandenen Förderungsmittel zu forcieren«, »zwei Jahre Karengeld für Alleinerzieherinnen, Schülerinnen und Studentinnen« ... werden aufgestellt. Insgesamt werden von Eva Rossmann bis Ende Oktober drei Textentwürfe zum FVB entwickelt.
[86] »Der VB-Text wurde an 20 Promis zur Begutachtung verschickt«, steht im Protokoll vom 16.09.96. Die Vorschläge der Expertinnen werden eingearbeitet. Irmgard Schmidtleithner gibt z. B. eine mündliche Stellungnahme zu vier Punkten des FVB-Textes ab. Vgl. dazu: Eva Rossmann: 2. Textentwurf Frauenvolksbegehren vom 30. Sept. 1996.
[87] Textentwurf Eva Rossmann vom 5. August 1996.
[88] Der inhatliche Rahmen der Forderungen wird bereits in der Anfangsphase festgelegt. Anfragen- wie das Volksbegehren sollte auch »die Anliegen behinderter Frauen miteinbeziehen« werden abgelehnt. (Protokoll vom 25.11.96)
[89] Interview mit Regina Kern Februar 97.
[90] Interview mit Regina Kern Februar 97.
[91] Regina Kern teilt diese Einschätzung mit mehreren UFF-Frauen.
[92] Protokoll vom 18.11.96.
[93] Protokoll vom 21.10.96. Damals hat der Verein 24 stimmberechtigte Mitglieder.
[94] Interview mit Edith Stohl vom 20.10.97.
[95] Interview mit einer UFF-Aktivistin vom 15.3.96.
[96] Interview mit Christa Pölzlbauer vom 22.2.96.
[97] Interview mit Edith Stohl vom 20.10.97
[98] Interview mit Barbara Klein vom 10.03.97.
[99] Protokoll vom 17.06.96.
[100] Protokoll vom 12.08.96.
[101] Kreative Ideen sind nicht mehr konsensfähig. Ein Beispiel ist die Präsentation des UFF in den Newsgroups und Diskussionslisten. Ist in den ersten Mails, im Sept. 1996, vom Frauenvolxbegehren die Rede, so wird diese Begriffskreation durch die klassische Schreibweise ersetzt, mit dem Argument »sie sei zu hip für die Masse.« Einige Frauen wollen ein neues Logo, andere Frauen befürchten, dass mit einem neuen Logo die Identität der UFF-Gruppe verschwinden soll.

[102] Interview mit einer UFF-Aktivistin.
[103] Weil die Durchführung eines Volksbegehrens rund 25. Mio. ATS kostet, wird im Innenministerium die Möglichkeit, mehrere Volksbegehren an einem Tag stattfinden zu lassen, in Erwägung gezogen. Am 7.10.1996 wissen die UFF-Frauen, warum? Ebenfalls für das Frühjahr 1997 ist ein Gentechnik-Volksbegehren geplant.
[104] Protokoll vom 30.09.96.
[105] Vgl. dazu: Medienplan, vom 12.08.96, erstellt von Eva Rossmann.
[106] Protokoll vom 01.07.96.
[107] Protokoll vom 07.10.96.
[108] Monika Landsberger vom ÖH-Frauenreferat der TU-Wien stellt die Infrastruktur für Aussendungen u.a. zur Verfügung.
[109] Kurier. 21.11.96. S. 2.
[110] Oberösterreichische Nachrichten, 19.11.96.
[111] APA, 20.11.96.
[112] Die ganze Woche, 20.11.96.
[113] APA, 20.11.96.
[114] APA, 20.11.96.
[115] APA, 20.11.96.
[116] APA, 20. Nov. 96. Vgl. dazu: Sieglinde Rosenberger: Alles was Recht ist!? S. 192.
[117] Kronen Zeitung, 21.11.96.
[118] Der Kurier, 21.11.96.
[119] Salzburger Nachrichten, 21.11.96.
[120] Vorarlberger Nachrichten, 21.11.96.
[121] Vorarlberger Nachrichten, 21.11.96.
[122] News, 21.11.96.
[123] APA, 20.11.96.
[124] APA, 20. Nov. 96.
[125] Wiener Zeitung, 22.11.96
[126] APA, 21.11. 96.
[127] APA, 21.11. 96.
[128] APA, 2. 12. 96.
[129] APA, 21.11. 96.
[130] APA, 21. 11. 96.
[131] APA, 20.11.96.
[132] Die Einigung darauf, dass das UFF mit prominenten Frauen für das Volksbegehren wirbt, verläuft keineswegs konfliktfrei. Viele befürchten, dass mit den Promis die eigentliche Botschaft, nämlich diejenigen stärker repräsentieren zu wollen, die von der restriktiven Sparpolitik besonders betroffen sind, verloren geht.
[133] Vgl. dazu: Gitti Geiger: Das FrauenVolksBegehren als Medienereignis. S. 172f.
[134] bei Entscheidungen über Geldfragen, zunächst auch noch bei Fragen zur Gestaltung der Folder und Plakate.
[135] Interview mit Christa Pölzlbauer vom 22.02.97.
[136] News, 21.11.97.
[137] Protokoll vom 2.12.96. Immer schon ist der Frauentag als möglicher Beginn für die Eintragungswoche favorisiert worden. In zweiter Linie erst sollte das FVB an ein anderes VB angegliedert werden.
[138] Der Text ist dem Folder entnommen, der im Zuge des FVB verteilt wird.
[139] Von Seiten engagierter Frauen wird nicht bloß kritisiert, dass Themen wie Gewalt und Migration völlig ausgespart bleiben, sondern auch die Formulierung »gleicher

Lohn für gleiche Arbeit«, weil sie mißverständlich sei und nicht apriori auf die niedrigen Kollektivverträge in den typischen Frauenbranchen verweise. In den Erläuterungen zum Frauenvolksbegehren ist von »gleicher Lohn für gleichwertige Arbeit« die Rede. Irritation schafft auch folgende Formulierung unter Punkt 6: »Tagesmütter sind auszubilden und arbeits- und sozialrechtlich abzusichern.« In den Erläuterungen ist von »Tagesmütter und -väter« die Rede.

[140] APA, 28. Nov. 96.

[141] APA, 28. Nov. 96.

[142] APA, 28. Nov. 96.

[143] APA, 28. Nov. 96.

[144] APA, 28. Nov. 96.

[145] APA, 28. Nov. 96.

[146] Vgl. dazu: Sieglinde Rosenberger: Alles was Recht ist!?. S. 194f.

[147] Interview mit Edith Stohl vom 20.10.97.

[148] APA, 4. Dez. 96.

[149] APA, 4. Dez. 96.

[150] APA, 5. Dez. 96.

[151] News, 28.11.96.

[152] News, 28.11.96.

[153] APA, 9. Dez. 96.

[154] Ausnahmen bilden etwa Josef Cap und Alfred Gusenbauer, die laut News »über ihren Schatten springen und trotz ihrer Vorbehalte gegen einzelne Punkte des Frauenvolksbegehrens unterschreiben werden.« News, 28.11.96.

[155] APA, 6. Dez. 96.

[156] APA, 6. Dez. 96.

[157] APA, 6. Dez. 96.

[158] APA, 17. Dez. 96.

[159] APA, 12. Dez. 96.

[160] APA, 20.12.96.

[161] Neues Volksblatt, 28.11.96.

[162] Interview mit Eva Rossmann vom 03.01.98.

[163] Diese Einschätzung teilen mir mehrere UFF-Frauen in persönlichen Gesprächen mit.

[164] Foldergruppe

[165] Aus dem Gedächtnisprotokoll.

[166] Nähere Informationen zu den VB Initiativen in den Bundesländern können den einzelnen Beiträgen entnommen werden.

[167] Auszug aus dem persönlichen Gesprächsprotokoll zur Veranstaltung im Republikanischen Klub vom 6.2.97.

[168] Vgl. auch: Neue Zeit. 8.2.97. S.5; Tiroler Tageszeitung. 8./9.2.97.

[169] Vgl. dazu: Kurier. 23.1.97. S.3. Der Grün-Politiker Rudi Anschober wird nach seiner Meinung über Barbara Prammer gefragt: »Sie hat stets den Dialog mit anderen Parteien gesucht. Sie ist manchmal zu still und etwas zu sehr auf Parteilinie.« Kurier. 26.1.97. S. 3. Von den Initiatorinnen des FVB wird Barbara Prammer als »kompetente und engagierte Politikerin« gelobt.

[170] Protokoll vom 10.2.97.

[171] Protokoll vom 22.2.97.

[172] Protokoll vom 3.2.97.

[173] Vgl. dazu die Beiträge aus den Bundesländern.

[174] Kurier. 15.1.97. S.2.
[175] Der Standard. 8./9.02.97. S. 28.
[176] Bei der Analyse der Arbeitslosigkeit wird klar, dass immer mehr Frauen aus den ArbeitsProzess hinausgedrängt werden, ohne zurückzukehren. Die letzten Zahlen vom AMS besagen, dass die Arbeitslosigkeit der Frauen ständig steigt. Ende September stehen 99.437 Frauen, 97.904 arbeitslose Männer gegenüber. Das macht ein Plus von 2.223 arbeitslosen Frauen gegenüber dem Vorjahr.
[177] Ebenda. Zu der geschlechterdiskriminierenden Haltung einzelner Wiener Philharmoniker gesellen sich krude Theorien. Dieter Flury: »Wenn man der Ansicht ist, dass die Welt nach Quotenregelungen funktionieren sollte, dann ist natürlich die Tatsache, dass wir hier eine Gruppe von weißhäutigen, männlichen Musikern sind, die ausschließlich weißhäutige, männliche Komponisten aufführen, ein rassistisches und sexistisches Ärgernis.« S. 10.
[178] Die ganze Woche. 1/97. S. 8.
[179] Kurier. 7.2.97. S.15.
[180] Vgl. dazu: Protokoll vom 3.2.97. Eine Aussendung, die auf das Tribunal der FrauenZoffensive hinweisen soll, wird vom UFF abgelehnt.
[181] Vgl. dazu: Protokoll vom 1.4.97. Als Gegenargument wird das »Journalistinnendiktat, wonach prominente Identifikationsfiguren über die Medienpräsenz entscheiden« gebracht.
[182] Protokoll vom 1.4.97.
[183] Ausschließlich die erfahrenen Journalistinnen Elfriede Hammerl und Eva Rossmann sollen zu Wort kommen. Protokoll vom 7.4.97.
[184] Ebenda.
[185] So bringt etwa die Kleine Zeitung in der Steiermark eine Serie zum FVB. Die Serie ist im Detail dem FVB eher freundlich und unterstützend gestimmt. Am 11.4. konstatiert Erwin Zankel in der Rubrik »Hintergrund« allerdings: »Die Forderungen sind unerfüllbar.« Eine Serie startet auch die Neue Zeit (Steiermark). Der Tenor: Natürlich können nicht alle Forderungen sofort umgesetzt werden. Dennoch sollte ein Zeichen im Sinne des Begehrens gesetzt werden. Vgl. dazu: Neue Zeit. 29.3.97. S. 6.
[186] Zit. n. Kleine Zeitung. 11.4.97.
[187] Kleine Zeitung. 5.4.97. S. 25.
[188] Neue Zeit. 5.4.97.
[189] Ebenda.
[190] Der Standard. 10.3.97.
[191] APA. 12.2.97.
[192] St. Johanner Zeitung. Monatszeitung für St. Johann Tirol. 3/97.
[193] Zit. n. Kleine Zeitung (Stmk). 9.4.97.
[194] Der Standard, 2507/8./9. 03.97, S. 1.
[195] Kurier, 96/8.04.97, S. 1.
[196] Kurier. 9.4.97.
[197] Salzburger Nachrichten, 15.04.97, S. 1.
[198] Wiener Zeitung, 15.04.97, S. 1.
[199] Kleine Zeitung, 15.04.97, S. 3.
[200] Krone, 15.04.97, S. 8f.
[201] Krone, 15.04.97, S. 8f.
[202] Zur Sache, 02.02.97.
[203] News, 16, 17.04.97, S. 20.

[204] Susan Faludi: Die Männer schlagen zurück. Reinbeck bei Hamburg 1991.
[205] Johanna Dohnal. In: News, 16, 17.04.97, S. 25.
[206] Laut Gallup-Umfrage, April 1997.
[207] Uff! Informationsblatt über das Frauenvolksbegehren und aktuelle Frauenpolitik. 4/Okt. 97.
[208] SP-Parteipressedienst. 15.4.97. Zit. n. Uff! Informationsblatt über das Frauenvolksbegehren und aktuelle Frauenpolitik. 4/Okt. 97.
[209] VP-Pressedienst. 15.4.97. Zit. n. Uff! Informationsblatt über das Frauenvolksbegehren und aktuelle Frauenpolitik. 4/Okt. 97.
[210] Presseaussendung vom 15.4.97. Zit.n. Uff! Informationsblatt über das Frauenvolksbegehren und aktuelle Frauenpolitik. 4/Okt. 97.
[211] Zit.n. Uff! Informationsblatt über das Frauenvolksbegehren und aktuelle Frauenpolitik. 4/Okt. 97.
[212] Kurier. 22.5.97. S. 3
[213] Der Standard. 21.5.97. S. 5.
[214] freitag aktuell (SPÖ Wochenblatt). 11.7.97.
[215] Uff! Informationsblatt über das Frauenvolksbegehren und aktuelle Frauenpolitik. 7/Jänn.98.
[216] Protokoll vom 23.5.97. Um den Informationsaustausch zu gewährleisten werden künftig die Protokolle an alle UFF-Mitglieder verschickt.
[217] Protokoll vom 23.5.97.
[218] Die Presse. 29.4.97.
[219] Elfriede Hammerl, Eva Rossmann, Christa Pölzlbauer, Regina Kern und Traude Kogoj sitzen Viktor Klima, Wolfgang Schüssel, Barbara Prammer, Lore Hostasch und Martin Bartenstein gegenüber.
[220] Die Presse. 22.5.97. S. 6.
[221] Kurier. 22.5.97. S. 3.
[222] Der Standard. 22.5.97. S.1
[223] Der Standard. 21.5.97. S. 5.
[224] Der Standard. 22.5.97. S. 28. Kommentar von Petra Stuiber.
[225] Die Sofortmaßnahmen werden von Eva Rossmann formuliert und den Verhandlungspartnerinnen bereits vor dem Gipfel zugestellt. In Summe stellen sie ein »Hölzerl« (Petra Stuiber) dar, die eine Umsetzung der Forderungen schnell vorantreiben soll.
[226] Die Presse. 22.5.97. S. 6.
[227] Die Kollektivverträge betragen: im Textilgewerbe 10.704 ATS; bei Ordinationshilfen nach dreijähriger Ausbildung 10.000 ATS ; bei Bauhilfsarbeiter 16.611 ATS.
[228] Vgl. dazu: Kurier. 22.5.97. S. 3.
[229] Zur Zeit haben arbeitslose Menschen keinen Anspruch auf Arbeitslosengeld und Notstandshilfe, wenn sie wegen Kinderbetreuungspflichten bloß eine Teilzeitbeschäftigung annehmen können. Laut Arbeitslosenversicherungsgesetz besteht ein Anspruch nur dann, wenn Menschen dem Arbeitsmarkt »zur Verfügung stehen«. In Deutschland beispielsweise sind von dieser Regelung Betreuungspflichten ausdrücklich ausgeschlossen.
[230] Beispiele dafür sind Kassandra und Mira. Diese unabhängigen Einrichtungen wurden durch AMS-eigene Angebote ersetzt. Eine adäquate Betreuung und Vermittlung von Langzeitarbeitslosen und von Frauen in schwierigen Situationen ist allerdings nicht gewährleistet.
[231] Zu diesen Projekten zählt auch das äußerst fragwürdige »Homeservice«, das die

Vermittlung von Frauen (und nur von Frauen) für die Putzarbeit in private Haushalte vorsieht. Die Frauen sind angestellt und somit sozialrechtlich abgesichert.

[232] Vgl. auch: Die Presse. 22.5.98. S. 6.

[233] Vgl. dazu: Ergebnisse der Regierungsverhandlungen am 21.5.97. Diese Ergebnisse wurden von Eva Rossmann zusammengefasst und an die UFF-Frauen weitergegeben.

[234] Seit 1. Mai 1995 müssen die Gemeinden ein Drittel der Sondernotstandshilfe für Mütter bezahlen. Diese Regelung führt verstärkt dazu, dass das Formular für die Gewährung der Sondernotstandshilfe von den Gemeinden vielfach ohne Überprüfung der Zumutbarkeitskriterien mit dem Vermerk »Tagesmütter vorhanden« ausgefüllt werden. Die Frauen verlieren die Sondernotstandshilfe und kommen ohne Berufsschutz bei der Arbeitsvermittlung in den NotstandshilfeBezug. Vgl. dazu: Kurier. 3.8.95. S. 2.

[235] Zitiert nach Gesprächen mit UFF-Aktivistinnen. Das heißt aber nicht, dass die Kompetenz einzelner prominenter Frauen in Frage gestellt wird.

[236] Die Gespräche auf Ministerinnenebene führen weitgehend Christa Pölzlbauer, Eva Rossmann und Elfriede Hammerl. Fallweise werden Barbara Klein und Andrea Brunner einbezogen. Bei Pressekonferenzen treten neben den drei Frontfrauen vor allem Elisabeth Rosenmayr, Andrea Brunner, später auch Sonja Baltres auf.

[237] Vgl. dazu Protokoll vom 15.9.97.

[238] Protokoll vom 15.9.97. Nachdem die Werke von Elfriede Jelinek von keinem männlichen Germanistikstudenten wissenschaftlich bearbeitet werden, planen Hahn und Schmölzer Briefe an Wissenschaftsminister Einem und an sämtliche Germanistikinstitute in Österreich. Vgl. dazu: Protokoll vom 10.11.97.

[239] »Frauen hatten ja keine Plattform, um sich zu wehren«, meint Eva Rossmann in News 47/96.

[240] Eine der vielen Aktionen ist die Demonstration gegen die Pro-Life Demonstration beim Ambulatorium am Fleischmarkt, vom 6.9.97. Bei der Veranstaltung der Aktionsplattform im Parlament zum Thema: Peking far away, treten UFF-Frauen als Kommunikatorinnen in einzelnen Arbeitsgruppen und bei der Podiumsdiskussion auf. Usw.

[241] Vgl. dazu: Eva Rossmann: Unter Männern. Frauen im österreichischen Parlament. Wien/Bozen 1995, S. 78f. Rossmann kommt zum Schluss: Je wichtiger die Debatten, je eher über die Debatten von den Medien berichtet wird, desto weniger Frauen haben etwas zu reden.

[242] Die Grundidee: Die Eltern (für gewöhnlich sind es die Frauen) sollen unabhängig vom Einkommen vier Jahre lang monatlich mindestens 5.700 ATS oder 7.958 ATS netto bekommen. Die 5.700 ATS orientieren sich am derzeitigen Karenzgeld und die 7.958 ATS richten sich nach dem derzeitigen Pensions-Ausgleichszulagenrichtsatz. Frau kann mit diesem Geld-Scheck eine Kinderbetreuung bezahlen, oder –wenn sie die Betreuung selbst übernimmt – den Scheck für sich, quasi als Lohn, behalten. Sie ist damit pensions- und krankenversichert. Dieser Barbetrag-Scheck soll mindestens vier Jahre ausbezahlt werden. Danach, wenn die Frau wieder ans Arbeiten denkt würde der monatliche Beitrag auf 3.600 ATS (Karenz-Variante) bzw. 5.017 (Existenzminimum-Variante) reduziert werden. Dafür bekommt sie aber für jedes Kind unter sechs Jahren 3.400 ATS »für externe, anerkannte, qualitativ entsprechende Betreuungsangebote« dazugereicht. Vom sechsten bis zum siebenten Lebensjahr, also während des ersten Schuljahres, sollen dann wieder nur mehr die für die ersten vier Jahre gedachten 5.700 ATS ausbezahlt werden. Nach Vollendung des 7. Lebensjah-

res gibt es keinen Groschen mehr. Frau kann sich dann aussuchen: Entweder sie bleibt zu Hause und hofft, dass sich ihr Ernährer nicht von ihr scheiden lässt, damit sie mitversichert bleibt. Pensionsjahre sammelt sie jedoch nicht. Oder sie findet eine Arbeit mit Anstellung, was jedoch nach sieben Jahren weg vom Arbeitsmarkt schier unmöglich ist.

[243] Protokoll vom 15.9.97.

[244] Protokoll vom 15.9.97.

[245] Arbeiterinnenstandpunkt. Österreichische Sektion der Liga für eine revolutionär-kommunistische Internationale. Nr. 86, Sept..97, S. 8.

[246] Uff! Informationsblatt über das Frauenvolksbegehren und aktuelle Frauenpolitik. 7/Jänner 98. Am 18./19. Oktober titelt der Standard ›Die Familienbesteuerung ist verfassungswidrig‹. Der österreichische Verfassungsgerichtshof kommt zum Schluss, dass die Familienbesteuerung gleichheitswidrig ist, weil sie Unterhaltspflichtige gegenüber jenen, die keine unterhaltspflichtigen Kinder zu versorgen haben, benachteiligt. Im Kern geht es dabei um den umstrittenen Paragraphen 34 des Einkommenssteuergesetzes, der ausdrücklich festlegt, dass Unterhaltsleistungen nicht als »außerordentliche Belastung« steuerlich geltend gemacht werden können. Künftig sollen jene Einkommensteile, die für den Unterhalt aufgewendet werden, bis zur Hälfte steuerfrei bleiben. Eine sich widersprechende Konklusion, »denn entweder verstößt etwas gegen den Gleichheitsgrundsatz oder nicht… ein Verstoß zur Hälfte wie ihn der Verfassungsgerichtshof unterstellt, ist nicht möglich«, kommentiert Katharina Krawagna-Pfeifer im ›Standard‹. Der Familienminister Martin Bartenstein zeigt sich ob der Erkenntnis erfreut und tritt für eine Steuerfreistellung des Existenzminimums für jedes Kind mit einem zusätzlich direkt auszahlbaren Absetzbetrag von 4.800 ATS pro Kind und Jahr, Das Modell kostet 9 Mrd. ATS. Die Erkenntnis des Verfassungsgerichtshofes lautet frei nach dem Motto: Wer viel verdient, soll auch viel für seine Kinder von der Steuer absetzen können. Alleinerzieherinnen jedenfalls verdienen in der Regel zu wenig, um diese steuerlichen Absetzmöglichkeiten nutzen zu können.

[247] Protokoll vom 15.9.97.

[248] Uff! Informationsblatt über das Frauenvolksbegehren und aktuelle Frauenpolitik. 7/Jänner 98.

[249] News. 41/97. S. 54.

[250] Profil 46/97. S. 43.

[251] Bescheid der Regionalradio- und Kabelfunkbehörde vom 5.12.97.

[252] Vertraglich ist festgelegt, dass diese Option auf zwei Stunden täglich ausgeweitet werden kann.

[253] Zit. n. schriftlichen Aufzeichnungen von Christa Pölzlbauer.

[254] Ebenda.

[255] Ebenda.

[256] Ebenda. Pölzbauer beschreibt, wie das zufällige Zusammentreffen mit Hlavac ihr den zentralen Sitzplatz im Ausschuss bringt. Bei dieser Sitzung des Vollausschusses werden die Themenblöcke für die Unterausschusssitzungen bekanntgegeben. 1. Verfassungsrecht (bzgl. Gleichstellung) 2. Arbeitsrecht und Vergabewesen (betrifft 5 Punkte des FVB) 3. Soziale Sicherheit (betrifft 4 Punkte des FVB) 4. Altersversorgung 5. Bildung, Ausbildung.

[257] Ebenda.

[258] Uff! Informationsblatt über das Frauenvolksbegehren und aktuelle Frauenpolitik. 7/Jänner 98.

[259] Die Expertinnen, die von Christa Pölzlbauer nominiert werden, sind Eva Rossmann und Helene Klaar.

[260] Ebenda.

[261] Der Standard, 15.01.98, S. 5.

[262] Bundesministerium für Frauenangelegenheiten: Frauenbericht 1995. Wien 1995, S. 40f.

[263] Zit. n. schriftlichen Aufzeichnungen von Christa Pölzlbauer.

[264] Kurier, 16.01.98, S.2.

[265] Zit. n.: Offener Brief an die 645.000 Unterzeichnerinnen und Unterzeichner des Frauenvolksbegehrens.

[266] Ebenda.: »Zur Orientierung: Wirklich eingesetzt für die Forderungen des Frauenvolksbegehrens haben sich in den parlamentarischen Sitzungen die Vertreterinnen der Grünen und des Liberalen Forums. Massiv dagegen waren die Vertreterinnen der ÖVP. Die FPÖ-Vertreterinnen haben Windrad gespielt, stehen aber im wesentlichen für ein Rollenbild, das Frauen am Herd vorsieht. Die Vertreterinnen der SPÖ agieren schaumgebremst, immer darauf bedacht, den Koalitionspartner nicht zu vergrämen.«

[267] Pressetext zur Pressekonferenz. Die wichtigsten Maßnahmen: Künftig sollen 5.000 Unterstützungsunterschriften für die Einleitung eines VB erbracht werden. Parteien dürfen kein VB initiieren. Analog dazu sollen die Unterstützungsunterschriften von Abgeordneten ebenfalls gestrichen werden. Die Stimmberechtigung bei Volksbegehren soll auf 15 Jahre herabgesetzt werden. Bei erfolgreichen VB soll eine Kostenabgeltung stattfinden. Die Behandlungsfrist eines VB auf parlamentarischer Ebene muss ein Jahr nach Einreichung des VB abgeschlossen sein. In diese Ausschüsse sollen künftig mehrere Vertreterinnen des VB Zutritt haben. Die Ausschüsse sollen öffentlich zugänglich und die Ergebnisse der Ausschussberatungen den Unterzeichnerinnen zugänglich gemacht werden. Eine parlamentarische Sondersitzung am Ende der Legislaturperiode soll die VB zum Thema haben.

[268] Täglich Alles. 22.01.98.

[269] Der Standard. 22.01.98.

[270] Kronenzeitung. 22.01.98, S. 13.

[271] News. 22.01.98.

[272] Kurier. 22.01.98. S. 3.

[273] Die Presse. 22.01.98. Auf den geschlechtsspezifischen Aspekt der Bestellung wird in diesem Artikel freilich verzichtet.

[274] Zit.n.: An Herrn Bundeskanzler Dr. Klima, Frau BM Mag. B. Prammer, alle Parlamentsfraktionen. Verfasserin des Briefes: UFF.

[275] Ebenda.

Szenelokal ›Zugabe‹, am 14. April 97 – die Spannung steigt: Frauenministerin Barbara Prammer und die Wiener Stadträtin Renate Brauner vergleichen die ersten inoffiziellen Zahlen.

FOTO: PETER KOGOJ

Erschöpft, erleichtert und stolz – die Proponentinnen des UFF kurz nach der Entscheidung: Eva Rossmann, Barbara Klein, Elfriede Hammerl, Christa Pölzlbauer und Regina Kern (v.l.).

FOTO: PETER KOGOJ

Hunderte Frauen, fünf Männer, ein Blick: knapp, bevor Innenminister Schlögl das Ergebnis der Volksbegehren im TV verkündet.

FOTO: PETER KOGOJ

Backing aus Kärnten – erstes Strategisches Bundesländertreffen vom 25. Jänner 97 in Wien: Karin Prucha (Grünen-Kärnten), Sabine Kern (UFF) (v.l.).

FOTO: TRAUDE KOGOJ

Die Proponentinnen aus der Steiermark: Susanne Haydvogel-Rauppach, Uli Taberhofer (v.l.).

FOTO: TRAUDE KOGOJ

Die Proponentinnen aus Vorarlberg: Elisabeth Rosenmayr (UFF), Franziska Schultz, Brigitte Bitschau-Canal (v.l.).

FOTO: TRAUDE KOGOJ

Die Proponentinnen aus Niederösterreich und Burgenland: Margit Binder, Anna Lauterbach (v.l.).

FOTO: TRAUDE KOGOJ

Die Proponentinnen aus Salzburg: Karoline Hochreiter, Heidi Rest-Hinterseer (v.l.).

FOTO: TRAUDE KOGOJ

Outing im Republikanischen Klub (6. Februar 97) – auch die Neo-Frauenministerin ist für das Frauenvolksbegehren: Barbara Prammer, Johanna Dohnal (v.l.).

FOTO: TRAUDE KOGOJ

Women for ever – Doris Pollet-Kammerlander (Frauensprecherin der Grünen, Unterstützerin des FVB) im Gespräch mit Elfriede Hammerl (UFF).

FOTO: TRAUDE KOGOJ

In Linz beginnts: Uschi Forster von der Initiative FVB Oberösterreich beim zweiten Bundesländertreffen vom 22. Februar 97.

FOTO: TRAUDE KOGOJ

Im Zeichen der Frauen (6. April 97): Matinee zum FVB im Volkstheater.

FOTO: PETER KOGOJ

Volkstheater-Matinee (6. April 97): Künstlerinnen und ein Künstler lesen Texte.

FOTO: PETER KOGOJ

Frauen, die Geschichte schreiben – Emmy Werner (Volkstheaterdirektorin), Renate Brauner (Wiener Stadträtin u.a. für Frauenfragen), Grete Schütte-Lihotzky (Architektin), Johanna Dohnal (Ex-Frauenministerin) (v.l.). – und schreiben werden: das Mädchen mit dem Zopf ist Miriam, meine Tochter.

FOTO: PETER KOGOJ

... zur Dritten: Otto Hans Ressler bei der Kunstauktion zugunsten des FVB im Palais Liechtenstein (8. April 97).

FOTO: TRAUDE KOGOJ

Uff! Erleichterung nach dem Auktionserfolg – vorne, v.l.: Christa Pölzlbauer, Barbara Klein, Elfriede Hammerl, hinten: Brigitte Mandak, Andrea Brunner, Sonja Baltres, Eva Rossmann, Edith Stohl, Elisabeth Rosenmayr.

FOTO: TRAUDE KOGOJ

11. April 97: Die Straße ist weiblich:
Eva Rossmann im Sandwich-Look.

FOTO: TRAUDE KOGOJ

Seitenblicke (11. April 97) – auch die Promis begehren (u.a. Andrea Händler, Barbara Prammer, Jazz Gitti, Adi Hirschall u.a.).

FOTO: TRAUDE KOGOJ

Lauter! Frauen! die erste (4. Oktober 97). Faire Chancen für Frauen – Evas Aufstieg auf die Haushaltsleiter.

FOTO: TRAUDE KOGOJ

Sitting-In (11. September 97) – das UFF bettelt um eine eigene Pension für über 400.000 Österreicherinnen; vorne (v.l.): Hilde Schmölzer, Sonja Baltres, Eva Rossmann, Maria Jonas; hinten: Igor (mein Sohn), Brigitte Mandak, Barbara Klein und Krista Schweiggl.

FOTO: TRAUDE KOGOJ

Lauter! Frauen! die erste (4. Oktober 97)

FOTO: TRAUDE KOGOJ

Lauter! Frauen! die zweite (2. November 97): Am »Aller-Scheinheiligen-Tag« geht es um »gleichen Lohn für gleichwertige Arbeit« (Monika Giller und Romana Bartl halten das Sargtuch-Transparent, vorne rechts: Eva Rossmann).

FOTO: TRAUDE KOGOJ

Stilleben. Eva Rossmann (Rückenansicht) im Gespräch mit Christa Pölzlbauer.

FOTO: TRAUDE KOGOJ

Lauter! Frauen!, die dritte – die »geringfügige« Punsch-ohne-Alkohol-Bescherung von Eva am Tag vor dem Nikolaus.

FOTO: TRAUDE KOGOJ

Die Mega-Frau: UFF-Aktivistin Edith Breyer mit Megaphon.

FOTO: TRAUDE KOGOJ

Weihnachten, die erste – jeder echte Verein hat seine Feste; am Boden (v.l.): Edith Breyer, Romana Bartl; die Sitzreihe: Edith Stohl, Barbara Klein, Hilde Schmölzer, Christa Pölzlbauer, Sabine Ivankovits, Regina Kern; die Stehplätze: Maria Jonas, Elfriede Hammerl, Traude Kogoj, Eva Rossmann, Brigitte Mandak, Monika Zacher.

FOTO: TRAUDE KOGOJ

Weihnachten, die zweite – die Gastgeberin Edith Stohl (dahinter Svetlana Grimm).

FOTO: TRAUDE KOGOJ

Weihnachten, die dritte – das Geschenk für Regina Kern; links daneben: Monika Zacher.

FOTO: TRAUDE KOGOJ

Weihnachten, die vierte – Abnehmerin Barbara Klein schwört auf die Beauty-Karottensaft-Kur (?!); links daneben: Eva Rossmann.

FOTO: TRAUDE KOGOJ

Die Arbeit im Parlament: Maria Schaffenrath (Frauensprecherin des Liberalen Forums und FVB-Unterstützerin der ersten Stunde) im Gespräch mit Barbara Klein.

FOTO: TRAUDE KOGOJ

Das letzte Treffen im Parlament (14. Jänner 98): Christa Pölzlbauer (Mitte) kündigt die Zusammenarbeit auf und verläßt nach der vierten Sitzung den Unterausschuss; vorne links: die vom UFF nominierte Vergaberecht-Expertin (Arbeitsrecht) Regina Bendl; hinten rechts: Heidi Ambrosch, aktive Unterstützerin des FVB.

FOTO: TRAUDE KOGOJ

Styling 1998: Edith Stohl, Sonja Baltres und Regina Kern deklamieren den Rückschritt in der österreichischen Frauenpolitik in Kleidern aus der Jahrhundertwende.

FOTO: TRAUDE KOGOJ

Lauter! Frauen!, die vierte – für das Recht auf eigenständige Sozialleistungen. UFF entfesselt: Eva Rossmann, Edith Stohl, Traude Kogoj, Barbara Klein, Sabine Kern, Edith Breyer (v.l.).

FOTO: ROBERT KOGOJ

2.2 Die Initiativen zum Frauenvolksbegehren in den Bundesländern

ANNA LAUTERBACH / TRAUDE KOGOJ

Burgenland

Eine kurze Erfolgsgeschichte zum Frauenvolksbegehren

24.389 Burgenländerinnen unterschreiben das FVB. Das sind 11,4 Prozent der wahlberechtigten Bevölkerung. Burgenland schafft österreichweit, nach Wien und Salzburg, das drittbeste Ergebnis. Ein beachtlicher Erfolg, der das nötige Backing all jenen Landespolitikerinnen geben wird, die sich schon jahrelang um die Verabschiedung des Landes-Gleichbehandlungsgesetzes bemühen, aber bisher gescheitert sind.

Seit November 1996 stehen einzelne Frauen in Kontakt mit Christa Pölzlbauer. Die Koordinationsarbeit für eine landesspezifische Initiativgruppe übernehmen die Burgenländerinnen selbst, analog zu den Gruppen in anderen Bundesländern. Anfang Februar ist es soweit. Frauen aus »allen Lebensbereichen haben sich zusammengetan, um einen ersten Schritt auf dem Weg der Besserung« zu tun, schreibt etwa der *Kurier*. Tatsächlich ist die Bandbreite der Initiativgruppe FVB Bgld. an der Mitarbeiterinnenliste ablesbar. Vertreterinnen von Frauenberatungsstellen arbeiten genauso an der Initiativgruppe mit wie etwa Frauen aus der evangelischen und katholischen Frauenbewegung. Privatpersonen gleichermaßen wie Vertreterinnen von Volkshochschulen. Parteipolitisch engagierte Frauen der Grünen sind dabei wie Parteifrauen aus der SPÖ. Insgesamt arbeiten in der Initiativgruppe Bgld. 31 Frauen[1]. Im Vergleich dazu nimmt sich die Mitgliederliste des UFF mit 28 Frauen bescheiden aus.

Um ein möglichst pragmatisches Vorgehen zu garantieren, teilt sich sie Initiativgruppe FVB Bgld. nicht bloß regional, im Südburgenland arbeitet die »Südgruppe« eigenständig, sondern auch thematisch: in eine Journalistinnengruppe, eine Finanzgruppe und eine Infogruppe. In der heißen Phase vor dem FVB finden die Treffen wöchentlich statt. Für die Informationsarbeit wird ein Positionspapier erarbeitet, welches die wirtschaftliche und soziale Situation der Burgenländerin illustriert.

McJobs und Hausfrauendasein – die ökonomische Situation der Burgenländerin

Die wichtigsten Fakten[2]:
• Das persönliche Einkommen der bgld. Frauen liegt deutlich unter dem der Männer:
25 % haben ein persönl. Einkommen unter 8.000 ATS (Männer 4 %)
31 % verdienen zwischen 8.000 und 12.000 ATS (Männer 12 %)
4 % verdienen über 24.000 ATS (Männer 9 %)
(netto, pro Monat, inkl. Kinderbeihilfe)
• Teilnahme am Erwerbsleben im Bgld:
voll berufstätig: 38 % der Frauen und 86,2 % der Männer
halbtags/teilzeit/saisonbesch.: 16,1 % der Frauen und 0,2 % der Männer
• In Bgld. gibt es 189 Kindergärten, nur 95 bieten auch ein Mittagessen an (vorwiegend Nord- und Mittelbgld.)
• Unter den Frauen im Bgld. leben ca. 23,1 % Hausfrauen ohne eigenes Einkommen. Der Hausfrauenanteil ist in den höheren Altersgruppen deutlich größer als bei den jüngeren Frauen.

In wirtschaftlich schwachen Ländern, und dazu zählt das Burgenland zweifelsohne, zeigt sich die Benachteiligung von Frauen deutlicher. Dass Betroffenheit ein Motor für politische Aktivität und Engagement sein kann, dokumentieren die Burgenländerinnen in eindrucksvoller Weise.

Chronik und Veranstaltungen der Initiativgruppe Frauenvolksbegehren Burgenland

22.1.1997	Bundesländertreffen in Wien (Teilnehmerinnen: Krojer, Lauterbach)
3.2.	Konstituierende Sitzung der Initiativgruppe FVB Bgld.
4.2.	Studio Bgld. sendet im Mittagsjournal zum Thema FVB einen Bericht
7.2	Studio Bgld. bringt eine Kurzmeldung zum FVB
17.2.	2. Sitzung
22.2.	Bundesländertreffen in Linz (Teilnehmerinnen: Fischer, Lauterbach)
3.3.	3. Sitzung

7.3.	am Weltgebetstag wird ein gemeinsamer Brief der kathol. u. evangel. Frauen verlesen, worin auf die Anliegen des FVB hingewiesen wird
8.3	diverse Veranstaltungen zum Int. Frauentag (SPÖ-Frauen Gespräch in der Arbeiterkammer »Auf eigenen Beinen ... « Aktion auf der Hauptstraße in Eisenstadt mit Verteilung von Informationsmaterial »Wir holen für Sie die heißen Kartoffeln aus dem Feuer«)
13.3.	Evang. Frauentag in Mattersburg zum Thema »Versöhnung«
18.3.	4. Sitzung
20.3.	Pressekonferenz
2. u. 9.4.	Informationsstand am Oberwarter Wochenmarkt
2.4.	Veranstaltung der evang. Frauen im Gemeindezentrum Gols zum Thema: »Warum die Armut immer weiblich ist« (Referentin: Johanna Dohnal)
4.4.	Veranstaltung der evang. Frauen im Gemeindesaal Großpetersdorf zum Thema: »Warum die Armut immer weiblich ist« (Referentin: Dohnal)
7.4.	Veranstaltung der Bgld. Volkshochschulen – Regionalstelle Oberwart zum Thema »Frauenvolksbegehren und Frauensolidarität«
10.4.	Die Initiativgruppe FVB stellt im Haus St. Stefan in Oberpullendorf das Buch »Frauensache« vor. Gästin: Eva Rossmann, Mitinitiatorin des FVB
12.4.	Informationsaktion in der FUZ Eisenstadt (»Sandwichfrauen«)
14.4	Treffen in Wien – Bekanntgabe des Ergebnisses, Fest
21.4.	5. Sitzung – Resümee und Beschluss der Weiterführung der Initiativgruppe
14.5.	6. Sitzung – Gleichbehandlungsgesetz Bgld. Im öffentl. Dienst
4.6. 7.	Sitzung – Vergleich der Gleichbehandlungsgesetze Bgld./Wien

Resümee von Anna Lauterbauch:

Den Verteterinnen der Initiativgruppe FVB Burgenland geht es nicht nur um Verbesserungen für die Frauen, sondern auch darum, zu beweisen, dass Frauen im Durchsetzen ihrer Forderungen solidarisch sein können.
Unter den Frauen im Burgenland leben ca. 23 % Hausfrauen ohne eigenes Einkommen. Mit unseren Aktionen, die wir konform zu Wien durchführen, richten wir uns an die Frauen, um sie zu motivieren politisch tätig zu werden und um uns in unseren Forderungen zu unterstützen, das Ungleichgewicht zwischen Mann und Frau auf dem Arbeitsmarkt aufzuheben.
Erfreulich war, dass im Juni 97 das Landes-Gleichbehandlungsgesetz vom Landtag beschlossen wurde. Mit dieser gesetzlichen Regelung wird die Forderung der burgenländischen Frauen, erwerbstätig zu sein, legitimiert.
Frauenarbeit ist eng mit Frauenpolitik verbunden und nimmt mit ansteigender Erwerbsbeteiligung der Frauen an Bedeutung zu. Den Frauen der Initiativgruppe FVB Burgenland ist bewusst, dass wir alle an einem Strang ziehen und nur gemeinsam stark sind.

Zur Person Anna Lauterbach:

Jhg. 1951, whft. Eisenstadt, Burgenland, verwitwet, 2 schulpflichtige Kinder, seit 1991 ganztags als VB beim Amt der Bgld. Landesregierung angestellt. Bin aktiv bei den SPÖ-Frauen tätig und seit Jänner 1997 mit den Anliegen des »Frauenvolksbegehrens« beschäftigt. Ich bin Mitbegründerin der Initiativgruppe Frauenvolksbegehren Burgenland, der ich quasi als Schriftführerin und Kontaktperson diene. Die Gruppe trifft sich monatlich, erörtert und sucht nach aktuellen Frauenthemen das Bundesland betreffend und greift Aktionen des UFF-Wien auf und setzt sie unseren Möglichkeiten entsprechend um.

Adresse:
Initiativgruppe Frauenvolksbegehren Burgenland
Frauenreferat Landhaus
7000 Eisenstadt
Tel./Fax.: 02682/600-2212 oder 2662
Bankverbindung: Bank Austria, BLZ 20151, Kto.: 221 111 297

LISA GOGULKA-PONKRATZ

Kärnten

Aktuelles vorweg: Am 11.11. fand vor dem Wirtschafts- und Finanzausschuss des Kärntner Landtags ein Hearing zum FrauenVolksBegehren statt. Erstmals befassten sich in Österreich Landtagsabgeordnete offiziell mit den Forderungen des FrauenVolksBegehrens. Dieser politische Akt war Voraussetzung, dass nun Beschlüsse im Kärntner Landtag zu den einzelnen Punkten des FrauenVolksBegehrens gefaßt werden können.

Wenn die Kärntner Tageszeitung berichtete, dass sich der Nationalrat mit dem FVB befassen muss, der Kärntner Landtag dies aber auf eigene Initiative tut, so müssen wir dazu sagen, dass das zwar wünschenswert gewesen wäre, aber nicht den Tatsachen entspricht. Das Hearing ist vielmehr das Ergebnis des Engagements des Arbeitskreises Kärntner FrauenInitiativen im Zusammenwirken mit der richtigen politischen Strategie der LAbg. Melitta Trunk (SPÖ-Frauen).

Ein halbes Jahr nach dem FVB, das von nahezu 40.000 KärntnerInnen unterschrieben worden ist, dürften überdies von den LandespolitikerInnen Vorschläge zur Umsetzung des FVB auf Landesebene erwartet werden.

Das Gegenteil war aber der Fall: Die angehörten Expertinnen wurden nach eigenen Aussagen vom großen Informationsdefizit, das sie bei den männlichen Politikern vorfanden, geradezu überrascht. Berücksichtigen wir die zusätzliche Aufklärungsarbeit, möchten wir den Expertinnen ein großes Kompliment aussprechen. Zudem wurde der Termin für das Hearing erst 5 Tage vorher bekannt gegeben – dahinter steckt Methodik –, und so waren unsere wichtigsten ExpertInnen terminlich nicht verfügbar. Ein Hearing unterliegt den formellen Regeln des Landtags und geringfügige Abweichungen können ein Hearing platzen lassen. Daher ein zusätzliches Dankeschön an – Traude Kogoj vom UFF Wien, die Eva Rossmann vertreten musste und die mit ihren kärntenspezifischen Kenntnissen die LandespolitikerInnen erstaunen ließ, – Traude Rathofer, Frauenvorsitzende der GPA Kärnten, die Jutta

Brandhuber hervorragend vertrat, – Frau Gudrun Pressler, die spontan für Sonja Kraxner von der Katholischen Frauenbewegung einsprang, obwohl wir sie nur vierzehn Stunden vor dem Hearing verständigen konnten. Aber auch den anderen ExpertInnen danken wir für den solidarischen Konsens, der während des Hearings über ideologische Grenzen hinweg erfolgreich dargeboten wurde.
In weiterer Folge kommt es im Jänner zu einer öffentlichen Enquete.Hier gilt es, die Umsetzung der Forderungen 1, 5 und 6 auf Landesebene zu erreichen, sowie eine nachdrückliche Empfehlung zur Umsetzung der übrigen Forderungen seitens der Landespolitiker an den Nationalrat zu erwirken. Hier werden die Frauen vom Arbeitskreis Kärntner FrauenInitiativen wieder aufgefordert sein, 50 ZuhörerInnenplätze des Kärntner Landtages bis auf den letzten Platz zu füllen, um die Position der Proponentinnen zu stärken.

Konkret würde die Umsetztung der 1. Forderung eine sofortige Verbesserung der Chancen für Frauen auf dem Kärntner Arbeitsmarkt zur Folge haben. Gemäß der Personalfluktuation stünden umgehend vermehrt für Frauen Arbeitsplätze zur Verfügung, wenn dann Unternehmen und Institutionen zunehmend Chancengleichheitspläne in ihrer Personalpolitik verfolgen würden, um auch öffentliche Aufträge erhalten zu können.
Und Kärnten hat es bitter nötig. Die zum Hearing geladene Expertin, Dr. Elisabeth Wappis, Vorsitzende der Katastrophenhilfe Österr. Frauen, hatte den Eindruck, dass die Landespolitiker keine Vorstellung davon haben, wie der Alltag einer Frau aussieht, die mit ihren Kindern an der Armutsgrenze leben muss.
75.000 Menschen leben in Kärnten derzeit an der Armutsgrenze – mit einer Arbeitslosenrate von 9.4% liegen wir mit 2% über dem österreichischen Durchschnitt – und der Anteil der Frauen ist hier besonders hoch. Armut ist weiblich, ganz besonders in Kärnten.
Zur gleichen Zeit erreichen in ganz Europa Großaktionäre und Spekulanten über 35 % Zugewinne, – bereits Mitte 1997 spricht Siemens vom Jahrtausendgewinn, auch die OMV macht nicht zuletzt aufgrund der permanenten Benzinpreiserhöhung in diesem Jahr ein Plus von 68 %. Dennoch werden weitere finanzielle wie soziale Härten von Wirtschaftsmächtigen und politisch Verantwortlichen für die ohnehin eingkommenschwächsten Bevölkerungsgruppen beschlossen, – ohne auch nur einmal in Erwägung zu ziehen, die Gewinne von Multis und Großaktionären für die Finanzierung heranzuziehen. Jene zur Kasse zu bitten, die als Verursacher auch noch den Nutzen und monetären Profit ziehen, bedeutet, eine unumgängliche Umverteilung einzuleiten.

Retrospektiv möchte ich die bedeutendsten Aktivitäten aufzeigen, die in Kärnten m. E. ausschlaggebend waren, dass das FrauenVolksbegehren weiterhin öffentllich und nun endlich auch im Landtag thematisiert wird.
Bereits im Vorfeld des FrauenVolksBegehrens formierte sich auf Einladung von Greta Adam-Kesselbacher, Bund Demokratischer Frauen, eine Gruppe von Frauen, die im FrauenVolksBegehren eine große Chance sahen.
Frauen der Projektgruppe Frauen Klagenfurt, vom Beratungszentrum Belladonna, des Mädchenzentrums Klagenfurt, vom Frauenhaus Klagenfurt, vom Bund Demokratischer Frauen, der Sozialen Initiative Klagenfurt, Die Grünen, u.a., betreuten vor und während der Volksbegehrenswoche einen Info-Stand zum FrauenVolksBegehren in Klagenfurt – unentgeltlich und trotz Doppelt- und Dreifachbelastung. Gerade weil wir uns dieser permanenten, ungerechtfertigten und zudem weitgehendst unbezahlten Überlastung bewusst sind, war es uns wichtig, Öffentlichkeits- und Aufklärungsarbeit zu leisten.
In den Gesprächen am Info-Stand zeigte sich dann, dass gar nicht wenige Frauen bezüglich der Finanzierbarkeit Bedenken hatten! Vielen interessierten PassantenInnen war auch nicht bewusst, welches hohe Maß an Ungleichbehandlung noch exisitiert und in welcher sozialen und finanziellen Not viele Frauen und Kinder in Österreich noch leben müssen:
• Die alleinerziehende Mutter, die mit ihrer Tochter von 89 ATS !(in Worten: neunundachtzig) Taggeld ums Überleben kämpft – den Unterhalt des Vaters fordert sie aus Angst vor dessen handfesten Aggressionen nicht ein – und auch die vom Kärntner Sozialhilfegesetz vorgesehene Unterstützung traut sie sich nicht in Anspruch zu nehmen, nachdem ihr schon bei der ersten Vorsprache beim Sozialamt des Magistrates Klagenfurt das Fürchten gelehrt wurde.
Ähnliche Schilderungen erhielten wir von mehreren Frauen. Wir erhielten den Eindruck, dass von der Sozialhilfeabteilung des Magistrates Klagenfurt die Strategie der Leistungsverhinderung für die ohnehin existenzgefährdete und ärmste Bevölkerungsschicht verfolgt wird. Statistiken über die Armut in Kärnten müssen daher mit dem Faktor jener Frauen ergänzt werden, die nicht den Mut haben, die ohnehin spärlich vorgesehenen Sozialleistungen in Anspruch zu nehmen.
• Die 19-jährige Schülerin, die als junge alleinerziehende Mutter weder Anspruch auf Karenzgeld oder Notstandshilfe hat, und daher in völliger Abhängigkeit der verständnislosen Eltern leben muss.
• Frauen, die nach der Karenzzeit und der vierwöchigen Behaltefrist vom Arbeitgeber gekündigt wurden und nun ohne Anspruch auf Ar-

beitslosengeld in eines jener Löcher fallen, die das österreichische Sozialnetz noch immer aufweist.

• Die große Anzahl älterer Frauen, für die noch immer keine eigene Pension vorgesehen ist oder von einer unter dem Existenzminimun liegenden Pension das Überleben fristen müssen, nachdem sie mehrere Kinder zu braven Steuer- und Rentenbeitragszahlern großgezogen haben, erschütterte uns täglich.

Besonders älteren und behinderten Menschen wurde es in Klagenfurt nicht leicht gemacht, das FrauenVolksbegehren zu unterschreiben. Ein einziges Unterschriftenlokal wurde geboten, das zudem noch abgelegen von der nächsten Bushaltestelle liegt. Mehrmals fuhren wir ältere und behinderte Frauen mit unseren Privat-Pkws zum Unterschriftenlokal. Aufgrund der permanenten Beschwerden über diesen mangelhaften Bürgerservice, legten wir eine Unterschriftenliste zur Einrichtung mehrerer Unterschriftenlokale bei Volksbegehren auf. Innerhalb von drei Tagen erhielten wir mehr als 300 Unterschriften, die wir Frauen vom Arbeitskreis dem Bürgermeister der Stadt übergaben.

Mittlerweile stärkte uns das beständige Wachsen unseres Arbeitskreises. Nicht nur Frauen der Frauenvereine, auch Vertreterinnen der kath. und evang. Kirche, die SPÖ Frauen, die Grünen, Uni-Professorinnen, u.u.u. kooperierten mit dem Arbeitskreis, wenn es um die Forderungen des Frauenvolksbegehrens ging. Nachdem dann fast 40.000 KärntnerInnen das FrauenVolksBegehren unterzeichnet hatten, überreichten wir gemeinsam mit der LAbg. Melitta Trunk die 11 Forderungen, jede einzelne auf einem Plakat in großen Lettern angebracht, den Abgeortneten zum Kärntner Landtag.

Im Sommer machte aber eine eher deprimierte Stimmung dem Optimismus Platz, der uns alle so beflügelt hatte. Ohnmächtig zusehen, wie PolitikerInnen die Forderungen des FrauenVolksBegehrens in ihren Schubladen verstauben lassen und uns mit nur schönen, aber leeren Worten abspeisen? Das 3. UFF-Bundesländertreffen in Wien vermittelte wieder die notwendigen Impulse, und auch in unserem Bundesland waren wir uns einig: Wir machen weiter, bis die letzte Forderung umgesetzt ist.

Der Bund Demokratischer Frauen wurde initiativ und schaffte einen Frauenarbeitsplatz unter dem Aspekt, dass auch die notwendige Organisationsarbeit für den Frauenarbeitskreis bezahlterweise abgedeckt werden kann, denn bis dato wurde ohne finanzielle Mittel agiert. Mit der Einrichtung dieser Koordinationsstelle konnten erfolgreich die weiteren Aktionen organisiert werden:

- Ein offener Brief zum 1.Punkt an den Kärntner Landtag und die Gemeinderäte der Bezirksstädte
- Aktion die 1.,
- das 4. UFF-Bundesländer-Treffen wurde in Klagenfurt organisiert,
- an der Kranzniederlegung an den Gräbern von Ingeborg Bachmann und Kiki Kogelnik
- unter dem Motto: »Heimat bist du großer Töchter!« im Oktober beteiligten sich Frauen des Arbeitskreises, Vertreterinnen der Kirchen und erstmals Frauen aller in Krtn. vertretenen Parteien, und last not least:
- Aktion die 2. – Fortsetzung folgt.

Mit Ausnahme von *Kärntner Tageszeitung* und *Radio Kärnten* zeigten die lokalen Medien ein den PolitikerInnen ähnliches Verhalten, – Presseaussendungen wurden ganz einfach schubladisiert.
Nach dem Hearing zeigen nun auch die Lokalredaktionen des *Standard* und der *Kleinen Zeitung* Interesse, über das Thema Frauenvolksbegehren zu berichten.
Mittlerweile werden wir zu Veranstaltungen der Kath. Kirche sowie der Gewerkschaftsfrauen eingeladen, um über die Entwicklung auf Landesebene zu berichten, die Vernetzung mit aktiven Frauen in den Bezirksstädten wird beständig erweitert, und wie wir kürzlich erfuhren, findet unsere Arbeit bereits in Vorlesungen zu feministischer Thematik an der Uni-Klagenfurt Erwähnung.

Wir sind uns einig darüber, dass wir nicht aufhören dürfen, Frauen und Männern bewusst zu machen, dass das Begehren der Frauen auf Selbstbestimmung und Gleichstellung in allen Lebensbereichen nicht die überzogenen Wünsche einer Handvoll nimmersatten Feministinnen sind. Vielmehr bedingen die Umsetzungsschritte längst überfällige und unumgängigliche Maßnahmen, die eine Ausgewogenheit auf politischer, wirtschaftlicher wie gesellschaftlicher Ebene einleiten werden und zudem wichtige Weichenstellung gegen die steigende Armut und soziale Verarmung darstellen.

Zur Person Lisa Gogulka-Ponkratz:

Geb. am 18.11.1952 in Passau, BRD, war bevor ihre beiden Töchter geboren wurden erfolgreich in der freien Wirtschaft tätig. Neben ihrem Engagement auf ökologischen und friedenspolitischen Gebiet wurde sie durch die Kinderpause, Scheidungsproblematik und die in diesen Zusammenhängen auftretenden Erschwernissen auch für Frauenfragen sensibilisiert. Verstärkt nimmt sie seit Jahren jede sich bietende Gelegenheit wahr, für die Gleichberechtigung und gegen die Unterdrückung von Frauen einzutreten. In Kärnten wurde von ihr maßgebend die Agitationsarbeit und Koordination zum Frauenvolksbegehren im Frühjahr betrieben. Das Angebot vom Bund Demokratischer Frauen, sich hauptberuflich der Frauenproblematik und Nachbearbeitung des FrauenVolksBegehrens widmen zu können, nahm sie mit großer Freude an.

Adresse:
ARBEITSKREIS KÄRNTNER FRAUEN-INITIATIVEN
zum Österreichischen FrauenVolksbegehren
Südbahngürtel 24/1/4
9020 Klagenfurt
Tel.: 0463/344220

TRAUDE KOGOJ

Niederösterreich

Niederösterreich ist das größte Bundesland Österreichs. Für die politische Bewusstseinsarbeit bringt die Größe eines Bundeslandes Vorteile, dann, wenn diejenigen, die überzeugen wollen über eine gut organisierte Infrastruktur verfügen. Graswurzelbewegungen fehlen in der Regel Geld und persönliche Ressourcen. Das trifft auch auf die Aktivistinnen des FVB zu. Niederösterreich bedeutet von Beginn an mühevolle Kleinarbeit. Und noch etwas unterscheidet Niederösterreich von anderen Bundesländern. Das UFF wird als Gruppe mit »couragierten Mitgliedern« [3] bezeichnet. Sich für Frauenanliegen zu engagieren, hat in Niederösterreich scheinbar etwas mit Mut und Beherztheit zu tun. Jedenfalls aber mit Optimismus. Die UFF-Ansprechpartnerin von Niederösterreich rechnet bei einer internen FVB-Wette mit 1,5 Mio. Unterschriften[4]. Margit Binder verbindet Optimismus mit sachpolitischem Geschick. Sie ist Gemeinderätin in St. Pölten, gründet das »Unterstützungsforum FRAUENVOLKSBEGEHREN NÖ« und fungiert als Koordinatorin im Zentralraum Niederösterreich. Parteipolitisch ist Margit Binder in der SPÖ verankert. Im Rahmen der Arbeit zum FVB agiert sie überparteilich[5].

Im folgenden beziehe ich mich auf die *Aktivitäten von Margit Binder*[6]:

- Gründung des Unterstützungsforums, mit eigenem Spendenkonto
- Spendensammelaktionen
- Entwurf von Informations- und Flugblätter
- PR-Aktionen mit T-Shirts und Stofftaschen
- Informationsschreiben an zahlreiche Frauen
- INFORMATIONSABENDE
  Gmund (SPÖ-Frauen)
  Plankenberg (SPÖ-Frauen)
  Altenberg-Kleinmariazell im Tristingtal (SPÖ-Frauen)
  Stockerau (Kathol. Frauen)
  Krems, Donauuniversität (parteiunabhängige Frauen)
  Wieselburg (Kathol. Frauen)

Neulengbach und Maria Anzbach (Kath. Jugend)
Lilienfeld (Kath. Frauen)

- Verteileraktionen: Einkaufszentrum Interspar, Voith, Sektionen

Aktivitäten der SPÖ-Frauen St. Pölten

- Informationsabend am 13.2.97 mit Christa Pölzlbauer
- Straßenveranstaltung am 5.4. am Riemerplatz
- Info-Stand am 5.4. im Traisenpark
- Verteileraktion bei 3 Veranstaltungen der SP-Frauen im Februar und März (Int. Frauentag, Vorträge ...) wie bei der SPÖ-Bezirkskonferenz

Die Aktionen von Margit Binder erregen öffentliches Interesse. »Vor Beginn des Volksbegehrens machen die St. Pöltner Frauen noch einmal auf ihre Anliegen aufmerksam ... außerdem werden täglich T-Shirts, Info-Broschüren und Einkaufstaschen verteilt«,[7] berichtet beispielsweise die *NÖN*.
Neben Margit Binder gibt es die »Zwettler Frauen« und viele andere Aktivistinnen, die entweder als Plattform agieren, als öffentliche Person oder privat für die Popularisierung des FVB sorgen. Sie alle haben dazu beigetragen, dass im großen Bundesland viele Menschen das FVB unterstützen. Mit 125.109 Unterschriften oder 11,1 % rangiert Niederösterreich beim FVB österreichweit an viertbester Stelle.

Adresse:
Unterstützungsforum FRAUENVOLKSBEGEHREN NÖ.
GR. Mag. Margit Binder Tel.: 02742/73493 Fax.:78468
Spendenkonto: Bank Austria, Kto. 324 250 255 00

SUSANNE POLLINGER

Oberösterreich

Von Beginn der Aktivitäten an[8] übernahm Frau Forster die Führung der Initiativgruppe. Sie war sozusagen Motor der Gruppe.
Verursacht durch Berufstätigkeit litten drei Mitglieder der Gruppe an »chronischer Zeitnot«, der Löwenanteil der Arbeit wurde von den Studentinnen Forster und Pollinger erledigt.
Es fanden einige Koordinationstreffen der Gruppe statt, diese dienten weniger der Arbeitsaufteilung, sondern eher der Information der Mitglieder über die Eckdaten der Planung und stattgefundener Aktivitäten.

Die Mitglieder der Initiative

- Ursula Forster Studentin, stv. Vorsitzende der JG Österreich...
- Dr. Ruperta Lichtenecke,r, Volkswirtin, Mitarbeiterin und Kandidatin der Grünen Linz
- Dr. Elisabeth Mayr-Kern, Pressesprecherin der Landtagspräsidentin Orthner, Gemeinderatskandidatin der ÖVP in Linz
- Susanne Pollinger, Studentin, ÖH-Frauenreferentin, unfraktioniert
- Yvonne Schwarzinger, Journalistin, unfraktioniert

Rahmenbedingungen

Im Dezember 1996 beschlossen wir die Anmietung eines Büros am Hauptplatz 4 in Linz (für dreieinhalb Monate).
Mit diesem Büro erhofften wir uns erstens ein erleichtertes Arbeiten für die Initiative, und zweitens wollten wir dort die »Schaltzentrale« für das FrauenVolksBegehren in Oberösterreich aufbauen.
Im Laufe der »heißen« Phase vor dem FrauenVolksBegehren (Februar, März, April) beschäftigten wir eine Frau auf Basis »geringfügiger Beschäftigung«.
Im Gespräch war die Gründung eines Vereins, um besonders Ursula Forster von der alleinigen Verantwortung und finanziellen Haftung zu

entlasten. Wir arbeiteten Statuten aus, doch zur eigentlichen Gründung des Vereins kam es nicht.

Koordination der Aktivitäten in Oberösterreich

So, wie die Konzeptionierung es von Anfang an vorgesehen hatte, agierten wir als Schaltstelle für Aktivitäten zum FrauenVolksBegehren in Oberösterreich, gleichzeitig veranstalteten wir Pressekonferenzen, ein Frauenfest, Koordinationstreffen, etc.
Die Koordination verlief in der Weise, dass sich Frauen, die eine Veranstaltung zum Thema FrauenVolksBegehren planen, bei uns meldeten, und wir diese Termine in unseren Veranstaltungskalender einbezogen. Dieser Veranstaltungskalender wurde an die Presse, sowie an interessierte Frauen weitergegeben. So hatten wir die Möglichkeit, interessierten Frauen, die mehr über das FrauenVolksBegehren erfahren wollten, eine Veranstaltung in ihrer Nähe zu empfehlen.
Weiters erfolgte die Koordination über zwei landesweite Koordinationstreffen, bei denen Frauen verschiedenster Organisationen und aus allen Teilen Oberösterreichs anwesend waren. Wir hatten Gelegenheit, sie über den jeweiligen Stand der Dinge zu informieren, und gleichzeitig neue Ideen und Anregungen für die Initiativgruppe zu sammeln, Adressen auszutauschen und persönliche Kontakte zu knüpfen.

Aktivitäten

Im folgenden Teil gebe ich eine Auflistung der von uns initiierten, bzw. mit unserer Mitwirkung erfolgten Aktivitäten.

Vernetzung mit den UFF-Frauen:
Als sehr wichtig erachtete unsere Initiative den Informationsaustausch mit den UFF-Frauen. Es gab einige Koordinationstreffen in Wien und den Bundesländern, wobei aus unserer Gruppe meist Ursula Forster teilnahm. Vom UFF erhielten wir die notwendigen Werbematerialien, sprich Falter und Plakate.

Informations- und Koordinationstreffen:
Besonders spannend und informativ erwiesen sich aus meiner Sicht die zwei von uns veranstalteten oberösterreichweiten Koordinationstreffen. Wir hatten Gelegenheit, verschiedene frauenpolitisch interessierte und auch engagierte Frauen aus ganz Oberösterreich zu treffen, und uns mit ihnen auszutauschen. In Ansätzen gelang eine Vernetzung dieser Frauen.

Lobbying für das FrauenVolksBegehren:
Bereits im November 1996 begann unsere Gruppe (in Ausführung von Ursula Forster und Susanne Pollinger) Gespräche mit den Frauenvorsitzenden der oberösterreichischen Parteien und mit anderen – in frauenpolitisch relevanten Machtpositionen agierenden – Personen. Im Vordergrund dieser Gespräche stand das Ziel, die namhaften Frauen der Parteien von der Wichtigkeit des FrauenVolksBegehren zu überzeugen, und sie zu bitten, in ihrer Organisation, wie auch in der Öffentlichkeit, für unsere Initiative, wie natürlich auch für das FrauenVolks-Begehren einzutreten.

Pressearbeit:
Einen großen Stellenwert räumten wir der Presse- bzw. Öffentlichkeitsarbeit ein. Wir veranstalteten insgesamt drei Pressekonferenzen, darüber hinaus erfolgten einige Presseaussendungen.
Themen der Pressekonferenzen
1. Eröffnungspressekonferenz der Initiativgruppe unter dem Motto »FrauenVolksBegehren 1997 – Die Hälfte des öffentlichen Einfluss, Geld und Macht den Frauen, die Hälfte der privaten Haus- und Betreuungsarbeiten den Männern«.
2. »FrauenVolksBegehren – Jetzt geht's los! SPARDA Bank unterstützt das FrauenVolksBegehren!« (Vorstellung der Werbematerialien, sprich Plakate, Folder, Sticker, etc.)
3. Das »Männerunterstützungs-Komitee Oberösterreich« stellt sich vor.

Vorträge:
Wir hatten uns von Beginn unserer Aktivitäten an für interessierte Fraueninitiativen, und Frauenorganisationen, etc. als Referentinnen zum FrauenVolksBegehren zur Verfügung gestellt. Diese von uns angebotene Leistung wurde sehr gut angenommen, wir hatten einiges zu tun, alle Termine als Referentinnen wahrnehmen zu können.

FrauenFest:
Am 2. April 1997 veranstalteten wir im Posthof Linz ein FrauenFest mit dem Titel »Die Hälfte der Welt den Frauen«. Unser durchaus attraktives Programm (von Chin&Chilla bis zu den Rounder Girls) konnte leider nicht mehr als 60 zahlende Gäste anlocken.

Weitere Aktivitäten

Büroeröffnung:
Eine Fassadenkletterin nahm den Weg in unser neues Büro nicht über die Stufen, sondern kletterte die Fassade hoch, um zu symbolisieren, dass keine wie immer gearteten Hürden Frauen aufhalten können. Die originelle Art der Büroeröffnung machte sich bezahlt, zahlreiche Medien kamen zum offiziellen Startschuss unserer Arbeit ins neue Büro.
Stand bei der Frauenmesse »Frau ›97«
Für der Frauenmesse (8. März 1997) gestalteten wir einen Stand, um für interessierte Frauen Anlaufstelle sein zu können.

Waage:
Eine 2,5 m hohe und 3m breite Holzwaage, die die Gerechtigkeit 50% den Frauen und 50% den Männern verdeutlichen sollte, wurde von der Tischlerinnenwerkstatt TOWANDA für uns gefertigt. Diese Waage erlebte ihre Premiere bei der FrauenMesse ›Frau '97‹.
Aussendungen an Interessierte, KünstlerInnen, Prominente, etc.
In Kooperation mit einer Bank versandten wir über tausend Briefe mit Informationen über das FrauenVolksBegehren an KünstlerInnen, Prominente, Organisationen, etc.
Das Echo in Form von Spenden oder Anfragen war sehr gering.

Info-Stände auf der Landstraße/Linz:
Vor und in der Eintragungswoche organisierten wir Info-Stände, bei denen sich PassantInnen genauer über das FrauenVolksBegehren informieren konnten, und bei denen Infomaterial verteilt wurden.

Frauen als Wahlkampfthema der oberösterreichischen Parteien?
Eine Analyse von Susanne Pollinger und Ruperta Lichtenecker

Der Landswahlkampf der SPÖ:
Frauenspezifische Themen wurden im SPÖ-Wahlkampf vorwiegend von den SPÖ-Frauen selbst angesprochen. Die »Granden« der Partei äußerten sich selten eigenständig zu frauenpolitisch relevanten Bereichen, lediglich bei von den Frauen veranstalteten Treffen erhoben sie ihre Stimme für die Gleichstellung der Frauen. Die aus Oberösterreich stammende Frauen- und KonsumentInnenschutzministerin Barbara Prammer engagierte sich sehr stark für den oberösterreichischen Wahlkampf, sie trat im Wahlkampf vorwiegend in Sachen Frauenpolik auf.

Die SPÖ Frauen Oberösterreich prangerten den »kleinen Unterschied« zwischen Mann und Frau an, und machten diesen zu ihrem Wahlkampfslogan. Unter dem Titel »Der kleine Unterschied muss schrumpfen« gaben sie fünf inhaltsschwere Folder zu den Bereichen Arbeitszeit/Löhne, Haushalt, Gewalt, Bildung/Ausbildung und Pensionssicherung heraus.
Die Medienresonanz dieser und anderer frauenspezifischer Themen war sehr gering. Trotz der Bemühungen der SPÖ-Frauen fand das Thema »Frauen« nur geringen Einzug in die öffentliche Diskussion.

Der Landtagswahlkampf der ÖVP:
In ihrem Landtagswahlkampf stellte das Verlangen der Einführung des »Kinderbetreuungsschecks« eine zentrale »Frauen«forderung der ÖVP dar. Darüberhinaus wurde auf Betreiben der Frauenvorsitzenden der ÖVP, Landtagspräsidentin Angela Orthner, die »Trend-Frau 1997« gekürt.

Der Landtagswahlkampf der FPÖ:
Die FPÖ verlegte sich im oberösterreichischen Wahlkampf wieder einmal aufs »Skandale aufdecken«. Der frauenspezifische Bereich war für die FPÖ unseres Wissens kein Thema für den Wahlkampf.

Der Landtagswahlkampf der Grünen:
Die Grünen waren die einzige Partei im oberösterreichischen Landtagswahlkampf bei der das Thema »Gleiche Rechte für Frauen« ein zentraler Schwerpunkt war. Diese Tatsache spiegelte sich auch in den Wahlkampfmitteln z.B. Plakate, Folder, mailings etc. wieder (eigene Folder mit Frauenthema, Frauenslogan auf Plakaten). Die Wahl bestritt ein SpitzenkanditatInnenduo (Rudi Anschober und Doris Eisenriegler). Im Parteiprogramm der Grünen kommt der Analyse der derzeitigen Geschlechterverhältnisse und der Strategien zur Realisierung der Gleichberechtigung auf und in allen Ebenen und Bereichen eine zentrale Rolle und Funktion zu. Dies wird als Querschnittsaufgabe betrachtet – von der Demokratie bis zur Ökologie – und ist daher auch in allen Programmteilen integriert. Zudem ist es ein eigener Programmpunkt. Die Listen bei den Grünen sind nach den Reißverschlussprinzip gestaltet.

Der Landtagswahlkampf des LIF:
Die Spitzenkandidatin des LIF Oberösterreich war eine Frau, nämlich Dr. Fischer-Korp. Zusammen mit Heide Schmidt wurde ihr Foto auf Plakaten in einer Weise affichiert, die zeigen sollte, dass im LIF starke,

selbstbewusste Frauen am Ruder seien. Die Gleichstellung von Frauen war aber kein explizites Thema des Wahlkampfes des LIF.

Persönliche Einschätzungen, Resümé und Ausblick

Susanne Pollinger

25 Jahre, HW-Studentin und Frauenreferentin der HochschülerInnenschaft der Universität Linz, unfraktioniert.

Warum ich mich für das FrauenVolksBegehren engagiert habe?
Weil das FrauenVolksBegehren aus meiner Sicht eine einmalige Gelegenheit darstellte, auf die Situation der Frauen in Gesellschaft, Wirtschaft und Politik aufmerksam zu machen, und so näher in Richtung Gleichstellung der Geschlechter zu kommen.

Persönliches Resümé zum FrauenVolksBegehren:
Die Idee ein FrauenVolksBegehren durchzuführen, war eine ›verrückte‹ und riskante Angelegenheit. Wo aber wären wir ohne ein gesundes Maß an Risikobereitschaft, anders gesagt: »No risk, no fun«. Ob sich die Mühe und Arbeit in realen Verbesserungen für die Frauen auswirken wird, erscheint fraglich.
Eines ist jedoch sicher: Selten wurde ein derartig großes Ausmaß an öffentlichem Interesse frauenpolitischen Inhalten zuteil. Darüber hinaus hat sich gezeigt, dass mit vernünftiger und fundierter Frauenpolitik viele Menschen mobilisierbar sind. Für mich und meine Arbeit als Frauenreferentin schöpfe ich aus den Erfahrungen und dem Erfolg des FrauenVolksBegehren wieder Kraft und Motivation, mich weiterhin für die Sache der Frauen zu engagieren.

Dr. Ruperta Lichtenecker

Es ist uns gelungen über die Parteigrenzen und unabhängig von der konfessionellen Überzeugung gemeinsam an einem Ziel zu arbeiten. Bei den landesweiten Treffen waren Frauen von verschiedenen Organisationen, Institutionen, unabhängigen Projekten, Kirchen und Parteien aus allen Regionen Oberösterreichs vertreten.
Der Kerngruppe, die mit Organisation, Öffentlichkeitsarbeit und Fundraising betraut war, gehörten zwischen 3 und 5 Frauen an, die diese Arbeit in ihrer Freizeit leisteten – was zu einer massiven Belastung dieser Aktivistinnen führte und bei der einen oder anderen Frau zur Überzeugung führte, dass in dieser Form und Struktur kaum weiter gearbeitet werden kann.

Ein Ziel ist es ausgehend vom UFF, Regionalstellen in den Bundesländern zu erhalten bzw. zu forcieren, welche Anlauf- und Koordinationsstellen für künftige Aktivitäten sein sollen. Perspektivisch ist es von Interesse punktuell Allianzen zu schließen und zu aktuellen Anlässen sowie nach Lust & Laune mit Aktionen und Happenings Öffentlichkeitsarbeit und Druck einerseits auf unsere PolitikerInnen andererseits auf die Wirtschaft zu leisten.

Adresse
Das Büro der »Initiative FrauenVolksBegehren
Oberösterreich« wird im April aufgelöst.
Kontaktadresse:
c/o Ursula Forster
Billweinstr. 18
4020 Linz
Tel: 0732/666434

KAROLINE HOCHREITER*

Salzburg

Wir sind in Salzburg sehr stolz darauf, dass wir das zweitbeste Ergebnis des Frauenvolksbegehrens erzielt haben. Wir führen diesen Erfolg u.a. darauf zurück, dass wir sehr koordiniert und intensiv gearbeitet haben und damit eine gute Resonanz sowohl in der Öffentlichkeit, als auch bei den Medien erreichen konnten.
Trotzdem ist uns aber gerade durch das Gesamtergebnis des FVB durchaus bewusst geworden, dass die eigentliche Arbeit an der Umsetzung der elf Punkte erst beginnt und wir bis zur tatsächlichen Gleichstellung der Frau noch einen weiten Weg vor uns haben.

Zum Frauenleben in Salzburg nun einige Hintergrundinformationen

Ein bemerkenswerter Problembereich bei Frauen ist ihre mangelnde Bildung: 42 % aller Salzburgerinnen weisen nur den PflichtschulAbschluss auf (Männer rund 28 %. Nicht einmal ein Drittel (28 %) der Frauen schließen eine Lehre ab (Männer: 45 %).
Das Berufsleben der Frauen gestaltet sich dementsprechend, denn 19 % der Salzburgerinnen sind Hilfsarbeiterinnen bzw. angelernte Arbeiterinnen und nur 5 % der Frauen sind Facharbeiterinnen oder Vorarbeiterinnen (Männer : 21 %).
Von den Frauen mit abgeschlossenem Lehrberuf werden nur etwa 13 % der Frauen in ihrem Beruf als Facharbeiterinnen eingestuft (Männer: 40 %). Als Angestellte arbeiten 35 % der Salzburger Arbeitnehmerinnen, jedoch meist in einfacher und mittlerer Tätigkeit (Männer: 15 %). (Quelle: Salzburger Landesstatistik)
Zum Problemfall werden auch die prekären Arbeitsverhältnisse! Im Bereich der geringfügig Beschäftigten liegt der Anteil der Frauen weit vor dem der Männer! Hinsichtlich der Teilzeitarbeit liegt Salzburg bun-

* Beitrag von Dr. Karoline Hochreiter, Landtagsabgeordnete, unter Mitarbeit von: Mag. Romana Rotschopf, Frauenbeauftragte des Landes, Dr. Liane Pluntz, Frauenreferentin der AK und Ing. Tanja Wörndl.

desweit an erster Stelle mit 24 % aller Beschäftigten. Dabei sind 63 % des gesamten Arbeitsplatzzuwachses innerhalb der letzten Dekade auf die Teilzeitarbeit zurückzuführen. Mit diesen Arbeitsverhältnissen ist die Armut der Frauen vorprogrammiert, denn weder ist das tägliche Leben für sie und ihre Kinder durch entsprechendes Einkommen gesichert, noch haben sie im Alter einen Pensionsanspruch!
Die Armut stellt im Bereich der Alleinerzieherinnen den größten Anteil: 23,4 % der alleinerziehenden weiblichen Angestellten mit einem Kind und rund 37,5 % der alleinerziehenden Arbeiterinnen mit einem Kind leben in Armut.
In denProblemkreisen Arbeitslosigkeit, Karenz und Sondernotstand sowie Alter unterscheiden sich die Verhältnisse in Salzburg nicht sonderlich von den anderen Bundesländern.

Wie liefen nun in Salzburg die Arbeiten an der Verwirklichung des Frauenvolksbegehrens ab und wer hat das FVB unterstützt?
Die Organisation des FVB wurde in Salzburg hauptsächlich vom *Salzburger Frauenrat* getragen, der einen Zusammenschluss von Frauen verschiedenster Gruppierungen aus Stadt und Land darstellt.
Es sind darin Vertreterinnen aus dem Büro für Frauenfragen des Landes, dem Frauenbüro der Stadt, der AK Bäuerinnen der Österreichischen Bergbauernvereinigung, dem Arbeiterkammer-Frauenreferat, der SPÖ-Frauen, der GRÜNEN Frauen, dem ÖGB-Frauenreferat, dem Katholisches Bildungswerk, dem Frauenhaus Salzburg, der Frauenforschungsruppe Solution, der Gruppe Alleinerziehende Eltern, der Initiative Mädchenvernetzung, dem Frauenhaus Pinzgau, der Initiative »Frau und Arbeit«, dem Verein ISIS (Frauengesundheitszentrum), dem Interkulturellen Zentrum »VIELE«, dem Salzburger Bildungswerk,der Initiative Kind im Krankenhaus versammelt.
Diese Mitgliedsorganisationen haben sich verpflichtet, die Arbeiten am FVB zu tragen und u.a.:

- Unterstützungserklärungen prominenter Salzburger und Salzburgerinnen zu sammeln
- Spenden für das Frauenvolksbegehren aufzutreiben
- den FVB- Falter zu verteilen
- in ihren Medien für das FVB zu bewerben
- möglichst viele Veranstaltungen zu aktivieren und zu organisieren
- mit vielen Menschen die Punktuation des FVB zu besprechen und mit ihnen die Hintergrundinformationen zu erörtern
- möglichst viele der Betroffenen zu ermutigen, sich für das FVB einzusetzen und mit ihrer Unterschrift ihre Zustimmung zu zeigen
- in zahlreichen Zusammenkünften im Salzburger Frauenrat die Ar-

beiten zu koordinieren, damit in enger Kooperation möglichst effiziente Resultate erzielt werden können

Um die Öffentlichkeitsarbeit zu bewältigen wurde eine Arbeitsgruppe eingerichtet, bestehend aus fünf der Frauen aus dem Frauenrat gebildet, die in gemeinsamen Besprechungen alle öffentlichen Termine, wie zum Beispiel Pressekonferenzen, Verteilung der Falter auf den Märkten und in den Straßen der Stadt, die Aussendung des Falters und der Unterstützungserklärung an alle Salzburger Schulen, die Aktivierung prominenter UnterstützerInnen, die Einschaltung von Inseraten in den Medien, die Plakataktion, u.a.m. koordiniert bearbeitet haben.

Der Salzburger Frauenrat hat ein FVB-Büro in den Räumlichkeiten der GRÜNEN einrichten können und für die Dauer von zwei Monaten im Ausmaß von 20 Stunden pro Woche eine Mitarbeiterin beschäftigt. Es wurde auch ein Spendenkonto eingerichtet und es fanden regelmäßige Besprechungen in dichten Abständen statt. Das gemeinsame Ziel hat uns Spaß gemacht und unsere Kräfte mobilisiert.
In allen Bezirken des Landes haben sich Plattformen gebildet, bestehend aus Fraueninitiativen, Sozialinitiativen und Parteifrauen, die für rege Aktivitäten in den Regionen gesorgt haben.

Verschiedenste Organisationen und auch prominente Persönlichkeiten aus der Stadt Salzburg konnten dazu angeregt werden, ihre Unterstützung zum FVB einzubringen:
Das Lichtspieltheater »Das Kino« hat vor jeder Kinovorführung kostenlos einen FVB-Werbespot eingespielt; im Salzburger Literaturhaus »Eizenbergerhof« konnte vor jeder Abendveranstaltung von einem Mitglied des Salzburger Frauenrates das FVB kurz vorgestellt und beworben werden; ein Drittel der Landtagsabgeordneten (alle Grünen und ein großer Teil der SPÖ-Abgeordneten) hat Unterstützungszusagen schriftlich abgegeben; Landeshauptmann Dr. Schausberger hat bekanntgegeben, dass er einzelne Forderungen des FVB unterstützen könne; die StadtpolitikerInnen haben beschlossen, den Salzburger Frauenrat mit S 30.000,– zu unterstützen …
Finanzielle Unterstützung kam zudem noch von den Frauenbüros Land und Stadt, von einigen der Gemeinden (die Devise lautete: pro Einwohner 1 ATS für das FVB – einige Gemeinden haben dies auch verwirklicht!) und von privaten SpenderInnen (unter zum Teil durchaus tatkräftige Mitwirkung von Männern) und von SPÖ und den Grünen.

Es gab jedoch auch die Verweigerung zur Unterstützung des Frauenvolksbegehrens!
Nicht »dagegen aufgetreten«, aber »herausgehalten« hat sich die FPÖ. (Der freiheitliche Landesrat Dr. Schnell hat in der Debatte im Landtag nach dem Volksbegehren gesagt: »Ich habe es deswegen nicht unterschrieben, weil ich von Haus aus, allen voran meine Frau schätze, achte und liebe, aber auch insgesamt die Frauen sehr hoch halte.«)
Eindeutig und aktiv dagegen aufgetreten sind die ÖVP-Frauen: Das FVB enthalte nichts für Hausfrauen, und die Kinder kämen darin »nicht vor« (!), lautete ihr Gegenargument! Die Salzburger ÖVP-Frauenbewegungs-Vorsitzende hat dazu noch verstärkt Gemeindebesuche benützt, um ihre Lesart des FVB kundzutun und damit oft Gegenstimmung zu erzeugen. Trotzdem haben es sich einige Orts-ÖVP-Frauen nicht nehmen lassen, ihre Unterstützung kundzutun.
Bemerkenswert am Ergebnis des Frauenvolksbegehrens ist, dass auch viele Männer das FVB unterschrieben haben. Um speziell Männer anzusprechen, hat sich der Salzburger Frauenrat darum bemüht, männliche Unterstützer aus verschiedensten Teilen der Salzburger Gesellschaft zu gewinnen. um in der Öffentlichkeit signalisieren zu können, dass das Frauenvolksbegehren nicht nur spezifisch »Frauensache« ist!
Es war für uns erstaunlich, wie leicht Identifikations-Personen von der Dringlichkeit des Frauenvolksbegehrens zu überzeugen waren. So haben im speziellen einer der bekanntesten Lokalkabarettisten, ein katholischer Pfarrer; der Geschäftsführer von »Das Kino«, der Intendant des Salzburger Landestheaters, der Salzburger Polizeidirektor, der Dekan der Juridischen Fakultät der Universität Salzburg, der Salzburger Caritasdirektor, der HNO- Primarius der Landeskrankenanstalten, sowie der Umweltanwalt u.a. öffentlich ihre Unterstützung bekanntgegeben. Mit einigen von ihnen hat der Salzburger Frauenrat auch eine Pressekonferenz veranstalten können.
Wir haben mangels Geld«segens« versucht, unsere Öffentlichkeitsarbeit soviel wie möglich über die Redaktionen der Medien zu leisten und für Anlässe zu schaffen, die eine gute Basis für Berichterstattung ergaben. Da waren zum FVB ausgerichtete lokale Radiosendungen (z.B.: »Treffpunkt Funkhaus«), Ankündigungen unserer Veranstaltungen, LeserInnenbriefe, Berichte über Aktionen, Berichte über das FVB im Zusammenhang mit unserer Arbeit im Salzburger Frauenrat u.a.m.

Was haben Frauen in Salzburg sonst noch getan?

Der Salzburger Frauenrat organisierte zum FVB eine sehr gut besuchte Auftakt- und eine ebenso erfolgreiche Schlussveranstaltung (jeweils mit Plakaten und Inseraten beworben), in denen viele KünstlerInnen auftraten und für kulinarische Genüsse gesorgt war. Auch viele öffentliche Diskussionsveranstaltungen in den verschiedenen Orten konnten, getragen von unterschiedlichen Organisationen, initiiert werden. Bei allen Veranstaltungen zum diesjährigen Frauentag am 8.März war das Frauenvolksbegehren Thema Nummer eins! Die Pongauer Frauen hatten die Idee, alle Bürgermeister dazu aufzufordern, pro Einwohner ihrer Gemeinde einen ATS für das Frauenvolksbegehren zu spenden.
Auf parteipolitischer Ebene hatten wir uns darauf einigen können, dass alle politischen Parteien nur die UFF-Plakate zur Werbung für das Frauenvolksbegehren verwenden und keine eigenen Plakate drucken.

Zum Schluss noch einige der persönlichen Eindrücke aus dem Kreise der Mitarbeiterinnen im Salzburger Frauenrat:
Die Frauenbeauftragte des Landes, Romana Rotschopf, musste feststellen: »Ich war noch nie so angefeindet wie als Proponentin des FVB.« (!)
Ähnliches erzählten mehrere Frauen, die sich öffentlich der Diskussion zum Frauenvolksbegehren gestellt haben oder sich in öffentlichen Veranstaltungen als Akteurinnen zur Verfügung gestellt hatten. (Viele der Frauen aus der älteren Generation haben äußerst positiv auf das FVB reagiert, dagegen die jüngeren oftmals sehr abwehrend.)
Ganz offensichtlich bedeuteten die Forderungen des FVB für viele Frauen und Männer eine schwierig zu bewältigende Konfrontation mit den eigenen Lebensentwürfen und Rollenvorstellungen.
Bei einigen Frauen im Salzburger Frauenrat machte sich nach Bekanntwerden des Ergebnisses eine tiefe Enttäuschung breit:
So erfreulich es sei, dass wir das zweitbeste Ergebnis Österreichs haben, so könne es dennoch nicht darüber hinwegtäuschen, dass nur ein sehr geringer Prozentsatz der Bevölkerung, auch der Frauen (!), dazu bereit ist, solch ein Volksbegehren als wichtig für sich selbst zu beurteilen und damit zu unterzeichnen.
Die vom Ergebnis enttäuschten Mitarbeiterinnen haben von den weniger desillusionierten oder auch vom Ergebnis begeisterten Frauen aber entgegengenommen, dass ihre Reaktion ein falsches Signal an die Öffentlichkeit sei – denn wir hätten » … doch insgesamt gesehen einen tollen Erfolg gehabt … «

Da mögen wohl beide Eindrücke ihre berechtigten Gründe haben.
Aufgefallen ist uns auch die Tatsache, dass vor allem in denjenigen Stadtteilen, in denen viele der besonders betroffenen Frauen leben, nur wenige davon zur Unterschriftenleistung gegangen sind.
Im gesamten gesehen hat es uns alle sehr gefreut, dass wir im Zuge der Arbeiten am Frauenvolksbegehren viele Menschen erreichen konnten, die sich bisher in Frauenfragen nicht exponiert oder mit »Frauenfragen« beschäftigt hatten...

Zur Person Dr. Karoline Hochreiter

Geb. 1950, Psychotherapeutin, Landtagsabgeordnete der Grünen in Salzburg. Verh., 2 Kinder (12 und 14 Jahre). Als Tochter eines Huf- und Wagenschmieds und einer Hausfrau hatte ich noch mit 14 keinerlei Bildungshorizont – aber Bildungshunger. Nach der dreijährigen Fachschule für wirtschaftliche Frauenberufe (die ich nicht bereue) Matura im zweiten Bildungsweg, dann Uni. Politik interessiert mich erst seit dem Reaktorunfall von Tschernobyl – da bin ich abrupt erwacht und habe die »Mütter für eine atomfreie Zukunft« in Salzburg gegründet – die Arbeit in dieser Frauengruppe war umwerfend: phantasievoll, lustig, verläßlich, kreativ. Interne Konflikte waren bewältigbar. Eine einzigartige Erfahrung jedenfalls. Unterschied zwischen Arbeit in einer Bürgerinneninitiative und Arbeit in einer politischen Partei kennengelernt, manchmal wild frustriert, desillusioniert (was sich dann positiv auswirkt und realistischere Strategien zur Folge hat), schwanke ich zwischen der Parole: »50 % Frauen in alle politischen Entscheidungsebenen« und »Alle Frauen gleichzeitig raus aus allen politischen Gremien«. Letztlich verfolge ich Strategie 1. Nur – wo finde ich die Frauen, die da hineinwollen?
Frausein ist Spitze. Wenn wir es ausschöpfen können. Da fehlts uns halt noch ein bisserl. Aber die Welt täts brauchen, dass wir unsere lebendigen Kräfte einmischen gegen das hohe destruktive Potential, das derzeit wirksam ist.

Adresse
Salzburger Frauenrat
c/o Tanja Wörndl
Halleiner Landesstr. 73
5061 Elsbethen
Tel: 0662/633447

ULI TABERHOFER

Steiermark

Am 9. Dezember 1996 hat auf Einladung des *8. März-Komitees* im DOKU Graz (Frauendokumentations-, Forschungs- und Bildungszentrum) die erste Informationsveranstaltung zum Frauenvolksbegehren mit Frau Regina Kern stattgefunden, die vom Vorstand des UFF für die Steiermark zuständig ist. Sie präsentierte den ca. 20 anwesenden Frauen aus verschiedenen Fraueninitiativen und Parteien die inhaltliche Grundlage des Volksbegehrens und informierte uns über die Entstehung der Strukturen in den einzelnen Bundesländern. Die Bereitstellung der Materialien (Folder, Plakate) für die Öffentlichkeitsarbeit sollte von Wien aus erfolgen, während zu deren Finanzierung die Unterstützung über dezentrale Spendenkontos vorgeschlagen wurde. Als erster Schritt für die Zusammenarbeit zwischen Wien und der Steiermark wurde die Notwendigkeit von Kontaktstellen diskutiert, die einerseits die Koordination zwischen den Organisationen gewährleisten und andererseits die Informationsweitergabe sicherstellen sollten. Dazu bereit erklärt haben sich in der Folge:

a) Ulrike Taberhofer
(Koordination und Information)
c/o Büro der Frauenbeauftragten der Stadt Graz
Tummelplatz 9
8010 Graz
Tel. + Fax: 0316/872 3135
Mi. 9.00 – 12.00 Uhr

b) Dr. Vasiliki Argyropoulos
(Information)
Referat für allgemeine Frauenangelegenheiten der Stadt Graz
Schmiedgasse 26
8011 Graz
Tel.: 0316/872 3185, Fax: 0316/872 3186
Mo. – Fr. 8.00 – 15.00 Uhr

c) Mag. Barbara Jauk
(Information)
Interventionsstelle
Granatengasse 4
8020 Graz
Tel.: 0316/974199, Fax: 0316/9741994
Mo. – Do. 8.00 – 16.00 Uhr, Fr. 8.00 – 13.00 Uhr

Diese drei Stellen wurden am 16. Jänner 1997 im Rahmen einer *Sondersitzung des Frauenrats,* dem alle in Graz vertretenen Fraueninitiativen, Parteifrauen und auch Einzelpersonen angehören, bestätigt und gleichzeitig wurde von den anwesenden Frauen ein Aufruf für die Gründung der *»Initiative Frauenvolksbegehren Steiermark«* verabschiedet, der auch von fast allen Parteien (außer der ÖVP aus inhaltlichen Gründen und dem LIF, das nicht anwesend war) mitgetragen wurde. In einer Pressekonferenz am 31. Jänner wurde die »Initiative Frauenvolksbegehren Steiermark« zum ersten Mal der Öffentlichkeit vorgestellt. Die kontinuierliche Arbeit der Anlaufstellen wurde durch einen *Öffentlichkeitsarbeitskreis* unterstützt, der sich seit dem 8. Jänner regelmäßig einmal in der Woche zu gemeinsamen Aktivitäten in den Räumlichkeiten der Frauenbeauftragten zusammengefunden hatte. Fünf bis fünfzehn Frauen und ein Mann haben dazu beigetragen, dass die Inhalte des Frauenvolksbegehrens vor allem in Graz, aber auch in einzelnen Bezirken der Steiermark bekannter wurden. Als erster Schritt wurde ein Musterbrief in Form eines Spendenaufrufes formuliert, der an alle Gemeinderäte und Gemeinderätinnen sowie an die Landtagsabgeordneten ging. Zusätzlich erstellten wir Flugblätter zu den elf Forderungen des Frauenvolksbegehrens für die Infostände. Ab Anfang März standen uns die zentralen Materialien mit unseren steirischen Kontaktadressen zur Verfügung. Von allen drei Stellen gemeinsam wurden *32.000 Folder und 1800 Plakate* zur Bewerbung des Frauenvolksbegehrens weitergegeben. *Siebzehn Infostände* in der Grazer Innenstadt ermöglichten, dass auch andere Kreise der Bevölkerung erreicht wurden. An dieser Form der Informationsweitergabe haben sich Frauen aus den einzelnen Fraueninitiativen (Frauenberatungsstelle, Mafalda, Danaida, Notruf, Frauenhaus, DOKU, Modello, Frauengesundheitszentrum, Interventionsstelle, Frauenreferate der Uni und TU, Büro der Frauenbeauftragten) und Frauen von den Grünen, der GE und der KPÖ beteiligt. Als *erste größere Veranstaltung* wurde gemeinsam mit dem 8. März-Komitee die *Podiumsdiskussion »Alles, was Recht ist! Frauenvolksbegehren! – Frauenpartei?«* mit den Initiatorinnen des

Frauenvolksbegehrens, Frau Elfriede Hammerl und Frau Dr. Christa Pölzlbauer und der Vorsitzenden der Katholischen Frauenbewegung, Frau Dr. Eva Maria Chibici Revneanu, aus Anlass des Internationalen Frauentags im Forum Stadtpark organisiert, an der ca. 120 Personen teilnahmen. Der Veranstaltungsort wurde deshalb gewählt, da wir ursprünglich unsere Aktivitäten mit dem Projekt Sex & Space (Frauenprojekt der Shedhalle Zürich) verbinden wollten, das ein einwöchiges dichtes Veranstaltungsprogramm zum Thema Raumvorstellung, Repräsentation und der darin sich abbildenden Geschlechterkonstruktion geplant hatte. Die finanzielle Krise im Forum Stadtpark führte jedoch dazu, dass dieses Projekt abgesagt wurde und damit auch die künstlerische Ausgestaltung der Räumlichkeiten wegfiel, die mit der Künstlerin Marion von Osten und dem Verantwortlichen vom Forum Stadtpark Michael Zinganel vereinbart worden war. Trotz dieser ungünstigen Rahmenbedingungen war diese Auftaktveranstaltung sehr erfolgreich, da vor allem die große Anzahl der TeilnehmerInnen und die intensive Auseinandersetzung zum Thema ein deutlich ansteigendes Interesse an den Inhalten des Frauenvolksbegehrens zeigten. Im Mittelpunkt der Diskussion stand auch die Frage der Wirksamkeit des Volksbegehrens als Mittel zur Durchsetzung von frauenspezifischen Forderungen. Am 8. März organisierten wir die »*Erzherzog Johann-Aktion* » am Hauptplatz in der Innenstadt, gedacht als öffentlichkeitswirksame Maßnahme zum Frauenvolksbegehren. Die Verknüpfung von Vergangenheit und Gegenwart sollte die Kontinuität von gesellschaftlicher Diskriminierung aufzeigen, der Frauen ausgesetzt sind. Dieser Veranstaltungsblock wurde mit einem *Frauenfest* am Abend abgeschlossen.
Mit diesem einleitenden Teil wollte ich die erste Phase von der internen Vernetzung der Fraueninitiativen über den Aufbau der organisatorischen Strukturen bis hin zu den ersten gemeinsamen Aktivitäten zum Frauenvolksbegehren aufzeigen. Im zweiten Teil führe ich die eigenständigen Beiträge der drei Kontaktstellen einzeln an. Da ich als Koordinatorin und Mitarbeiterin der Frauenbeauftragten zwar einen groben Überblick habe, aber kein Detailwissen über alle Aktivitäten, habe ich deshalb Frau Dr. Vasiliki Argyropoulos und Frau Mag. Barbara Jauk gebeten, Ihre Stellungnahmen für die Dokumentation selbst beizutragen.

Tätigkeiten des Büros der Frauenbeauftragten

Meine Beiträge zum Frauenvolksbegehren wurden durch die Frauenbeauftragte Barbara Kasper ermöglicht, die bereit war, die drei Stunden, die ich offiziell als Ansprechperson zur Verfügung gestanden bin, zu finanzieren. In dieser Zeit konnte ich auch meine Aufgabe als Koordinatorin erfüllen. Die organisatorischen Tätigkeiten (Aussendungen, Vorbereitung von Veranstaltungen und Verwaltung unseres Spendenkontos) leistete ich zusätzlich in ca. 200 Überstunden, die zu Beginn der Zusage durch meine Chefin nicht absehbar waren und das geringe zur Verfügung stehende Budget ziemlich überschritten. Hervorstreichen möchte ich auch die Zusammenarbeit mit Frau Dr. Tina Eberhart, der zweiten Mitarbeiterin der Frauenbeauftragten. Bis zum Zeitpunkt der Eintragungswoche (7. bis 14. April) wurden mit Hilfe des Öffentlichkeitsarbeitskreises von unserem Büro aus ca. *3000 bis 4000 Aussendungen* an PolitikerInnen (Gemeinderat und Landtag), WissenschaftlerInnen, JournalistInnen, ÄrztInnen und steiermarkweit an Personen verschickt, die telefonisch um Informationen gebeten haben. Zusätzlich zu den Bemühungen, Kontakte zu Personen in den einzelnen steirischen Bezirken aufzubauen, um in dieser Form Werbung für das Frauenvolksbegehren zu machen, formulierte die Frauenbeauftragte einen Artikel, der an alle Bezirkszeitungen verschickt wurde. Ab Mitte März häuften sich die Anfragen nach mehr Informationen und wir wurden auch gebeten, als Referentinnen zu Informationsveranstaltungen in die Bezirke zu kommen:

DatumOrt		BesucherInnen
Barbara Kasper		
24.3.1997	Köflach	70
28.3.1997	Hart bei Graz	10
1.4.1997	Ilz bei Fürstenfeld	10
3.4.1997	Thal	30
7.4.1997	GRAZ-»INTERNATIONAL WOMEN«	20
8.4.1997	»Haus der Frauen«	20
17.4.1997	Podiumsdiskussion »Frauen und Wirtschaft« VSSTÖ)	15
Ulli Taberhofer		
10.3.1997	Mürzzuschlag	10
29.3.1997	Mürzzuschlag	
4.4.1997	Sinabelkirchen	30

Der Schwerpunkt unserer Öffentlichkeitsarbeit war jedoch auf Graz bezogen und spiegelt sich in einer *Reihe von Veranstaltungen* wider: Am *21. März* lud die Frauenbeauftragte zu einem *Frühlingsfest* in das Cafe Stockwerk ein. In gemütlicher Atmosphäre mit Musik von der Gruppe Wibsch´ma und einem Buffet diskutierten ca. 80 Personen über die Inhalte des Frauenvolksbegehrens. Am *4. April* veranstaltete die Frauenbeauftragte mit Unterstützung der Initiative Frauenvolksbegehren Steiermark, der Grünen Akademie und der KPÖ eine *Lesung »Alles was Recht ist! – Texte aus dem Frauenalltag«* mit Frau Elfriede Hammerl, an der ca. 100 Personen teilnahmen. Am 7. *April* konnte mit Hilfe der ehemaligen Frauenbeauftragten, Frau Dr. Grete Schurz, eine *Männerpressekonferenz* abgehalten werden. Ihr Bekanntheitsgrad sorgte dafür, dass 13 Männer aus dem öffentlichen Leben daran teilnahmen und sich für das Frauenvolksbegehren aussprachen und 10 weitere Männer eine positive Stellungnahme in schriftlicher Form dazu abgaben. Für den *8. April* konnte die Frauenbeauftragte die Künstlerin Irene S. mit ihrer Band für ein *Musikspektakel zum Thema »Ab sofort werden Frauenforderungen nicht mehr unter den Teppich gekehrt!«* gewinnen, das unseren Infostand in der Innenstadt attraktiver machte. Organisatorisch aufwendiger erwies sich die Umsetzung der Idee, die in unserem Büro eingelangten Unterstützungsunterschriften zum Frauenvolksbegehren ab *5. April* in Form einer *Plakatwand* der Öffentlichkeit zu präsentieren. Bei der Gestaltung beteiligten sich die beiden Künstlerinnen Veronika Dreier und Doris Jauk-Hinz. Diese Aktion war auch über Internet zu sehen. Die ursprüngliche Absicht, eine Werbeinserat in einer großen Tageszeitung zu schalten, scheiterte daran, dass wir zu wenig Geld über unser Spendenkonto einnahmen und damit gerade in der Lage waren, die Veranstaltungen und die zentralen Materialien zu finanzieren.

Tätigkeiten des Referats für allgemeine Frauenangelegenheiten

- Veranstaltung am 25. 2. zum Themenbereich »Pensionen« des FVBs mit Frau Dr. Lore Hödl – »Im Alter abgesichert leben!« (Modelle einer eigenständigen Pension für jede Frau)
- Veranstaltung am *2. 4. 1997* mit Frau Eva Rossmann – »Frauensache« (Buchpräsentation) inkl. der Ausstellung »Frauen-Bilder« in Zusammenarbeit mit der PädAk Hasnerplatz
- Versendung der FVB-Falter an alle Adressen des Frauenreferats *(etwa 2.000 Personen)*
- Versendung der FVB-Falter und Plakate an alle PersonalvertreterInnen und Amtsleitungen im Magistrat Graz
- laufende Information am Telefon und persönlich zum FVB für Einzelpersonen
- Referate zum FVB bei Hera – Hausfrauenunion und div. SPÖ-Frauen in Sektionen
- Neu geschaffene Zeitung des Frauenreferats »Gemma« mit Schwerpunkt FVB im April 97
- Artikel in der NZ zum FVB

Tätigkeiten der Interventionsstelle

- Aussendung zum FVB an alle Familienberatungsstellen in der Steiermark und Information auf persönliche Anfragen hin

Tätigkeit der Bildungsreferentin Bettina Behr (Frauenberatungsstelle)
• Im März wurde eine Postkartenaktion *(12.000 Stück)* zum Frauenvolksbegehren gestartet. Diese Postkarten lehnten sich in der Formensprache an Flyer an, die Raves o. ä. bewerben, um verstärkt jüngere Menschen für die Arbeit des UFFs bzw. die Initiative Frauenvolksbegehren Steiermark gewinnen zu können. Auf der Vorderseite war die Aufschrift »go ahead« und eine dynamische Schreitstellung zu sehen, auf der Rückseite verwies der Text »Sign for human rights. Don´t forget« sowie »anything goes – really« darauf, dass wir auch 1997 von der Gleichstellung von Männern und Frauen noch weit entfernt sind. Die Postkarten, eine Spende der Initiatorin Bettina Behr (Grafik: rieper/skerbisch), wurden österreichweit an Jugend-, Frauen- und Kulturprojekte und Szenetreffs verschickt sowie bei den Infoständen verteilt.

Die Ergebnisse in der Steiermark und einige Überlegungen für eine zukünftige Arbeit

Ergebnis des Frauenvolksbegehrens in der Steiermark:

Bezirk	FrauenVolksBegehren	
	Stimmen	Prozent
Graz-Stadt	26.073	14,73
Bruck	6.369	12,39
Deutschlandsberg	4.423	9,45
Feldbach	3.397	6,74
Fürstenfeld	1.711	9,88
Graz-Umgebung	9.543	10,06
Hartberg	4.876	9,47
Judenburg	4.543	12,21
Knittelfeld	2.346	10,32
Leibnitz	4.261	7,77
Leoben	5.897	10,58
Liezen	6.508	10,71
Mürzzuschlag	4.803	13,92
Murau	2.535	10,66
Radkersburg	1.408	7,58

Voitsberg	4.123	9,73
Weiz	6.845	10,79
Gesamt	99.700	11,05

Die höhere Beteiligung in Graz, aber insbesondere in den obersteirischen Krisenregionen, führe ich auf die kontinuierlichen Sozialabbaumaßnahmen der Regierung zurück, von der die Mehrheit der Bevölkerung betroffen sind. Die Existenzängste, die Unzufriedenheit mit der eigenen Lebenssituation und vor allem die geringe Erwartungshaltung an die Regierungsparteien, nämlich in absehbarer Zeit positive Veränderungen vorzunehmen, sind ausschlaggebend dafür, dass das Frauenvolksbegehren, initiiert vor allem von einer unabhängigen Frauengruppe, als demokratisches Mittel angenommen wurde. Einerseits trug es dazu bei, die gesellschaftliche und geschlechtsspezifische Diskriminierung von Frauen erneut aufzuzeigen und als Mobilisierungsfaktor in allen Bevölkerungsschichten zu wirken und andererseits wurde es als Möglichkeit gesehen, einen Beitrag dazu zu leisten, den Druck auf das Parlament zu verstärken, mit dem Ziel, eine rechtliche Gleichstellung von Frauen auf allen gesellschaftlichen Ebenen herzustellen.
644. 977 UnterstützerInnen haben dieses Anliegen eindrucksvoll verdeutlicht und den Regierungsparteien wurde damit vor Augen geführt, dass der Unmut unter der Bevölkerung doch größer als erwartet ist. Aber das Ergebnis darf uns nicht dazu veranlassen, uns zurückzulehnen und eine abwartende Haltung einzunehmen, was jetzt im Parlament verhandelt und entschieden wird. Die Einrichtung von »watchgroups«, die diesen Diskussionsprozess verfolgen werden und als Mittlerinnen zu allen aktiven Frauen zu sehen sind, ist eine Möglichkeit der Einflussnahme. Das allein genügt jedoch nicht. In der Steiermark besteht der Wunsch, in einem bundesweiten Koordinationstreffen unter Einbeziehung aller beteiligten Frauen darüberhinausgehende Strategien zu entwickeln, die sowohl dezentrale Aktivitäten (z.B. öffentlichkeitswirksame Maßnahmen, Aufgreifen verschiedener inhaltlicher Forderungen des Frauenvolksbegehrens und deren thematische Vertiefung usw.) als auch z. B. einen bundesweiten Aktionstag beinhalten sollen. Diese Vorgangsweise soll verhindern, dass die Forderungen des Frauenvolksbegehrens nach einiger Zeit wieder in Vergessenheit geraten, denn das würde dazu führen, dass die Regierungsparteien sich noch einfacher ihrer Verantwortung entziehen können.

Gesamtüberblick über die Veranstaltungen zum Frauenvolksbegehren in Graz (Jänner – April 1997)

Datum	Thema, Ort
31.1.1997	Pressekonferenz der Initiative Frauenvolksbegehren Steiermark, Erzherzog Johann
13.2.1997	Podiumsdiskussion »Alles was Recht ist!« Mit Eva Rossmann; Monika Gimpel-Hinteregger u.a. Veranstaltet von den Frauen im ÖAAB, Josef Krainer Haus
7.3.1997	Podiumsdiskussion »Alles was Recht ist! Frauenvolksbegehren! – Frauenpartei?« Mit: Elfriede Hammerl u. Eva Maria Chibici Revneanu. Veranstaltet vom 8. März-Komitee, Forum Stadtpark
8.3.1997	Erzherzog Johann-Aktion zum Frauenvolksbegehren. Veranstaltet vom 8. März-Komitee, Graz, Hauptplatz..
12.3.1997	Frauenfest Women Only, mit Disco und Buffet. Veranstaltet vom 8. März-Komitee, Forum Stadtpark
12.3.1997	Podiumsdiskussion mit Johanna Dohnal, Helga Konrad, Ilse Reinprecht. Veranstaltet von SPÖ-FrauenHotel Wiesler
21.3.1997	Frühlingsfest zum FVB mit Wibsch'ma. Veranstaltet von der Frauenbeauftragten der Stadt GrazCafé Stockwerk
2.4.1997	»Frauensache« Lesung mit Eva Rossmann. Veranstaltet vom Frauenreferat. Pädak-Hasnerplatz
4.4.1997	»Alles was Recht ist! – Texte aus dem Frauenalltag« Lesung mit Elfriede Hammerl. Veranstaltet von der Frauenbeauftragten der Stadt GrazKulturzentrum bei den Minoriten
7.4.1997	Männerpressekonferenz moderiert von Grete Schurz. Veranstaltet von Susi Haydvogel und Grete SchurzErzherzog Johann
8.4.1997	Ab sofort werden Frauenforderungen nicht mehr unter den Teppich gekehrt!« Musikspektaktel zum FVB mit Irene S. & Band u. der Frauenbeauftragten, Barbara Kasper, Eisernes Tor

Die Tätigkeit der »Initiative Frauenvolksbegehren Steiermark« geht weiter. Am 13. November wird für die Durchsetzung der FVB-Anliegen demonstriert. Am 17. November befassen sich die Landtagsabgeordneten im Unterausschuss des Verfassungsausschusses bereits zum zweiten Mal mit der Umsetzung der Forderungen des FVB. Am 4. Dezember startet eine Veranstaltungsreihe zum Thema Umverteilung. Die »Initiative Frauenvolksbegehren Steiermark« ist Mitveranstalterin.

Kurze Stellungnahme zum Thema »Frausein«

Bereits als Jugendliche habe ich versucht, die Ursachen der gesellschaftspolitischen und geschlechtsspezifischen Diskriminierungen von Frauen zu erkennen. Im Laufe der Zeit habe ich mich zu einer widerständigen Frau entwickelt, mit dem Anspruch, durch mein politisches Engagement gemeinsam mit Mitstreiterinnen Veränderungen zu bewirken.

Zur Person Uli Taberhofer

Geb. 1960. Studium der Deutschen Philologie/Geschichte und Sozialkunde und Absolvierung des Hochschullehrgangs Deutsch als Fremdsprache. Seit September 1996 Mitarbeiterin der Frauenbeauftragten in Graz. Mitglied der KPÖ.

MONIKA JAROSCH

Tirol

Ansichten und Einsichten einer aktiv Engagierten

Subjektive Eindrücke von innen, exemplarische Splitter von der Arbeit und dem Einsatz für das Frauenvolksbegehren sollen hier gegeben werden. Mein Blickpunkt ist nicht der von oben oder außen als einer objektive Beobachterin, sondern der von innen, als einer, die aktiv dabei war, die sich zusammen mit vielen anderen bemüht hat, die Frauen und Männer in Tirol über das Volksbegehren zu informieren, die mit ihnen diskutiert hat, die versucht hat, sie zu begeistern und zu überzeugen.

Die Zahlen

Knapp an der Blamage vorbei, das mag der erste Eindruck sein, denn gerade den vorletzten Platz hat Tirol im gesamtösterreichischen Vergleich erreicht. Nur von den VorarlbergerInnen gaben noch weniger ihre Stimme ab. Insgesamt stimmten von den fast 460 000 wahlberechtigten TirolerInnen 7,0 % für das Frauenvolksbegehren, das sind 32 077 Unterschriften.

Innsbruck liegt mit 9,05% an der Spitze, gefolgt von Innsbruck-Land mit 7,64%. Von den mehr ländlichen Bezirken steht der Bezirk Lienz an vorderster Stelle. Das Ende zeigt der Bezirk Landeck mit 5,19%. Einige extreme Ergebnisse sind zu finden: In den Bergdörfern Kaunerberg (Bezirk Landeck) und Pfafflar (Bezirk Lienz) gab es keine einzige Unterschrift für das Frauenvolksbegehren, während in der Gemeinde Gramais (Bezirk Reutte) immerhin 16 % unterschrieben.

Die Tiroler Zahlen müssen im Zusammenhang gesehen werden: In den vergangenen 15 Jahren ist keines der durchgeführten Volksbegehren an dieses Ergebnis herangekommen, und das Frauenvolksbegehren in Tirol hat das fünftbeste Ergebnis aller jemals abgehaltenen Volksbegehren erreicht.

Ein Vergleich mit der Tiroler Beteiligung am Gentechnikvolksbegehren zeigt weiterhin, dass hier Tirol mit 13% Beteiligung sogar das Schlusslicht bildet. Ein Hinweis darauf, dass es hier besonders schwer ist, die

Menschen zur Unterschrift zu bewegen. Ein Hinweis vielleicht auch darauf, dass hier ein neues Demokratieverständnis noch nicht so verbreitet ist, ein Verständnis nämlich, wo es darum geht, dass jede/jeder Einzelne gefordert ist, alle gegebenen Möglichkeiten der aktiven Mitwirkung auszunützen, und wo es nicht darum geht, darauf zu warten, dass die gewählten PolitikerInnen die Probleme schon lösen werden. Ein Verständnis auch, dass Demokratie den Abbau der geschlechtshierarchischen Strukturen bedeutet

Die Aktivitäten

Die Medienberichterstattung war sehr gut, wobei sich besonders die Medienfrauen der *Tiroler Tageszeitung* und des *ORF-Landesstudios Tirol* intensiv eingesetzt haben und so oft und so viel wie möglich berichtet haben, Interviews gemacht haben, Radiosendungen gestaltet haben, obwohl diese Berichterstattung oft nur auf der Frauenseite oder in speziellen Frauensendungen möglich war, und diese Frauen auf offene und versteckte betriebsinterne Ablehnung stießen. Höhepunkt der Radioberichterstattung war die Sendung »Tirol-Thema« in der letzten Woche vor dem Termin, eine Sendung um die Mittagszeit, die viel gehört wird, in der die Frauenreferentin des Landes Tirol, Elisabeth Stögerer-Schwarz und ich selbst HörerInnenanrufe beantworteten, die teilweise sehr kritisch waren. Auch in der *Tiroler Tageszeitung* war in der Woche vor dem 14. April eine ganze Seite dem Thema Volksbegehren gewidmet mit Interviews, Meinungen und einem Inserat. Tageszeitung und Bezirksblätter interessierten sich für die Presseaussendungen (»30 Tiroler Frauenorganisationen unterstützen das Frauenvolksbegehren!«) in den Bezirksblättern erschien ein Inserat, bezahlt von mehreren Frauenorganisationen (SPÖ, Grüne, LIF, BDF, Frauen im Brennpunkt und Arbeitskreis Emanzipation und Partnerschaft). Die Ausnahme war wie so oft, wenn es um Frauen geht, die *Kronenzeitung*, die das Gentechnikvolksbegehren massiv unterstützte, sich aber zum Frauenvolksbegehren mehr oder weniger ausschwieg.
Eigentlich alle unabhängigen Frauenorganisationen, die ich hier nicht alle aufzählen kann, unterstützten das Frauenvolksbegehren mit Aufrufen an ihre Mitglieder hinzugehen und abzustimmen. Ich möchte aber besonders die Katholische Frauenbewegung erwähnen, die sich trotz ihrer weltanschaulichen Nähe zur ÖVP auf die Seite der BefürworterInnen stellte und für viele ihrer Frauengruppen Informationstage und -abende veranstaltete. Bei zwei Hausfrauentreffs in Kufstein und einer Frauengruppe in Umhausen (Ötztal) konnte ich selbst einen Vortrag halten und mit den Frauen diskutieren.

Aktiv über Aufrufe und Zustimmungserklärungen hinaus beteiligte sich der Arbeitskreis Emanzipation und Partnerschaft (AEP), dem ich selbst angehöre. Wir richteten eine »Hotline« zum Frauenvolksbegehren ein, 6 Wochen lang, dreimal die Woche; machten sie mit Unterstützung der Medien öffentlich und gaben Informationen über Eintragungs- und Öffnungszeiten und Auskunft über die Inhalte des Volksbegehrens. Diese Hotline wurde sehr unterschiedlich in Anspruch genommen, die meisten Anrufe kamen zu Ort und Zeit der Eintragung, wenige waren ausführlichere Anfragen, doch manche recht fanatische GegnerInnen versuchten Gegenstimmung zu machen. Beim AEP sammelten sich Studentinnen und unabhängige Befürworterinnen, die Telefondienst machten, Plakate klebten und Falter verteilten. Beim AEP fanden sich auch Frauen aus den Parteien (Ausnahme ÖVP) und ein paar unabhängigen Organisationen ein, die das Geld für ein Inserat in den Bezirksblättern zusammenbrachten.
Die SPÖ-Frauen, die grüne Frauenorganisation, das Liberale Forum, die freiheitlichen Frauen und der Bund demokratischer Frauen beteiligten sich aktiv und intensiv an der Werbung. In den Bezirken, in Innsbruck selbst, überall gab es Informationsabende, Informationsstände, Falterverteilungen und Plakataktionen.
Nur der Tiroler Frauenrat, ein Zusammenschluss von über 33 Frauenorganisationen aus den Parteien, der Wirtschaft, dem Sozialbereich und unabhängigen Organisationen hat versagt. Ja das Frauenvolksbegehren selbst wurde Anlass (wenn auch nicht alleinige Ursache) zu seiner Auflösung. Trotz Beschlussfassung in der Vollversammlung, eine unterstützende Presseerklärung herauszugeben, verweigerten 6 Frauengruppen aus ÖVP, ÖVP-Bünden und der Partei nahestehenden Institutionen im nachhinein die Zustimmung zur Presseaussendung teilweise mit der Begründung, übergeordnete Gremien hätten anders entschieden. Im Grunde bedeutete dies, dass viele Frauen im Tiroler Frauenrat nicht eigenständig entscheiden können. So kam es dann in der letzten Sitzung im Juni d.J. zur Auflösung dieses Gremiums. Die Presseerklärung wurde dann unter dem Titel »30 Frauenorganisationen in Tirol unterstützen das Frauenvolksbegehren« dennoch herausgegeben und fand großen Widerhall in den Medien.

Stimmung, Bedingungen und Ursachen

Bei all diesen Aktivitäten, bei allem Medienecho hätte frau erwarten können, dass mehr als 7% der Wahlberechtigten unterschreiben würden. Woran lag es, dass es nicht mehr wurden?

Das Bedürfnis nach Informationen war groß; überall wurde diskutiert, debattiert. Die Diskussionen waren spannend und intensiv. Auch aus den Schulen kamen Anfragen, LehrerInnen fragten nach Informations- und Grundlagenmaterial und so fand z.B. in der HAK Wörgl unter großer Beteiligung eine Podiumsdiskussion mit der Frauenreferentin, der Vizepräsidentin der Arbeiterkammer und anderen statt, wo die SchülerInnen Kenntnis und Wissbegier zeigten. Das Frauenvolksbegehren, mehr noch als das Gentechnikvolksbegehren war immer und überall im Gespräch, im privaten wie im öffentlichen, unter jungen Leuten wie unter alten. Und Unterstützung kam oft aus unerwarteten Ecken von Frauen, die sich bisher noch nie öffentlich äußerten.

Insgesamt bewirkten die Gespräche und Diskussionen, dass Frauenanliegen bewusster und öffentlicher wurden. Sie verbreiterten die Kenntnis über die Diskriminierungs- und Unterdrückungsmechanismen gegen Frauen, die sich nicht nur im Erwerbsleben konkretisieren.

Ganz wesentlich, gerade für Tirol, war die eindeutige Ablehnung durch die ÖVP und die ÖVP-Frauenbewegung. Zwar wurde von deren VertreterInnen immer wieder versichert, es sei jeder/jedem freigestellt sich selbst zu entscheiden, aber die massiven Gegenargumente von der Tiroler Nationalrätin, Kathi Horngacher, von WirtschaftsvertreterInnen, von den SpitzenfunktionärInnen kamen medial groß heraus und wurden den BefürworterInnen immer und überall entgegengehalten. Hier zeigte sich meiner Meinung nach ganz besonders deutlich die Männerdominanz in dieser Partei und die mangelnde Eigenständigkeit der ÖVP-Frauenbewegung. Die wenigen bejahenden Stimmen, die es auch gab (einige Ortsgruppen, z.B. die von Rum (Bezirk Innsbruck-Land), einzelne Frauen in St. Johann und Osttirol, auch Frauen aus den ÖVP-ArbeitnehmerInnenorganisationen) gingen unter. Der Einfluss und die Bedeutung dieser Partei, die im Tiroler Landtag jahrelang hohe Zweidrittelmehrheiten hatte, ist in Tirol trotz zurückgehender WählerInnenstimmen sehr hoch.

In Innsbruck selbst gab es nur ein Abstimmungslokal. Angesichts der geringen Beteiligung an den Volksbegehren der letzten Jahre, bei denen es immer bis zu 15 Abstimmungslokale gegeben hatte, meinten die Stadtoberen diesmal mit einem Lokal des Auslangen zu finden. Also gab es nur ein Lokal (wenn auch mit mehreren Schaltern) für fast 80 000 Wahlberechtigte, während in Salzburg-Stadt mit seinem überragenden Ergebnis für 98 000 Stimmberechtigte 16 Wahllokale geöffnet waren. Auch die Kenntnis, wo unterschrieben werden könne, war nicht gut verbreitet, trotz guter Presseberichterstattung und Aufklärung.

In den ländlichen Gebieten mit vielen kleinen und sehr kleinen Gemeinden kann vermutet werden, dass es hier gesellschaftlich doch recht schwierig ist zu unterschreiben, weil es öffentlich wird, wenn frau sich zu Frauenanliegen bekennt, obwohl mir Frauen versicherten: »Nein, da haben wir keine Angst!« Aber schon das Bewusstsein, es könne schwierig werden, genügt.

Trägheit und Gleichgültigkeit, das was ich als fehlendes Demokratieverständnis bezeichnet habe, nämlich dass es vielen nicht der Mühe wert war, hinzugehen und zu unterschreiben. Ein patriarchales Familienmodell und ein traditionelles Frauenbild scheinen mir besonders in Tirol noch weit verbreitet. Aus persönlicher Erfahrung weiß ich, dass viele Frauen zwar selbstbewusst sind und sich ihre Freiräume schaffen, dies aber im privaten Raum. Wenn es um den öffentlichen Raum, wenn es um Politik geht, zögern sie, sich gegen den Willen ihrer Ehemänner zu stellen, um vielleicht nicht auch ihren kleinen privaten Freiraum zu gefährden. Nun sind die Frauen von Tirol gewiß nicht über einen Kamm zu scheren mit all ihren unterschiedlichen Lebensformen, mit unterschiedlichen Ansichten und unterschiedlichen Leitbildern Aber hier herrscht im öffentlichen Bewusstsein und wird auch noch oft genug in Sonntagsreden beschworen, das Bild von der heilen Familie, der heilen Region, das die ganzen Umbrüche nicht wahrhaben will oder verdecken will.

Die unleidliche Konnotation des Begriffes »Feminismus« mit gesellschaftszerstörend, familienzerstörend, weil männerfeindlich. So wurde mir selbst oft von Frauen gesagt, wenn das Frauenvolksbegehren für die Frauen sei, ja dann würden sie unterschreiben gehen, aber feministisch wollten sie nicht sein, und irgendwie feministisch sei das Ganze doch.

Das »Ja, aber!« Syndrom. Ja, mit vielem sei Frau/Mann einverstanden, aber der/dem einen fehlten wichtige Punkte im geforderten Maßnahmenkatalog, anderen waren manche Punkte zuviel und eine Separatabstimmung fehle. Einige von diesen »Aber-Punkten« möchte ich hier aufzählen. So war vielen die Forderung nach verfassungsrechtlicher Verankerung der tatsächlichen Gleichstellung von Frauen unverständlich, sogar unter Juristinnen, die einwandten, es gäbe doch den Gleichberechtigungsgrundsatz in der Verfassung. Andere bemängelten, dass so wesentliche Punkte wie Schwangerschaftsabbruch, die Ausländerinnenproblematik oder Gewalt an Frauen nicht mitberücksichtigt worden seien. Die massivsten Einwendungen kamen von der Gruppierung »Frau in der Wirtschaft« im Tiroler Wirtschaftsbund. Es würden Forderungen aufgestellt, die zwar sehr idealistisch klängen, die aber von kontraproduktiver wirtschaftlicher Wirkung seien. Arbeitsplätze für Frauen könnten nicht dadurch gesichert werden, dass für Klein- und Mittelbetriebe künstlicher Gegenwind erzeugt werde. Frauenspezifi-

sche Belastungen wie die Ausdehnung der Behaltefrist am Arbeitsplatz verhinderten geradezu Frauenarbeitsplätze. Bei Notstandshilfe und Ausgleichszulage wurde gefordert, die Solidarität der Partner zu verlangen und erst subsidiär die Gemeinschaft der SteuerzahlerInnen heranzuziehen. Genauso kontraproduktiv sei ein gesetzlich garantierter Anspruch auf Teilzeitarbeit für Eltern bis zum Schuleintritt ihres Kindes mit Rückkehrrecht.
Diese Kritik und diese Einwendungen hatten sicherlich Wirkung. Wir Befürworterinnen versuchten sie zu entkräften, und den Zögernden Sinn und Zweck eines Volksbegehrens zu erklären, und dass es in erster Linie erst einmal darauf ankomme, Frauenanliegen öffentlich zu machen, Solidarität zu schaffen und Gerechtigkeit für Frauen einzufordern.

Die Geschichte der Volksbegehren in Österreich zeigt, dass solche Begehren, die nur von einer einzelnen Partei unterstützt wurden, keinen Erfolg hatten und dass solche, die von breitem, überparteilichen Konsens getragen wurden, eher Zustimmung im Parlament fanden. So ist es immer wichtig darauf hinzuweisen, wie sehr das Frauenvolksbegehren von unabhängigen Organisationen getragen wurde und wird, haben sich doch in vielen Bundesländern Plattformen zur Vernetzung gebildet. Und ich denke, es ist wesentlich für Tirol, den Frauen und Männern nahe zu bringen, dass bei einer Entscheidung für Frauenanliegen die Entscheidung für eine Partei ganz im Hintergrund stehen sollte und könnte.

Tiroler Ergebnis in den Bezirken

	Beteiligung	Unterschriften	Wahlberechtigte
Innsbruck-Stadt	9,05%	7.238	79.957
Innsbruck-Land	7,64%	7.951	104.130
Lienz	7,10%	2.629	37.047
Reutte	7,06%	1.454	20.605
Kitzbühel	6,84%	2.791	40.792
Schwaz	5,98%	2.993	50.038
Kufstein	5,97%	3.689	61.754
Imst	5,27%	1.827	34.678
Landeck	5,19%	1.505	28.988
Tirol gesamt	7,00%	32.077	457.989

Einige Zahlen über die Frauen in Tirol

Bevölkerungsstruktur:
Der Frauenanteil an der Tiroler Bevölkerung lag im Jahr 1991 bei 51,3 %, das waren 324 161 Frauen und 307 249 Männer. Der höhere Frauenanteil zeigt sich besonders in den oberen Altersgruppen.

Bildung:
Im Verhältnis von Schülerinnen und Schülern zeigt sich bei den Volksschulen und Hauptschulen ein leichter Überhang an männlichen Schülern, in den Berufsschulen ein männlicher Überschuss und bei den berufsbildenden höheren Schulen und den allgemeinbildenden höheren Schulen fast ein Gleichgewicht. Die Positionen von Frauen und Männern an der Universität Innsbruck zeigen 1991/92 einen Anteil von 43% Studentinnen, 38,5% Vertragsassistentinnen, 15,5% Universitätsassistentinnen, 6,8% a.o. Professorinnen und 0,7% ordentlichen Professorinnen. Diese Zahlen haben sich bis heute zugunsten der Frauen geringfügig verbessert.
Beruf
Die Erwerbsquoten der Frauen (bezogen auf die Gesamtbevölkerung) in Tirol stiegen von 26,1% im Jahr 1971 auf 32,2% im Jahr 1981 und auf 34,5% im Jahr 1991. Die Erwerbsquote der Männer liegt um etwa 27% bis 22% höher als die der Frauen. Das liegt zum Teil daran, dass Frauen in Erwerbstätigkeiten arbeiten, die nicht gezählt werden, zum Teil daran, dass Frauen zeitweise aus der Erwerbstätigkeit ausscheiden, um eine Familie zu versorgen. Im Jahresdurchschnitt 1992 waren in Tirol 47,1% der Frauen mit Kindern im Alter von unter fünfzehn Jahren erwerbstätig.
Der Anteil der Frauen, die im öffentlichen Dienst arbeiten beträgt 48,5%, bei den Männern sind es nur 21,7%. So ist gerade im Landesdienst die Zahl der Frauen, die in den unteren Dienstklassen arbeiten sehr hoch, je höher aber die Positionen werden, desto geringer wird der Frauenanteil. So sind in der Dienstklasse A 193 Männer und 4 Frauen beschäftigt: in der Dienstklasse B 171 Männer und 9 Frauen, in der Dienstklasse C 16 Männer und 4 Frauen (Stand Juli 1996). Das neue Tiroler Gleichbehandlungsgesetz soll am 1.Oktober 1997 in Kraft treten und mithelfen, diese krassen Geschlechterunterschiede auszugleichen.

Öffentliches Leben:
Unter den 19 Abgeordneten der ÖVP zum Tiroler Landtag befinden sich zwei Frauen (9,5%); von den 7 Abgeordneten der SPÖ sind 2 Frauen (22,2%); die 6 Abgeordneten der Freiheitlichen Partei sind Männer (0%) und die 4 Abgeordneten der Grünen Alternative sind Männer (0%), aber die 5. gewählte Abgeordnete der Grünen ist Mitglied der Landesregierung.
Das Landespräsidium des Liberalen Forums besteht aus 5 Personen, eine, die Landessprecherin, ist weiblich.
In der Arbeiterkammer Tirol gibt es 8 Kammerrätinnen und 62 Kammerräte (11,4% Frauenanteil).
In der Wirtschaftskammer Tirol gibt es 77 Kammerräte und 4 Kammerrätinnen (4,9%).
Die Bundeslandwirtschaftskammer hat 450 Kammerräte und 2 Kammerrätinnen (4,8%).
Es gibt in Tirol nach dem Stand von März 1995 zwei Bürgermeisterinnen und 277 Bürgermeister, das heißt 0,7% der BürgermeisterInnen sind weiblich. Unter den Bürgermeisterstellvertreterinnen gibt es 6 Frauen.

Zur Person Dr. Monika Jarosch

Geb. 1940. Juristische Ausbildung in Deutschland, Tätigkeit als Richterin und Rechtsanwältin. Seit 1963 in Innsbruck wohnhaft, verheiratet, 2 erwachsene Kinder, Hausfrau. Seit 1991 Studium der Politikwissenschaft (fast abgeschlossen). Arbeit in der autonomen Frauenbewegung in Innsbruck (Arbeitskreis Emanzipation und Partnerschaft), Mitbegründerin des Vereins Tiroler Juristinnen und Projektleiterin zur Einrichtung einer Interventionsstelle gegen Gewalt in der Familie in Innsbruck.

Adresse
Plattform Unabhängiger Frauen Tirol
c/o AEP
Monika Jarosch
Leopoldstr. 31a
6020 Innsbruck
Tel: 0512/583698

BRIGITTE BITSCHNAU-CANAL

Vorarlberg

Bestandsaufnahme in Vorarlberg – das FVB aus persönlicher Sicht

Die im Herbst 1996 vom Unabhängigen Frauenforum UFF gestarteten Aktivitäten zu einem österreichweiten Frauenvolksbegehren erreichten Vorarlberg zu einem Zeitpunkt, als sich viele Frauen in Wut oder Resignation befanden.

Diese Stimmung war durch einen Wechsel der für Frauenfragen zuständigen Landesrätin ausgelöst worden. Die Vorarlberger Landesregierung nutzte im Mai 1995 diese Neubesetzung zu einem Kurswechsel in der Frauenpolitik. Unter dem Vorwand des Sparens wurden unter anderem Frauenprojekte nur noch projektbezogen statt wie bisher auch strukturell gefördert. Dadurch war eine massive Einmischung der Förderer bei der inhaltlichen Gestaltung der jeweiligen Jahresprogramme gegeben. »Wer zahlt, schafft an«, war die neue Devise. Die Autonomie von Fraueninitiativen wurde beschnitten, alles hatte sich den vorgegebenen Schwerpunkten der Frauenpolitik der Landesregierung unterzuordnen. Eine den verschiedensten Wünschen, Bedürfnissen und Interessen der Frauen entsprechende Politik konnte unter diesen Umständen nicht mehr fortgesetzt werden.

Eine von mir als Frauenrefertin verfasste kritische Stellungnahme zur Förderungsumstellung nahm die Landesregierung zum Anlass, mich nach zehnjähriger Tätigkeit im Jänner 1996 über Nacht in eine andere Behörde zu versetzen. Diese Aktion löste eine weitreichende und langandauernde Protestwelle in Vorarlberg aus. So äußerten über 300 Frauen unterschiedlichster Gruppierungen und Bevölkerungsschichten ihren Unmut im Landtag.

Ein in zweijähriger Vorarbeit erstellter Entwurf für ein Landesgleichbehandlungsgesetz, das – wie Expertinnen mehrfach bestätigten, österreichweit Vorbildcharakter gehabt hätte – wurde zu Fall gebracht. Ersetzt wurde dieser Entwurf durch die im November 1996 beschlossene »Frauenpolitische Offensive«.

Eine Offensive, die sich im großen und ganzen auf Freiwilligkeit und

Alibihandlungen beschränkt. So fehlen zum Beispiel Frauenförderpläne, und es gibt weder eine Gleichbehandlungsbeauftragte noch eine Gleichbehandlungskommission. Diese wurde durch das »Frauenpolitische Forum« ersetzt, in welchem die jeweils zuständige Landesrätin für Frauenangelegenheiten den Vorsitz führt und deren Mitglieder größtenteils weisungsgebunden sind. Ein Verstoß gegen das Gleichbehandlungsgebot ist keine Dienstpflichtverletzung, durchsetzbare Rechtsansprüche sind ebensowenig vorhanden wie die Formulierung klarer Ziele. »Man muss mit dem Wind segeln«, reagierte Landesrätin Waibel auf diesbezüglichen Protest bei einer Pressekonferenz im November 1996.

In dieser Situation kam die Nachricht vom Frauenvolksbegehren gerade recht. Der Vorarlberger Frauenrat, ein überparteilicher Zusammenschluss von ungefähr 25 verschiedenen Frauengruppen und -initiativen, lud im Jänner 1997 zu einer ersten Informationsveranstaltung ein und stellte die Frage nach einer Unterstützung des Begehrens. Obwohl nicht alle Beteiligten mit sämtlichen Punkten des Volksbegehrens einverstanden waren, wurde eine grundsätzliche Zustimmung gegeben.

Es wurde eine Plattforum zur Unterstützung gegründet, die von verschiedenen Organisationen, Initiativen, Parteien, sonstigen Gruppen und dem Frauenrat als Mitglieder getragen wurde. Prominente Frauen und Männer konnten als Schirmpatinnen und -paten gewonnen werden. Ziel war, eine möglichst große Breitenwirkung in allen Bevölkerungskreisen für gesellschaftspolitische Anliegen von Frauen zu erwirken und zur Unterzeichnung zu motivieren.

Zur Umsetzung aller geplanten Aktivitäten wurde eine Koordinations-, eine Informations- und eine Pressegruppe zusammengestellt, die alle in ständigem Kontakt mit der UFF-Zentrale in Wien standen. Öffentlicher Auftakt für die Veranstaltungsserie war der März 1997. In weiterer Folge belebten zahlreiche Veranstaltungen, Radio- und Fernsehsendungen, Vorträge, Presseberichte und ganzseitige gesponserte Inserate die öffentliche Diskussion.

Diese umfangreichen Aktivitäten zwangen auch die einzelnen Parteien in Vorarlberg zu einer Stellungnahme. Die ÖVP-Vorarlberg, allen voran Frauenlandesrätin Waibel, lehnte das Frauenvolksbegehren vorerst einhellig ab. Waibel begründete z.B. ihre Ablehnung der Forderung nach zwei Jahren Karenzgeld für alle Alleinerzieherinnen folgendermaßen: »Mit Mühe haben wir das erhöhte Karenzgeld aus Missbrauchsgründen abgeschafft. Mit dieser Forderung wäre wieder eine Möglichkeit zum Missbrauch gegeben, und wäre auch eine Diskriminierung der verheirateten Mütter.«

Nach heftigen Protesten in der Öffentlichkeit und zum Teil sogar in der ÖVP-Frauenbewegung wurde dann vier Wochen später auf das Motto »Das Gemeinsame vor das Trennende stellen« umgeschwenkt.
Die Grünen, das Liberale Forum und die SPÖ haben das Volksbegehren von Anfang an unterstützt. Der Katholische Familienverband Vorarlberg gab seine weitgehende Zustimmung, die FPÖ hingegen war gegen die Initiative. Die FPÖ-Frauensprecherin Wieser nannte die Forderungen »linkslastig« und einen »Aufruf zum Geschlechterkampf«. Gleichzeitig verlangte sie die Auflösung des Frauenministeriums.
Somit war die Ausgangssituation ausgesprochen schwierig. Eine Mehrheit der ÖVP und FPÖ PolitikerInnen – deren Parteien in Vorarlberg die Regierung stellen – verunglimpfte mit allen zur Verfügung stehenden Mitteln einzelne Punkte des Frauenvolksbegehrens.
Ein anderes Verhalten zeigte die Plattform. Sie engagierte sich intensiv für die Forderungen der Frauen. Die Finanzierung der Öffentlichkeitsarbeit erfolgte durch Spenden, Sachleistungen und zu einem geringen Teil aus Subventionen. Auch die Vorarlberger Medien haben mit viel Information einen beachtlichen Beitrag zur Unterstützung geleistet.
Am 5. April 1997 wurden die Vorbereitungen mit einer Großveranstaltung abgeschlossen und mit Spannung auf das Ergebnis am 7. April gewartet. Der österreichweite Erfolg von 11,17% konnten in Vorarlberg trotzdem nicht erreicht werden. Nur 6,66% (14.900 Stimmen) der VorarlbergerInnen haben das Volksbegehren unterzeichnet. Dies mag zum einen daran liegen, dass die Kampagnen von ÖVP und FPÖ ihre Wirkung nicht verfehlten, zum anderen aber auch daran, dass Herr und Frau Vorarlberger sich nicht gern in aller Öffentlichkeit deklarieren, wie es eine Vorarlberger Tageszeitung treffend formulierte. Vor allem in den ländlichen Gemeinden stellen Frauen ihre eigenen Ansprüche nach wie vor hinter die Pflichten der Dorfgemeinschaft und die Solidarität zu ihrem (Ehe-) Mann. Zudem dürften sich tatsächlich zahlreiche Frauen mit einzelnen Punkten nicht identifiziert und deshalb das Volksbegehren nicht unterschrieben haben.
Erfreulich für Vorarlberg war das Lobbying der Frauen quer durch Österreich. Durch diese Initiative wurde ein enges Informations- und Kontaktnetz geschaffen, welches in Zukunft sehr hilfreich sein wird.
Die aktuelle Situation der Frauenpolitik in Vorarlberg ist nämlich nach wie vor ernüchternd. Die seit September 1996 im job-sharing beschäftigten Frauenreferentinnen haben nach einjähriger Tätigkeit aufgrund mangelnder Kompetenzen, Rahmenbedingungen sowie inhaltlicher und persönlicher Differenzen mit der Landesrätin das Amt zurückgelegt.

Was von der »Frauenpolitischen Offensive« zu halten ist, zeigen unter anderem folgende Zahlen: Unter 24 Beförderungen zum 1. Juli 1997 im Vorarlberger Landesdienst (Dienstklasse V-VII) befand sich keine einzige Frau.
Wohin der nunmehrige konservative Trend in der Vorarlberger Frauenpolitik noch führen wird, ist nicht absehbar. Deshalb ist die österreichweite Allianz, welche durch das Frauenvolksbegehren geschaffen wurde, ein Lichtblick.

Pressespiegel textlich

Schreiben Landesrätin Waibel vom 23.12.1996 an die ÖVP-Frauen Vorarlberg mit Gegenargumenten zu einzelnen Punkten des Frauenvolksbegehrens:
• » ... werden Forderungen gestellt, die unseren Wertvorstellungen total widersprechen, die sich in ihren Auswirkungen sogar gegen die Unabhängigkeit der Mehrzahl der Frauen richten und die, wenn sie nach den Vorstellungen des UFF realisiert würden, eine unfinanzierbare Belastung für den Staatshaushalt darstellen ...«
• »Es ist den Initiatorinnen entgangen, dass die Gleichstellung von Männern und Frauen bereits in der Bundesverfassung verankert ist. Es ist allerdings hoch an der Zeit, in allen Bundesländern das Landesgleichbehandlungsgesetz um- und durchzusetzen und so eine Gleichstellung in Ländern und Gemeinden zu erreichen.«
Erläuterung der *Neuen Vorarlberger Tageszeitung* vom 19. Jänner 1997 zu vorigem Punkt: »Zur Erinnerung: In der Landtagssitzung vom 12. Dezember 1996 brachte die grüne Abgeordnete Brigitte Flinspach einen Selbständigen Antrag ein, in dem sie ein Gleichbehandlungsgesetz für Vorarlberg forderte. ÖVP und FPÖ lehnten ab, weil bereits im November 1996 eine Frauenoffensive beschlossen wurde.«
LR Waibel zu Punkt vier: »Das würde bedeuten, wenn der Partner auch 40.000 ATS monatlich verdient, würde seine Partnerin alle sozialen Zuwendungen voll ausnützen können ... Das würde bedeuten, dass dem Mann generell die Verantwortung abgenommen wird, für den Unterhalt aufzukommen.«
• Zu Punkt sechs: » ... wir zu Ganztagsbetreuungen aller Altersstufen von der Wiege bis zur Bahre klar NEIN sagen.«
• Abschlusskommentar: »In keinem einzigen Punkt des Volksbegehrens wird auch die Verantwortung der Männer für Frauen und Kinder eingefordert ... «
Neue Vorarlberger Tageszeitung vom 7.3.1997: »FP: Frauenvolksbegehren ideologisch links besetzt ... « Auf die Frage, ob die Frauen politisch

nicht mehr erreichen, wenn sie über Parteigrenzen hinweg an einem Strang ziehen, meint FPÖ-Frauensprecherin Wieser: »Es gibt ganz einfach ideologische Unterschiede, die das verhindern.«

Wann&Wo vom 9.3.1997 zitiert Landesrätin Eva-Maria Waibel: »Das Frauenvolksbegehren kann Frauen schaden.« *Wann&Wo* weiter: »Landesrätin Eva-Maria Waibel will das Frauenvolksbegehren nicht unterschreiben.«

Vorarlberger Nachrichten vom 20.3.1997: »Volksbegehren für die Frau scheidet die Geister der ÖVP«. Die *VN* zitieren Waibel: »... ein auswucherndes Regelwerk von Vorschriften, das die soziale und wirtschaftliche Entwicklung der Frauen hemmt.« Nach Darstellung der *VN* stellten sich hingegen die ÖAAB-Vizechefin von Vorarlberg, Eva-Maria Bickel, sowie Josefine Winkler, Vizepräsidentin der Arbeiterkammer und Altlandtagspräsident Bertram Jäger in den Dienst der Frauensache.

Neue Vorarlberger Tageszeitung vom 28.3.1997: »Jäger: Alles fordern, um viel zu erreichen ... Altlandtagspräsident Jäger (VP) unterstützt das Frauenvolksbegehren.«

Ute Sassadeck zitiert in den *Vorarlberger Nachrichten* vom 16.4.1997 nach dem österreichweit erfolgreichen Frauenvolksbegehren Landesrätin Waibel: »... eine wichtige politische Signalwirkung.«

Veranstaltungen der »Überparteilichen Plattform Vorarlberg« zum Österreichischen Frauenvolksbegehren

Datum	Thema, Ort
28.2.1997	*Pressekonferenz*. Vorstellung der Überparteilichen Plattform Vorarlberg für das Frauenvolksbegehren sowie Bekanntgabe prominenter Schirmpaten und Schirmpatinnen zur Unterstützung des Frauenvolksbegehrens, Bregenz
4.3.1997	WIRFA-Netzwerk für Wirtschaftsfrauen: *WIFRA-Treff* mit Information zum Frauenvolksbegehren. Gasthaus Alter Zoll, Lustenau
6.3.1997	Frauengetriebe, Filmkulturklub Dornbirn: *Antonias Welt*, eine Veranstaltung zum Internationalen Frauentag. Weltlichtspiele Dornbirn
6.3.1997	Vorarlberger Frauenrat: *Existenzsicherung von Frauen*, ein Aktuelles Thema zum Internationalen Frauentag. ORF, Radio Vorarlberg

8.3.1997	Frauenreferat der Vlbg. Landesregierung: Lesung mit *Eveline Halser.* Palais Liechtenstein, Feldkirch
8.3.1997	Überparteiliche Plattform Vorarlberg für das Frauenvolksbegehren: *Unterschriftenaktion* als Inserat zum Frauenvolksbegehren. Vorarlberger Nachrichten und Neue Vorarlberger Tageszeitung
8.3.1997	Vorarlberger Künstlerinnen: Verkauf von *Erde-Feuer-Göttinnen*. Vorbereitete Göttinenfiguren aus Lehm werden am offenen Feuer gebrannt und anschließend zum Verkauf angeboten. Der Reinerlös geht zugunsten des Frauenvolksbegehrens. Messepassage Dornbirn
10.3.1997	FEMAIL-Fraueninformationszentrum: *Dr. Lilian Hofmeister*, Vortrag mit anschließender Diskussion zum Frauenvolksbegehren. Theater am Saumarkt, Feldkirch
14.3.1997	Politisch arbeitende Frauen: *Vernetzungstreffen* für Politikerinnen aller Parteien und politisch interessierten Frauen mit Hilde Bradovka. Götzis, St. Arbogast
15.3.1997	Frauenreferat der Vlbg. Landesregierung: *Mädchen- und Frauenfilmnacht* zum Internationalen Frauentag. Theater am Saumarkt Feldkirch
15.3.1997	Überparteiliche Plattform Vorarlberg: *Elfriede Hammerl*, Lesung aus eigenen Texten, anschließend Diskussion zu Punkten des Frauenvolksbegehrens. Hotel Martinspark Dornbirn
15.3.-28.3.1997	Frauenreferat der Vlbg. Landesregierung: Feldkirch. *Ausstellung* der Arbeiten der »Mädchen-Tage mit Künstlerinnen und Lehrerinnen«. Theater am Saumarkt, Feldkirch
19.3.1997	Autonome Frauengruppe Bludenz: *Eva Rossmann*, Vortrag und Diskussion zum Frauenvolksbegehren, Bludenz
26.3.1997	Grüne Frauen: Pressegespräch mit *Madleine Petrovic* zum Frauenvolksbegehren
5.4.1997	Überparteiliche Plattform Vorarlberg für das Frauenvolksbegehren: *Großes Fest* zum Frauenvolksbegehren mit den Provinzproheten und Frauenband Ferengi. Conrad Sohm, Dornbirn
14.4.1997	Überparteiliche Plattform für das Frauenvolksbegehren: Abschluss-Party des Frauenvolksbegehrens. Resumeè, Perspektiven der ersten Ergebnisse. Kurzlesung, Anekdoten, Pantomime. Altes Zollamt Lustenau

Frau sein – was bedeutet das?

Diese Frage kann nicht losgelöst von der historischen Entwicklung gesehen werden. Verglichen mit der Situation der Frauen noch vor 30 Jahren hat sich für die heutige Generation Wesentliches verändert. Vor allem dem Einsatz von selbstbewussten Frauen, welche sich gegen die bestehenden Benachteiligungen engagiert haben, ist es zu verdanken, dass Fortschritte in der Gesetzgebung, der Veränderung des Bewusstseins und dem konkreten Frauenalltag erreicht wurden.
Die Frauenfrage selbst betrifft auch keineswegs die Frauen allein – sie birgt eine der entscheidenden Lösungsansätze für die Zukunft. Es geht nicht darum, die Ungleichheit der Geschlechterbeziehung durch eine Idealisierung des Weiblichen zu ersetzen, sondern um die Anerkennung der absoluten Gleichwertigkeit und Gleichrangigkeit der Fähigkeiten und Leistungen von Frauen und Männern.
Nicht die Schaffung einer weiblichen Gegenkultur, sondern die Öffnung der Gesellschaft ist erforderlich, um die Erfahrungen von weiblichen Lebenszusammenhängen einbringen zu können. Es genügt auch nicht, den Frauen eine weitere Beteiligung am Beruf zu ermöglichen, sondern es muss eine verantwortliche Gestaltungs- und Umgestaltungschance in jenen Bereichen geben, in welchen die Erfahrungen von Frauen bisher unbeachtet blieben.
Für mich persönlich heißt Frau sein, unabhängig von jeder Rollenzuordnung selbstbestimmt meine Entscheidungen zu treffen, die Verantwortung dafür zu tragen und die gesellschaftliche Akzeptanz zu erhalten.

Zur Person Brigitte Bitschnau-Canal

Geboren 1951 in Innsbruck, aufgewachsen in Imst, zusammen mit drei jüngeren Schwestern.
Nach Besuch der Volksschule 1962 Wechsel ins Internat und Wirtschaftskundliche Realgymnasium der Ursulinen in Innsbruck. 1970 Abschluss der Handelsschule. Im gleichen Jahr und 1974 Geburt der beiden Söhne, anschließend Tätigkeit als Mutter und Hausfrau. 1973 beruflicher Einstieg in elterliche Betriebe, parallel dazu Engagement in der Vorarlberger Frauenszene.
1986 Wechsel in das Amt der Vorarlberger Landesregierung als Familien- und Frauenreferentin, ab 1989 ausschließlich für Frauenfragen zuständig. In dieser Zeit Initiierung und Durchführung zahlreicher Projekte, wie z.B. Frauen- und Familienwoche, rund 1.000 Veranstaltungen in Form von Seminaren, Workshops etc. 1992/93 Konzeption

und Projektleitung der ersten empirischen Grundlagenstudie »Frau Sein in Vorarlberg« sowie 1994/95 Mitbegründerin des Fraueninformationszentrums Femail. Federführung beim Entwurf des ursprünglich geplanten Landesgleichbehandlungsgesetzes für den öffentlichen Dienst in Vorarlberg. Im Jänner 1996 Veröffentlichung der Dokumentation »War – Ist – Soll« anlässlich der 10-Jahres-Feier des Frauenreferates.
Im Jänner 1996 wegen einer öffentlichen Stellungnahme zur Förderungsumstellung bei Frauenprojekten von der zuständigen Frauenlandesrätin in die Agrarbezirksbehörde versetzt. Seither dort in der Geschäftsstelle für Gemeindeentwicklung tätig. Know-how in der regionalen, österreichischen und internationalen politischen Frauenarbeit, Mitinitiatorin und Schirmpatin der überparteilichen Plattform Vorarlberg zum Frauenvolksbegehren, Koordinatorin für Vorarlberg im UFF Wien. Mitglied des Expertinnenkomitees zur Umsetzung der Punkte des Frauenvolksbegehrens, Tätigkeit als Sachverständige im Unterausschuss des Gleichbehandlungsausschusses des Nationalrates.

Adresse
Frauenrat Vorarlberg
c/o Fraueninformationszentrum Femail
Schießstätte 14
6800 Feldkirch
Tel: 05522/31002

ANMERKUNGEN

[1] Zit. n. einem Fluglatt der Initiativgruppe FVB Bgld. Titel: »Frauenvolksbegehren«. Hier werden alle Mitarbeiterinnen namentlich genannt.

[2] Zit. n.: Initiativgruppe FVB Bgld: Die Forderungen des FVB/Meinungen generell und Burgenlandspezifisch dazu. (Die Fakten beruhen auf den Arbeitsmarktdaten aus den Jahren 1994-1997 (AMS)).

[3] NÖN. 8/97. S. 11.

[4] Bei der Wette lagen die abgegebenen Prognosen zwischen 250.000 und 1,5 Millionen Unterschriften.

[5] Auf dem Flublatt »Gedanken zum 1. Frauenvolksbegehren«, das bei diversen Veranstaltungen verteilt wird, findet sich kein Hinweis auf irgendeine Partei. Wenn eine Partei ins Spiel gebracht wird, wie etwa »Unter die Lupe genommen! Standpunkte zum 1. Frauenvolksbegehren aus der Sicht der sozialdemokratischen Frauen und ArbeitnehmervertreterInnen«, so wird das sichtbar gemacht. An keiner Stelle werden SPÖ-Frauen als Trägerinnen des Unterstützungsforums genannt.

[6] Margit Binder vertritt NÖ bereits beim ersten Bundesländertreffen in Wien. Über andere Plattformen liegen bedauerlicherweise keine ausreichenden Informationen vor.

[7] Niederösterreichische Nachrichten. 2.4.97.

[8] das erste Treffen der – noch nicht endgültig zusammengestellten Gruppe – findet am 24. September 1996 statt

[9]Die folgenden Zahlen stammen aus: Schweighofer, Annemarie; Frauen in Tirol. Zahlen, Daten und Kommentar, Reihe Frauen in Tirol, Hg. Frauenreferat des Landes Tirol, Innsbruck 1995

GITTI GEIGER

Das FrauenVolksBegehren als Medienereignis

Strukturelle und diskursive Aspekte der Printmedienberichterstattung

Frauenbewegung, Frauenpolitik und Medien verbindet ein spannungsreiches und problematisches Verhältnis: Zum einen beklagen Feministinnen zu Recht Nichtbeachtung und hohe Medienbarrieren, medial vermittelte Zerrbilder und Geschlechterstereotypen; zum anderen waren die feministischen Bewegungen der letzten Jahre durchaus erfolgreich in der Veränderung geschlechterbezogener Sichtweisen. Medien besetzen als »Technologies of Gender« (Teresa de Lauretis) ein zentrales Feld feministischer Auseinandersetzungen um gesellschaftlich-kulturelle Konstruktionen der Geschlechter(verhältnisse) und sind als solche ein wichtiger »›Akteur‹ innerhalb des frauenbezogenen Politikfeldes«.[1]

Der Erfolg des FVB lässt sich einerseits an der dadurch initiierten öffentlich-medialen Diskussion frauenpolitischer Anliegen und Thematisierung weiblicher Lebensbedingungen messen, andererseits war die wohlwollende Unterstützung durch die Medien auch eine seiner Voraussetzungen.

Ich untersuche im folgenden zunächst Strukturen der aktuellen Printmedienberichterstattung zum FVB – Umfang, Anlässe und Schwerpunkte, repräsentierte Personen/Gruppen etc. – und verfolge danach diskursive Positionierungen im Kontext von Frauenpolitik und -bewegung sowie inhaltliche Auseinandersetzungen zur Legitimität und Sinnhaftigkeit des FVB und seiner Forderungen.

Für meine Analyse des medialen Diskurses zum FVB stand mir zum einen die umfangreiche Presseablage des UFF, ergänzt durch die private Ablage von Eva Rossmann, zur Verfügung, welche aber sicher bei weitem nicht vollständig ist und vor allem im Bereich der Regional- und Lokalzeitungen große Lücken aufweisen dürfte;[2] berücksichtigt wurde der Zeitraum von der ersten Ankündigung im November 1996 bis zum »Frauengipfel« im Mai 1997. Zum anderen basiert sie auf einer Vollerhebung und quantitativ-qualitativen Inhaltsanalyse der Berichterstattung von *Standard, Presse, NEWS* und *profil* im Zeitraum 24. März bis 27. April 1997, welche von den Studentinnen Claudia Aigner, Michaela Higatsberger und Corinna Reicher im Rahmen der von mir geleiteten Lehrveranstaltung »Zur Theorie und Praxis feministischer Öffentlichkeit« am Wiener Publizistikinstitut durchgeführt wurde (»Medienanalyse zum Frauenvolksbegehren«, Übungsarbeit, SS 1997). Ihre Tabellen/Grafiken und Auswertungen sind vor allem Grundlage für den ersten Abschnitt.

STRUKTUREN DER BERICHTERSTATTUNG ZUM FVB

Für den Erfolg des FVB war die Präsenz in der Medienöffentlichkeit von entscheidender Bedeutung. Neben den Bemühungen um Unterstützungserklärungen und der direkten Information und Auseinandersetzung mittels Veranstaltungen und Aktionen nahm daher die Presse- und Medienarbeit in den Aktivitäten des UFF einen zentralen Stellenwert ein. Ausgehend von der Einschätzung, dass »Frauenthemen« schwierig zu plazieren sind und das Interesse der Medien an »Frauenfragen« gering ist, waren die Planungen und Erwartungen eher bescheiden und wurden vom tatsächlichen Medienecho bei weitem übertroffen.[3]
Frauenrelevante Themen und Inhalte, welche die Situation von Frauen und die Geschlechterverhältnisse kritisch betrachten, sind in der aktuellen Medienberichterstattung – wie Untersuchungen immer wieder bestätigen – nur marginal vertreten,[4] und dies nicht nur wegen auch im journalistischen Produktionsprozess wirksam werdender sexistischer Perspektiven und frauendiskriminierender Wertungen, sondern auch aufgrund von Widersprüchen zwischen Nachrichtenkriterien, journalistischen Selektionsprozessen und Arbeitsweisen auf der einen und emanzipatorischer Frauenberichterstattung, frauenpolitischen Inhalten und frauenbewegter Praxis auf der anderen Seite.[5] So resümiert etwa Eva Kreisky auf Basis eines Jahrzehnts Frauenpolitik im Spiegel österreichischer Printmedien, dass sich in ihnen der frauenpolitische Alltag kaum niederschlägt, sondern frauenpolitische Themen nur im Umfeld von Wahlen, bei der Verteilung von Positionen oder bei »politisch-ritualisierten« Anlässen Medienbeachtung finden.[6] Die Wahl des politischen Instruments Volksbegehren zur Lancierung von frauenpolitischen Inhalten bot daher strategische Vorteile.
Das FVB fand – wenngleich mit Einschränkungen und mit Ausnahme

der Boulevardzeitungen – durchaus beachtlichen Platz in den Medien, weil es in mehreren Aspekten journalistischen Selektionskriterien entgegenkam: ein punktuelles Ereignis im politisch-institutionellen Bereich, das u. a. durch die Drohung mit der Gründung einer Frauenpartei einen relativ hohen Konfliktgehalt aufwies. Nicht nur das gewählte Mittel, auch die zentralen Inhalte und Ziele bewegten sich im Rahmen eines liberalen Gleichberechtigungs- und Gerechtigkeitsparadigmas, das mit dem medialen Geschlechterdiskurs eher kompatibel zu sein scheint.[7] Überdies war das Projekt über prominente Repräsentantinnen vermittelbar, und die Beteiligung von Kolleginnen aus der Medienbranche hilfreich, nicht nur wegen deren Kontakten und professionellem Know-how. Die relativ große Resonanz und der neutral-sachliche bis wohlwollend-unterstützende Tenor eines Großteils der Berichte wurde schließlich auch durch das sich in Umfragen manifestierende positive Echo auf das FVB in der Bevölkerung gefördert.

UNTER QUANTITATIVEN ASPEKTEN ERFOLGREICH

Allein nach den mir zugänglichen Unterlagen sind von November 1996 bis Mai 1997 knapp 300 Artikel im Zusammenhang mit dem FVB in österreichischen Printmedien erschienen, davon ca. 220 in Tageszeitungen und Wochenmagazinen. Praktisch alle großen Tageszeitungen und wichtigen politischen Magazine haben über das FVB berichtet – überwiegend neutral bis wollwohlend. Nur die beiden auflagenstärksten Zeitungen, *Krone* und *Täglich Alles*, ignorierten das Volksbegehren bzw. beschränkten sich auf vereinzelte gehässige Kommentare.[8]
Die vollständige Erhebung der Berichterstattung von *Der Standard, Die Presse, NEWS* und *profil* im Zeitraum von 24. März bis 27. April 1997[9] (also von zwei Wochen vor bis zwei Wochen nach der Eintragungswoche) ergab insgesamt 87 Artikel mit Bezug zum FVB, d. h., dass in diesem Zeitraum im Schnitt mindestens ein Beitrag pro Ausgabe erschienen ist. Knapp ein Drittel erschien während der Eintragungswoche, die meisten, rund 40%, in den zwei Wochen davor; danach ließ das Medieninteresse rapid nach, nur mehr 25 Artikel stammen aus diesem Zeitraum. Die beiden Tageszeitungen setzten unterschiedliche Schwerpunkte: Während *Die Presse* am intensivsten vor dem 7. April berichtete (52% der Artikel), lag der quantitative Schwerpunkt der *Standard*-Berichterstattung in der Eintragungswoche; die Nachlese hatte bei beiden einen gleich hohen Stellenwert (29% gegenüber 27%).
Insgesamt brachte *Der Standard* mit 45 Artikeln deutlich mehr, wenn auch kürzere Beiträge als *Die Presse* mit 30 Artikeln (sodass der Ge-

samtumfang mit ca. 10 Seiten bei beiden etwa gleich groß ist). Das Gros der Artikel entfiel mit über 40% auf Kurzmeldungen und Berichte bis zu einer Achtelseite; rund ein Viertel der Beiträge widmete sich dem Thema ausführlich (eine halbe Seite und mehr).[10] Knapp die Hälfte der Artikel ist mit einem Foto oder einer Grafik bzw. Karikatur versehen und erhält dadurch einen höheren Aufmerksamkeitsgrad.

Die Presse stand dem FVB, wie auch dem Gen-Volksbegehren, deklariertermaßen kritisch bis ablehnend gegenüber, ließ aber auch Pro-KommentatorInnen zu Wort kommen. Die Gesamttendenz des *Standard* war eher neutral bis positiv, wobei das von der Zeitung transportierte Meinungsbild zu den Forderungen im einzelnen einem Wandel hin zu eher positiven Sichtweisen unterlag.[11]

Die beiden Wochenmagazine *profil* und *NEWS* waren eher »pro FVB« Im profil etwa kamen kaum Gegenstimmen zu Wort, einzelne differenzierte und engagierte Berichte überdecken aber nicht das sich im Gesamtumfang der Berichterstattung niederschlagende geringe Interesse am Thema. In den untersuchten 5 Wochen wiesen die beiden Zeitschriften zwar die gleiche Anzahl an Beiträgen auf (je sechs), aber die FVB-Berichterstattung war in *NEWS* mit 30 Seiten etwa doppelt so umfangreich wie im *profil* mit knapp 15 Seiten[12]. *NEWS* setzte aufgrund des in routinemäßigen LeserInnenbefragungen erhobenen Meinungsklimas auf einen konsequenten Pro-FVB-Kurs und kontinuierliche Thematisierung und »pushte« das Thema in gewohnter *NEWS*-Manier u. a. mit mehreren Meinungsumfragen.

Neben den aktuellen Printmedien waren Zeitschriften und Informationsblätter verschiedener Interessengruppen (Gewerkschaft, Parteien, Kirchen, Hochschülerschaft), aber auch kommerzielle Frauenmagazine und insbesondere die feministischen Zeitschriften, trotz geringer Reichweiten, wichtige Informationsvermittler. Alle feministischen Magazine Österreichs und viele der Informationsblätter informierten zumindest einmal über das geplante Volksbegehren oder boten dem UFF Raum zur Präsentation.[13] Umfangreicher war die Berichterstattung etwa in der *AUF*, in den *an.schlägen*, in *[sic!]* oder den *AEP-Informationen*.

CHRONOLOGISCHE SCHWERPUNKTE

Eine erste Welle medialer Aufmerksamkeit konzentrierte sich auf die Wochen nach der Ankündigungs-Pressekonferenz am 20. November. Anlässe für Meldungen waren nach der ersten Präsentation die Einreichung beim Innenminister, der Entschließungsantrag der FPÖ im Parlament am 28. 11. sowie mehrere Pressekonferenzen mit Stellungnahmen und Unterstützungserklärungen unterschiedlicher Institutionen: der Volkshilfe am 4. und des SPÖ-Parlamentsklubs am 7. 12. und, mit der größten Resonanz, von kirchlichen (Frauen-)Organisationen am 17. 12.

Schon in diesen ersten Berichten waren einige der dominierenden Argumente und Motive präsent: die Auslöser Sparpakete und konservativer Backlash, die Krise der (institutionellen) Frauenpolitik, der Aufbruch der Frauen und die Drohung mit einer Frauenpartei, die berechtigten Frauenanliegen, die keineswegs neuen Forderungen und der Anspruch auf Gerechtigkeit, das Verhältnis zur (Partei-)Politik und die breite Unterstützung für das FVB. Fokus inhaltlicher Auseinandersetzungen waren in dieser Phase eher die Strukturen der Frauenpolitik und das Thema Frauenpartei als die konkreten Anliegen und Forderungen des Volksbegehrens.

In den ersten Monaten 1997 flaute das mediale Interesse wieder merklich ab, Erwähnung fand das FVB jetzt vereinzelt weiterhin aufgrund von Stellungnahmen, Unterstützung oder auch Ablehnung durch institutionelle politische Akteure (z. B. Wr. Gemeinderat) sowie im Kontext anderer zu der Zeit dominierender frauenpolitischer Themen bzw. Ereignisse: der umstrittenen Kampagne »Ganze Männer machen halbe/halbe« des Frauenministeriums, dem erzwungenen Ministerinnenwechsel von Helga Konrad zu Barbara Prammer und dem durch Gesetzesinitiativen und Ministergatten-Affäre aktualisierten Thema sexuelle Belästigung. Stärker präsent war das FVB nur im Umfeld des Internationalen Frauentages, mit dem ja auch die Phase intensiver Öffentlichkeitsarbeit durch Veranstaltungen und Aktionen einsetzte.[14] Termingerecht präsentierte *Ökonsult* seine Umfrage zu Gleichberechtigung und Frauenforderungen, welche eine breite Zustimmung und Unterstützung in der Bevölkerung signalisierte – bei Frauen, aber auch Männern. Damit rückte das FVB bei *Standard* und *Kurier* mit den Aufmachern »Männer für Frauen« bzw. »Halbe-halbe: Jeder 2. Mann unterschreibt« auf die Seite 1 und wurde – kritischer – Anmerkungen der männlichen Chefkommentatoren (Sperl, Rauscher) für würdig befunden.

Ende März (»Der Countdown läuft«, *NEWS* 13/97) begann die Phase der intensivsten Medienpräsenz. Nun wurde auch verstärkt eine inhaltliche Debatte geführt – mit Kommentaren und Pro- und Kontra-Stellungnahmen zur Sinnhaftigkeit einzelner Forderungen und ihren Realisierungschancen. Institutionell-politische Ereignisse mit FVB-Bezug waren die SP-Bundesfrauenkonferenz und die durch die Grünen initiierte Parlaments-Sondersitzung.

Je näher die Eintragungswoche rückte, umso öfter hieß das Thema »Volksbegehren« (Eintragungslokale und -zeiten usw.) und wurden Gen- und Frauenvolksbegehren gemeinsam behandelt, bevorzugt in sportlichen Metaphern (»Rekordbeteiligung zeichnet sich ab«). Die Inszenierung als Wettrennen dominierte insbesondere die Berichte über die Ergebnisse – der »Wettkampf« war entschieden: »Volksbegehren brachen Rekorde« *(Wiener Zeitung)*, »Gen an 2., Frauen an 6. Stelle der Hitliste« *(Standard)*, »Gen ›schlägt‹ Frauen mit 2 : 1« *(Kleine Zeitung)*.[15] Diesem »unterschiedlichen Erfolg« entsprechend dominierte das Gen-Begehren tendenziell die mediale Nachbereitung – allerdings nicht überall.[16]

Die schon vorher beginnende Debatte über den demokratiepolitischen Stellenwert des Instruments Volksbegehren und der direkten Demokratie einerseits und über den Anteil der Medien am Erfolg der beiden Begehren setzte nun voll ein, konzentriert auf die »Angstkampagne« der *Kronen Zeitung*. In der Diskussion der Konsequenzen und konkreten Umsetzung der jeweiligen Forderungen rückte Ministerin Prammer als Adressatin beider Volksbegehren noch stärker ins Zentrum des Medieninteresses. Daneben wurde die mediale Nachlese zum FVB von Johanna Dohnal und ihrem ExpertInnenkommitee dominiert – »Die Rückkehr der Johanna« hieß es etwa in den *Salzburger Nachrichten*.

Nach dem »großen« Ereignis legte sich das Medieninteresse sehr schnell wieder, nur noch der »Frauengipfel« am 21. Mai fand in allen größeren Printmedien seinen Niederschlag (im *profil* allerdings auch nur mehr im Cartoon am Blattende). Für den nun folgenden mühsamen und langwierigen Prozess der konkreten Umsetzung der Forderungen waren – und sind – Medienresonanz und -unterstützung nur mehr schwer zu erhalten.

EIN *FRAUEN*THEMA? – GESCHLECHTERRELATIONEN IN DER BERICHTERSTATTUNG[17]

Das Volksbegehren wurde von seinen Initiatorinnen durch Bezeichnung und Slogans eindeutig als *Frauen*initiative positioniert; gleichzeitig wurde aber auch versucht, Männer in den Diskurs zu Gerechtigkeit und Gleichberechtigung einzubeziehen und über die soziale Ebene die FVB-Forderungen sozusagen in einen »allgemeinen« Kontext zu stellen. In der Beteiligung von Frauen und Männern am medialen Diskurs spiegelt sich beides wider, insgesamt war aber das weibliche Übergewicht unübersehbar.

Zunächst dürfte die beeindruckende Medienpräsenz auch ein Produkt des Engagements der Frauen in den Redaktionen gewesen sein. Jedenfalls stammte die überwiegende Mehrheit der Berichte – soweit das Geschlecht der VerfasserIn erurierbar war, was insbesondere bei den Tageszeitungen oft nicht der Fall ist – von Journalistinnen, die so zur medialen Aufmerksamkeit und Unterstützung für das FVB beitrugen.[18] Bei den (Eigen- und Gast-)Kommentaren war das Geschlechterverhältnis ausgewogener, obwohl auch hier Frauen als Autorinnen etwas überwogen – vor allem bei den das Frauenbegehren unterstützenden bzw. ihm wohlwollend gegenüberstehenden Kommentaren. Insbesondere im *Standard* dominierten Frauen das veröffentlichte Meinungsspektrum, während die *Presse* eher um Geschlechterparität bemüht war. Teilweise inszenierten die Redaktionen auch einen vordergründigen Geschlechterdiskurs und ließen Männer und Frauen zum Kommentar-Duett bzw. zum »Geschlechterstreit« antreten – in durchaus unterschiedlichen Pro- und Kontra-Konstellationen.[19]
Auf der Ebene der in den Berichten erwähnten bzw. zu Wort kommenden Personen drehte sich das sonst in der aktuellen Berichterstattung übliche Geschlechterverhältnis bei den HandlungsträgerInnen eindeutig um: Bei den vier gesondert ausgewerteten Printmedien waren Frauen – selbst ohne Berücksichtigung der Initiatorinnen des FVB – doppelt so häufig vertreten wie Männer (ein Übergewicht, das nicht nur der für die Volksbegehren zuständigen Minister*in* geschuldet war). Auch hier zeigten sich signifikante Unterschiede zwischen *Presse* und *Standard*: Während in *Der Presse* – mit Ausnahme der Organisatorinnen selbstverständlich – weitgehende Geschlechterparität herrschte, kamen im *Standard* mehr als dreimal so viele weibliche als männliche FunktionsträgerInnen zu Wort –vgl. Grafik 1. (Als eine mögliche Erklärung bietet sich an, dass die *Presse* von frauenbewegten und feministischen Gedanken offensichtlich gänzlich unbeleckt geblieben ist, was ja auch in der volksbegehren-kritischen Haltung zum Ausdruck kommt.)
Auf der Basis männlicher und weiblicher Beteiligung am Mediendiskurs erscheint das FVB demnach nicht als ein ausschließliches »Frauenthema«, obwohl seine Medienpräsenz sehr stark von Frauen getragen war. Der hohe Frauenanteil zumindest in diesem thematischen Zusammenhang ist vor dem Hintergrund des sonst überwiegend eingeschlechtlichen öffentlichen Diskurses erfreulich: Einmal dominierten nicht "männliche" Positionen.

WER KOMMT ZU WORT – REPRÄSENTIERTE PERSONENGRUPPEN[20]

Die eindeutig größte Gruppe unter den im April in den vier untersuchten Medien zu Wort kommenden Personen bzw. Gruppen stellten mit 57% RepräsentantInnen aus Politik und Wirtschaft. Ihre Stellungnahmen, Unterstützung oder Ablehnung und Kritik sowie strategischen Positionierungen dominierten den medialen Diskurs (ein Exekutiv- und Funktionärsbonus, der die Nachrichtenwirklichkeit generell auszeichnet). Frauenministerin Prammer war die gefragteste Anprechpartnerin; gefolgt von den Klubobleuten Khol und Kostelka.
Die Meinungen von nicht organisierten Personen, von Frauen und Männern »von der Straße« oder auch von bekannten/prominenten Leuten spielte eine vergleichweise marginale Rolle – allerdings lag ihre Präsenz (mit 11 bzw. 12%) doch deutlich über den normalerweise in Nachrichtenuntersuchungen ermittelten Werten[21]. Geschlechterverhältnisse berühren stärker den Alltag, und im Prinzip sind alle ›ExpertInnen‹, sodass den Meinungen von ›Alltagspersonen‹ hier mehr Bedeutung zugemessen wurde.

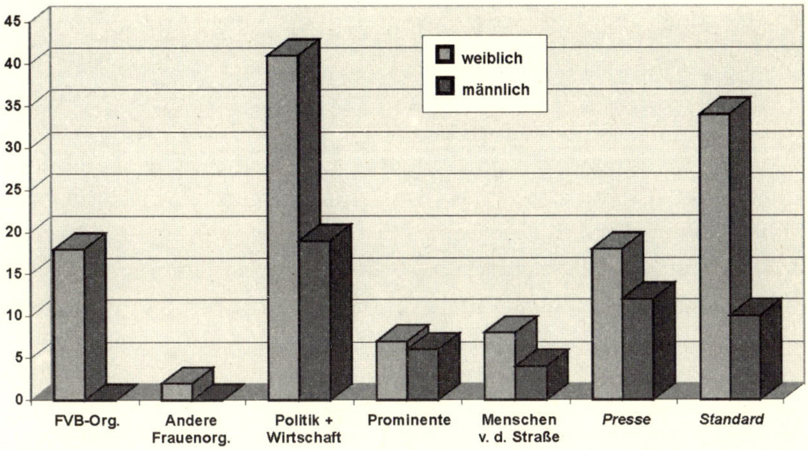

Grafik 1

Die Initiatorinnen und Organisatorinnen des FVB selbst kamen im April in den untersuchten Beiträgen 18mal zu Wort (das entspricht einem Anteil von 17%) und damit etwa gleich oft wie männliche Repräsentanten aus Politik und Wirtschaft, aber weniger als halb so oft wie weibliche Funktionsträgerinnen aus diesen Bereichen (41 Nennungen). Praktisch keine Rolle spielten Frauenorganisationen außerhalb der Parteien (nur 3 Nennungen).

In der Startphase des FVB, als die Initiative und seine Anliegen in der Öffentlichkeit erst bekannt gemacht werden mussten, war die Präsenz der UFF-Frauen in der Berichterstattung natürlich stärker als in der ›heißen‹ Phase, als zunehmend auch andere AkteurInnen auf den Plan traten und Regierung und Parteien das Terrain stärker bestimmten. Im Vergleich der Artikel vom Start im November 1996 bis Ende März zu den Berichten von April und Mai 1997 verlor insbesondere das Unabhängige FrauenForum als Gruppe/Name dramatisch an Medienpräsenz, einen – wenn auch geringeren – Rückgang verzeichneten auch die prominentesten UFF-Vertreterinnen Eva Rossmann und Elfriede Hammerl, nur Ex-Frauenministerin Johanna Dohnal konnte als die wichtigste Unterstützerin an Medienpräsenz zulegen.[22]

Diese drei Frauen repräsentierten für die Medienöffentlichkeit das FVB.[23] Nur fallweise kamen auch andere UFF-Frauen (etwa Christa Plötzlbauer) zu Wort, in den Bundesländer- und Regionalzeitungen natürlich auch lokale Aktivistinnen(gruppen), so etwa die Bergbäuerin Heidi Rest-Hinterseer aus Salzburg. Vor allem Eva Rossmann prägte das mediale Bild des FVB und wurde auch mit Fotos immer wieder groß herausgestellt. *NEWS* etwa inszenierte »Eva Rossmann in Front«, »Eva Rossmann und ihre Aktivistinnen«.

Die Möglichkeit, das FVB über bekannte und medienwirksame Frauen zu pushen, trug sicher viel zu seiner medialen Breitenwirkung bei, war aber in dieser fast ausschließlichen Konzentration auf zwei Frauen das Ergebnis einer pragmatischen Anpassung an die Erwartungen und Anforderungen der JournalistInnen und widersprach den ursprünglichen Planungen und Intentionen des UFF, die sich an feministischen Vorstellungen einer kollektiven und egalitären Repräsentation und weiblichen Selbstvertretung orientierten.[24] Die egalitären, nicht-hierarchischen und dezentralen Organisationsprinzipien femininistischer Praxis kollidieren immer wieder mit den Ansprüchen des journalistischen, aber auch des politisch-administrativen Systems nach klaren und eindeutigen VertreterInnen.[25]

Die Unterstützung durch Ex-Frauenministerin Johanna Dohnal war für die frühe und relativ breite Medienresonanz sicher von strategischer Bedeutung, verlieh die »Grande Dame der Frauenpolitik«, das »Schlachtroß des Feminismus«[26] doch der Initiative von Beginn an Bedeutung und half mit, die für noch unbekannte und kleine Initiativgruppen oft zu hohen Medienbarrieren zu überwinden. Nach dem großen Erfolg und mit der Präsentation des ExpertInnenkomitees wurde das FVB in den Medien tendenziell ›ihr‹ Begehren.

DISKUSSION UND INFORMATION[27]

Natürlich beschränkte sich ein Großteil der redaktionellen Aktivitäten auf die Auswahl und Vermittlung von Fakten, Ereignissen, Handlungen und Aussagen. Aber insbesondere in der letzten entscheidenden Phase kurz vor und während der Eintragungswoche initiierten und unterstützten die Medien die öffentliche Diskussion, boten Raum für Gastkommentare oder, wie *NEWS*, Diskussionsrunden. Ein knappes Drittel der Artikel in *Standard* und *Presse* machen in den entscheidenden fünf Wochen Eigen- und Fremdkommentare aus.

Ein klares Defizit zeigte sich hingegen in der geringen Bereitschaft der untersuchten Medien, zu den Anliegen und Forderungen des FVB auch die notwendigen sachlichen Hintergrundinformationen anzubieten. Nicht einmal ein Drittel der von den Studentinnen untersuchten Artikel enthielt konkrete Hinweise und Informationen zu den Lebensbedingungen von Frauen in Österreich, welche für eine Einschätzung und Beurteilung der Forderungen im einzelnen und der Relevanz eines eigenen Frauenbegehrens hilfreich und notwendig gewesen wären.[28] In den tagesaktuellen Medien *Presse* und *Standard* sank dieser Anteil auf unter 25 Prozent. Die beiden Wochenmagazine schnitten naturgemäß etwas besser ab; allerdings begnügte sich *profil* in den meisten Artikeln mit einigen wenigen Zusatzinformationen zur Situation der Frauen in Österreich. In der *NEWS*-Berichterstattung wurden Lebensbedingungen von Frauen in Österreich zwar thematisiert, die populistische und »oberflächliche« Ausrichtung des Mediums verhinderte aber ein Eingehen auf Ursachen und Hintergründe.

Defizite journalistischer Informationsvermittlung im Hinblick auf komplexere Hintergrundinformationen allgemein und in Bezug auf frauenspezifische Lebensbedingungen im Besonderen konnten mittels des Transportmittels FVB und durch die Bemühungen der Organisatorinnen, für JournalistInnen vielfältige Informationsmaterialien aufzubereiten,[29] nur in beschränktem Maße überwunden werden.

Die 11 Forderungen des FVB sollten das zentrale Anliegen – eigenständige Existenzsicherung von Frauen – konkretisieren und möglichst als Einheit transportiert werden.[30] Insbesondere bei den ersten Ankündigungen und im Vorfeld der Eintragungswoche wurden die Forderungen von den meisten Zeitungen – mehr oder weniger kursorisch – genannt, teilweise auch wortwörtlich abgedruckt. Meistens wurden aber einzelne, besonders umstrittene Forderungen herausgegriffen. In den vier genauer untersuchten Zeitungen wurden im April die vier am häufigsten genannten Forderungen in 20 bis 30% der Beiträge thematisiert, die am wenigsten beachteten nur in 5 bis 10%.

Vergleichsweise häufig wurde die Berichterstattung zum FVB in den Kontext von Überlegungen und Spekulationen zur Frauenpolitik und Frauenbewegung in Österreich gestellt: Knapp ein Drittel der Berichte (im *Standard* mehr als in der *Presse*) fallen in die Kategorie »Impulse zur Frauenpolitik«; etwa 10% thematisierten darüber hinaus explizit die Frage »Frauenpartei«. Relativ gering ist hingegen der Anteil an Artikeln, die das Thema FVB mit anderen frauenrelevanten Themen verknüpften (insgesamt 7%).

›MEDIENDISKURSE‹ ZUM FVB

Eine neue Frauenbewegung?

Ein zentraler Fokus der Medienberichterstattung war, wie gesagt, von Beginn an die Verortung des FVB in der österreichischen Frauenpolitik und -bewegung und die Diskussion darüber, wieweit diese Initiative die Stagnation der Bewegung und die Krise institutioneller Frauenpolitik überwinden könnte.

Der Rahmen wurde von den UFF-Vertreterinnen selbst in den ersten Pressekonferenzen, Ankündigungen und Interviews vorgegeben: Angesichts von Sparpaketen und konservativem Backlash und einer Frauenpolitik am Tiefpunkt war ein »neuer Aufbruch«, ein »frischer Wind«, ein »Neubeginn« nötig, mussten Frauen handeln, »ihr Schicksal selbst in die Hand nehmen«, fordernd und offensiv.[31] »Frauen begehren auf« und »Frauenpower« hieß das dann etwa in *NEWS*.

Im Frühjahr, als die breite Resonanz immer sichtbarer wurde, war aus dem Aufbruch eine ›neue Frauenbewegung‹ geworden: Ministerin Prammer setzte am 8. März »große Hoffnungen in die neu entstandene Frauenbeweung« *(Wiener Zeitung)*; Joschi Schillhab von *Ökonsult* sprach von einer »Bürgerbewegung«; *NEWS* sah »fast eine Massenbewegung« (27. 3.), *profil* analysierte den »neuen Feminismus« (Nr. 14), und Eva Rossmann konnte mit medialer und ministerieller Rückendeckung selbstbewusst verkünden: »Es gibt nun eine neue Frauenbewegung.« (Pressekonferenz, 5. 4.)

Für diese positiven Bilder von selbstbewussten Frauen, die sich »mit Zielstrebigkeit« an die »konkrete Veränderung der Männerwelt (machen), in der sie sich seit Jahren durchaus erfolgreich bewegen«, dienten die Stagnation der Frauenbewegung und Negativkonstruktionen des Feminismus (der 70er und 80er Jahre) als Gegenfolie – einer Bewegung, die ihren Höhepunkt längst überschritten hat, sich in »Jammern und Klagen« erschöpft, mit Selbsterfahrung beschäftigt, in endlose, »nicht nur Männer nervende« Diskussionen und »Wiederholungen des Immergleichen« verstrickt, mit ihrem »Solidaritätszwang« hoffnungslos altmodisch und unpassend in den coolen und individualistischen 90er Jahren.[32]

Der andere gesellschaftlich-politische und diskursive Bezugspunkt dieser neuen Initiative war eine von vielen Seiten konstatierte Krise der institutionellen Frauenpolitik, ein »Feststecken in den Institutionen« (Sybille Hamann im *profil*), die geringe Durchsetzungsfähigkeit frauenpolitischer Interessen und die Bedrohung von schon erreichten oder zumindest in greifbare Nähe gerückten Erfolgen durch die politischen und wirtschaftlichen Veränderungen der letzten Jahre.

Dieser kritische Befund tendierte in Teilen der Medienberichterstattung dazu, auf eine personalisierte, oft auch diffamierende Kritik an den Frauenministerinnen reduziert zu werden. Auch wenn das UFF selbst versuchte, sich nicht in einen Gegensatz zu den Ministerinnen stellen zu lassen, wurde das FVB – mit besonderer Vehemenz vom Boulevard – als »Misstrauensvotum« gegen und Ausdruck und Beweis für ein Versagen der Frauenministerinnen, insbesondere für die »glücklose« und »erfolglose« Politik von Helga Konrad (die ja auch gerade mit ihrer Kampagne zur Umverteilung der Versorgungsarbeit im Kreuzfeuer der Kritik stand) interpretiert und nicht als Reaktion auf ein männlich-patriarchales politisches System.[33]

Barbara Prammer hatte als Neue natürlich bessere Karten. Von den Medien als die »sanftere« Alternative zur »unbequemen« Vorgängerin *(NEWS)* (»keine polternde Emanze«, *profil*) eingeführt, schaffte sie es in der Folge hervorragend, sich als Verbündete und Promotorin des FVB zu plazieren.

Gegen diese Krise der autonomen Frauenbewegung und der institutionellen Frauenpolitik einerseits und die sozialpolitischen und wirtschaftlichen Verschlechterungen für Frauen andererseits versuchte sich das UFF durchaus erfolgreich mit einer medienkombatiblen Rhetorik der Stärke als Neuanfang zu setzen: »Uns reicht's«, »wir sind 52%«, »wir sind die Mehrheit«, wir fordern die »Hälfte des öffentlichen Einflusses, der Macht und des Geldes« und – mit mehr als 600.000 Unterschriften im Rücken – »Jetzt geht's erst richtig los«, ein Slogan, dessen Beschwörungscharakter nicht geleugnet werden kann und schon beim »Frauengipfel« im Mai nicht mehr umgesetzt werden konnte: Die »Volksbegehrerinnen« waren zwar bildlich noch im Vordergrund, das Gesetz des Handelns und des Mediendiskurses hatte aber längst wieder die Regierung in der Hand – auch wenn die bürgerliche Presse noch einmal Männerängste (und -wünsche?) inszenierte: »Klima musste sich einer geschlossenen Frauenfront stellen«, fühlte der *Kurier* mit dem Kanzler, der *Presse*-Karikaturist sah Klima zwischen Frauenbeinen am Boden liegen, und in den *Salzburger Nachrichten* hatte die zigarrenrauchende Bossin einen geschrumpften Klima zum Diktat auf dem Schoß.[34]

Der Jolly Joker Frauenpartei

Eine strategisch nicht unwichtige Rolle in der medialen Konstruktion frauenvolksbegehrender Stärke und Positionierung als ernstzunehmende Mitspielerin auf dem politischen Parkett spielte die Drohung mit einer Frauenpartei als möglichem zweiten Schritt.

Erste Anstöße zu einer Aktualisierung des Themas Frauenpartei kamen zunächst aus der innerfeministischen Diskussion: mit einer Podiumsdiskussion des *AEP (Arbeitskreis Emanzipation und Partnerschaft)* mit Johanna Dohnal als einer der Rednerinnen zur Frage »Brauchen wir eine Frauenpartei« am 8. 11. in Innsbruck, mit entsprechenden Initiativen in Wien und Salzburg und Artikeln in mehreren feministischen Zeitschriften *(AEP-Informationen, Zarah lustra, AUF)* im Herbst 1996. Nach der FVB-Ankündigung bildete das Thema Frauenpartei den zentralen Fokus des ersten ausführlichen Artikels im *profil* (mit Verweisen auf historische und ausländische Vorbilder) und wurde vor allem von *NEWS* gepusht. Eine NEWS-Gallup-Umfrage räumte einer Frauenpartei »sensationelle Chancen« ein: etwa 12% würden sie unterstützen (49/96).

Nachdem eine Frauenpartei (als »Rute im Fenster«, *Die Zeit*, 17. 1.) den ersten Ankündigungen des FVB Nachdruck verliehen hatte, erhielt das Thema im medialen Diskurs erst unter dem Eindruck des großen Erfolgs des Volksbegehrens und in Diskussionen um die weitere Vorgangsweise wieder einen größeren Stellenwert, und zwar vor allem im Zusammenhang mit der Präsentation des ExpertInnenkommitees und medialen Spekulationen über eine »Rückkehr« Johanna Dohnals in die Politik. Generell wurde eine österreichische Frauenpartei in den Medien konsequent mit Johanna Dohnal in Verbindung gebracht und tauchte in fast allen Interviews mit ihr als Frage auf.

Auch in den Resümees feministischer Zeitschriften und ihren Überlegungen, wie der Schwung genutzt und Organisationsstrukturen gestärkt werden könnten, wurde eine Frauenpartei als eine Option ins Spiel gebracht (mit Nachdruck in den *an.schlägen*, Mai und Juni 1997), mehrheitlich wurde aber ein Ausbau der im Zuge des FVB entstandenen bzw. gefestigten Netzwerke bevorzugt.

Eine breite Basis – Hochsaison für Feminismus?

Die offensichtliche mediale und politische Resonanz und Akzeptanz, die breite Zustimmung und Unterstützung der Frauenforderungen nach Gleichberechtigung, wie sie aus Umfragen (etwa *Ökonsult*) und weiten Teilen der veröffentlichten Meinung herauszulesen waren, erweisen sich bei genauerem Hinsehen als durchaus brüchig und sollten nicht über die nach wie vor bestehenden Grenzen der Konsensfähigkeit feministischer Veränderungen hinwegtäuschen.

Wie präsent und wirksam negative Stereotype der Frauenbewegung und des Feminismus und die Abwertung der »Emanzen« im kollektiven Bewusstsein nach wie vor sind, zeigte sich weniger in den vereinzelten veröffentlichten Verbalattacken à la »Emanzen-Show« (Gerd Leitgeb, *Die Ganze Woche* 1/97) als in verschiedenen Aussagen von Betreiberinnen und Sympatisantinnen, gipfelnd in Formulierungen wie: Wir sind keine »hysterischen Emanzen«, das ist »keine Emanzen-Partie«,[35] sondern eine »bodenständig-realistische« Bewegung, »keine abgehobene Aktion einiger Frauen, die sich wichtig machen wollen«. Durchaus in Kontrast zur vordergründigen ›Rhetorik der Stärke‹ argumentierten die UFF-Frauen ihr Begehren und ihre Forderungen in vielen Bereichen überaus defensiv: »Wir wollen keine Privilegien«, sondern »nur, was uns nach demokratischem Recht zusteht«.[36]

Eine nicht unwichtige Rolle im Bemühen um breite Akzeptanz spielte die demonstrative Einbeziehung der Männer und das offenkundige Bemühen, jedem Vorwurf der Männerfeindlichkeit bzw. einer Gegen-die-Männer-Haltung zuvorzukommen.[37] Das FVB sei »nicht gegen die Männer gerichtet«, sondern man wolle mit ihnen »ein Bündnis für Gerechtigkeit schließen« (so etwa Eva Rossmann bei der »Männer-Pressekonferenz«, *Wiener Zeitung*, 20. 2.). Männliche Unterstützung für das FVB hatte jedenfalls News-Wert.[38]

Frauenanliegen und die Ökonomie

In der inhaltlichen Auseinandersetzung mit dem FVB wurden dessen Ausgangsbefunde der nach wie vor bestehenden Diskriminierungen und besonderen Belastungen von Frauen und damit auch eine grundsätzliche Berechtigung des Volksbegehrens relativ selten in Frage gestellt,[39] wenn auch fallweise mit süffisantem Unterton lächerlich gemacht[40]. Weitaus kontroverser gestaltete sich dafür die Diskussion der konkreten Ziele und Forderungen.

Was für die Proponentinnen und viele Unterstützerinnen insbesondere mit frauenbewegtem Hintergrund (auch für einige der deklarierten männlichen Unterstützer) frauenpolitische »Minimalforderungen«, einen »Mindeststandard« darstellte und zum Großteil »Uraltforderungen« der Frauen(bewegung) artikulierte[41] und gerade deswegen teilweise auch kritisiert wurde,[42] beinhaltete für andere »überzogene«, »übertriebene«, »utopische« Forderungen, die in vielem zu weit gingen.[43]

Während für die einen das FVB Probleme, die »die Mehrheit der Österreicherinnen tatsächlich betreffen«, und »wirklich existentielle und substantielle Frauenfragen« ansprach,[44] ging es für andere an den »Probleme(n) heutiger Frauen« vorbei, würde es die »wahren Probleme nicht lösen«.[45] Der Bezug auf die »echten Frauenanliegen« tendierte (insbesondere, aber nicht nur in kirchlichen und konservativ-bürgerlichen Medien) nicht selten dazu, implizit oder offen traditionellen Rollenbildern zu folgen und die Anliegen von Frauen, die sich »freiwillig« und »gerne« für Kinder und Familie entschieden haben, einzufordern.[46]

Auch wenn fallweise Hausfrauen gegen Berufstätige oder privilegierte Karriere-Frauen, wie die Organisatorinnen, gegen »Durchschnittsfrauen« ins Treffen geführt wurden,[47] spielten insgesamt Differenzierungen innerhalb der Gruppe ›Frauen‹ keine sehr große Rolle und wurde selten explizit auf unterschiedliche Lebenslagen und Interessen eingegangen. Nur in feministischen Medien wurden der nationale Rahmen des FVB und die fehlende Berücksichtigung der spezifischen Situation von Migrantinnen problematisiert *(an.schläge, [sic!])*.

Der dominante Diskurs bewegte sich im Rahmen von Gleichberechtigung und Vereinbarkeit von Beruf und Familie. Die Forderung nach dem Ausbau von Kinderbetreuungseinrichtungen gehörte so – nicht überraschend – zu einer der meistzitierten und stieß auf breiten Konsens. Die anderen »kinderbezogenen« Forderungen (Karenzregelungen und Teilzeitanspruch) fanden deutlich weniger Resonanz und wurden durchaus kontroverser gesehen. (Siehe GRAFIK 2)

In Ansätzen versuchten die FVB-Betreiberinnen in der Anfangsphase der Agitation noch, mit ihrem Slogan »Die Hälfte des öffentlichen Einflusses, der Macht und des Geldes für die Frauen, die Hälfte der privaten Haus- und Betreuungsarbeit für die Männer« und auch im Zusammenhang mit der Halbe/halbe-Kampagne des Frauenministeriums das FVB in den Kontext eines Aufbrechens geschlechtsspezifischer Arbeitsteilung zu stellen. Im weiteren Verlauf des medialen öffentlichen Diskurses wurde die ja auch in den Forderungen angelegte Verbindung von Frauen und Kinderbetreuung bzw. Reproduktionsarbeit kaum

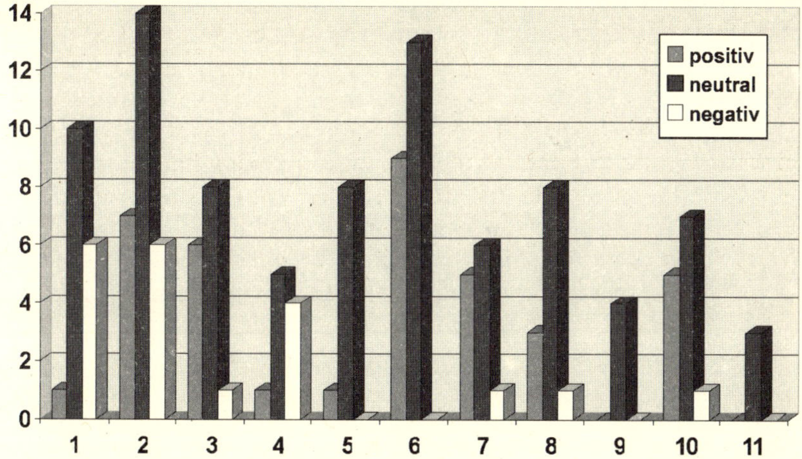

Grafik 2

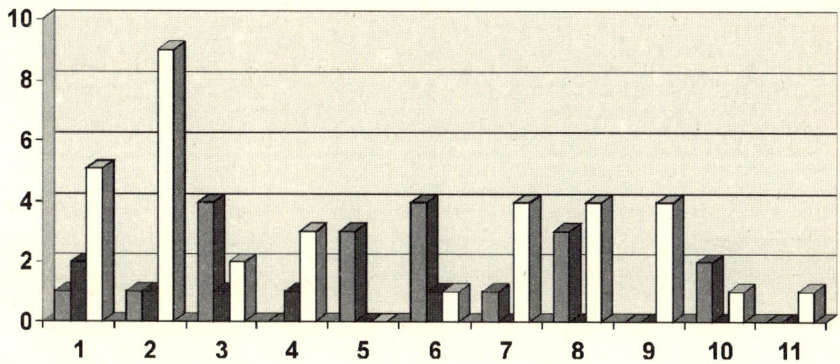

Grafik 3

DIE 11 FORDERUNGEN IM MEDIAL PRÄSENTIERTEN MEINUNGSPEKTRUM

1. Unternehmen erhalten Förderungen

   Die ungeliebteste Forderung, findet sie doch kaum BefürworterInnen, dafür etwa gleich viel ›GegnerInnen‹ wie Punkt 2 und hält auch den zweiten Platz bei den negativen Durchführbarkeitsprognosen.

2. Mindestlohn 15.000 S

   Die medial präsenteste und auch umstrittenste Forderung findet zwar etwa gleich viele BefürworterInnen (vor allem im liberalen *Standard*) wie GegnerInnen (vor allem in der konservativen, unternehmerfreundlichen *Presse*), führt aber unangefochten und einhellig bei den negativen Zukunftsprognosen: keine Realisierungschance.

3. Ausweitung der Sozialversicherungspflicht

   Findet nicht nur mehrere BefürworterInnen, sondern bekommt auch (nicht zu Unrecht) gute Realisierungschancen attestiert; Widerspruch regt sich allerdings in der *Presse*.

4. Keine Anrechnung des PartnerInneneinkommens

   Eine der weniger beachteten Forderungen, hat praktisch keine BefürworterInnen, findet aber relativ starke – negative – Resonanz im konservativen Lager.

5. Bildung

   Führt eine ähnliches Randdasein wie Nummer 4, allerdings in einem positiven Umfeld.

6. Kinderbetreuungseinrichtungen

   Eindeutig Platz 1 in der Beliebtheitsskala, vereint ein Viertel der positiven Stellungnahmen auf sich, keine Gegenstimmen; es ist auch vorsichtiger Optimismus bei den Umsetzungschancen angezeigt.

7. 2 Jahre Karenz für AlleinerzieherInnen

   Liegt im Mittelfeld der medialen Präsenz; die Forderung findet zwar ihre BefürworterInnen, aber die Umsetzungsprognose ist eindeutig negativ.

8. Teilzeitanspruch für Eltern

   Weckt kaum positive oder negative Gefühle. In der Einschätzung der Durchführbarkeit liegen optimistische und pessimistische Stimmen fast gleichauf.

9. Behaltefrist nach der Karenz

   Ein Mauerblümchen, dem quer durch die politischen Lager wenig Umsetzungschancen zugebilligt werden.

10. Grundpension

    Platz 5 in der Thematisierungsliste in einem eher zustimmenden Meinungsklima.

11. Pensionsantrittsalter

    Das Schlusslicht bleibt weitgehend unbeachtet.

mehr in Frage gestellt. Hier kritisierten feministische Medien und einzelne KommentatorInnen einen Mangel an Offensivität und vermissten etwa eine Forderung nach verpflichtender Väter-Karenz.
Der Großteil der veröffentlichten Kritik am FVB bzw. an einzelnen Forderungen argumentierte in ökonomischen Kategorien und richtete sich vor allem gegen die mit ihrer Verwirklichung verbundenen Kosten – Kosten, die insbesondere in Zeiten leerer Staatskassen und eines verschärften wirtschaftlichen Wettbewerbs nicht finanzierbar seien. Von – überwiegend männlichen – KommentatorInnen der bürgerlichen Presse, allen voran *Die Presse*, wurden höflich »mehr realisierbare Forderungen« eingefordert oder schlicht »ökonomische Dummheit« konstatiert.[48]
Der zentrale Vorwurf lautete, im vom FVB eingeschlagenen Weg und in vielen der Forderungen manifestieren sich ein »altes Denken«,[49] überholte Sozialstaatskonzepte und dirigistische Politikvorstellungen (in der *Presse* kumulierend im Verdikt »altlinke« Ideen), die angesichts der neuen Probleme und der Herausforderungen einer globalisierten Wirtschaft vollends obsolet geworden seien.[50] Eine zweite, weniger präsente Schiene der Kritik orientierte sich eher an juridischen Problemen.[51]
Hauptangriffspunkte der vor allem wirtschaftsorientierten Auseinandersetzung mit dem FVB waren die beiden ersten Forderungen: die Koppelung öffentlicher Unternehmensförderung an betriebliche Frauenförderung/-quoten und der 15.000-ATS-Mindestlohn – die insgesamt medial präsentesten und auch umstrittensten Forderungen. Während aber die Forderung nach gleichem Lohn und Mindestlohn durchaus noch ihre BefürworterInnen fand, wenn auch praktisch niemand sie für realisierbar hielt, fand Forderung 1 im veröffentlichten Meinungsspektrum keine Unterstützung.

Soweit in der Berichterstattung einzelne Forderungen überhaupt gesondert hervorgehoben und nicht einfach mehr oder weniger kursorisch aufgelistet wurden, überwogen im Untersuchungszeitraum April positive Erwähnungen gegenüber negativen Stellungnahmen zu einzelnen Punkten im Verhältnis 35 zu 20. Umgekehrt und wesentlich schlechter sieht das Verhältnis bei der Einschätzung der Durchführbarkeit bzw. der Umsetzungschancen aus: 32 negativen bzw. pessimistischen Einschätzungen stehen nur 19 positive gegenüber.
Vor diesem Hintergrund der Kritik an den vom FVB eingeschlagenen Lösungswegen und überwiegend pessimistischer Prognosen für den Umsetzungsprozess sahen mehrere KommentatorInnen denn auch in der Signalwirkung eines starken Aufbegehrens und der öffentlichen

Bewusstseinsbildung für »Frauenanliegen« die vorrangigen positiven Effekte des FVB.[52] Für einige Wochen waren Einkommensunterschiede, weibliche Armut, Aufstiegsbarrieren, Doppelbelastung und der Mythos Powerfrau, aber auch strukturelle Probleme der Frauenpolitik zumindest ein Stück weit öffentliches Thema.

RESÜMEE

Die Medienresonanz auf das FVB lässt sich in vielerlei Hinsicht als frauenpolitische Erfolgsstory lesen: Schon lange nicht mehr wurde so viel über Diskriminierungen von Frauen geschrieben, über Geschlechterverhältnisse und Gleichberechtigung diskutiert und war Frauenbewegung/-politik ein so positiv besetztes Thema.
Mit der Inszenierung des Sensationsereignisses *Frauen*Volksbegehren, mit prominenten Repräsentantinnen und durch das geschickte Verbinden einer Rhetorik der Stärke mit eher vorsichtigen und defensiven Argumentationen und mit zwar umstrittenen, aber durchaus konsensfähigen Forderungen gelang es, eine Zeitlang Frauenpolitik zum Medienthema zu machen.
In den Binnenstrukturen dieses Medienthemas kontrastierten positive Konstruktionen einer »neuen Frauenbewegung« mit diskursiven Abwertungen des Feminismus und bestehender frauenbewegter und -politischer Praxen, wurde der vorgegebene Rahmen von Gleichberechtigung und sozialer Abfederung innerhalb der bestehenden Geschlechterverhältnisse nicht verlassen und konnte sich der Frauen-Diskurs zu den sozialen Auswirkungen der neuen wirtschaftlichen und politischen Rationalität nicht gegen den dominanten Diskurs ökonomischer Effizienz durchsetzen.
Trotz des Medienerfolges verweist das FVB so auf die Grenzen öffentlicher Akzeptanz und medialer Präsenz von feministischem Handeln und frauenbezogener Politik.

ANMERKUNGEN

[1] Eva Kreisky: Trendbericht: Frauen in der Politik (1985–1995), in: Frauenbericht 1995, 579.
[2] Die Pressedokumentationen der einzelnen Bundesländer-Gruppen konnten aus zeitlichen und organisatorischen Gründen nicht berücksichtigt werden. Gesondert erfasst habe ich die Berichterstattung in den feministischen Zeitschriften.
[3] Eva Rossmann im Interview mit Barbara Buchacher-Kundi und Brigitte Kundi; »Öffentlichkeitsarbeit zum Frauenvolksbegehren. Ziele, Konzepte, Teilöffentlichkeiten, Mittel«, Übungsarbeit, SS 97, 16 f.
[4] Vgl. an neueren Untersuchungen z. B.: Waltraud Corneließen/Kirsten Küsters: Frauen und Nachrichten, in: Romy Fröhlich: Der andere Blick, Bochum 1992, 123–138; Andrea Prenner: Die Konstruktion von Männerrealität in den Nachrichtenmedien, Bochum 1995; MediaWatch: Global Media Monitoring Project, Toronto 1995.
[5] Vgl. zur Diskussion von Nachrichtenkriterien und Frauenberichterstattung etwa Suzanne Pingree/Robert Hawkins: Nachrichten und ihre Wirkungen auf Frauen, in: Fernsehen und Bildung, 1–2/1980, 67 ff., und Andrea Prenner, a. a. O., 71–85.
[6] Eva Kreisky, a. a. O., 588.
[7] Lisbet van Zoonen leitet jedenfalls aus ihrer Analyse der Berichterstattung über die Frauenbewegung in niederländischen Medien den Schluss ab, dass Frauenforderungen und Frauenbewegung in den Medien vor allem dann eine Chance auf Akzeptanz und Unterstützung haben, wenn sie einem liberalen Politikverständnis und Gleichberechtigungsmodell entsprechen (The women's movement and the media: constructiong a public identity, in: European Journal of Communication, 7(4) 1992, 453–476).
[8] Ein einziger in *Täglich Alles* erschienener »unterstützender« Artikel (»Wir sind keine Emanzen ... Die Frauen vom Volksbegehren warnen vielmehr vor steigenden Abtreibungen«, 7. 4.) lässt allerdings vermuten, dass Nicht-Präsenz durchaus besser sein kann als eine solche »Unterstützung«.
[9] Die folgenden Zusammenfassungen beruhen auf den Zahlen und Auswertungen von Aigner/Higatsberger/Reicher, a. a. O.
[10] Im Detail sind bei der *Presse* die bevorzugten Artikellängen Viertel- bzw. Halbseiten (36 bzw. 27% der Artikel), beim *Standard* Achtel- bzw. Viertelseiten (35 und 31%), und es gibt keinen einzigen ganzseitigen Beitrag (*Presse:* 2 Artikel, also 7%).
[11] »Alle Argumente oder Stellungnahmen, die sowohl die einzelnen Forderungen als auch deren mögliche Durchführbarkeit negativ bewerten, sind bis auf eine einzige Ausnahme nur in Artikeln zu finden, die *vor* der Eintragungsfrist erschienen sind. Auf der anderen Seite sind nicht einmal ein Viertel aller positiven Stellungnahmen zu den Forderungen sowie nur knapp 13% aller optimistischen Prognosen zur Durchführbarkeit in diesem Zeitraum gebracht worden.« Aigner/Higatsberger/Reicher, a._a._O., 29.»
[12] Dazu kommen allerdings noch insgesamt 6 Seiten mit anderen feministischen Themen in Kommentaren (Hammerl bzw. Tramonatana) und eine Reportage über Gleichberechtigung in Norwegen.
[13] Die oft unregelmäßige und selten öfter als vierteljährliche Erscheinungsweise dieser Non-Profit-Medien verhindert weitgehend eine kontinuierliche aktuelle Berichterstattung.

[14] Veranstaltungen und Aktionen zum FVB hatten nach meinen Unterlagen am ehesten in Regional- und Lokalzeitungen eine Chance auf Medienpräsenz.
[15] Für Elfriede Hammerl ist in ihrer Kritik an der Mediennachlese zum FVB die Inszenierung als Wettkampf nur eine der Möglichkeiten, einen Frauen-Erfolg abzuwerten (»Leitfaden für Miesmacher«, *profil* 18/97).
[16] Ein Vergleich mit Umfang und Struktur der Medienberichterstattung zum Genvolksbegehren konnte nicht durchgeführt werden.
[17] Die folgenden Ausführungen basieren vor allem auf den Daten von Aigner/Higatsberger/Reicher, welche ich teilweise durch Analysen des Gesamtmaterials der UFF-Presseablage ergänzt habe.
[18] Dies wäre wieder einmal ein Indiz dafür, dass eine Erhöhung des Frauenanteils im Journalismus den Medienzugang für »Frauenthemen« erleichtern könnte – die Ergebnisse der kommunikationswissenschaftlichen Frauenforschung sind in diesem Bereich recht widersprüchlich.
[19] Etwa in *Falter* 14/97, *Presse*, 1. 4., *Standard*, 5./6. 4., *NEWS* 15/97.
[20] Siehe Fußnote 17.
[21] Vgl. z. B. Andrea Prenner, die für Hörfunknachrichten einen Anteil Nichtorganisierter von 6,2% ermittelte, a. a. O., 164.
[22] Die Anteile im einzelnen: Das UFF wurde insgesamt in knapp einen Viertel der Berichte erwähnt, in der ersten Phase in 38%, in der zweiten in 12% der Artikel; die Werte für Eva Rossmann liegen bei 29 und 25%, für Elfriede Hammerl bei 16 bzw. 12%, und Johanna Dohnal steigerte sich von 12% auf 18%.
[23] Bei einer kleinen (natürlich nicht repräsentativen) Umfrage, die von StudentInnen der erwähnten Lehrveranstaltung durchgeführt wurde, konnte auf die Frage nach den Organisatorinnen niemand das UFF nennen, genannt wurden Eva Rossmann, Elfriede Hammerl und Johanna Dohnal (Margot Breitwieser/Irene Schneider/Manfred Rothdeutsch/Oliver Schieber: Umfrage über das Frauenvolksbegehren, Übungsarbeit, SS 97).
[24] Vgl. Buchacher-Kundi/Kundi, a. a. O., 14 f.
[25] Darin lag etwa eine der Ursachen für die geringere Medienpräsenz der CR-Gruppen (Conciousness-Raising- bzw. Selbsterfahrungsgruppen), Liesbet van Zoonen, a. a. O., 461.
[26] *NEWS* 47/96, *Die Zeit*, 17. 1.
[27] Siehe Fußnote 17.
[28] Dieses Manko spiegelte sich auch in der schon erwähnten Mini-Umfrage, bei der sich die Befragten überwiegend schlecht informiert fühlten, mit einer durchschnittlichen »Note« von 3,5. Wichtigste Informationsquellen waren die Massenmedien (Zeitungen, TV und Radio); Breitwieser u. a., a. a. O.
[29] Vgl. zu den entsprechenden Überlegungen Buchacher-Kundi/Kundi, a. a. O., 18.
[30] Vgl. ebd., 16.
[31] In diesen Formulierungen etwa in *Standard*, 21. 11., *Kleine Zeitung*, 29. 12., *präsent*, 9. 1., *NEWS* 47/96.
[32] Die wörtlichen Zitate stammen aus *profil* 14/97, *Salzburger Fenster*, 21. 11., *ÖON*, 8. 3., *profil* 10/97, *Falter* 14/97.
[33] Als Beispiele unter vielen etwa Ruth Pauli in der *Ganzen Woche* 47/96 oder *Die Presse*, 22. 1.
[34] Eine eigene Analyse der das FVB betreffenden Karikaturen wäre vermutlich lohnend.

[35] Eva Rossmann bekannte sich allerdings an anderen Stellen durchaus selbstbewusst zur »Emanze«.

[36] Zitate aus: *Täglich Alles*, 7. 4., *Salzburger Nachrichten*, 16. 4., *NEWS* 14/97, *Presse*, 5. 4., *Neue Zeit*, 12. 1., eine NÖ Regionalzeitung im Jänner 97.

[37] So übertitelt etwa die *Neue Zeit* einen FVB-Bericht mit »Abhängigkeiten abbauen, nicht die Männer.« (12. 1.)

[38] »Einige furchtlose Männer«, »Männer auf Seiten der Frauen« in *NEWS* oder »Männer für Frauen« im *Standard*.

[39] Einige männliche Vertreter österreichischer (Polit-)Prominenz, darunter ein Präsidentschaftskandidat, sahen das in entsprechenden *NEWS*- bzw. *Kurier*-Umfragen allerdings anders (*NEWS* 14/97, *Kurier*, 6. 4.).

[40] Die *Presse*-Lady sprach etwa von »hehren Anliegen« und »femininer Aufmüpfigkeit« und empfahl »statt nörgeln ... eigene Fähigkeiten (zu) entwickeln.« (*Presse Lady's Journal*, 26. 4.)

[41] Mit diesen Worten neben vielen anderen etwa in *präsent*, 19. 1., *an.schläge* 3/97, *Falter* 14/97, *OÖN*, 28. 2.

[42] Der geringe Enthusiasmus – bei prinzipieller Unterstützung – für das FVB in weiten Teilen der autonomen Frauenbewegung, der sich etwa in manchen feministischen Zeitschriften spiegelte, lag zum Teil darin begründet, dass der Forderungskatalog als weder »neu« noch »radikal« oder »unbequem« eingeschätzt wurde (*AUF* 94, *an.schläge* 3/97, *[sic!]* 17).

[43] Etwa: *Presse*, 17. 4., *Welt der Frau* 3/97, *Kirchenzeitung*, 19. 1.

[44] *Kleine Zeitung*, 29. 12., *Wienerin*, Winter 96/97.

[45] *Kirchenzeitung*, 19. 1., *Presse*, 26. 4.

[46] Zum Beispiel Kommentare in der *Presse* am 5. und 8. 4.

[47] Zum Beispiel in *Ganze Woche* 1/97, *Kleine Zeitung*, 23. 12, *Neue Zeit*, 12. 1., *Welt der Frau* 4/97.

[48] *Standard*, 8. 3., *Presse*, 8. 3.

[49] Das Motiv des Alt-Aussehens, der Nicht-Modernität, des Nicht-auf-der-Höhe-der-Zeit-Seins spielte insgesamt eine nicht unbedeutende Rolle.

[50] Beispiele für diese Argumentationen etwa in *Kurier*, 8. 3., *Standard*, 5./6. 4., und *Presse*, 1. 4., 5. 4.

[51] Etwa Kommentar der anderen im *Standard*, 5./6. 4.

[52] Zum Beispiel *Kurier*, 22. 5., *Presse*, 1. 4.

SIEGLINDE KATHARINA ROSENBERGER

Alles was Recht ist!?

Eine politikwissenschaftliche Einschätzung des Frauen-Volksbegehrens

1. DIREKTE DEMOKRATIE

Der direkten Demokratie kommt in der politischen Landschaft Österreichs ein eher bescheidener Stellenwert zu. Indirekte, repräsentative Politikformen und parlamentarische Vertretungseinrichtungen dominieren eindeutig das politische Geschehen, politische Parteien und sozialpartnerschaftliche Entscheidungsmuster formen den »Modellfall Österreich«[1]. Die Zustimmung der Bevölkerung zur indirekten Demokratie, zu ihren Trägern und Einrichtungen, ist weiterhin hoch – die Wahlbeteiligung von Frauen wie von Männern liegt bei 80 % und mehr. In den letzten beiden Jahrzehnten ist aber ein steigendes Interesse an direkter Demokratie, d.h. an Mitbestimmung der politischen Agenda-Setzung, festzustellen. Die neue Frauenbewegung, die neuen sozialen Bewegungen (Ökologie-, Friedens-, Anti-AKW-Bewegung) sowie die Bürgerinitiatvien forcieren ein Mehr an direkter Demokratie und ein größeres Maß an nicht konventioneller politischer Partizipation. Alleine die Häufigkeit der durchgeführten Volksbegehren unterstreicht diese Tendenz. Im Jahre 1964 wurde das erste von bisher insgesamt 22 Volksbegehren durchgeführt, davon alleine neun in den 90er Jahren (Stand Dezember 1997).
Trotzdem wäre es verfehlt, den Trend der Volksinitiativen alleine auf Basisbewegungen zurückzuführen. Denn tatsächlich forcieren nicht nur sie direktdemokratische Beteiligung, sondern auch die klassischen Repräsentanten der indirekten Demokratie, die Parteipolitiker entdecken für sich die direkte Demokratie. Wie die jüngsten Beispiele zeigen sind direktdemokratische Einrichtungen wie das Volksbegehren politische Instrumente, die sowohl der Artikulation einer politischen Basisbewegung dienen als auch für populistische Zwecke politischer

Parteien genutzt werden. Mittels Volksbegehren wird Mobilisierung initiiert und das politische Handeln mit der Berufung auf plebiszitäre Willenskundgebung legitimiert (Pelinka 1994, 186). Einige Volksbegehren der letzten Jahre entsprechen diesem Muster der Profilierung: ausschließlich Träger der repräsentativen Demokratie initiieren und organisieren die Kampagne (z.B. das Volksbegehren »Österreich zuerst« und das »ATS-Volksbegehren« der FPÖ).
Idealtypischerweise sind Volksbegehren ein Instrument in den Händen der wahlberechtigten Bevölkerung zur »Bewegung« der parlamentarischen Politik (vgl. Möckli 1994). Im verfassungsrechtlichen Sinne (Art. 41 Abs. 2 B-VG) ist ein Volksbegehren dann erfolgreich, wenn 100.000 Unterschriften erreicht werden. Dann nämlich ist im Parlament eine Sonderdebatte über den geforderten Inhalt notwendig. Eine Verpflichtung des Gesetzgebers, eine rechtliche Entscheidung im Sinne des Begehrens herbeizuführen, besteht jedoch in keinster Weise. Es besteht lediglich die Verpflichtung zur Debatte. Realpolitisch hingegen sind Volksbegehren aber bei weitem nicht nur dann als erfolgreich zu bewerten, wenn die Zahl der Unterschriften eine parlamentarische Debatte erforderlich macht, sondern insbesondere dann, wenn es gelingt, Bewusstseinsbildung und eine breite Auseinandersetzung zum Thema zu initiieren. Diese Komponente wird oft sogar als der eigentliche politische Erfolg betrachtet. Die Popularisierung eines Themas erlaubt auf die institutionelle, parlamentarische Politik Druck auszuüben. Dies gelingt erfahrungsgemäß am besten dadurch, dass im Sog eines Volksbegehrens im Namen »der Menschen« argumentiert, gefordert aber auch gedroht wird.

2. VOLKSBEGEHREN – EIN INSTRUMENT DER FRAUENBEWEGUNG UND FRAUENPOLITIK

In den letzten zwanzig Jahren wurden in einigen europäischen Ländern die direktdemokratischen Instrumente, Referendum und Volksbegehren, für Reformversuche der Geschlechterverhältnisse eingesetzt. Die bekanntesten Beispiele sind Irland und Italien, wo sich Menschen für das Recht auf Scheidung engagierten und Referenden einleiteten. In Italien wurde ein Referendum zur Einführung des Scheidungsrechtes bereits im Jahre 1971 eingebracht und 1974, entgegen vieler Erwartungen, mehrheitlich befürwortet. Das Referendum zur Scheidung polarisierte – die Christdemokraten und der Vatikan auf der einen Seite, die Kommunistische Partei und die feministischen Gruppierungen auf der anderen Seite. Das Referendum setzte die sog. unpolitische Privat-

heit auf die politische Tagesordnung und löste auf die spätere Abtreibungsregelung (1977) eine unterstützende Wirkung aus. Die Gesellschaft wurde für Frauenfragen sensibilisiert, die Frauenbewegung durch die landesweit diskutierten Themen gestärkt (vgl. Beccalli 1996). Das zweite Beispiel ist Irland. In Irland ist die sog. Hausfrauenehe – der Ehemann ist berufstätig, die Ehefrau versorgt die Familie – explizit in der Verfassung vorgesehen. Eine Konsequenz dieser Normierung war, dass der Gesetzgeber keine Scheidungsmöglichkeit vorsah. Das Anfang der 80er Jahre eingeleitete Referendum zur Einführung des Scheidungsrechtes scheiterte deutlich, weil die katholische Kirche mobilisierte und die politischen Parteien entweder eine Empfehlung gegen das Scheidungsrecht abgaben oder sich offiziell einer Meinung enthielten (vgl. Mahon 1996). Erst die Wiederholung des Referendums Mitte der 90er Jahre schließlich war von Erfolg geprägt.
Anders als in Italien und in Irland, wo mittels Referenden die Privatheit entpatriarchalisiert wurde, liegt die Situation in Österreich. Das bis zum Frauen-Volksbegehren einzige Volksbegehren, welches sich explizit mit der Situation von Frauen beschäftigte, ist das im Jahre 1974 von der *Aktion Leben* eingeleitete. Dieses Volksbegehren engagierte sich aber nicht für mehr Gleichheit der Geschlechter, sondern für die Beibehaltung der Kriminalisierung der Abtreibung. Die *Aktion Leben*, die gegen die Indikationenlösung und gegen die Straffreiheit der Abtreibung in den ersten drei Monaten mobilisierte, sammelte insgesamt 896.000 Unterschriften. Die vergleichsweise äußerst hohe Unterstützung kam durch das flächendeckende Engagement der katholischen Kirche zustande. Auch dürfte das damals spezielle Einleitungsverfahren nicht unmaßgeblich für das Ergebnis sein: Gemeindevertreter gingen in Haushalte, um die erforderlichen Unterschriften zur Einleitung des Begehrens zu sammeln, und wurden von Priestern begleitet.[2] Trotz der vielen Unterschriften lohnte sich das Volksbegehren politisch nicht. Die Fristenregelung trat 1975 wie geplant in Kraft, die von den Volksbegehrensinitiatoren geforderte Strafe bei Abtreibung blieb aus. Durch die heftigen Auseinandersetzungen rund um das Volksbegehren wurden aber andererseits emanzipatorische Kräfte mobilisiert. Für die autonome Frauenbewegung (*Aktion unabhängiger Frauen*, AUF) bildete der § 144 und die ihn verteidigende *Aktion Leben* einen wichtigen Kristallisationspunkt (vgl. Geiger/Hacker 1989).
Die oben angeführten Referenden in europäischen Ländern machen deutlich, dass emanzipatorische Gesetzesreformen, die auf plebiszitärem Wege eingeleitet werden, einerseits eine Frauenbewegung voraussetzen und andererseits diese stärken. Sei es, weil landesweit ein Thema der Frauenbewegung auf den politischen Tagesordnungen

steht; sei es, weil mit der Medienresonanz eine Sensibilisierung und Bewusstseinsbildung der Bevölkerung einhergeht; sei es schließlich, weil durch die Aktion eine Vernetzung von politischen und sozialen Gruppierungen und Bewegungen angeregt wird. Kurzum: Auseinandersetzungen entlang einer gemeinsamen, einheitlichen Problematik stärken Frauenbewegungen.

Ähnliche Wirkungen zeigen auch Aktivitäten, die zwar nicht ein von der Verfassung vorgesehenes Instrument bedienen, aber auf eine andere Weise eine breite soziale Bewegung und ein Handeln in einem zahlenmäßig größeren Kontext zustande bringen sowie massenmediale Aufmerksamkeit und Wirksamkeit erzeugen. Beispiele dafür sind der *Freie Tag* der Frauen in Island im Jahre 1975 (vgl. Thorleidsdòttir 1994), der *Frauenstreik* in der Schweiz im Jahre 1994 (vgl. Bürer 1994) sowie der bundesweite *FrauenStreikTag* in Deutschland ebenfalls am 8. März 1994 (vgl. beiträge zur feministische theorie und praxis 1994). Auch diese kollektivistischen Politikansätze zielen darauf ab, möglichst viele Frauen nach der bekannten Devise »Frauen gemeinsam sind stark« für frauenpolitische Anliegen und gegen geschlechterhierarchische Verhältnisse auf die Straße zu bringen und mit dem Verweis auf eine zahlenmäßig große Gruppe letztlich eine Revision der parlamentarisch-repräsentativen Politikinhalte herbeizuführen.

Direktdemokratische Instrumente sind also für die Wahrnehmung und das Wirken von Frauenbewegungen relevant. Ein bewegungsorientiertes Politikengagement ist aber ebenso für das Gelingen der »Verstaatlichung der Frauenfrage« von Bedeutung – und zwar sowohl bei der Institutionalisierung selbst als auch bei der tagespolitischen Einmischung.[3] Denn die Frauenpolitik in den staatlichen und administrativen, stets männerdomininierten Organisationen hat die vielfältige Unterstützung von Frauen außerhalb der parlamentarischen Strukturen und der politischen Parteien bitter nötig. Unter den derzeitigen machtpolitischen Konstellationen der Geschlechter ist der Erfolg der staatlichen Frauenpolitik aufs Engste mit der Existenz einer Frauenbewegung und/oder einer Frauenlobby verbunden.

Um die Frauenbewegung, die eher aus vereinzelten Initiativen und Projekten als aus einer gemeinsamen Organisation und Thematik bestand, war es Mitte der 90er Jahre in Österreich eher ruhig geworden. Ihre politische Rolle kam nur noch peripher zum Tragen. Auch die Frauenpolitik stand Anfang 1996 eher vor Rückschritten als vor einem Fortschritt. Die langjährige Frauenpolitikerin Johanna Dohnal bewertete das Anfang 1996 beschlossene Sparpaket, im Zuge dessen u.a. das erhöhte Karenzgeld für Alleinerzieherinnen gestrichen wurde, als Ausdruck der strukturellen und personellen Schwäche der institutionellen

Frauenpolitik. Eine sichtbare Bewegung wäre, so die ehemalige Frauenministerin[4], für das frauenpolitische Agieren dringend erforderlich. Helga Konrad, bis Jänner 1997 Frauenministerin, begrüßte dann auch die Idee und Initiative, ein Volksbegehren zu starten, nicht nur öffentlich, sondern sie unterstützte auch finanziell. Konrad: »Das zeigt, dass meine Politik eine Basis hat. Damit steigt der Druck. Ich fasse es als Unterstützung auf«.[5] Dass dieser Zusammenhang zwischen »drinnen« und »draußen« in der parteipolitisch geführten Debatte nicht immer positiv und prospektiv thematisiert wurde, sondern dass das Frauen-Volksbegehren von ÖVP und FPÖ retrospektiv als schlechtes Zeugnis für die staatliche Frauenpolitik und insbesondere für die Repräsentantin, für die sozialdemokratische Frauenministerin, gewertet wurde, ist Teil des parteipolitischen Wettbewerbs.[6]

Fast parallel zu den Vorbereitungen des Einleitungsverfahrens startete das Frauenministerium eine Kampagne zur gerechten Aufteilung der Haus- und Betreuungsarbeit. Diese Kampagne sollte eine Novelle des Familienrechtes bewusstseinsbildend vorbereiten. Die Ähnlichkeit des Mottos der Frauenministerin – »Ganze Männer machen halbe/halbe« – mit dem Motto des Frauen-Volksbegehrens – »Die Hälfte von öffentlichem Einfluss, Geld und Macht den Frauen, die Hälfte der privaten Haus- und Betreuungsarbeiten den Männern!« – ist unübersehbar und wahrscheinlich nicht zufällig gewählt. Inwieweit diese beiden Kampagnen sich gegenseitig verstärkten, kann hier nicht beantwortet, darf aber vermutet werden. Tatsache ist, dass die Frauenministerin in dieser Zeit eine starke Medienpräsenz verzeichnete und von der Frauenbewegung und -politik öffentlich die Rede war. Ein Resultat dieser Stimmungslage ist, dass die SPÖ-Klubklausur im Jänner 1997 (auch) im Zeichen der Frauenpolitik stand. Helga Konrad war die öffentliche Resonanz der Geschlechterfragen aber nicht lange vergönnt. Sie wurde Ende Jänner im Zuge einer größeren Regierungsumbildung aus der Ministerfunktion abgelöst. Die Publizität der frauenpolitischen Themen dürfte also eigenartiger der Politikerin nicht positiv angerechnet worden sein. Ausgerechnet in der Phase der heftigen pro- und contra-Auseinandersetzung wurde sie von der politischen Bühne geholt. In einer Medienstellungnahme meinte Konrad, dass es gar nicht selbstverständlich gewesen sei, dass die Position der Frauenministerin wieder besetzt wurde. Dies erklärt vielleicht, weshalb die Nachfolgerin Barbara Prammer dann vorerst eine etwas zurückhaltendere Position gegenüber dem Frauen-Volksbegehren einnahm.

Alle drei bisherigen Frauenministerinnen waren in das Frauen-Volksbegehren involviert: Helga Konrad, die als Frauenministerin die Vorarbeiten unterstützte; Barbara Prammer, die für die Umsetzung des

Frauen-Volksbegehrens nun eine Schlüsselrolle zu spielen hätte; Johanna Dohnal, die die Initiative von Beginn an als sog. prominente Unterstützerin mittrug. Dohnal streute schließlich im Zusammenhang mit dem Frauen-Volksbegehren auch die Idee der Gründung einer Frauenpartei in die Debatte.[7]

3. UFF: SOZIAL UND GERECHT

Der Anlass für die Gründung des *UnabhängigenFrauenForums* (UFF) für die Durchführung des Frauen-Volksbegehrens ist, so die Initiatorinnen, der sozialstaatliche Einschnitt durch das sog. Sparpaket der Bundesregierung (1996).[8] Am 8. März 1996, dem Internationalen Frauentag, protestierten und demonstrierten Frauen gegen Sozialabbau und gegen »Zurück-an-den-Herd«-Tendenzen. Engagierte Frauen suchten nach einer öffentlich wirksamen Maßnahme, die mehrere Funktionen und Ziele erfüllen konnte. Die Durchführung eines verfassungsrechtlich geregelten Volksbegehrens wurde schließlich als ein adäquates, vor allem weil für Geschlechterfragen noch unverbrauchtes Instrument erachtet (vgl. Dzierzbicka/Luksch/van Werveke 1997).
Von Beginn an verbanden die Initiatorinnen mit dem Volksbegehren vielfältige Hoffnungen und Ansprüche. Mit Hilfe des Volksbegehrens sollten Gesetzesvorlagen durchgesetzt und eine »Sensibilisierung der breiten Öffentlichkeit für die Beschneidung der Rechte der Frauen«[9] erreicht werden. Das UFF, der Verein der Initiatorinnen, sollte eine neue, für Frauen attraktivere Organisationsform als die Frauenorganisationen der politischen Parteien sein und das Frauen-Volksbegehren sollte nach Darstellung der Initiatorinnen zusätzliche Partizipationsmöglichkeiten eröffnen. Folglich sollten zwei unterschiedliche Komponenten politischen Handelns erfasst werden: die partizipatorische, d.h. die Teilnahme von Frauen an der politischen Willensbildung, und die repräsentative, d.h. die Vertretung von frauenpolitischen Interessen.
UFF und Frauen-Volksbegehren sind ein Frauen-Projekt, das sich nicht durch ausführliche feministische Grundsatzdiskussionen und Abstimmungsprozesse über gemeinsame Inhalte, sondern durch ein rasches politisches Handeln gegenüber der Verschlechterung der sozialen Situation vieler Frauen auszeichnet. Das Tempo des Handelns spricht für das Projekt. Gleichzeitig aber hätte gerade bei der Formulierung des detaillierten Forderungskataloges ein breiterer Diskussionsprozess bestimmten Einwänden die Grundlage entziehen können und eventuell noch mehr Frauen die Unterstützung erleichtert.
Wie steht es nun um die inhaltliche Ausrichtung? Welche Konflikt- und

Politikfelder werden aufgegriffen und in welchem Horizont sind die Forderungen zu verorten?

Die einführenden Bemerkungen des Volksbegehrenstextes, der in den Ämtern zur Unterschrift auflag, lauten:

»*Die UnterzeichnerInnen des Frauen-Volksbegehrens fordern den Beschluss folgender bundesgesetzlicher Maßnahmen. Die Gleichstellung von Frauen und Männern ist im Bundes-Verfassungsgesetz zu verankern. Die Republik Österreich (Bund, Länder und Gemeinden) verpflichtet sich damit zum aktiven Abbau der Benachteiligung von Frauen. Die tatsächliche Gleichberechtigung ist insbesondere durch folgende gesetzliche Maßnahmen herzustellen:...* «

Die paradigmatische Ausrichtung steht in der Tradition der Gleichstellung der Geschlechter. Elf bundesgesetzliche Maßnahmen sollten helfen, die tatsächliche Gleichstellung zu erreichen. Der Fokus liegt auf der Organisation der weiblichen Berufsarbeit und den aus der Berufsarbeit abgeleiteten sozialen Ansprüchen bzw. der Absicherung durch den Staat. Zu den berufsarbeitssorientierten Forderungen zählen die Bindung der Unternehmensförderung und der Auftragsvergabe an die Frauenförderung in Betrieben, die Forderung nach einem Mindesteinkommen, gesetzlich garantierte Teilzeitarbeit für Eltern und die Verlängerung der Behaltefrist nach der Karenzzeit. Zu den sozialpolitischen Forderungen zählen die soziale Absicherung der Teilzeitarbeit und der geringfügigen Beschäftigungsverhältnisse, das Karenzgeld für AlleinerzieherInnen für zwei Jahre, die Einführung einer Grundpension, die Nichtanrechnung des PartnerIneinkommens bei Notstandshilfe und Ausgleichszulage, das ungleiche Pensionsanfallsalter der Frauen bis zum Jahre 2028 (außer die faktische Gleichstellung ist früher realisiert) und die Bereitstellung von öffentlichen Betreuungseinrichtungen für Kinder.

Eine politiktheoretische Beurteilung und Bewertung der inhaltlichen Ausrichtung macht folgende Charakteristika deutlich:

• Obwohl im Volksbegehrens-Motto die Umverteilung zwischen Frauen und Männern betont wird (Frauen die Hälfte der Macht, Männern die Hälfte der Familienarbeit) und sich das Frauen-Volksbegehren, nach Darstellung des UFF, »gegen Ungerechtigkeit, gegen Benachteiligung, gegen die Entmündigung von Frauen«[10] richtet, wird konkret recht wenig an tatsächlichen Umverteilungsmaßnahmen zwischen Frauen und Männern verlangt. Die Stoßrichtung liegt vielmehr auf Bereichen der sozialen Absicherung (Pension, Alleinerziehende); der Hauptadressat ist der Staat in seiner (gewünschten) wohlfahrtsstaatlichen Rolle. Mehr staatliche Intervention wird gefordert, mehr Ordnungspolitik wird in einer Zeit verlangt, in der sich die Politik tendenziell aus der gesellschaftlichen Gestaltung zurücknimmt. Männer werden als Männer, so auch die vielfach geübte Kritik von Seiten der ÖVP, kaum in die Pflicht genommen.

• Soziale Fragen und Gerechtigkeit werden in den Vordergrund gerückt, Argumente wie die grundsätzliche Selbstbestimmung und Eigenständigkeit der Frauen werden eher verhalten artikuliert. Diesbezüglich besteht eine Ähnlichkeit mit der Kampagne gegen die Kriminalisierung der Abtreibung (Fristenregelung) in den 70er Jahren, als damals ebenfalls soziale Aspekte eher mehrheitsfähig waren als Hinweise auf das Recht der Frauen auf (körperliche) Selbstbestimmung (Geiger/Hacker 1989, 22).

• UFF und Frauen-Volksbegehren initiierten ein Projekt zur Sicherung der existenziellen Grundbedürfnisse. Die einzelnen Forderungen sind bei weitem nicht als Programm für Karrierefrauen zu interpretieren, sondern sie richten sich an sozialen Bedürfnissen der Existenzsicherung. Mit dieser sozialen Ausrichtung geht freilich einher, dass einmal mehr Frauen als Schwache und als Opfer debattiert werden – als Opfer der Sparpolitik und des Rückzugs des Staates.

• Die Initiatorinnen verzichten auf den Begriff *Feminismus*, aber auch auf feministische Positionierungen und Denkweisen zum Geschlechterverhältnis als Herrschaftsverhältnis. Während der gesamten Kampagne blieb das strukturelle Arrangement der Geschlechter ausgeblendet. Frauen als Betroffene staatlicher Regelungen bzw. der Aufkündigung des wohlfahrtsstaatlichen Status quo standen im Vordergrund, nicht jedoch das Geschlechterverhältnis als gesellschaftliche und soziale Positionierung von Frauen und Männern. Kritische Hinweise auf die Gewalt von Männern an Frauen unterblieben. Diese Ausblendung des Gewaltthemas ist aus mehreren Gründen überraschend. Erstens weil Gewalt an Frauen zentral für die autonome Frauenbewegung und für autonome Projekte ist; zweitens weil in der Vergangenheit gerade das Gewaltthema eine gemeinsame Politik von Frauen aller parteipolitischen Orientierungen ermöglichte (z.B. 1989 als Frauen aller Parlamentsfraktionen einen Antrag zur Strafrechtsänderung, der die Vergewaltigung auch in der Ehe zum strafrechtlichen Tatbestand erklärte, ausarbeiteten und im Parlament einbrachten).

• Es fehlt aber nicht nur die Gewaltdiskussion, sondern auch die Erwähnung von Frauen, die materielle, soziale Diskriminierung aufgrund ethnischer, staatlicher Zugehörigkeit (Minderheiten, Ausländerinnen) und/oder der sexuellen Orientierung erfahren. Mit Blick auf die »große Zahl« der Unterschriften, wurde auf emotional-strittige, ideologisch beladene Themen vorweg bereits verzichtet.

Insgesamt lässt sich feststellen, dass das Frauen-Volksbegehren recht weit entfernt von den Forderungen und Konzepten der autonomen Frauenbewegung ist, aber recht nah an der staatlichen Gleichbehandlungs- und Frauenpolitik liegt. Ein Beleg dafür sind Äußerungen der Frauenministerin und die Kritik der rechten Parteien. Die Frauenministerin begrüßte die Initiative, ÖVP und FPÖ betonten, dass das Frauen-Volksbegehren das Versagen der sozialistischen Frauenpolitik beweise. Im Hinblick auf die inhaltliche Ausrichtung lässt sich weiters beobachten, dass der Anlass des Frauen-Volksbegehrens zwar der Sozialabbau war, dass schließlich aber ein großes Paket zur allgemeinen Verbesserung der Situation der Frauen geschnürt wurde. Dieser Paketcharakter unterscheidet das Frauen-Volksbegehren von allen anderen bisher durchgeführten Volksbegehren. Mindestens elf einzelgesetzliche Maßnahmen sowie eine verfassungsrechtliche Bestimmung werden verlangt.

4. UFF: 52 % UND UNABHÄNGIG

In der UFF-Vorstellungsbroschüre *Wir über uns* wird einleitend festgestellt: »Wir Frauen machen 52 Prozent der österreichischen Bevölkerung aus«. Mit »52 %«, Logo der Initiative, wird das Volksbegehren an sich gerechtfertigt. Das zentrale Werbeelement der Kampagne ist der Verweis auf die zahlenmäßig große Gruppe der Frauen. Die biologische Gemeinsamkeit wird unterschwellig eins-zu-eins in eine politische Gemeinsamkeit übersetzt. Mit dem emphatischen »wir Frauen« wird an eine diffuse Gemeinsamkeit appelliert und ein politisches Handlungskollektiv konstruiert. In der Vorbereitungsphase diente das »wir Frauen« bzw. »alle Frauen sind vom Sparpaket betroffen« zur schlichten und klaren Identitätsstiftung, in der Phase der Umsetzung des Volksbegehrens ermöglicht das angerufene »wir Frauen«, die Position des UFF bei Verhandlungen mit der Regierung und den politischen Parteien zu legitimieren und folglich zu stärken.
Eine zahlenmäßig starke Bekundung, aus der politische Stärke abgeleitet werden darf, wurde angestrebt. Tatsächlich wäre ein bescheidenes Ergebnis Wasser auf die Mühlen der Backlash-Bewegung gewesen. Heinrich Neisser, zweiter Nationalratspräsident meinte beispielsweise, dass das Frauen-Volksbegehren eine »gewisse Testfunktion für den Wert der Frauenpolitik« habe.[11] Wie sehr die Politik ihr Verhalten von der beeindruckenden Zahl potentieller WählerInnen abhängig macht, demonstrieren Aussagen von Bundeskanzler Klima. Vor der Eintragungswoche meinte der Kanzler, dass er zwar das Grundanliegen teile,

dass aber einige Punkte nicht umsetzbar wären[12]; nach der Eintragungswoche mit den knapp 645.000 Unterschriften meinte der Bundeskanzler, dass die Forderungen zu 100 Prozent erfüllbar wären. Er würde sich für die Umsetzung Punkt für Punkt einsetzen und falls notwendig auch den koalitionsfreien Raum strapazieren. [13]

Das Kürzel »52 %« war ein Transportmittel, um die Anliegen in der medialen Öffentlichkeit und bei den Menschen zu plazieren. Um aber tatsächlich eine zahlenmäßig beeindruckende Unterstützung zu bekommen, mussten die Initiatorinnen auf ein Image der Unabhängigkeit und Überparteilichkeit ganz besonders achten. Alleine der Name *UnabhängigesFrauenForum* sollte bereits dazu motivieren, das Frauen-Volksbegehren von politischen Parteien und kirchlichen Einrichtungen als unabhängig zu identifizieren. Aber nicht eine generelle Distanz zu politischen Parteien, sondern eine Äquidistanz mit Kooperation war die strategische Formel. »Um unserem Unabhängigkeitsanspruch gerecht zu werden, streben wir an, die nötigen Unterstützungserklärungen zur Einbringung eines Volksbegehrens sowohl von WählerInnen als auch von ParlamentarierInnen der verschiedensten Fraktionen zu erhalten«. [14] Die Initiatorinnen waren von Beginn an bestrebt, Unabhängigkeit durch die Unterstützung und Kooperation »verschiedenster« politischer Parteien und Organisationen zu bekommen. Trotzdem entwickelte sich die Plattform als ein überparteiliches Bündnis mit starker Parteienpräsenz von SPÖ, Grüne und LIF. Denn obwohl von Seiten der Initiatorinnen die Überparteilichkeit betont und die Äquidistanz erklärt wurde, wurden nicht mit allen Parteien gleichermaßen Gespräche geführt (wie die FPÖ kritisierte und was von den Initiatorinnen auch nicht dementiert wurde).

SPÖ-Frauen, Grüne und das Liberale Forum offerierten bereits nach den ersten Presseauftritten der Initiatorinnen ihre prinzipielle Unterstützung.[15] Im Verlauf der Vorbereitungen gaben politische wie kirchliche Organisationen Empfehlungen für das Frauen-Volksbegehren ab. Neue Kooperationen und Netzwerke entstanden. Frauen unterschiedlicher persönlicher, beruflicher, konfessioneller und politischer Herkunft, SPÖ-, ÖVP- und Grüne-Frauen, Bergbäuerinnen und Gewerkschafterinnen etc., bildeten Ad-Hoc-Gruppen und leisteten Informations- und Multiplikatorinnenarbeit. Ein wesentlicher Teil der Informations- und Koordinationsarbeit wurde in den Bundesländern von den Frauenreferentinnen getragen.

Insbesondere einzelne kirchliche Organisationen äußerten sich gegenüber dem Frauen-Volksbegehren positiv. Die Vorsitzende der Katholischen Frauenbewegung, Ingrid Klein, ließ wiederholt verlauten, dass

sie die Einleitung das Frauen-Volksbegehrens begrüße, weil es die jahrelangen Forderungen der Katholischen Frauenbewegung beinhalte. Auch die Katholische Männerbewegung, die Katholische Jugend und die Jungschar riefen dazu auf, das Begehren zu unterschreiben.[16] Die Evangelischen Frauen und die Evangelische Superintendentin, Gertraud Knoll, gehörten ebenfalls von Beginn an zu den Proponentinnen. In der Ankündigungs- und Vorbereitungsphase ließen auch ÖVP-Mandatarinnen noch Interesse am Volksbegehren erkennen. So hoffte etwa die oberösterreichische Landtagspräsidentin, Angela Orthner, dass das Volksbegehren tatsächlich überparteilich angelegt sei, damit sie als deklarierte Unterstützerin nicht vereinnahmt werde. Die wenigen positiven Äußerungen innerhalb ÖVP machten aber rasch einer einheitlichen Ablehnung bzw. einer Haltung à la »das Anliegen ist wichtig, die Forderungen aber unrealistisch, deshalb unterschreibe ich nicht« Platz.[17] ÖVP, FPÖ und deren Frauenorganisationen sowie Vertreter der Bundeswirtschaftskammer äußerten Bedenken gegen das Begehren insgesamt bzw. gegen einzelne Forderungen und praktizierten unterschiedliche Momente der Schwächung des UFF (siehe nächstes Kapitel). Lediglich ehemalige Politikerinnen wie die Zweite Nationalratspräsidentin Marga Hubinek waren bis zum Schluss auch öffentlich von der Sinnhaftigkeit des Begehrens überzeugt.
Resümierend lässt sich feststellen, dass die Bemühungen um Unabhängigkeit erstaunliche Kooperationen über Parteien, Ideologien und Konfessionen hinweg fruchteten. Trotzdem geriet das Frauen-Volksbegehren rasch ins Schnittfeld parteipolitischer- und taktischer Auseinandersetzungen.

5. DIE POLITISCHEN PARTEIEN

Vorweg: Die Gleichbehandlungspolitik ist in Österreich im Rechts/Links-Spektrum zu verorten. Über die konkreten Gleichstellungsinstrumente wie Frauenförderung und Quoten besteht zwischen den politischen Parteien nicht Konsens, sondern Meinungsdifferenz. Seit dem Engagement der neuen Frauenbewegung erachten politische Parteien in der »Frauenfrage« eine Chance zur Positionierung im tagespolitischen Geschehen. Für eher linke Parteien erlaubt das Thema Gleichstellung Profilierung, für eher rechte Parteien erlaubt es Abgrenzung. Vor diesem Hintergrund ist es selbst für frauenbewegte Politikerinnen nicht opportun, eine gemeinsame Position in der Geschlechterpolitik zu formulieren. Folglich ist es auch keineswegs verwunderlich, dass es dem UFF nicht gelang, das Volksbegehren aus dem parteipolitischen

Streit herauszuhalten und die Forderungen jenseits von Parteiideologien und -loyalitäten zu diskutieren. Denn die einzelnen politischen Parteien bezogen entsprechend ihrer allgemeinen Haltung zur Gleichbehandlung der Geschlechter Position.

Ein Beispiel zur Illustration der parteipolitischen Konkurrenzlogik und seiner taktischen Argumentationsstränge: Von der FPÖ wurde das Frauen-Volksbegehren als Beweis für das Versagen der Regierungspolitik, von der ÖVP als Beweis für das Versagen der sozialdemokratischen Frauenministerinnen gewertet. Nach dem Motto: Hätten Dohnal und Konrad sich in der Regierung durchgesetzt, dann bräuchte es dieses Volksbegehren gar nicht. Parallel dazu wurden die einzelnen Forderungen mit unterschiedlicher Vehemenz und Begründung abgelehnt (dazu später). Hier ist festzuhalten, dass die beiden erwähnten Parteien die inhaltlichen Forderungen ablehnten und gleichzeitig der Öffentlichkeit klarzumachen versuchten, dass das, was sie ohnehin nicht wollen und was es daher aufgrund der parteipolitischen Stärkeverhältnisse auch nicht gibt (z.B. Karenzgeld für AlleinerzieherInnen für die Dauer von zwei Jahren), ein Versagen der sozialistischen Frauenpolitikerinnen ist. Dies illustriert, dass die Position der politischen Parteien keineswegs ausschließlich inhaltlich zu beurteilen ist, sondern dass das Frauen-Volksbegehren ganz normal der Parteienkonkurrenz eingeschrieben ist.

Die konträre Position der einzelnen Parteien lässt sich bereits beim Einleitungsverfahren ausmachen. Bevor ich auf sie eingehe, noch eine grundsätzliche Information zum Einleitungsverfahren.

Nach dem österreichischen Volksbegehrengesetz (1973) existieren zwei Möglichkeiten der Einleitung: 10.000 Unterstützungserklärungen, die notariell zu beglaubigen sind, oder acht Unterschriften von Nationalratsabgeordneten (bzw. mindestens je vier Mitglieder der Landtage von drei Bundesländern). Wie bei den meisten vorangegangenen Volksbegehren wurde auch das Frauen-Volksbegehren nicht durch die erforderlichen 10.000 Unterstützungserklärungen der Basis eingeleitet, sondern durch die Unterschrift von Abgeordneten des Nationalrates. Die Betreiberinnen wählten also den weniger aufwendigen Weg. 23 Nationalratsabgeordnete, mehrheitlich Frauen, eröffneten mit ihrer Unterschrift das Volksbegehren. Vom SPÖ-Klub unterschrieben acht Frauen und fünf Männer, bei den Grünen unterzeichnete der gesamte Klub, alle Frauen und Männer. In dieser Phase nimmt die spätere parteipolitische Haltung bereits ihre Konturen an: Die Grünen machten das Frauen-Volksbegehren zu einer Angelegenheit der Partei, Teile der SPÖ befürworteten und unterstützten es aktiv, andere verhielten sich passiv, aber kaum jemand sprach sich in der Öffentlichkeit dagegen aus. Die

Abgeordneten des Liberalen Forums erklärten, dass sie das Frauen-Volksbegehren als einfache Bürger unterschreiben würden, dass sie aber als Abgeordnete eine Initiative, die sich an die Abgeordneten des Parlaments richtet, nicht selbst initiieren möchten, sondern dass sie das Initiativrecht ausschließlich bei der Bevölkerung belassen wollten.[18]
Im Folgenden gebe ich einige Positionen der Parlamentspartien wider, die auf eine mehr oder weniger eindeutige Grundhaltung schließen lassen. Der O-Ton von den Parteivorsitzenden bzw. der Klubchefin in den folgenden Kapitelüberschriften ist der Wochenzeitschrift NEWS (14/97) entnommen und vermag die Stimmung der Partei eine Woche vor Eintragungsbeginn anzudeuten.

SPÖ: »Ich unterstütze zwar die Anliegen der Initiatorinnen, aber einige Punkte sind einfach nicht umsetzbar, z.B. 15.000 Mindesteinkommen« (Klima)
Mit dieser Feststellung von Bundeskanzler Viktor Klima ist der Kurs der Partei- und Regierungsspitze der SPÖ illustriert: vorsichtige, bedächtige Unterstützung sowie der Hinweis, dass einige Punkte noch der Diskussion bedürfen. Dies schien der innerparteiliche Kompromiß gewesen zu sein.
Frauenministerin Helga Konrad betrachtete die initiierte Bewegung als Basis um die eigenen jahrelangen Forderungen endlich durchsetzen zu können (z.B. Verankerung der Frauenförderung in der Bundesverfassung, Kinderbetreuungseinrichtungen). Barbara Prammer schloss sich nach anfänglicher Vorsicht ebenfalls dieser Sichtweise an. Johanna Dohnal schließlich, nach wie vor SPÖ, zählte zu den prominenten Proponentinnen des UFF. Die Frauenorganisation der Partei, aber auch die ÖGB-Frauen zählten zu engagierten Unterstützerinnen. Ihre Begründung: die meisten Forderungen würden sich mit Beschlüssen der SPÖ decken.
Die elf Punkte machen deutlich, dass die Kategorie *Geschlecht* durchaus eine innerparteiliche Konfliktlinie bildet: Die Frauenpolitikerinnen erhofften sich eine Stärkung in der eigenen Partei und somit einer Stärkung in der politischen Landschaft. Männer waren nach Außen eher zurückhaltend.

GRÜNE: »Ein Volksbegehren ist notwendig, weil die SPÖ nicht einmal die Hälfte der Forderungen bisher durchgesetzt hat« (Petrovic)
Die Grünen erklärten das Frauen-Volksbegehren zum Anliegen der gesamten Partei. In parteieigenen Mitteilungsblättern tauchte die Formulierung »Wir unterstützen« häufig auf, diverse Werbeträger der Partei

wurden in den Dienst der beiden Volksbegehren (Frauen und Gentechnik) gestellt. Eine Dringliche Anfrage mit der Einberufung einer Sondersitzung im Nationalrat am 10. April 1997, also während des Eintragungsverfahrens, unterstreicht einmal mehr wie sehr die Volksbegehren zur Parteisache deklariert wurde.
Die Aussage von Klubchefin Madeleine Petrovic, wonach das Volksbegehren deshalb notwendig sei, weil die SPÖ im frauenpolitischen Bereich säumig ist, verweist ebenfalls darauf, dass die Initiative als Möglichkeit der parteipolitischen Profilierung gehandelt wurde.

LIF: »Es muss ein Signal gesetzt werden, auch wenn ich einige Forderungen für kontraproduktiv halte. Die Ungleichbehandlung der Frauen ist evident« (Schmidt)
Heide Schmidt und weitere LIF-Abgeordnete deponierten nicht nur bei der angeführten NEWS-Befragung, dass sie das Frauen-Volksbegehren (nicht jedoch das Gentechnik-Volksbegehren) unterschreiben werden, sondern Schmidt stellte dies auch bei der Sondersitzung des Nationalrates am 10. April klar. Grundsätzlich wurde ein Bekenntnis zur Gleichberechtigung abgegeben und folglich auch zum Frauen-Volksbegehren. Gleichzeitig wurden jene Forderungen, die insbesondere die Wirtschaft tangieren, als problematisch eingestuft. Die einzelnen Einschränkungen sollten aber das grundsätzliche Anliegen der Gleichstellung nicht zu Fall bringen.
Der Vergleich der Argumentationsweisen zwischen ÖVP und LIF zeigt, dass es in beiden Parteien Stimmen gab, die einerseits das Grundanliegen des Frauen-Volksbegehrens unterstützten, andererseits hinsichtlich der wirtschafts- und ordnunspolitischen Forderungen Bedenken artikulierten, dass das LIF daraus aber die Konsequenz zog, das Grundanliegen zu unterstützen und die ÖVP und die ÖVP-Frauen dies ablehnten.

ÖVP: »Ich rate jedem ab, zu unterschreiben« (Khol)
»Neun der elf Forderungen sind frauenfeindlich. Ich rate jedem ab, zu unterschreiben. Was gut gemeint ist, ist das Gegenteil von gut gemacht«[19], Andreas Khol, Klubobmann der ÖVP. Die Ablehnung des Frauen-Volksbegehrens von ÖVP-PolitikerInnen wurde aber keineswegs immer so deutlich formuliert wie es diese Äußerung nahe legt. Die Sprachregelungen der Distanzierungen sind vielschichtig gewählt und variierten in den einzelnen Phasen des Begehrens beträchtlich.
Als das Volksbegehren der Öffentlichkeit präsentiert wurde, im Spätherbst 1996, meinten ÖVP-Politikerinnen wie Gertrude Brinek noch, dass die Debatte über »schreiendes Unrecht«[20] gut sei. Angela Orthner

wird am 8. November 1996 im ÖVP-Parteiorgan *Neues Volksblatt* Satz zitiert: »Man muss alles unterstützen, was berechtigte Frauenanliegen in die öffentliche Diskussion rückt«. In den ersten Dezemberwochen aber dürfte sich bereits eine offizielle Parteilinie herausgebildet haben, die zwar das Anliegen der Gleichberechtigungg als positiv hervorstrich, gleichzeitig aber die Forderungen des UFF großteils ablehnte. Generalsekretärin Maria Rauch-Kallat sprach metaphorisch von »Belastungsideen, die man am besten gleich im Keim ersticke«.[21]

Neben dem Argument, dass das Frauen-Volksbegehren sozialpolitische Forderungen enthalte, die nicht finanzierbar seien – genannt wurden staatliche Ausgleichszahlungen bei Mindestlöhnen sowie die eigenständige Pensionsregelung für Frauen – wurde als zweites Gegenargument eine Frauenfeindlichkeit ins Treffen geführt. Frauenfeindlich deshalb, weil die sozialrechtlichen Forderungen zu neuen Benachteiligungen am Arbeitsmarkt und zur Vernichtung von Arbeitsplätzen für Frauen führen würden.[22]

In einem Positionspapier (ohne Datum, ohne Ortsangabe) der »*Frauen in der ÖVP*« mit dem Titel *Frauen-Volksbegehren bringt neue Belastungswelle* werden die Gegenargumente (»Unsere Meinung dazu«) aufgelistet und zusammengefasst. Diese Auflistung möchte ich hier zumindest auszugsweise deshalb wiedergegeben, weil in zahlreichen Zeitungen in Stellungnahmen von Landespolitikerinnen genau diese Argumente wiederholt auftauchten und die einheitliche Linie der Bundespartei zumindest in dieser Thematik unterstreicht.

»Die Frauen in der ÖVP

Frauen-Volksbegehren bringt neue Belastungswelle

Die Forderungen des Frauen-Volksbegehrens

• Unternehmen erhalten Förderungen und öffentliche Aufträge nur, wenn sie dafür sorgen, dass Frauen auf allen hierarchischen Ebenen entsprechend ihrem Anteil an der Bevölkerung vertreten sind.
• Gleicher Lohn für gleichwertige Arbeit ist anzustreben. Deshalb ist ein Mindesteinkommen von S 15.000,- brutto, das jährlich dem Lebenskostenindex angepasst wird, einzuführen.
• Teilzeitarbeit und geringfügige Beschäftigung sind arbeits- und sozialrechtlich der vollen Erwerbstätigkeit gleichzustellen.
• Keine Anrechnung des PartnerIneinkommens bei Notstandshilfe und Ausgleichszulage.
• Die Gleichstellung der Frauen muss auch durch staatliche Bildungsmaßnahmen gefördert werden. Die Bundesregierung hat geschlechts-

spezifische Statistiken zu den Themen Beruf und Bildung zu erstellen und jährlich zu veröffentlichen.

- Zwei Jahre Karenzgeld für alle Alleinerzieherinnen
- Gesetzlich garantierter Anspruch auf Teilzeitarbeit für Eltern bis zum Schuleintritt ihres Kindes mit Rückkehrrecht zur Vollarbeitszeit.
- Ausdehnung der Behaltefrist am Arbeitsplatz nach der Karenzzeit auf 26 Wochen.

Unsere Meinung dazu

- Tatsache ist: Der Großteil der Frauenarbeitsplätze sind in Klein- und Mittelbetrieben, die keine öffentlichen Förderungen und Aufträge erhalten (z.B. Handelsangestellte), abgesehen davon ist es grundsätzlich problematisch, in private Betriebe einzugreifen.
- Tatsache ist: Es war immer eine Forderung der ÖVP-Frauen, das Mindesteinkommen möglichst hoch anzusetzen. Die letzte Forderung, ein Mindesteinkommen von S 12.000,– wurde nach langen und zähen Verhandlungen von wenigen Monaten durchgesetzt. Daher ist eine Forderung nach weiterer Erhöhung bei der derzeitigen wirtschaftlichen Situation unrealistisch und könnte sogar den einen oder anderen Arbeitsplatz von Frauen gefährden. Die Forderung, den Rest jedes Einkommens auf S 15.000,- durch staatliche Ausgleichszahlungen anzugleichen ist nicht finanzierbar (21 Milliarden S Budgetbelastung) – darüber hinaus ungerecht.
- Tatsache ist: Auch dieser Vorschlag kann eine Benachteiligung für Frauen bedeuten.
- Tatsache ist: Das würde bedeuten, wenn der Partner auch S 40.000,– monatlich verdient, würde seine Partnerin alle sozialen Zuwendungen voll ausnützen können. Hier ist es uns nach langen Mühen gelungen, die Lebensgemeinschaft mit der Ehe gleichzustellen, da auch die Ehefrau keine Unterstützung bekommt, wenn der Ehemann ein ausreichendes Einkommen bezieht. Das würde bedeuten, dass dem Mann generell die Verantwortung abgenommen wird, für den Unterhalt aufzukommen.
- Tatsache ist: Ist für uns nicht erklärbar – wir selbst haben ein Frauenförderprogramm gefordert (Bund, Länder), damit Frauen zu höheren Qualifikationen kommen. Außerdem werden jährlich bzw. periodisch geschlechtsssspezifische Berichtes seitens des Sozialministeriums, der Frauenministerin, des Arbeitsmarktservices etc. erstellt und veröffentlicht.
- Tatsache ist: Mit Mühe haben wir das erhöhte Karenzgeld für Alleinerzieherinnen aus Missbrauchsgründen abgeschafft. Mit dieser Forde-

rung wäre wiederum eine Möglichkeit zu Missbrauch gegeben und wäre auch eine Diskriminierung der verheirateten Mütter.
• Tatsache ist: Dieser Punkt wäre langfristig für uns Frauen sicherlich eine große Hilfe, allerdings gehen dadurch Pensionszeiten verloren.
• Tatsache ist: Vernichtet Frauenarbeitsplätze ... «

*

Je mehr das Frauen-Volksbegehren inhaltliche und personelle Konturen annahm, desto deutlicher registrierten Meinungsumfragen eine breite Zustimmung. Nach einer NEWS-Umfrage bereits im Dezember 1996 konnten sich 38 % der Männer und 47 % der Frauen sicher vorstellen, das Frauen-Volksbegehren zu unterschreiben.
Vor diesem Hintergrund wird verständlich, dass ÖVP-Spitzenpolitikerinnen einerseits zwar weiterhin die Forderungen als nicht unterschreibbar ablehnten, andererseits die Partei selbst sich weniger ablehnend äußerte. Es wurde betont – was ohnehin Selbstverständlichkeit ist – dass die Unterschriftsleistung im Verantwortungs- und Entscheidungsbereich jeder einzelnen Frau liege. Dazu ein Auszug aus einer Presseaussendung von Maria Rauch-Kallat und Elisabeth Zanon, Bundesparteiobmann-Stellvertreterin und Vorsitzende der ÖVP-Frauen in Tirol:
»Einige Punkte des Frauen-Volksbegehrens wie zwei Jahre Karenzgeld, gesetzlich garantierte Teilzeitarbeit bis zum Schuleintritt des Kindes oder eine Ausdehnung der Behaltefrist nach der Karenz können sie als verantwortungsvolle Politikerinnen nicht unterschreiben, erklärten Rauch-Kallat und Zanon. Die ÖVP wolle sich aber nicht dagegen aussprechen, das Volksbegehren zu unterschreiben. ‚Die ÖVP-Frauen sind eigenständige, verantwortlich denkende Persönlichkeiten, die selbst entscheiden können, ob sie diese Forderungen mittragen oder nicht‹, so Rauch-Kallat«.[23]

ÖVP-Frauen kritisierten, dass die Forderungen einseitig auf soziale Verbesserungen, für die der Staat aufzukommen habe, abzielten, dass aber keine Veränderungen von Männern verlangt würden. Bundesministerin Elisabeth Gehrer teilte mit, dass das Frauen-Volksbegehren ein wichtiger Schritt zur Bewusstseinsbildung sei, dass aber etliche Forderungen nicht realisierbar seien und sie als Bundesministerin deshalb nicht unterschreiben könne. Die Alternative wurde in der Entdeckung der Männer gefunden: »Ich fordere alle Männer in der ÖVP auf, zu ›neuen Männern‹ zu werden und eine neue Partnerschaft zu verwirklichen«.[24]

FPÖ: »Blödheiten unterschreibe ich prinzipiell nicht. Wir wollen keinen Wettlauf der Sufragetten (Haider)
Diese Feststellung von Jörg Haider, Parteichef der Freiheitlichen, das Frauen-Volksbegehren nicht zu unterschreiben, fällt in die Zeit unmittelbar vor Eintragungsbeginn. Ende November hörte sich die Position noch ganz anders an. Mitglieder des FPÖ-Klubs brachten im Nationalrat einen Entschließungsantrag betreffend »Frauen-Erwerbstätigkeit, Kindererziehung, Frauenpensionen«[25] ein. In Presseaussendungen wurde festgehalten, dass die FPÖ das Frauen-Volksbegehren überflüssig mache, weil der Entschließungsantrag idente Forderungen enthalte und diese nun bereits im Parlament zur Debatte stünden.
Die meisten Medien berichteten ausführlich über diese parlamentarische Aktivität, allerdings weniger über den tatsächlichen Inhalt des Entschließungsantrages. Die ÖVP beeilte sich festzustellen, dass damit das Volksbegehren gekillt sei; das UFF reagierte sachlich mit dem Hinweis, dass es sich eindeutig um unterschiedliche Forderungen handle.[26]
Zwei Aspekte der nicht stringenten FPÖ-Äußerungen sollen hier explizit benannt:
a)auf der einen Seite wird das Frauen-Volksbegehren als eine »Blödheit« (Haider) dargestellt; die Forderungen seien nicht erfüllbar. Auf der anderen Seite wird ein Entschließungsantrag mit der Begleitmusik eingebracht, dass es sich um die Forderungen des Frauen-Volksbegehrens handle. Damit setzt sich die FPÖ zumindest der Kritik aus, selbst die gleiche »Blödheit« wie das UFF zu fordern.
b)Bei genauerem Hinsehen auf die Inhalte des Entschließungsantrages werden die gravierenden Unterschiede offensichtlich. Zum Beispiel findet sich folgende, alleine sprachlich nicht ganz nachvollziehbare Textstelle: »Wahlfreiheit der Frauen zwischen Beruf und Familie, ohne dass diese Entscheidung nach ideologischen Gesichtspunkten diskriminiert werden durch: a) Minderung des finanziellen Drucks ›arbeiten gehen zu müssen‹ durch ein attraktives Steuersystem für Alleinverdiener ... «. Weiters wird einmal mehr die Forderung nach dem Kinderbetreuungsscheck aufgestellt und die steuerliche Absetzbarkeit von Haushaltshilfen verlangt.

Wer unterschrieb (wahrscheinlich)?

Auf Basis einer WählerInnenstromanalyse der Bezirksergebnisse der Nationalratswahl 1995 errechneten Günther Ogris und Christoph Hofinger[27] die parteipolitische Zuordnung der Unterschriften. Nach Ogris/Hofinger stammen die Unterschriften von Menschen, die im Jahre 1995 folgende Partei wählten (im Vergleich dazu das gleichzeitig stattgefundene Genvolksbegehren):

SPÖ	37 Prozent F	(39 Prozent G)
ÖVP	9 Prozent F	(23 Prozent G)
FPÖ	13 Prozent F	(4 Prozent G)
Grüne	15 Prozent F	(7 Prozent G)
Liberale	13 Prozent F	(8 Prozent G)
NichtwählerInnen	22 Prozent F	(10 Prozent G)

Nach diesen Berechnungen lässt sich das Frauen-Volksbegehren – anders das Gentechnikvolksbegehren – in ein Rechts-Links-Schema einordnen: Selbst von jenen ÖVP- und FPÖ-Wählerinnen der Nationalratswahl im Jahre 1995, die das Gentechnikvolksbegehren unterschrieben, verweigerten vier Fünftel dem Frauen-Volksbegehren die Unterstützung. Von den SPÖ-WählerInnen, die das Gentechnikvolksbegehren unterschrieben, unterzeichnete jede/r zweite auch das Frauen-Volksbegehren; von den Grünen- und LIF-WählerInnen (1995) dürften die meisten beide Volksbegehren unterschrieben haben. Bei LIF und Grüne unterschrieben vier von zehn ihrer WählerInnen das Frauen-Volksbegehren.

6. ERFOLGREICH? EINSCHÄTZUNG UND AUSBLICK

Um zu beurteilen, ob das Frauen-Volksbegehren erfolgreich war, sind über die rein verfassungsrechtlichen Bestimmungen hinaus vor allem auch die indirekt politischen Effekte in Erwägung zu ziehen. Streng verfassungsrechtlich gesehen war das Begehren ein Erfolg, weil die Debatten-Hürde von 100.000 Unterschriften mit 644.977 Unterschriften weit überschritten wurde. Aber auch im Kanon der bisherigen Volksbegehren gilt es durchaus als erfolgreich. Mit einem Anteil von 11,2 Prozent der Stimmberechtigten nimmt es den sechsten Platz in der Rangfolge der Volksbegehren mit den höchsten Stimmbeteiligungen ein.

1. (1982)	Konferenzzentrum	25,7
2. (1997)	Gentechnik	21,2
3. (1975)	Gegen Fristenlösung	17,9
4. (1969)	40-Stunden-Woche	17,7
5. (1964)	Rundfunkreform	17,3
6. (1997)	Frauen-Volksbegehren	11,2
7. (1980)	Pro-Zwentendorf	8,0
8. (1996)	Tierschutz	7,9
9. (1993)	Österreich zuerst	7,3
10. (1969)	Abschaffung der 13. Schulstufe	6,8

Soweit alleine die quantitative Dimension. Realpolitisch gesehen können die Initiatorinnen aber nicht mit einer Diskussion im Parlament zufrieden sein, denn das Frauen-Volksbegehren verlangte die Verabschiedung bundesgesetzlicher Maßnahmen. Und in dieser Hinsicht fällt die Erfolgsbilanz nach einem Jahr bescheiden aus. Zehn von elf Forderungen wurden noch in keine gesetzlichen Bestimmungen übergeleitet. Alleine die Einbeziehung der geringfügigen Beschäftigungsverhältnisse in die Sozialversicherung konnte erreicht werden.

Einem Volksbegehren kommt, abgesehen von der unmittelbaren Steuerung der Gesetzgebung, eine Reihe von anderen politischen Funktionen zu. Besonders relevant ist die bereits eingangs erwähnte Sensibilisierung und Bewusstseinsbildung. Zweifelsohne wurde durch die vielen Diskussionen, Veranstaltungen und Meldungen die Motivation und das Engagement für (Frauen-)Politik angeregt. Ein zweiter Aspekt ist die Organisierung von Frauen über die bestehenden Einrichtungen und Szenen hinaus. Durch das Frauen-Volksbegehren fand eine Bündelung von Meinungen, Gefühlen und Interessen statt, neue bzw. seltene Kooperationsformen wie die »überparteiliche« Zusammenarbeit wurden in einer parteienstaatlich-ideologisch fragmentierten Gesellschaft praktiziert. Die Organisierung von Fraueninteressen neben und über die politischen Parteigrenzen hinaus darf durchaus bereits jetzt als ein Schritt zur Stärkung von Fraueninteressen im politischen Gefüge bewertet werden.

Sensibilisierung, Bewusstseinsbildung und Organisierung erlaubten die Präsenz von Frauen und von Gleichbehandlungsthemen im öffentlichen Raum. Damit geht die Definitionsfähigkeit von politischen Themen einher. Ein Indikator, der die Aufmerksamkeit gegenüber frauenpolitischen Themen in der post-Frauen-Volksbegehrensphase deutlich macht, ist die verstärkte Referenz der politischen Parteien gegenüber »den Frauen«. Die Parteien sind durch das Ergebnis, das insbesondere

von der ÖVP in diesem Ausmaß keineswegs prognostiziert wurde, in Zugzwang geraten. Parteien entdecken nun geradezu »die Frauen«. Insbesondere jene Parteien, die das Frauen-Volksbegehren nicht mittrugen, sondern sich in Bedenken erschöpften, wurden in der Endphase des Begehrens aktiv: Die ÖVP stellte noch unmittelbar vor Eintragungsende ein frauenpolitisches Programm, die *ÖVP-Frauenoffensive ›97 ,Vorsorge statt Fürsorge‹«* der Öffentlichkeit vor. Die entgegenbebrachte Aufmerksamkeit blieb allerdings gering. Die FPÖ schloss im März 1997 einen »Vertrag mit Österreichs Frauen«, in dem schlagwortartig nahezu alle Gemeinplätze über die Benachteiligung der Frauen vorkommen. Bei der SPÖ scheinen die Parteifrauen zumindest vorübergehend ein Gefühl der Stärke verspürt zu haben. So verweigerten die weiblichen Delegierten beim Bundesparteitag in Linz (1997) dem Bundeskanzler den üblicherweise phrenetischen Beifall.
Alleine diese Aktivitäten mögen ein Beleg für die Präsenz auf der Ebene des politischen Willensbildungsprozesses sein. Der Erfolg im Entscheidungsprozess steht, wie oben bereits betont, zweifelsohne noch aus.
Es sind auch Sogwirkungen festzustellen wie beispielsweise die Bemühungen, Frauen für repräsentative Spitzenpositionen in der Politik in Erwägung zu ziehen. Im Nominierungsprozess für die Bundespräsidentschaftswahl war von fast allen Parteien zu hören, dass eine Kandidatin gesucht werde. Frauen hätten, so die Stimmung, besonders große Chance für diesen Wahlgang. Selbst Eva Rossmann wurde im Vorfeld der KandidatInnensuche wiederholt in den Medien genannt. Ohne hier genauer auf die Bedeutung der Geschlechtszugehörigkeit in Wahlauseinandersetzungen einzugehen ist doch festzuhalten, dass es nach dem Frauen-Volksbegehren nicht mehr als Nachteil gilt, eine Frau für Spitzenpositionen zu nominieren. Damit hat sich in der Stimmungslage der Bevölkerung und der Parteistrategien doch Gravierendes geändert.
Wie bereits oben erwähnt, legte sich das UFF in der Vorbereitung des Begehrens eine Art Selbstverpflichtung auf. Die Initiatorinnen versprachen, sich nicht nur um viele Unterschriften zu kümmern, sondern auch um die politische Umsetzung der Forderungen. Vor diesem Hintergrund drängte das UFF im Frühjahr 1997 auf einen sog. Frauengipfel, an dem Kanzler Klima und Frauenministerin Prammer auf der einen Seite und Vertreterinnen des UFF auf der anderen Seite teilnahmen. Dem Frauengipfel folgten bis zum Sommer 1997 Verhandlungsgespräche mit Regierungsmitgliedern über die einzelnen Forderungen. Das UFF hat sich auf der Grundlage der Unterschriften ermächtigt, Verhandlungspartnerin der Regierung zu sein.

Ein begleitender, unterstützender Schritt der Umsetzung war die Bildung einer ExpertInnengruppe, die insbesondere auf Bemühen von Johanna Dohnal zustande kam.
Auf parlamentarischer Seite wurden von allen Parteien Entschließungsanträge eingebracht. Das Hearing im Gleichbehandlungsausschuss im November 1997, ein halbes Jahr später, machte aber deutlich, dass die Fortschritte, wenn überhaupt vorhanden, auf parlamentarischer Ebene äußerst bescheiden sind. Diese Bescheidenheit hat die UFF-Frauen veranlasst, im Herbst 1997 einen medienbezogenen Aktionismus unter dem Motto »Lauter Frauen« zu starten.
Das Frauen-Volksbegehren zeigt weiters eine Pluralisierung der Methoden und Argumente, wie Frauenpolitik machtpolitisch gestärkt werden könne, auf. Das ist auf jeden Fall zu begrüßen. Und das Volksbegehren ist auch in gewisser Weise ein Testlauf für die Idee einer Frauenpartei. Die Sezessionsüberlegungen der Frauen könnten, wie von den Betreiberinnen selbst hingewiesen, eine ähnliche Dynamik wie in Schweden einleiten. In Schweden ist anlässlich der letzten Parlamentswahlen von Frauen die Gründung einer Frauenpartei überlegt worden. Die politischen Parteien reagierten unmittelbar indem sie Frauen auf die Listen setzten. Mit dem Ergebnis, dass in der Folge mehr als 40 Prozent der Abgeordneten weiblich waren und in der Regierung eine paritätische Vertretung von Frauen und Männern bestand (vgl. Fronman 1994).
Parallel zur Thematisierung der Gleichstellungsmaßnahmen laufen Bemühungen und Initiativen, die nicht ein Mehr ein Gleichberechtigung, sondern ein Mehr an traditioneller Rollenpraxis anstreben. Die familienpolitischen Kampagnen zu Betreuungsscheck und Familienbesteuerung sind auch in dem Lichte der Forcierung der Gleichbehandlung zu sehen. Denn wenn Gleichbehandlungsanliegen verstärkt an die Öffentlichkeit kommen, dann meldet sich auch die Gegenseite zu Wort. Die Zuspitzung von Frauen- und Familienpolitik ist in diesem Sinne durchaus logisch. Familienminister Bartenstein fordert, dass, wenn die Gleichstellung der Frauen in der Verfassung verankert werde, so wie es der erste Punkt des Frauen-Volksbegehrens vorsieht, dann auch parallel dazu eine Verankerung der Familie in der Verfassung einhergehen müsse. Diese Junktimierung wird von den UFF-Frauen abgelehnt.[28]
Insgesamt sind im Zuge des Frauen-Volksbegehrens interessante Debatten und Ideen entwickelt, Aktivitäten und Initiativen gestartet, Bündnisse und Kooperationen gepflegt worden. Das Bedürfnis nach Veränderung der Geschlechterverhältnisse scheint groß zu sein. Geschlechterfragen wurden vitalisiert, das Potential der Frauenpolitik scheint vergrößert zu sein. Alleine das ist in der Politik, wo es primär auch darum geht, die Definitionsmacht von Problemen zu erlangen, ein schöner Erfolg.

LITERATURHINWEISE

Beccallli, Bianca, 1996, The Modern Women's Movement in Italy. In: Monica Threlfall (eds.): Mapping the Women's Movement, London/New York, 152-183.
beiträge zur feminstischen theorie und praxis, FrauenStreik – Streitfragen, heft 36/1994.
Bürer, Margrit, 1994, »Lustvoll, bunt und engagiert – Das Ausland fiebert mit« Frauenstreik in der Schweiz. In: beiträge zur feminstischen theorie und praxis, heft 36, 53-64.
Dackweiler, Regina, 1995, Ausgegrenzt und eingemeindet. Die neue Frauenbewegung im Blick der Sozialwissenschaften. Münster.
Dzierzbicka Agnieszka, Luise Luksch, Verena van Werveke, 1997, Neue Politikformen am Beispiel Frauen-Volksbegehren. Unveröffentlichte Proseminararbeit, eingereicht am Institut für Politikwissenschaft, Universität Wien
Froman, Ingmar, 1994, Das Schweden der Frauen. Stockholm.
Geiger, Brigitte/Hanna Hacker, 1989, Donauwalzer Damenwahl. Frauenbewegte Zusammenhänge in Österreich. Wien.
Holland-Cunz, Barbara, 1994, Frauenstreik. Nachdenken über einen politischen Mythos. In: beiträge zur feministischen theorie und praxis, heft 36, 111-118.
Knäpper, Marie-Theres, 1984, Feminismus – Autonomie – Subjektivität. Tendenzen und Widersprüche in der neuen Frauenbewegung. Bochum.
Kontos, Silvia, 1995, Jenseits des hydraulischen Bewegungsmodells: Einwände gegen das backlash-Konzept. In: Mechthild Jansen/Sigrid Baringhorst/Martina Ritter (Hg.): Frauen in der Defensive? Zur backlash-Debatte in Deutschland, Münster, 29-57.
Mahon, Evelyn, 1996, Women's Rights and Catholicism in Ireland. In: Monica Threlfall (eds.): Mapping the Women's Movement, London/New York, 184-215.
Möckli, Silvano, 1994, Direkte Demokratie. Ein internationaler Vergleich. Bern/Stuttgart/Wien.
Pelinka, Anton, 1981, Modellfall Österreich? Möglichkeiten und Grenzen der Sozialpartnerschaft, Wien.
Pelinka, Anton, 1994, Die Zukunft der direkten Demokratie. In: Anton Pelinka (Hg.): EU-Referendum, Wien, 185-197.
Rosenberger, Sieglinde, 1992, Frauenpolitik in Rot-Scharz-Rot. Wien.
Rosenberger, Sieglinde, 1995, »Lieber gleich-berechtigt als später«. In: Reinhard Sieder/Heinz Steinert/Emmerich Tálos (Hg.): Österreich 1945–1995. Gesellschaft, Politik, Kultur, Wien, 354–369.
Thorleifsdóttir, Thorhildur, 1994, Der »Freie Tag« der Frauen von Island 1975. In: beiträge zur feministischen theorie und praxis, heft 36, 35-42.

ANMERKUNGEN

[1] Vgl. Pelinka, Modellfall Österreich? Wien 1981.
[2] Die Presse vom 30. November 1974 berichtet: »Seit Wochen schon befassen sich Tirols Pfarrherrn in ihren Sonntagspredigten mit dem umstrittenen Thema, am vergangenen Sonntag nahm Landesbischof Paulus Rusch persönlich im Rahmen eines

Pontifikalamtes im Dom zu Innsbruck dazu Stellung und forderte die Gläubigen zur Unterzeichnung des Volksbegehrens auf«.

[3] Die staatliche Frauenpolitik in Österreich ist ein klarer Beleg dafür, dass sowohl in der Institutionalisierungsphase als auch dann, wenn die Auflösung institutioneller Einrichtungen der Frauenpolitik zur Debatte stand, die Frauenbewegung von großer Bedeutung war. Die Einrichtung von zwei Staatssekretariaten für Frauenfragen (1979) erfolgte insbesondere deshalb, weil an die Frauen, die nicht an die SPÖ gebunden waren, ein Signal gesetzt werden sollte (Rosenberger 1992). Johanna Dohnal konnte sich als Staatssekretärin im Jahre 1983 nur bzw. vor allem deshalb halten, weil rasch Solidaritätsaktionen (Unterschriften, Demonstration am Ballhausplatz) außerhalb der Partei organisiert wurden (vgl. Rosenberger 1992).

[4] Vgl. Kurier, 21. November 1996.

[5] Konrad, NEWS Nr. 47/1996.

[6] vgl. Informationspapier »Die Frauen in der ÖVP«, das als Argumentationshilfe gegen die Forderungen des Frauen-Volksbegehrens von der ÖVP ausgegeben wurde. Der Schlusssatz dieses Papiers lautet: »In Summe ist dieses Frauen-Volksbegehren eine Bankrotterklärung sozialistischer Frauen- und Sozialpolitik in Verantwortung von Dohnal, Konrad, Hesoun, Hums und den jeweiligen SP-Finanzministern.«

[7] Vgl. AEP-Informationen, Heft 4/1996, 9-14.

[8] In einem der ersten Informationensschreiben des UFF, getitelt mit »Wir über uns« (ohne Datumsangabe), mit dem sich die Initiatorinnen vorstellen, werden einige Punkte programmatischen Gehalts vorgestellt.

[9] Die Informationsbroschüre des UFF sieht unter dem Titel *Alles was Recht ist* folgende Art Präambel vor: »Gleiche Rechte. Gleiche Verantwortung. Gleiche Mitbestimmung. Für Männer und Frauen. Das Frauen-Volksbegehren fordert die Hälfte des öffentlichen Einflusses, der Macht und des Geldes für die Frauen und die Hälfte der privaten Haus- und Betreuungsarbeit für die Männer. Das Frauen-Volksbegehren richtet sich gegen Ungerechtigkeit, gegen Benachteiligung, gegen die Entmündigung von Frauen. Frauen begehren auf.«

[10] Vgl. NEWS 42/1996.

[11] Vgl. NEWS 14/1997.

[12] Vgl. Standard 21. Mai 1997. Diese Aussage führte bei der ÖVP zu Hinweisen, dass damit die Koalition gefährdet sei. Kanzler Klima verhielt sich umgehend zurückhaltender und sprach von »weitgehender Übereinstimmung« mit der ÖVP.

[13] Im Informationsblatt »Wir über uns« liest sich dies so: »Aus gegebenem Anlass weisen wir ausdrücklich darauf hin, dass es nicht unser Interesse ist, für oder gegen einzelne Frauenorganisationen, Frauenparteien und/(oder Frauen in der Politik zu arbeiten, wohl aber Unterstützung oder Zusammenarbeit offen gegenüber stehen«.

[14] Vgl. Der Standard, 21. November 1996.

[15] Vgl. Der Standard, 10. April 1997.

[16] Vgl. NEWS 14/1997.

[17] Vgl. NEWS 42/1996.

[18] Vgl. NEWS 14/1997.

[19] Vgl. NEWS 47/1996.

[20] Vgl. NEWS 51/1996.

[21] Vgl. Presseaussendungen der ÖVP »Warum das Frauen-Volksbegehren nicht unterschrieben werden kann«, 13.Februar 1997, OTS087 5 II 0272 NNVOO4; 4. März 1997 OTS142 5 II O322 VPKOO5

[22] Vgl. Presseaussendung der ÖVP vom 11. März 1997, OTS136 5 II 0405 VPKOO4.

[23] Presseaussendung vom 8. März 1997, OTS052 5 II 0274 NVPOO3.
[24] Entschließungsantrag der Abgeordneten Haller, Apfelbeck, Aumayr, Madl, Dr. Partik-Pablé, Dr. Povysil, Rossmann und Kollegen. XX.GP.-Nr. 330/A(E), 1996-11-28.
[25] Vgl. Wiener Zeitung 29. November 1996; Der Standard 29. November 1996; Neues Volksblatt 29. November 1996.
[26] Christoph Hofinger/Günther Ogris, SORA-Pressenotiz vom 15. April 1997. Beitrag erschienen im Falter 15/97.
[27] Positionspapier für das Familienministerium, 2. Gesprächsrunde auf Regierungsebene, 4. Juli 1997.

3. Die »Neue Frauenbewegung«

Die Frage, die sich stellt: Ist das UFF eine Fortsetzung der ›Autonomen Frauenbewegung‹ oder ist es – wie Kritikerinnen meinen, der Tradition der institutionalisierten Frauenpolitik verbunden? Um diese Frage klären zu können, sei zunächst eine kurze Geschichte des heimischen Feminismus vorangestellt.

Die 68er Generation Revolution gibt es auch in Österreich. Wenngleich viel harmloser als etwa in Amerika oder Frankreich. Und doch. Auch hier tanzen Künstlerinnen nackt auf den Bühnen und erheben den Aktionismus zur Kunst. Mit dabei Valie Export, Otto Mühl, Hermann Nitsch, Adolf Frohner, Günther Brus u.a. Sie schütten mit Eingeweiden auf Mensch und Leinwand, sie lassen sich einmauern, verstümmeln sich, wälzen sich in Scherben, lassen sich an der Hundeleine durch die Stadt ziehen oder provozieren die bürgerlichen Bürgerinnen mit einem Tastkino. »Es geht um die Wirklichkeit, nicht um die scheinbar objektive Wirklichkeit, sondern um die innere: die reine Empfindung und die reine Erfahrung.«[1] Die Studentinnen demonstrieren gegen den persischen Schah und gegen den Geschichtsprofessor Taras Borodajkewycz[2]. Sie rezipieren den Marxismus und andere -ismen. Die Avantgarde erobert die Arena. Das ist die Zeit der »antiautoritären Erziehung« und der »sexuellen Befreiung«. Hegemonietheorien werden gewälzt, Herrschaft wird hinterfragt und die Gesellschaftsstruktur als durch und durch patriarchal identifiziert. Aus dieser Studentinnenbewegung, die nicht bloß Alexander S. Neill, Wilhelm Reich, Leo D. Totzki, Michael Bakunin & Co. entdeckt und wiederentdeckt, entstehen ansatzweise anarchistische, jedenfalls basisdemokratische, dem »Prinzip der Selbstverwaltung«[3] verpflichtete Basisinitiativen wie etwa die ›Arena-Bewegung‹[4] oder die ›Autonome Frauenbewegung‹. Auch die Protagonistinnen der ›Autonomen Frauenbewegung‹ kommen aus dem studentischen Milieu. Die Idee einer unabhängigen Wiener Frauengruppe entsteht 1972 im Zuge eines Seminars, bei dem sich verschiedene Frauengruppen aus dem In- und Ausland treffen. So wie in Deutschland erkennen sie die »unüberwindliche Differenz zwischen Marxismus und Feminismus« und haben die Loslösung von linken Studentengruppen bereits hinter sich.[5] Den Grund formuliert die Theoretikerin und Radikalfeministin Catharine MacKinnon: »Die Kritik gesellschaftlicher Machtverhältnisse, die das marxistische Modell der Klassenanalyse liefert, machte vor einer Kritik der Machtverhältnisse halt. Warum? Weil Frauen als revolutionäre Subjekte des Klassenkampfes in der Wahrnehmung marxistischer Theoretiker ebensowenig existieren wie im Bewusstsein des Kapitalisten und seiner bürgerlichen Theoretiker. Sie alle haben Teil am patriarchalen Bewusstsein, das sich in den metatheoretischen Dogmen traditioneller Theorie spiegelt und verewigt, vor allem in ihrem Verständnis von Objektivität.«[6] Auf den Punkt gebracht, heißt es dann: »Der Mann vögelt die Frau; Subjekt, Prädikat, Objekt.«[7] Die feministische Wissenschaftlerin Frigga Haug nennt drei Gründe, warum sich die Frauenbewegung nicht bedingungslos in die Politik der Arbeiterbewegung einordnen lässt: »1. Weil die Kämpfe gegen die Ausbeutung durch das Kapital, die Geschichte der Produktionskämpfe und die Geschichte der Arbeiterbewegung eine Geschichte männlich bestimmter gesellschaftlicher Produktion ist, und weil daher (...) die Frauenforderungen immer zweitrangig angehängt, unter ›ferner liefen‹, rangieren; 2. Weil die Männer auch Nutznießer der Frauenunterdrückung sind (in einem männlichen Lebensplan kommt z.B. die Aufgabe der Kindererziehung als Lebensziel in der Regel auch dann nicht vor, wenn ein Mann Kinder haben will), auch dann, wenn es eben diese Machtstruktur ist, die sie von konsequenten Kämpfen gegen die Ausbeutung abhält, korrumpierbar, spaltbar und bestechlich macht; 3. Weil die vorherrschende Politikform der Stellvertretung durch andere, die für mich die Politik machen, andere, die für mich die Bedingungen verändern, die Vorsorge treffen, die für mich Forderungen stellen – für die Frauenbewegung ganz und gar unannehmbar ist. Mit ihrer Forderung, das Private, Persönliche sei das Politische, bringt sie zugleich eine Politikform, mit der die Frauen die politische Bühne betreten, indem jede einzelne politisch wird. Frauenbewegung meint eine Aktivität, die alle ergreift, und eben darin beruht ihre Durchsetzungsfähigkeit.«[8] Die bündige Formel ›Das Private ist politisch‹ wird zum theoretischen und politischen Leitmotiv der radikalen Feministinnen im Gegensatz zum traditionellen liberalen Politikverständnis, das die Trennung zwischen Staat und Gesellschaft vorsieht. »Die entscheidende Ursache patriarchaler Herrschaft« sehen Radikalfeministinnen »in der Organisation privater, vor allem heterosexueller Beziehungen und der familialen Sozialisation, durch die menschliche Wesen qua ihres männlichen oder weiblichen, von der Biologie vorgegebenen Geschlechtes erst zu dem gemacht werden, was ›männlich‹ und ›weiblich‹ im sozialen und politischen Sinn bedeutet – zu Herrschenden und Beherrschten.«[9] Angelpunkt der ›Autonomen Frauenbewegung‹ ist das Bewusstmachen dieser unterdrückten Situation der Frau und der gemeinsame Kampf gegen den Sexismus: »Sexismus war immer mehr als das, was in der nichtssagenden Geschmeidigkeit politischer Rhetorik ›die Benachteiligung der Frau‹ heißt oder was Soziologen verharmlosend mit ›traditioneller Rollenverteilung‹ bezeichnen. Sexismus war immer Ausbeutung, Verstümmelung, Vernichtung, Beherrschung, Verfolgung von Frauen. Sexismus ist gleichzeitig subtil und tödlich und bedeutet die Verneinung des weiblichen Körpers, die Gewalt gegenüber dem Ich der Frau, die Achtlosigkeit gegenüber ihrer Existenz, die Enteignung ihrer Gedanken, die Kolonialisierung und Nutznießung ihres Körpers, den Entzug der eigenen Sprache bis zur Kontrolle ihres Gewissens, die Einschränkung ihrer Bewegungsfreiheit, die Unterschlagung ihres Beitrages zur Geschichte der menschlichen Gattung.«[10] Objektivität, Subjektivität, Klasse, Geschlecht, Produktion, Reproduktion, Macht und Ohnmacht sind die Themen, die in den feministischen Arbeitskreisen und Kommunikationsgruppen der Wiener Frauen, die sich fortan AUF (Aktion Unabhängiger Frauen) nennen, bearbeitet werden. Die Subjektivität ist politisch, das heißt, die individuell erlebte und erlittene Unterdrückung wird thematisiert, die Erkenntnisse daraus werden zum Politikum gemacht, dabei kann sich jede Frau aktiv an ihrer Befreiung beteiligen: »Die eigenen Bedingungen zum Gegenstand politischer Aktivität machen, bedeutet Feminismus. Und es ist eine Kraft, die den überlieferten Lebenszusammenhang sprengt.«[11] Wie aber kann so eine Befreiung von den patriarchalen Fesseln aussehen: »Befreiung kann nicht verliehen werden wie ein Gnadengeschenk, das man jemanden gibt: weder Völkern noch sozialen Klassen noch dem unterdrückten Teil der Menschheit, dem ich angehöre, kann Befreiung geschenkt werden, ohne dass die Betroffenen Anteil an der Erarbeitung der Befreiung haben. Der Begriff der Befreiung setzt Partizipation im Kampf voraus.«[12] Die Methode der Befreiung ist die Selbsterfahrung in der Kleingruppe. ›Consciousness-raising‹, in der Selbsterfahrung, die in Gruppen stattfindet, werden die Auswirkungen männlicher Dominanz aufgedeckt und durch das kollektive Aussprechen der Erfahrungen von Frauen, aus der Perspektive eben dieser Erfahrungen, analysiert. Anja Meulenbelt schreibt in ihrem autobiographischen Roman dazu: »Was mit uns geschieht, hat jetzt einen Namen. Bewusstwerdung nennen wir es, diese Art des Anderssehens, wodurch dein ganzes Leben umgekrempelt wird, du deine Vergangenheit anders interpretierst. Und Entkonditionierung nennen wir es. Denn während wir uns bewusst werden über die Art wie Frauen behandelt werden in unserer Welt, sehen wir gleichzeitig, dass wir uns selber klein halten durch die Normen, die wir in uns aufgenommen haben.«[13] Die politische Sprengkraft des radikalen Feminismus liegt in der Selbsterfahrung, im Ausloten des weiblichen Lebenszusammenhanges, im Erkennen der Zusammenhänge zwischen gesellschaftlicher Organisation und dem privaten Sein und in der Wieder-Aneignung des weiblichen Selbstbewusstseins, die Fremdbestimmung zu Gunsten von Selbstbestimmung ablösen sollte. »Die Selbsterfahrung ist die wesentliche Analysetechnik, Organisationsstruktur, praktische Methode und auch Theorie sozialer Veränderung der Frauenbewegung«[14], schreibt Catharine McKinnon. »Die autonomen Frauengruppen können Frauen eine Ahnung davon geben, wie sei sein könnten«, meint Ursula Krechel[15]. Das Prinzip der Autonomie ist in den Selbsterfahrungsgruppen eine Grundvoraussetzung und meint nicht bloß, dass sie unabhängig und ohne Beisein von Männern stattfinden. »Der Autonomieanspruch der ›Neuen Frauenbewegung‹ beinhaltet auch die Unabhängigkeit von politischen Parteien, Verbänden und Organisationen. Staat, Wirtschaft, Parteien und Medien sind alles andere als geschlechtsneutrale Institutionen, die gesellschaftliche Entscheidungsbefugnis liegt in den Händen von Männern – die Machtverhältnisse sind klar festgelegt.«[16] Auf der einen Seite ermöglicht die Absenz von Männern, dass Frauen ihr Leben thematisieren ohne Verhaltensweisen zu entwickeln, die anwesende Männer von ihnen erwarten. Auf der anderen Seite birgt die autonome Organisationsform und Entscheidungspraxis die Gefahr, von der Gesellschaft und den Institutionen an den Rand gedrängt und/oder vereinnahmt zu werden: »Jeder mit Absolutheit vorgetragene Autonomieanspruch ist eine Fiktion. Er geht an der Tatsache vorbei, dass gesellschaftliches Handeln von der Gesellschaft bestimmt ist.«[17] Zwangsläufig werden auch in den autonomen Frauenzirkeln die gesellschaftlichen Zwänge reproduziert. Obwohl der permanente Versuch, überlieferte Machtstrukturen und Mechanismen nicht zu übernehmen, existiert, können informelle Hierarchien entstehen, die auf größerem Arbeitseinsatz und Informationsvorsprüngen einzelner Mitglieder des Kollektivs basieren. Autonomie und Selbsterfahrung sind wichtig und grundlegend, sie dürfen allerdings den Blick für das Ziel nicht aus den Augen verlieren, nämlich »Strategien zur Veränderung der Rolle und der Stellung der Frau in der Gesellschaft zu entwickeln und darüber hinausgehend diese Gesellschaft selbst, ihr Politikverständnis und die männlich geprägten Normen, Werte und Verhaltensmuster in ihr rigoros umzugestalten.«[18] Autonomie und Selbsterfahrung bilden auch die organisatorischen und methodischen Grundlagen der ›Autonomen Frauenbewegung‹ quer durch Österreich. Im Herbst 1973 wird AUF ein Verein mit eigenem Vereinslokal. In ihren Anfängen engagiert sich

AUF für die Freigabe des Schwangerschaftsabbruchs und führt Aktionen und Demonstrationen gegen den Paragraphen 144 durch. Pressekonferenzen werden abgehalten, Unterschriften für die Freigabe der Abtreibung gesammelt, Petitionen verfasst und »Teach-Ins« an der Wiener Universität veranstaltet, die Diskussionsprozesse über die Stellung der Frau in Österreich in Gang setzen sollte[19]. »Das Thema Frau drang in die Medien ein, Frauendemonstrationen fanden immer häufiger statt, ebenso wie die sogenannten Walpurgisnächte, in denen Frauen gegen die alltägliche Gewalt gegen Frauen auf die Straße gingen und sich die Nacht zurückeroberten.«[20] Der Mythos vom ›vaginalen Orgasmus‹ wird demaskiert und das tradierte Schema der Geschlechterbeziehungen – des erobernden Mannes und der passiven, sich hingebenden Frau – in Diskussionen und öffentlichen Protestaktionen hinterfragt und entlarvt. Die AUF gründet Verlagskollektive, gibt Bücher und Schallplatten heraus, veranstaltet Kongresse und Tribunale und veröffentlicht ihre eigenen Zeitschriften und Informationsblätter. Frauenbuchhandlungen werden ins Leben gerufen, denen oft Frauenzentren und Frauencafes angegliedert sind. In diesen Kommunikationsräumen wird gearbeitet, diskutiert und gefeiert. Eine radikalfeministische ›Gegenöffentlichkeit‹ entwickelt sich und manifestiert sich in Frauenfilmen, -literatur und -theater. Die feministische Zeitschrift AUF schafft eine mediale Öffentlichkeit für Frauen und wird zum Forum eines gemeinsamen Prozesses, an welchem möglichst viele Frauen direkt beteiligt sind und auch über Inhalt und Form des Produktes entscheiden können.[21] Die Öffentlichkeitsarbeit der ›Autonomen Frauenbewegung‹ stellt eine »politische Praxis und eine Alternative zu den institutionalisierten und männerdominierten Massenmedien dar.«[22] Feministische Themen, die in der formalen, traditionellen Presse kurz, verzerrt oder gar nicht aufgegriffen werden, erhalten in der AUF-Frauenzeitschrift, später auch ›An.schläge‹ und ›[sic!]‹ oder etwa ›stichwort‹ jene kritische Aufmerksamkeit, deren Kreisbewegung bis in den kleinstädtischen und ländlichen Raum wirkt. Gleich der Schnur eines roten Fadens zieht die feministische Presse von Frauengruppe zu Frauengruppe und vernetzt Stadt und Land, Zentrum und Peripherie, knüpft einen »gewissen Organisationszusammenhang«[23] und schafft eine alternative feministische Kultur. Das »Konzept der Betroffenheit« bleibt. Frauen, die in den Abtreibungsgruppen, Selbstbestimmungskomitees, in Kinderläden oder anderswo mitwirken wird nicht ein fertiges Theoriegebäude präsentiert, vielmehr sorgt die Diskussion über die eigenen Erfahrungen oder die Erfahrungen aus ihren Berufen für konkrete Themen. Eines dieser Themen ist die Schaffung von selbstverwalteten Frauenhäusern, in denen misshandelte Frauen

Zuflucht und Betreuung finden sollten. Anders als etwa bei den Kinderläden sind es hier nicht Basisinitiativen, die von den Betroffenen getragen werden, sondern »Advokateninitiativen, meist von Frauen aus Sozialberufen.«[24] Der Grund: »Besonders geschlagene Frauen sind isoliert, unorganisiert und können sich infolge des Tabus der Gewalt in der Ehe auch in den wenigsten Fällen artikulieren.«[25] Um dem Schweigen ein Ende zu bereiten, einem Schweigen, dass den betroffenen Frauen immer wieder Schande und Mitverschulden zuschiebt, beginnen die Feministinnen mit einer Form der Selbsthilfe, die letztendlich die Öffentlichkeit zwingt, sich mit diesem Problem auseinanderzusetzen.[26] Dieser Ansatz zur Selbsthilfe findet seinen Ausdruck in Gesprächsgruppen, feministischen Beratungs- und Therapiezentren, selbstverwalteten Gesundheitszentren für Frauen, Rechtshilfegruppen und neue Formen der Selbsthilfe, wie z. B. der Notruf für vergewaltigte Frauen. Hier beginnt jene Kultur der feministischen Reparaturarbeit, die zwar die Wunden der geschlagenen, vergewaltigten, Missbrauchten, verstümmelten Frauen versorgt, aber gleichzeitig mehr und mehr die Perspektive nach gesellschaftlicher Veränderung in Richtung Geschlechterdemokratie aus den Augen verliert. Hier beginnt jene strukturelle Gewalt/Macht aus Bürokratie und patriarchaler Politik zu greifen, die feministische Arbeit zur Reperaturwerkstätte einer physisch und psychisch deprivierten Gesellschaft mutieren lässt und solcherart das System der Männerherrschaft eher stützt als stürzt[27]. Wie eng die Gratwanderung zwischen Autonomie und Vereinnahmung, zwischen Aufbruch und Stillstand ist, soll anhand der Geschichte des Wiener Frauenhauses nachgezeichnet werden:

Von Anfang an stehen sich zwei Gruppen gegenüber: »Sozialarbeiterinnen, die auch in der autonomen Frauenbewegung tätig waren, und Frauen, die Funktionen in einer etablierten Partei (SPÖ) innehatten.«[28] Die Idee für ein Frauenhaus entwickelt sich parallel. In der autonomen Frauenbewegung, die im Zuge der Demonstrationen gegen den Abtreibungsparagraphen auf die Gewalt gegen Frauen und die Gewalt in der Ehe aufmerksam macht. Und auf der Ebene der Gemeinde-Politik. Im Gedächtnisprotokoll schreibt Irmtraud Leirer : »Irgendwann, kurz nach dem 5. Oktober 1975: Johanna Dohnal und ich sprechen nach glücklich geschlagener Wahl darüber, dass wir nach der Durchsetzung der Fristenlösung wieder etwas für die Frauen tun sollten, für deren Anliegen die Sozialistische Partei ja schließlich angetreten ist, für die Arbeiterin. Es fallen uns zwei Dinge ein, die Chance auf rasche Durchsetzung haben: Mädchen in technischen Berufen, Häuser für geschlagene Frauen. Ich höre mich um, lese, spreche mit Frauen mit ausländischen Erfahrungen. Es wird mir klar: Wir brauchen ein Frauenhaus.«[29]

Im Herbst 1977 bringt die ÖVP einen Antrag auf Errichtung eines Mutter-Kind-Heims für geschlagene Frauen im Gemeinderat ein. Der Antrag wird von der SPÖ abgelehnt. Die Frauen aus der SPÖ treten mit Sozialarbeiterinnen der Wiener Sozialakademie in Kontakt. 1977/78 wird gemeinsam ein Konzept für ein Frauenhaus entwickelt. Die Frage nach der Finanzierung dieses Projektes führt die Initiativgruppe für das Wiener Frauenhaus »zu Kontakten mit dem politischen und bürokratischen System und zur Unterwerfung unter dessen Spielregeln. Erster Schritt ist die Gründung eines Vereines. Die Bürokratie braucht jemanden, an den sie sich halten kann. Sie verlangt stabile Gesellschaftsformen. Ohne einer derartige Form ist eine Basisgruppe, und sei ihr Anliegen noch so gerechtfertigt, nicht einmal verhandlungsfähig. Dieser Verein aber darf jedoch nicht irgendein Verein sein, sondern muss eine gewisse Honorigkeit aufweisen.«[30] Das bedeutet: Basisinitiativen werden nur dann ernst genommen, wenn eine Zusammenarbeit mit »Personen aus politischen Parteien beziehungsweise Kirchen«[31] gegeben ist. Im Jänner 1978 wird der Verein »Soziale Hilfen für gefährdete Frauen und ihre Kinder« von Gemeinderätin Johanna Dohnal eingereicht. In den persönlichen Notizen von Rosi Logar steht dazu: »Der Gruppe, die sich eher inhaltlich mit der Errichtung eines Frauenhauses befasst hat, gelingt es nicht, Funktionen im Vorstand des Vereins zu erhalten, da die Gemeinde sie nicht als Verhandlungspartner akzeptiert. Der Vorstand wird aus honorigen Personen mit politischen Funktionen in der SPÖ oder im sozialen Bereich gebildet (Vereinsvorsitzender Christian Broda, Anm. d. Verfin.). Die Gruppe befürchtete, dass sie, weil sie keine Funktion im Vorstand hat, in ihrer inhaltlichen Arbeit im Frauenhaus eingeschränkt würde und nicht nach ihren Vorstellungen arbeiten könne.«[32] Die Gruppe der Sozialarbeiterinnen versucht Kontakt mit anderen Personen aufzunehmen. Rosi Logar: »Wir trafen uns einige Male mit Frauen aus dem Frauenzentrum, merkten aber bald, dass uns die Zusammenarbeit mit ihnen auch nicht weiterbringen würde, da sie nicht bereit waren, konkrete Möglichkeiten, ein autonomes Frauenhaus zu schaffen, durchzugehen und Finanzierungsmöglichkeiten zu suchen. Klar war uns allen, dass die Finanzierung eines so großen Projektes durch Spenden nicht zu machen ist. Zum anderen waren die Zentrumsfrauen nicht zur Zusammenarbeit mit den Frauen aus der SPÖ bereit und kritisierten an unserer Gruppe, dass sei dies sehr wohl war.«[33] Schließlich entschließen sich die Sozialarbeiterinnen doch zur Zusammenarbeit mit den SPÖ Frauen. Irmtraud Leirer im Mai 1978: »Aussprache mit den Sozialarbeitsstudentinnen. Angebot von mir: Wenn ich etwas Konkretes weiß, melde ich mich wieder bei ihnen. Danach Häuser, Wohnungen anschauen. Subventionsansuchen schreiben. Bösartige Artikel der »Feministinnen« aushalten! Nicht aufgeben. Johanna Dohnal hilft, wo sie kann, und ist auch sonst eine große Stütze.« [34] Am 12. Sept. 1978 beschließt der Wiener Gemeinderat das Frauenhaus. »Es gibt uns offiziell und wir bekommen Geld«[35], schreibt Leirer. »Zuletzt«, notieren die Autorinnen Eisenreich/Leirer/Logar aus ihrem Erfahrungsfundus, »ist die Bürokratie auch noch sehr darauf erpicht, dass das einmal bewilligte Geld penibel und in von ihr vorgegebenen Formen verrechnet wird. Dabei ist vor allem die Diskrepanz zwischen ›Lebenszeit‹ und ›Verwaltungszeit‹ für eine lebendige Institution wie das Frauenhaus groß. So müssen Voranschläge für das nächste Jahr bereits im Mai des laufenden Jahres gemacht werden. Alles bewilligte Geld muss bis Dezember ausgegeben werden, sonst verfällt es. Derartige Dinge bei einer von vornherein nicht abzuschätzenden Anzahl von Frauen und Kindern zu berechnen ist äußerst schwierig. Aus Legitimierungsgründen müssen auch dauernd diverse Zählungen durchgeführt werden: wie viele Frauen, wie viele Kinder, wie lange bleiben sie, wie viele aus den Bundesländern? Usw. All dies führt zu einer nicht unbeträchtlichen Belastung der Mitarbeiterinnen.«[36] Gleichzeitig tobt der Gemeinderatswahlkampf. GR Marlies Fleming (ÖVP) schreibt in Artikeln, dass das von ihr durchgesetzte Mutter-Kind-Heim am 1. Oktober eröffnet wird und macht deutlich, wie sehr das Frauenhaus für politische Profilierungsversuche Missbraucht wird. Am 1. November zieht die erste Frau ins Wiener Frauenhaus ein.

Folgende Problemzonen entwickeln sich in der Zusammenarbeit zwischen der Initiative und dem politischen Establishment: Intern entsteht eine Entfremdung zwischen Vereinsmitgliedern und den Mitarbeiterinnen. Die Informationsvermittlung schafft ein hierarchisches Gefüge zwischen denjenigen, die über alles Bescheid wissen und den anderen, die aus Gründen der Zeitknappheit nicht umfassend informiert werden. Es bestehen auch Unsicherheiten, »da Mitarbeiterinnen das Gefühl hatten, die derzeitige Konstruktion sei sehr personengebunden und der Wegfall dieser Personen könnte das Funktionieren des Hauses gefährden.«[37] Das Gefühl der Abhängigkeit von den Honoratiorinnen macht deutlich wie sehr der Erfolg von autonomen Projekten mit Frauen aus dem politischen Eliten verknüpft ist und wahrgenommen wird.

Extern besteht ein Unbehagen »am Interventionssog, da andere Initiativen, die diese Beziehungen nicht haben, sich nicht so durchsetzen können.«[38] Ein objektiver Befund, der bis heute gültig ist und meint, dass nur diejenigen feministischen Projekte gute Chance auf Durchsetzung haben, deren Trägerinnen es schaffen, sich mit den politischen

Eliten weitgehend zu arrangieren. Entsprechend ist die Reaktion der aus den autonomen Frauengruppen, die eine personelle und ideelle Verknüpfung zwischen ihrer Projektarbeit und Parteipolitik strikt ablehnen. Dazu der Verein Initiative Frauenhaus Salzburg: »In Frauenhäusern geht es vielleicht zum erstenmal vor allem um die Bedürfnisse der Frauen. Jede Einverleibung durch andere Vereine oder Parteien bringt die Gefahr mit sich, dass die Interessen von diesen Gruppierungen vorangestellt werden und nicht die Interessen der Frauen (zum Beispiel parteipolitische Kämpfe, Wahlpropaganda, Profilierungsversuche). Nur wenn die absolute Parteiunabhängigkeit gewährleistet ist, können die Frauen sicher sein, dass sie zu keinen politischen Zwecken missbraucht werden oder ideologischen Streitereien zum Opfer fallen.«[39] Für die Politikwissenschaftlerin Liane Pluntz ist die Geschichte rund um die Frauenhäuser ein Beispiel dafür »wie selbstverwaltete Selbsthilfeprojekte der ›Autonomen Frauenbewegung zum Teil den Frauen aus der Hand genommen und vom Staat oder etablierten Institutionen übernommen wurden; eine Vorgangsweise, die sicher auch u.a. zur Funktion hatte, die Bewegung zu entschärfen und einer etwaigen ›Durchlöcherung‹ des Systems vorzubeugen.«[40] Den Betreiberinnen des nach innen selbstverwalteten Wiener Frauenhauses ist die Dynamik der politischen Vereinnahmung durchaus bewusst. Um ihre feministische Zielkonzeption nicht aus dem Auge zu verlieren, konzentriert sich ihre politische Arbeit auf das öffentliche Aufzeigen der Gewalt gegen Frauen und den Umgang des Staates mit diesem Thema. Ihr Credo: Eine Kooperation mit Frauen aus den politischen Parteien ist dort sinnvoll und notwendig, wo das Nichtanwenden von Gesetzen durch Richter und Beamte passiert und Veränderung von Gesetzen notwendig ist.[41] Obwohl die Tätigkeit in dieser Richtung viel gebracht hat, als letztes Beispiel sei das gesetzlich verankerte Wegweiserecht genannt, ist die von der ›autonomen Frauenbewegung‹ angestrebte gesellschaftspolitische Veränderung hin zur Geschlechterdemokratie bisher nicht erfüllt. Die radikalfeministische Methode, die auf Selbsterfahrung, Autonomie und Gegenöffentlichkeit beruht reicht nicht aus, um dieses Ziel in erreichbare Nähe zu rücken. Nachdem das österreichische Mäzenatinnentum bei den vierbeinigen Viecherln endet, stellt sich für die autonomen feministischen Projekte immer die Frage nach dem Geld. Die Forderung nach einer gesetzlich verankerten Grundlage für die Finanzierung von selbstverwalteten autonomen Frauenprojekten – wie sie etwa von der Salzburger Initiative Frauenhaus gefordert wurde – ist gescheitert. Die autonomen Frauen haben zwar eine feministische Öffentlichkeit kultiviert, gleichzeitig aber ist es ihnen nicht gelungen, sich finanziell zu emanzipieren. Dies erfordert eine neue Rezeption des Faktors Arbeit und eine kritische Analyse des ökonomischen Systems, meint Ursula Kubes-Hofmann.[42] Weil diese theoretische Arbeit ins Stocken geraten ist und praktische Modelle fehlen, bleibt die Notwendigkeit nach öffentlicher Finanzierung bis auf weiteres das zentrale Herrschaftsinstrumentarium des gegenwärtigen Systems. Insoferne erfüllt die Arbeit der ›autonomen Frauenbewegung‹ eine Scout-Funktion, ist eine Art Frühwarnsystem, das bei den politischen Eliten die Glocken zum Läuten bringt. Ist dieser Klang laut genug, beginnen die »staatlichen Selektionsleistungen«[43] zu greifen. Eine herausragende Stellung nimmt – wie an der Geschichte des Wiener Frauenhauses ersichtlich – die staatlichen Verwaltung ein. »Die Macht der Bürokratie, die sich vor allem in ihrer formalen Organisation (Hierarchie, Expertentum, Kompetenzverteilung etc.) sowie durch das genau geregelte Verwaltungsverfahren manifestiert, ist eine der radikalsten Formen struktureller Gewalt; ihre Logik macht Teilnahmeaktivitäten entweder von vornherein aussichtslos oder aber stutzt innovative Inputs nach ihren Bedürfnissen, nach ihrer Struktur zurecht.«[44] Die Melange aus struktureller Gewalt der Bürokratie, parteipolitischer Vereinnahmungsspirale und nicht selten gezielt lancierter Diffamierungskampagnen[45] machen feministische Arbeit zur zeit- und nervenaufreibenden Tätigkeit. Der Lohn für diese Mühen ist, dass die Frauen in einer systemischen Nische die psychosoziale Reperaturarbeit für eine ganze Nation leisten dürfen. Eisenreich/Leirer/Logar: »Ein, zwei, zehn Frauenhäuser stören das System nicht.«[46] Es gibt »Nischen, in denen Basisinitiativen gedeihen können.«[47] Gleichzeitig allerdings tragen gerade diese politischen Zugeständnisse an feministische Projekte, zu einer »Marginalisierung der Bewegung«, zum »Ghetto feministischer Freiräume«[48] bei und lassen die ›autonome Frauenbewegung‹ in eine gesellschaftspolitische Bedeutungslosigkeit abtaumeln. Laut Simone de Beauvoir verurteilt die patriarchale Kultur die Frau zur ›Immanenz‹[49], in diesem Falle zur Systemimmanenz. Es wäre allerdings unrichtig der ›autonomen Frauenbewegung‹ jeglichen gesellschaftspolitischen Erfolg abzusprechen, alleine die feministischen Projekte der letzten Jahre würden Bücher füllen und reichen von den Frauenhäusern bis zu den Beratungsstellen für erwerbslose und von Erwerbslosigkeit bedrohte Mädchen und Frauen. Unübersehbar sind auch die »Impulse«, die sie der traditionellen Politik »zugeführt« und der »Druck«, den sie auf die »Öffentlichkeit und die etablierten Parteien ausgeübt hat.« »Letztere gerieten«, so Liane Pluntz, »durch die Aktivität der Bewegung unter Zugzwang und waren angehalten, auf diese zumindest zu reagieren – sei es, um sich ein fortschrittliches Image zu geben oder auch nur, um Wählerstimmen zu gewinnen.«[50] Die Reaktionen der traditionellen Politik reichen von der Installation »unbürokratischer Vorposten«[51] (dazu zählen durchaus die Frauenbeauftragten (seit den 80er Jahren in einzelnen Bundesländern), Gleichbehandlungsanwältin und Gleichbehandlungsbeauftragte (seit den 80er Jahren), der Bestellung einer Staatssekretärin für allgemeine Frauenfragen (1979), die 1990 in die Position der Bundesministerin für Frauenangelegenheiten im Bundeskanzleramt mündet, der frauenpolitischen Förderationsplattform (1991- eine Initiative der Frauenministerin), bis hin zur Österreichischen Frauenprojektmesse, die 1992 erstmals mit dem Ziel der Selbstpräsentation von parteiabhängigen und autonomen Frauengruppen stattfindet (ebenfalls von der Frauenministerin unterstützt). Andererseits ist die ›autonome Frauenbewegung‹ sehr schnell an die Grenzen des Gesellschaftssystems gestoßen. Es ist ihr nicht gelungen, »an der Organisationsstruktur der gesellschaftlichen Arbeit zu rütteln, obwohl doch gerade diese den materiellen Ausgangspunkt für die Frauenunterdrückung darstellt. Die Trennung von Frauen und Männern im Beschäftigungssystem ist weiterhin aufrecht, das Ausmaß der Ungleichheit in der gesellschaftlichen Praxis weitgehend unverändert geblieben. Berufliche Positionen, die mit hohem gesellschaftlichen Status verbunden sind, bleiben in der überwiegenden Zahl noch immer Männern vorbehalten und die Reduzierung von geschlechtspezifischen Bildungsdefiziten ist am Arbeitsplatz ohne weitreichende Konsequenz geblieben.«[52] Kurz: Frauen haben es zwar geschafft, bildungsmäßig aufzuholen, trotzdem machen sie nur 3 Prozent der Professorinnen an der UNI oder 3 Prozent der Managerinnen in den Vorstandsetagen der österreichischen Wirtschaft aus. Frauen haben es zwar geschafft, neue Berufsfelder zu erobern, diese allerdings verlieren wie von Geisterhand an Marktwert und zählen flugs zu den mittleren Einkommensbranchen (siehe Marketing/Werbung). Frauen haben es zwar geschafft, sich neben Kind und Kegel als qualifizierte Arbeitskräfte am Arbeitsmarkt zu emanzipieren und trotzdem sind sie die ersten, die aus den Betrieben entlassen werden wie die Zahlen vom AMS zeigen. Frauen haben es zwar geschafft, eine feministische Subkultur zu entwickeln. Wie fragil diese Konstruktion ist, zeigen die Auswirkungen der Sparpakete. Mit anderen Worten: Wenn die öffentlichen Geldquellen versiegen, verschwinden auch die quasi-autonomen Frauenprojekte (Kassandra und Mira sind nur zwei Beispiele von vielen) und mit ihnen das Rückgrat des feministischen Organisationszusammenhanges. Die Gründe für die Stagnation oder »den Rückzug«[53] der ›autonomen Frauenbewegung‹ sind diffenzierter zu sehen. Dazu zählen:

- der gesellschaftliche Roll-back oder Backlash als Motor, Ausdruck und Verstärker dieser Krise oder der »Krise der gesamten linken und fortschrittlichen Bewegung« [54] insgesamt;
- der weitgehende Verlust der Zielkonzeption. Im Zuge der neuen ›Innerlichkeit‹ richten Teile der ›autonomen Frauenbewegung‹ den Blick immer mehr nach innen. Die Konzentration auf die Selbsterfahrung lässt viele Frauen übersehen, dass die gesellschaftlichen Widersprüche nicht bloß bleiben, sondern sich sprunghaft weiterentwickeln. Die Phase der Selbstreflexion, der Selbstbestimmung ist der Ausgangspunkt der ›autonomen Frauenbewegung‹ nicht aber das Ziel[55];
- der plurale theoretische Zugang zum Feminismus. Im Zuge der neuen ›Innerlichkeit‹, mit der Wieder-Entdeckung der Geschichte der Frau etc., beschreiten Teile der Frauenbewegung den Weg der ›neuen Weiblichkeit‹ und positionieren sich im Bereich des ›gynozentrischen Feminismus‹[56].
- das Problem der »Verknüpfung zwischen aktiven Feministinnen und der breiten Masse aller Frauen«. Die ›autonome Frauenbewegung‹ hat es nicht vermocht, ihre Ziele allen Frauen einleuchtend zu vermitteln und den großen Massenorganisationen die Notwendigkeit einer autonomen Politik nachvollziehbar zu machen;
- die verstärkte Konzentration auf die soziale Reparaturarbeit. Dutzende autonome Frauenprojekte sind im psychosozialen Bereich angesiedelt. In diese Nischen-Arbeit fließt jene Energie der Frauen, die bei der politischen, theoretischen Auseinandersetzung mit dem Feminismus im Allgemeinen und mit der patriarchalen Gesellschaftspolitik im Besonderen ganz einfach fehlen muss, weil sie nicht mehr vorhanden sein kann. Die gesellschaftlichen Konfliktzonen, die sich entlang der Problemfelder »Ausländer/Ausländerinnen, Migranten/Migrantinnen, Flüchtlinge« und Lesben entladen, und »von den institutionalisierten Frauen kaum oder überhaupt nicht betreut« werden, sind »fast ausschließlich eine Sache der autonomen Frauen, die in diesen Bereichen arbeiten.«[57]
- das Fehlen einer klar positionierten Alternative zum »institutionellen« Segment der Frauenpolitik.[58]

Auch wenn viele hämisch behaupten, die ›autonome Frauenbewegung‹ sei mausetot, so entwickeln die Feministinnen gerade bei Themen wie Abtreibung jene Aktionskraft, die sie ins Bewusstsein der Österreicherinnen zurückholen. Als jüngstes Beispiel seien die demonstrativen Aktionen im Zuge der ›Pro Life‹ Gedenkmärsche im Spätsommer 1997 genannt, die aber gleichzeitig auch verdeutlichen, wie sehr der öster-

reichische Rechtsstaat dazu neigt, die ›autonomen Frauen‹ zu kriminalisieren. Bei der verbalen Störaktion während einer Messe, die Kirchenmänner für die ›Pro-Life‹ Bewegten im Wiener Stephansdom zelebrieren, werden skandierende ›autonome Frauen‹ von der Polizei »und vermutlich auch von Pro-Life-Aktivisten aus der Kirche entfernt, wobei es zu sexistischen körperlichen Übergriffen auch gegenüber an der Aktion unbeteiligten Frauen« kommt. »Drei Frauen haben Prellungen und Blutergüsse an den Armen, den Hüften und den Brüsten, sieben Frauen wurden perlustriert, und mit Anzeigen ist zu rechnen. Verhaftungen konnten nur mit Mühe verhindert werden«, heißt es in einer Presseerklärung zu den Geschehnissen vom 3.8.97 in Wien.[59]
Die ›autonomen‹ Aktionsformen sind punktuell und tragen aufgrund einer fehlenden politischen Gesamtstrategie einen Signalcharakter. Das Resümee im Frauenbericht 1995 hat einen besonders bitteren Beigeschmack: »Die politische Schubkraft ging in der Dekade (70er-80er Jahre, Anm. der Verfin.) eher von den SPÖ-Frauen aus als von der autonomen Frauenbewegung; gegen Ende der Dekade auch von den Grünen und vom Liberalen Forum. Autonome Frauenpolitik entwickelte sich primär zu projektorientierter Arbeit. Charakteristisch für die letzten zehn Jahre ist die Intensivierung der Zusammenarbeit zwischen dem »autonomen« und dem »institutionellen« Teil der Frauenbewegung.« Trotz der verstärkten Zusammenarbeit hat es die gesamte (wie auch immer inhaltlich und strukturell organisierte) Frauenbewegung nicht geschafft, die sozialen und finanziellen Rückschläge seitens der Regierung aufzuhalten, wohl aber die Wunden, die den Frauen gerissen wurden, zu mildern. Dieses Dilemma zwischen Anspruch und Realität, zwischen Theorie und Praxis, auf der einen Seite die politisch marginalisierte ›autonome Frauenbewegung‹, die ihre Kraft in die Reparaturarbeit steckt, auf der anderen Seite eine couragierte Frauenministerin, die an der politischen Realität des männlichen Pragmatismus scheitert, lässt 1996 ein feministisches Vakuum entstehen, das schließlich vom UFF gefüllt wird. Eine neue Gruppe von Frauen versucht das umzusetzen, wofür der humanistisch orientierte Teil der österreichischen Frauenbewegung seit rund hundert Jahren mehr oder weniger erfolgreich kämpft. Das direktdemokratische Politikinstrument Volksbegehren soll den Weg zur Gleichberechtigung ebnen. Die Methode des UFF könnte einem fiktiven Lehrbuch der pragmatischen Politikstrategie entnommen sein. Allianzen zwischen den unterschiedlichen Frauenbewegungen werden geschlossen, eine Gruppe von Honoratiorinnen steht dem UFF mit Geld, Sachkenntnissen, oder ganz einfach kraft ihrer Prominenz zur Seite. Das Ziel ist die Umsetzung der eigentlich 12 im Volksbegehren formulierten Forderungen. Ein Aufbruch ist spürbar

und manifestiert sich in Politik und Öffentlichkeit. 645.000 Unterschriften sind ein klarer Handlungsauftrag für die ›neue Frauenbewegung‹. Die ›Frauenanliegen‹ erreichen die Sphäre der hohen Politik, werden zu dem, was Wissenschaftlerinnen ein politisches issue nennen. Bei der Umsetzung der Frauenforderungen ist die vielbeschworene neue Frauenlobby evident. Politischer Handlungsdruck entsteht nur, wenn die Anliegen »von unten«[60], von einer breiten Basis getragen werden, lehrt uns die Politikwissenschaft. Die Medien-Politik der Zahl[61] wirft die Frage nach der ›neuen Frauenbewegung‹ auf, wobei die Frage nach politischer Umsetzung ohne breiten öffentlichen Druck, die punktuell durchaus auch erfolgreich sein kann, wie die Vergangenheit zeigt[62], offen bleibt. Wenn also die Zahl der sich politisch Artikulierenden über das Wohl von 51,7 Prozent der österreichischen Bevölkerung entscheidet, dann ist die allein entscheidende Frage: Existiert die ›neue Frauenbewegung‹ tatsächlich oder ist sie lediglich eine Fiktion? Die Antwort ist eine Melange aus unterschiedlichen Positionen, die auch aus den Interviews im Anhang zu entnehmen sind. Eine Antwort kann nur im Vergleich mit anderen feministischen Strömungen erarbeitet werden. Mit der autonomen Frauenbewegung gibt es jedenfalls nur wenig Berührungspunkte, wie der folgende Beitrag von Sieglinde Rosenberger zeigt. Das ist wohl mit ein Grund, weshalb die autonomen Frauen das FVB zwar mehrheitlich unterschrieben haben, von den Forderungen aber nur wenig überzeugt sind.

SIEGLINDE KATHARINA ROSENBERGER

Von der »AUF« zum »UFF«

Eine Analyse der »Dritten Frauenbewegung«

In Meldungen und Diskussionen wird die Meinung geäußert, dass in den 90er Jahren die Frauenbewegung die gesellschaftliche Stimme und die politischen Konturen verloren habe und dass mit dem UFF und dem Frauen-Volksbegehren eine neue bzw. erneuerte Frauenbewegung entstanden sei. In gewisser Weise also die Transformation der AUF (*Aktion Unabhängiger Frauen*, gegründet 1972) zum UFF (*Unabhängiges-FrauenForum*). Dieser Einschätzung soll hier zwar nicht widersrpochen werden, sie verlangt aber nach Differenzierung.
Die politische Schwäche der neuen Frauenbewegung lässt sich paradoxerweise nicht zuletzt durch einen gesamtgesellschaftlichen Erfolg erklären: Vorstellungen und Forderungen der neuen Frauenbewegung sind in gesellschaftliche, private und politische Bereiche diffundiert, so dass die Bewegung per se an Sichtbarkeit verlor. Was Silvia Kontos (1995) für Deutschland beobachtet, nämlich die politische Ausdifferenzierung der Frauenbewegung und einen Parteien- und Verbandsfeminismus, der das Deutungsmonopol der Frauenpolitik übernahm, gilt auch für die österreichische Entwicklung der letzten Jahre. Die Professionalisierung und Institutionalisierung der Frauenpolitik auf der parteipolitischen und administrativen Ebene (Frauenministerin, Frauenreferate der Bundesländer etc.) stützten auf der einen Seite autonome Frauenprojekte (wenn auch viel zu wenig), auf der anderen Seite wurde die mediale Aufmerksamkeit eben auf das politische Establishment und weniger auf die außerparlamentarische Bewegung gelegt. Die autonome Frauenbewegung wurde kooptiert und ausgegrenzt gleichermaßen.
Ob es sich beim UFF tatsächlich um eine Frauenbewegung handelt oder ob der begriffliche Verweis aus Gründen der politischen Stärkung gemacht wird, kann hier (noch) nicht beantwortet werden. Zweifelsohne aber ist es dem UFF als Projekt gelungen, frauenpolitische The-

men nach einer Phase der Marginalisierung wieder ins Zentrum der politischen Debatten zu rücken.
Das UFF weckte Bedürfnisse nach politischem Engagement. Es motivierte und organisierte Initiativen, jedoch markant anders als die autonome Frauenbewegung. Die UFF-Bewegung widmet sich großteils anderen Inhalten, sie wählt und verlässt sich auf andere politische Mittel, sie tritt für eine andere politische Form der Teilnahme ein, sie bildet andere Kooperationsformen und sie verfolgt andere Ziele als die feministische Bewegung der 70er Jahre. Insgesamt wenig Kontinuität, ausgenommen die Gemeinsamkeit der Kritik an der benachteiligten Situation von Frauen.
Im Folgenden darf ich einige Kennzeichen dieser UFF-Frauenbewegung, die im Vergleich mit zentralen Elementen und Positionen der neuen, autonomen Frauenbewegung zutage treten, skizzieren (vgl. Knäpper 1984; Geiger-Hacker 1989; Holland-Cunz 1994; Dackweiler 1995).

- Lobbyismus

Ein ganz wesentlicher Unterschied liegt im deklarierten Verhältnis zu staatlichen Einrichtungen und zur institutionalisierten Frauenpolitik: Das UFF will mit Hilfe des Frauen-Volksbegehrens Lobbying für frauenpolitische Anliegen organisieren und realisieren. Sie ist ein Brückenschlag zwischen der staatlichen Frauenpolitik und »den Frauen«. Die autonome Frauenbewegung wollte dies ganz bewusst nicht sein, sie war nicht am Brückenschlag, sondern an der Abgrenzung gegenüber den sog. Insitutionenfrauen interessiert.

- Systemimanente Politikmittel

Die Entscheidung für die Durchführung eines Volksbegehren ist die Entscheidung für ein in der Verfassung vorgesehenes politisches Instrument. Damit verbunden ist die Auffassung, dass mit staatlichen Mitteln Diskriminierung und ökonomische, materielle Ungleichheitslagen der Frauen zu beseitigen sind. Mit der Entscheidung für dieses Instrument und für den angepeilten Ort des Handelns, das Parlament, liegt das UFF recht weit weg von den anti-institutionellen Politikaffekten der neuen Frauenbewegung. Die grundlegende Skepsis gegenüber Staat und Recht, die die Frauenbewegung und die Frauenforschung der letzten Jahrzehnte insbesondere im deutschsprachigen Raum prägte, wird von den Initiatorinnen nicht geteilt. Im Gegenteil, ganz gezielt werden staatliche Instrumente gewählt, staatliche RepräsentantInnen in den politischen Prozess eingebunden und Forderungen an die staatlichen AkteurInnen gerichtet. Diese betont staatlich-institutionelle Ausrichtung erklärt wahrscheinlich die nicht unbedingt euphorisch-unterstützende Haltung der autonomen Frauen gegenüber dem UFF.

- Direkte Demokratie versus Basisdemokratie

Das Frauen-Volksbegehren steht zwar in der Logik der direkten Demokratie, es folgt jedoch nicht den basisdemokratisch-feministischen Prinzipien der neuen Frauenbewegung. Am vorläufigen Ende des Frauen-Volksbegehrens steht die plebiszitäre Ermächtigung, am Verhandlungstisch mit RegierungsvertreterInnen zu sitzen. Dies ganz in der Logik einer repräsenativen Politikkonzeption – PolitikerInnen legitimieren sich mit Wahlen, die UFF-Frauen mit dem Volksbegehren. In jedem Fall handelt es sich um einen repräsentativen Politikstil, jenseits der direkten Demokratie.

- Eine breite Bewegung

Das UFF beanspruchte, eine überparteiliche Plattform zu bilden. Tatsächlich ist eine breite Kooperation zwischen Gruppen gelungen, die in der parteipolitisch fragmentierten österreichischen politischen Landschaft nicht unbedingt üblich ist. Parteifrauen neben Kirchenfrauen, Frauenreferentinnen, Gewerkschafterinnen und Bäuerinnen etc. untermaueren das Frauen-Volksbegehren. Das UFF kann daher bei weitem keine typische Szene-Bewegung auf die Füße stellen; die Ausbildung eines Milieus bzw. einer Frauenkultur fehlt alleine aufgrund der Größe des Projektes.
Das Frauen-Volksbegehren und ihre Proponentinnen sind schließlich auch keine primär universitär getragene und geprägte Gruppe, obwohl in den Landeshauptstädten mit Universitäten der Anteil der Unterstützerinnen und UnterschreiberInnen doch deutlich größer ausgefallen ist.

- Bewegung mit Männern

Aus pragmatischen Überlegungen waren Männer als Unterstützer gern gesehen, allerdings wurde eine aktive Mitarbeit im Verein ausgeschlossen.[63] Vor diesem Hintergrund formierte sich eine männliche Unterstützungsgruppe mit Signalwirkung an die männliche Wählerschaft. Vom UFF wurde die eindeutige Interessensgegnerschaft entlang der Geschlechterlinie zu keiner Zeit aufgenommen, Staat und Gesellschaft nicht monolithisch als patriarchal kritisiert. Die Situation der Frauen wurde als materiell und sozial benachteiligt charakterisiert, nicht jedoch als strukturelles Phänomen der Unterdrückung durch Männer kritisiert. Diese pragmatische und doch gleichzeitig der Realität adäquate Konzeption ermöglichte es Männern, die Gleichstellungs- und Gerechtigkeitsanliegen verbal mitzutragen.

- Medienpräsenz

Das UFF und die Initiatorinnen konzentrierten sich auf die Medienarbeit, informierten und inszenierten und hatten Medienprofis unter sich. Eine beachtliche, durchwegs wohlwollende Medienpräsenz wurde erreicht. Es handelte es sich um eine Initiative, die von Frauen mit professionellem Umgang mit Medien getragen wurde. Eine Erklärung für das rege Interesse einiger Printmedien und des ORF am üblicherweise marginalisierten »Frauenthema« dürfte aber nicht nur die mediale Professionalität der Initiatorinnen gewesen sein, sondern auch die positive wie negative Involvierung des politischen Establishments. SpitzenfunktionärInnen aller politischen Parteien äußerten sich in der einen oder anderen Form zur Tatsache wie zu den Inhalten des Frauen-Volksbegehrens.
Im Vergleich dazu zog die autonome Frauenbewegung das Interesse der Massenmedien lediglich bei äußerst spektakulären Aktivitäten auf sich und keineswegs dann, wenn sie etwa geschlechterdifferenzierende Statistiken (siehe Forderung 5 des Frauen-Volksbegehrens) gefordert hätte. In der massenmedialen Resonanz liegt vermutlich auch ein Hauptunterschied zwischen einem »autonomen« und einem »überparteilichen« Selbstverständnis.

- Prominenz und Repräsentation

Das UFF wendete sich rasch der Repräsentationslogik moderner Politik zu. Die Personalisierung und der Zuschnitt auf einige wenige Frauen gehören inzwischen zu den Markenzeichen des UFF. Neben den Initatiorinnen Rossmann und Hammerl, beide Journalistinnen, findet sich Johanna Dohnal an promininenter Stelle. Eine Standardmeldung in den Medien lautete in etwa: »Die Gruppe um die bekannten Publizistinnen Eva Rossmann und Elfriede Hammerl«. Christa Pölzlbauer, obwohl Vorsitzende des UFF und gemäß Vereinsrecht auch Bevollmächtigte, kam vergleichsweise selten zu Wort und ins Bild.
Auf der anderen Seite wurde in Anlehnung an basisdemokratische Sehnsüchte und Traditionen der neuen Frauenbewegung von Seite des UFF festgehalten, dass keine »Leiterin« oder »Sprecherin« gewählt sei, sondern dass alleine entsprechend der Kompetenzen und Interessen Aufgaben wahrgenommen werden. Dieser Anspruch wurde von der Realpolitik überholt. Insbesondere Rossmann galt in den Medien als die »Initiatorin«. D.h. es gibt eine faktische Sprecherin, die zwar nicht

gewählt, sondern die in erster Linie von den Medien »gemacht« wurde, und eine nach dem Vereinsrecht formelle Vorsitzende. Insgesamt ein etwas schräges Demokratieverständnis.

ANMERKUNGEN

[1] Stadtchronik Wien. Wien/München 1986, S.480. Im Artikel ›Kunst als Provokation: Der Wiener Aktionismus‹ werden weder Valie Export noch andere Aktionistinnen erwähnt. Hier spiegelt sich einmal mehr die Sicht der Autorinnen, wonach die Kulturträger eben männlich konstruiert sind, wider.

[2] Taras Borodajkewycz wird von den StudentInnen angelastet, dass er des Öfteren seinen Antisemitismus und seine Nationalsozialistische Geisteshaltung in seine Vorlesungen einfließen lässt. Obwohl B. bei einer Pressekonferenz fragwürdige bis neonationalsozialistische Äußrungen tätigt, darf er weiter unterrichten. Drei Tage später, bei einer Demonstration gegen den Geschichtslehrer wird Ernst Kirchweger vom Neonazi Günther Kümel schwer verletzt. Er stirb nach zwei Tagen. Zur Trauerfeier strömen tausende Menschen. Fünf Wochen danach wird Borodajkewycz in Pension geschickt.

[3] Ursula Krechel: Selbsterfahrung und Fremdbestimmung. Bericht aus der neuen Frauenbewegung. Darmstadt 1975, S. 112.

[4] Vom 27. bis 11 Okt. 1976 werden die Schlachthöfe im dritten Wiener Bezirk von KünstlerInnen besetzt und zum selbstverwalteten Kultur- und Kommunikationszentrum erklärt. Es folgen 101 Tage Kunstprogramm, an dem sich die ganze österreichische Kulturszene beteiligt. Daneben gibt es ein Kinderhaus, ein Frauenhaus (nicht zu verwechseln mit dem Wiener Frauenhaus, das seit Ende 1978 existiert), eine Großküche, eine Galerie, ein ›Café Schweinestall‹ und eine Arena-Zeitung. Heute steht dort, das schon damals von den Politikern (die Entscheidenden waren Männer) abgesegnete Modehaus. In der Stadtchronik Wien steht u.a. zur Arena Bewegung: »Nachdem am 11. Oktober die letzten »Besetzer« das Gelände geräumt hatten, wurde tags darauf mit der Schleifung des Schlachthofes begonnen. Aber die »Arena« lebt weiter: in den ersten Stadtzeitungen, in den verschiedensten Initiativen und Gruppen, im Wunsch nach einer demokratischen und umfassenden Auffassung von Kultur in der »Szene«.« (Wien/München 1986, S. 490.) Im Vergleich dazu wird weder die ›autonome Frauenbewegung‹ noch die Frauendemonstrationen gegen den §144, noch das ›Wiener Frauenhaus‹ in dieser Stadtchronik erwähnt, die immerhin jedEr WienerIn zur Volljährigkeit – ganz im Sinne der stadtgeschichtlichen Weiterbildung – zum Geschenk bekommt. Analog dazu der Inhalt in ›Die Chronik Österreichs‹ (Chronik Verlag. Dortmund 1984). Wenngleich ein Eintrag zum Thema ›Abtreibung liberaler‹ existiert, so fehlt doch jeder Hinweis auf eine – Frauendemonstration, eine autonome Frauenbewegung, ein Frauenhaus, ja nicht einmal Johanna Dohnal, die 1979 ein nach der Nationalratswahl geschaffenes Staatsekretariat für allgemeine Frauenfragen leitet, wird erwähnt, während nahezu jedes Fußballspiel plus Tordifferenz notiert sind.

[5] Zwischen der neuen Frauenbewegung (getragen von Studentinnen) und der sie zunächst unterstützenden Studentenbewegung kommt es sehr bald zu einem Bruch. Den Beginn dieser Abspaltung setzen deutsche Studentinnen bei einer Sitzung des Sozialistischen Deutschen Studentenbundes (SDS) in Frankfurt. Mit den Worten:

»Genossen, eure Veranstaltungen sind unerträglich!« wirft eine Frau die »erste Tomate« gegen den Vorsitzenden. Die SDS Frauen fühlen sich von ihren Genossen betrogen, weil sie der Frauenproblematik wieder nur den Stellenwert eines Nebenwiderspruchs geben. Obwohl die Genossen sich den Anspruch geben, für eine allumfassende Emanzipation des Menschen einzutreten, wird die patriarchalische Unterdrückung bei sich selbst und im Privatleben nicht reflektiert. In Frankfurt gründet sich der »Weiberrat« in Westberlin der »Aktionsrat zur Befreiung der Frau« und international beginnt sich die Frauenbefreiungsbewegung zu konstituieren. Vgl. dazu: Liana Pluntz: Autonome Frauenbewegung in Österreich. In: Österreichische Zeitschrift für Politikwissenschaft. 84/4, S. 414. »Ziel war nun an nicht mehr die Gleichberechtigung, die Anpassung an männliche Verhaltensweisen – an Durchsetzungsfähigkeit unter Aufgabe jeglicher weiblicher Subjektivität, an theoretische Wasserköpfigkiet, die weder Bezug zur Wirklichkeit noch zu sich selber kennt – bedeutet. Nicht die Frauen sind für die Gesellschaft untragbar, unreif, sondern die gesellschaftlichen Verhältnisse, unter denen sie heute leben müssen, sind für Frauen untragbar, lautete jetzt die These.« Vgl. dazu: Ilse Kassner/ Susanne Lorenz: Trauer muss Aspasia tragen. Die Geschichte der Vertreibung der Frau aus der Wissenschaft. München 1980, S. 217. Rückblickend ist es der erste Schritt weg vom »humanistischen Feminismus« hin zum »gynozentrischen Feminismus«.

[6] Elisabeth List/Herlinde Studer: Denkverhältnisse. Feminismus und Kritik. Frankfurt am Main 1989, S. 23.

[7] Catharine A. MacKinnon: Feminismus, Marxismus, Methode und der Staat: Ein Theorieprogramm. In: Elisabeth List/Herlinde Studer: Denkverhältnisse. Feminismus und Kritik. Frankfurt am Main 1989, S. 107.

[8] Frigga Haug: Männergeschichte, Frauenbefreiung, Sozialismus. In: Das Argument. Jg. 23, 1981, Heft 129, S. 657-664.

[9] Elisabeth List/Herlinde Studer: Denkverhältnisse. Feminismus und Kritik. Frankfurt am Main 1989, S. 16.

[10] Marielouise Janssen-Jurreit: Sexismus. Über die Abtreibung der Frauenfrage. München 1976, S. 702.

[11] Annalisa Usai/Lidia Ravera: Die Zeiten der Frauen sind die Zeiten, die die Frauen sich geben. In: Michaela Wunderle (Hgin.): Politik der Subjektivität. Texte der italienischen Frauenbewegung. Frankfurt/Main 1977, S. 208.

[12] Dorothee Sölle: Anfragen feministischer Theologie. In: Das Argument. Jg. 23, 1981, Heft 129, S. 666.

[13] Anja Meulenbelt: Die Scham ist vorbei. München 1979, S. 166.

[14] Catharine A. MacKinnon: Feminismus, Marxismus, Methode und der Staat: Ein Theorieprogramm. In: Elisabeth List/Herlinde Studer: Denkverhältnisse. Feminismus und Kritik. Frankfurt am Main 1989, S. 91.

[15] Ursula Krechel: Selbsterfahrung und Fremdbestimmung. Bericht aus der neuen Frauenbewegung. Darmstadt 1975, S. 12.

[16] Liana Pluntz: Autonome Frauenbewegung in Österreich. In: Österreichische Zeitschrift für Politikwissenschaft. 84/4, S. 419.

[17] Ursula Krechel: Selbsterfahrung und Fremdbestimmung. Bericht aus der neuen Frauenbewegung. Darmstadt 1975, S. 12.

[18] Liana Pluntz: Autonome Frauenbewegung in Österreich. In: Österreichische Zeitschrift für Politikwissenschaft. 84/4, S. 414.

[19] Vgl. dazu: AUF. Eine Frauenzeitschrift. Heft 1. Wien 1974, S. 3f.

[20] Liana Pluntz: Autonome Frauenbewegung in Österreich. In: Österreichische Zeitschrift für Politikwissenschaft. 84/4, S. 415.
[21] Vgl. dazu: AUF. Eine Frauenzeitschrift. Heft 5, Wien 1975, S. 1.
[22] Liana Pluntz: Autonome Frauenbewegung in Österreich. In: Österreichische Zeitschrift für Politikwissenschaft. 84/4, S. 422.
[23] Ebenda. S. 423.
[24] Anneliese Eisenreich/Irmtraut Leirer/Rosi Logar: Basisinitiativen und politisches System. Am Beispiel des Wiener Frauenhauses. In: Österreichische Zeitschrift für Politikwissenschaft. Wien 80/2, S. 234. Im Gegesatz zum ›Verein Initiative Frauenhaus‹ in Salzburg, die eine Intitiative der betroffenen Frauen darstellt. Vgl. dazu: Österreichische Zeitschrift für Politikwissenschaft. Wien 80/2, S. 225.
[25] Anneliese Eisenreich/Irmtraut Leirer/Rosi Logar: Basisinitiativen und politisches System. Am Beispiel des Wiener Frauenhauses. In: Österreichische Zeitschrift für Politikwissenschaft. Wien 80/2, S. 233.
[26] Vgl. dazu: Karin Reschke: Power Frauen! Eine Ansprache. In: Kursbuch 47. 1977, S. 181.
[27] Vgl. dazu: Interview mit Drin. Ursula Kubes-Hofmann.
[28] Anneliese Eisenreich/Irmtraut Leirer/Rosi Logar: Basisinitiativen und politisches System. Am Beispiel des Wiener Frauenhauses. In: Österreichische Zeitschrift für Politikwissenschaft. Wien 80/2, S. 235.
[29] Ebenda. S. 236.
[30] Anneliese Eisenreich/Irmtraut Leirer/Rosi Logar: Basisinitiativen und politisches System. Am Beispiel des Wiener Frauenhauses. In: Österreichische Zeitschrift für Politikwissenschaft. Wien 80/2, S. 234.
[31] Ebenda. S. 235.
[32] Ebenda. S. 236.
[33] Ebenda. S. 236f.
[34] Ebenda. S. 237f.
[35] Ebenda. S. 238.
[36] Ebenda. S. 235.
[37] Ebenda. S. 239.
[38] Ebenda. S. 239.
[39] ›Verein Initiative Frauenhaus – Frauen helfen Frauen (Salzburg). In: Österreichische Zeitschrift für Politikwissenschaft. Wien 80/2, S. 232.
[40] Liana Pluntz: Autonome Frauenbewegung in Österreich. In: Österreichische Zeitschrift für Politikwissenschaft. 84/4, S. 423. Ein anderes Beispiel einer beispiellosen parteipolitischen Instrumentalisierung zitiert Ursula Kubes-Hoffmann: »Als ehemalige Aktivistin der AUF (Aktion Unabhängiger Frauen) sind mir jene Aktivitäten der feministischen Frauenbewegung in Österreich geläufig, die als SPÖ-Zuarbeiten zur Reform §144 bis zur Veröffentlichung des Bundesgesetzblattes zur strafrechtlichen Regelung der Abtreibung bezeichnet werden können. Dies war mit 1. Januar 1975 der Fall. Die SPÖ zog sich die Aktivitäten der autonomen Feministinnen rein und verunglimpfte in der Folge die AUF »mit dem Hinweis, dass die Verteidigung der Fristenlösung Angelegenheit der Regierung und nicht der autonomen Frauenbewegung sei.« Diese Erklärung war um so unverschämter, als die SPÖ, beunruhigt von der Lebendigkeit der Aktion Leben durch die Unterstützung des Österreichischen Katholikentages (12.10. bis 16.10.1974), der AUF vorgeworfen hatte, nichts zu unternehmen. In den siebziger Jahren wurde in Österreich politisch lahmgelegt, was in der Folge über mehr als zwei Jahrzehnte einer feministischen Frauenbewegung –

auch mit Hilfe von Johanna Dohnal – nicht gelingen konnte: Wenn schon nicht die ersatzlose Streichung des § 144, dann flankierende Maßnahmen für einen Schwangerschaftsabbruch innerhalb der gesetzlichen Frist. Die Durchsetzung dieser Maßnahmen wurde politisch vor allem durch die ÖVP und später von weiten Teilen der Ökologiebewegungen in den achtziger Jahren verhindert. Damit im Zusammenhang stehend sind bis heute nicht realisiert worden: eine Sexualaufklärung in den Schulen, die Sexualität nicht mehr ausschließlich mit Fortpflanzung in Verbindung bringt, und freie Vergabe von Verhütungsmitteln; eine Friedenserziehung, die strukturelle Gewaltphänomene in der Gesellschaft als hierarchisch organisierte Geschlechterverhältnisse rezipiert und sie in den Kontext von patriarchalen und kapitalistischen Ideologien stellt ... zit.n.: [sic!]. Forum für feministische Gangarten. Nr.20/21. Wien 1997, S. 5.

[41] Vgl. dazu: Anneliese Eisenreich/Irmtraut Leirer/Rosi Logar: Basisinitiativen und politisches System. Am Beispiel des Wiener Frauenhauses. In: Österreichische Zeitschrift für Politikwissenschaft. Wien 80/2, S. 239.

[42] Vgl. Interview mit Ursula Kubes-Hofmann vom 30.10.97. S. 255f.

[43] Dazu zählen die Strukturebene, die bestimmt, was ein political issue ist; die Ideologieebene, umfasst die weltanschaulichen Grundlagen einer Gesellschaft; die Ebene des Prozesses der Entscheidungsfindung und -durchsetzung, dazu zählt die Macht der Bürokratie; die offene Repression als vierte Ebene um politische Entscheidungen zu steuern oder unliebsame Bewegungen zu filtern. Claus Offe: Klassenherrschaft und politisches System. Zur Selektivität politischer Institutionen. In: Claus Offe: Strukturprobleme des kapitalistischen Staates. Frankfurt 1972, S. 65-105.

[44] Vgl. dazu: Roland Deiser/Norbert Winkler: Das politische Handeln der Österreicher. Wien 1982, S. 36.

[45] Ein Sittenbild des Österreichischen Umgangs mit feministischen Projekten liefert ein Beitrag vom ›Verein Initiative Frauenhaus – Frauen helfen Frauen (Salzburg). In: Österreichische Zeitschrift für Politikwissenschaft. Wien 80/2, S. 223-232. Nachdem die Frauenhausinitiative die Öffentlichkeit von ihrem Plan informiert bietet die Junge Generation eine Zusammenarbeit an. Die Initiative wehrt sich dagegen – »Unser Projekt sollte für den Wahlkampf der SPÖ verwendet werden.« Später versucht die konservative Öffentlichkeit das ›Frauenhaus‹ als doppeldeutigen Begriff zu lancieren. Als das nichts mehr nützte, weil die Frauenhausinitiative die Notwendigkeit eines Frauenhauses empirisch nachweisen kann, greift man(n) zu einer beispiellosen Hinhaltetaktik (falsche Informationen; Verzögerung von Informationen; falsche Termine für Gespräche, die bereits gelaufen sind; Verweisung auf andere wichtige Politiker). Als diese Beschäftigungstherapie die Frauen auch nicht entmutigen lässt, sind es programmatische Dinge wie die Forderung nach ehrenamtlicher Arbeit oder die Installierung von hierarchischen Formen, die zur Verzögerung beitragen. Eine Diffamierungskampagne, bei der den Frauen unterstellt wird, nächtliche Störanrufe bei Herrn Hofrat Dr. Spring (Vorsitzender von ›Rettet das Kind), soll den Frauen den Rest geben. In diesem Verein sehen die Frauen keinen potentiellen Konkurrenten, »da die Politiker sich uns gegenüber zu der Person des Hofrats Dr. Spring in einer solch abwertenden und verächtlichen Art und Weise äußerten.« Schließlich hat sich der »Wunsch nach staatlicher Kontrolle mit der von der ÖVP verlangten reaktionären Familienideologie in einem Frauenhaus unter der Leitung des Vereins ›Rettet das Kind‹ vermengt und durchgesetzt. Mitglieder dieses Vereins sind »namhafte Politiker der ÖVP und SPÖ«) »Im allgemeinen geschah uns das, was fast jeder Frau passiert: Egal, wie wir wirklich sind, wir können den gewünschten Anforderungen

nicht entsprechen. ... Wir waren das eine Mal geltungssüchtige Karrierefrauen, denen es nur darum ging, einen Arbeitsplatz zu schaffen, und dann wurden wir das nächste Mal als emotionale Idealistinnen ohne Fachkenntnisse negativiert. ... Wir sind nicht die erste Projektgruppe in Salzburg und auch in Österreich, die abserviert wurde, und es sind viele Parallelen erkennbar, die von uns gemeinsam mit anderen Projektgruppen aufgearbeitet und analysiert werden müssen.«

[46] Anneliese Eisenreich/Irmtraut Leirer/Rosi Logar: Basisinitiativen und politisches System. Am Beispiel des Wiener Frauenhauses. In: Österreichische Zeitschrift für Politikwissenschaft. Wien 80/2, S. 239.

[47] Ebenda. S. 239.

[48] Liana Pluntz: Autonome Frauenbewegung in Österreich. In: Österreichische Zeitschrift für Politikwissenschaft. 84/4, S. 420.

[49] Simone de Beauvoir: Das andere Geschlecht. Sitte und Sexus der Frau. Reinbek bei Hamburg 1997.

[50] Liana Pluntz: Autonome Frauenbewegung in Österreich. In: Österreichische Zeitschrift für Politikwissenschaft. 84/4, S. 423.

[51] Das sind weitgehend »unbürokratische Verwaltungsstellen«, die für die vitalen »Lebensinteressen« der Bevölkerung, von Basisinitiativen zuständig sind. Gegenwärtig stehen sich der rigide Verwaltungsstaat und Selbsthilfeorganisationen /Basisinitiativen fremd gegenüber. Die zugelassenen unbürokratischen Vorposten dienen weitgehend als Ventil für den Unmut der Bevölkerung. »Einen Weg aus dem Dilemma wird es nur dann geben, wenn auch erkannt wird, welche konstruktive Ergänzung und Korrektur öffentlicher Verwaltungstätigkeit selbstbestimmte Initiativen der Bevölkerung bedeuten. Eine solche Anerkennung impliziert freilich auch die Einsicht, dass solche Initiativen nicht ohne öffentliche Unterstützung überleben und fortbestehen können. Soll eine solche Abstützung in einem demokratisch kooperativen und nicht bevormundenden Sinn erfolgen können, so erzwingt dies eine demokratische Transformation auch der öffentlichen Verwaltung.« Eva Kreisky: Kooperative Selbstorganisation: Eine bürokratische Alternative zum bürokratischen Verwaltungsstaat? In: Österreichische Zeitschrift für Politikwissenschaft. Wien 80/1, S. 43.

[52] Liana Pluntz: Autonome Frauenbewegung in Österreich. In: Österreichische Zeitschrift für Politikwissenschaft. 84/4, S. 423f.

[53] Ebenda. S. 424.

[54] Vgl. dazu: Ebenda. S. 424f.

[55] Vgl. dazu Pluntz: »Indem die Feministinnen den Begriff der Macht negativ besetzten und ihn mit Unterdrückung und Zerstörung identifizierten, haben sie »Macht« auch rigoros abgelehnt. Nach der Macht zu greifen, kann aber auch Einmischung bedeuten und Einflussnahme auf die Weise, wie die Lebensbedingungen der Menschen organisiert sind ... Dem Mechanismus der männlich geprägten Macht nur anklagend gegenüberzustehen und nicht in diesen einzugreifen, bedeutet Subordination ... Die Frauen verewigen damit ihre Unterwürfigkeit der Welt gegenüber, an der sie keinen Anteil haben und auch keinen begehren.« (Liana Pluntz: Autonome Frauenbewegung in Österreich. In: Österreichische Zeitschrift für Politikwissenschaft. 84/4, S. 424f.

[56] Iris Marion Young: »Der gynozentrische Feminismus betrachtet den weiblichen Körper und die traditionell weiblichen Aufgaben als Ausgangspunkt positiver Wertvorstellungen. Die weiblichen ReProduktionsprozesse verbinden uns im Unterschied zu Männern stärker mit der Natur und dem Leben. Die Erotik von Frauen ist diffuser und liebevoller als die eher zu Gewalt neigende männliche Sexualität. Unsere

weibliche Sozialisation und unser traditionelles Rollenverständnis als Mütter vermitteln uns eine Fähigkeit zur Fürsorge und einen Sinn für soziale Kooperation, die vielleicht die einzige Rettung für diesen Planeten ist. Der gynozentrische Feminismus definiert also die Unterdrückung der Frau ganz anders. Weiblichkeit ist nicht das Problem, nicht die Ursache für die Benachteiligung der Frau, sondern verkörpert vielmehr die für die Schaffung einer besseren Gesellschaft unabdingbaren Werte. Die Unterdrückung der Frau besteht in der Abwertung und Repression der weiblichen Natur und deren Aktivitäten durch die patriarchale Kultur.« Iris Marion Young weist darauf hin, dass »der gynozentrische Feminismus die Attribute genau dort findet, wo sie auch das Patriarchat geortet hat – in der reproduktiven Biologie der Frau und der Mutterschaft. Gemäß der feministischen, antimilitaristischen und ökologischen Analyse haben Frauen wegen der Zyklen und Veränderungen ihres Körpers eine engere Beziehung zur Natur und sind friedliebender, da unsere fürsorglichen Impulse in uns die Liebe zum Leben fördern.« Iris Marion Young: Humanismus, Gynozentrismus und feministische Politik. In: Elisabeth List/ Herlinde Studer (Hginnen): Denkverhältnisse. Feminismus und Kritik. Frankfurt am Main 1989, S. 47 und 49. Der Gynozentrismus definiert die Frau nicht als Opfer von Sexismus, Unterdrückung und Benachteiligung. Seine Zielkonzeption ist nicht die Emanzipation (Freiheit, Gleichheit, Solidarität in Bezug auf Geschlecht und Klasse) auf allen gesellschaftlichen Ebenen – innerhalb eines demokratischen Systems. Vielmehr zielt er darauf ab, das Patriarchat durch das Matriarchat abzulösen, indem er die traditionellen weiblichen Attribute, die sich aus den Zyklen des weiblichen Körpers, der weiblichen Sexualität und Mutterschaft speisen, über die der männlichen stellt: Die Frau steht für das Leben (Reproduktion, Frieden), der Mann für den Tod (Militarismus, Krieg); die Frau steht für die Natur (Ökologie), der Mann für Kultur (Technik, Zerstörung); die Frau steht für das Soziale (Gemeinschaft), der Mann für das Rationale (Individualismus, Wettbewerb, Kampf); Der ›gynozentrische Feminismus‹ entsteht in den späten siebziger Jahren, ist wesentlich von den Arbeiten der feministischen Historikerinnen (die die Frau als aktiv an der Geschichte Beteiligte wiederentdeckt), von den Arbeiten der Anthropologinnen, Ethnologinnen und Soziologinnen (Alltagsgeschichte; Studien zur Handlungsweise von Frauen), von den Inputs der »schwarzen Feministinnen« (die den Begriff der Weiblichkeit, der mit Schwäche und Abhängigkeit besetzt ist, verwerfen) aber auch von den Argumenten der AntifeministInnen, die der Gynozentrismus in einer zweifelhaften Form integriert, geprägt. Allen gynozentrischen Arbeiten gemeinsam ist die Konzentration auf die positiven Aspekte weiblicher Kultur, als die lebensbejahende, die naturverbundene, die fürsorgliche und soziale: »das weibliche Prinzip der Lebensgenerierung«, »die Reproduktion als weibliche Erfahrung von Lebensabläufen«, die der »Frau ein Bewusstsein von Kontinuität geben, während das zeitliche Erleben der Männer diskontinuierlich ist« (vgl. dazu: Mary O'Brien: The Politics of Reproduction. Boston 1981); oder »die Erfahrungen von Menstruation, Koitus, Schwangerschaft und Stillzeit… vermitteln Frauen ein deutlicheres Erlebnis des Einklangs mit der Natur«, »die Besonderheiten der weiblichen Erfahrung können Grundlage einer Form der Begriffsbildung werden, die nicht vom Denken in Dichotomien abhängt und die, im Gegensatz zur abstrakten Männlichkeit, eher Verbindungen zwischen Personen als deren jeweilige Abgrenzungen betont« (vgl. dazu: Nancy Hartsock: Money, Sex and Power: Toward a Feminist Historical Materialism. New York 1983.); oder »die einschlägigen Praktiken der Mutterschaft, die vom Interesse an der Existenz, dem Wachstum und dem Akzeptieren des Kindes durch die Gesellschaft motiviert sind, schaffen ein mütterliches Denken (dieses Denken besitzen nicht bloß Mütter sondern nach Ruddick alle Frauen, Anm. d. Verfin.), das antimilitaristische Werte befürwortet« (vgl. dazu: Sara Ruddick: Maternal thinking. In: Feminist Studies 6 Nr2, 1980, S. 342-367.) Luce Irigaray fordert die Frauen auf, »das Besondere weiblichen Begehrens, das völlig andere Werte als das phallozentrische Denken verkörpert, zu entdecken und auszusprechen« (Vgl. dazu: Luce Irigaray: Das Geschlecht das nicht eins ist. Berlin 1979.) Julia Kristeva setzt auf Sprache und Symbolik und auf die Wandlung des sprechenden Subjekts, wobei das unterdrückte »Weibliche« das Potential dieser Veränderung ist. Unter weiblich versteht Kristeva die besondere Erfahrung der Frauen als dezentriertes Subjekt (weiblicher Körper, Tochter, Mutter ...) und die Unbeständigkeit, die Frauen angelastet wird, die sich in Lyrik, Rhythmik, Musikalität, in Fürsorglichkeit und Sanftheit ausdrückt (vgl. dazu: Julia Kristeva: Motherhood according to Giovanni Bellinie. In: Desire in Language. New York 1981.) Aber auch Carol Gilligans Kritik an männlichen Theorien der Moralentwicklung hat durchaus den ›gynozentrischen Feminismus‹ beeinflusst: Nach Gilligan besteht die moralische Unterdrückung der Frau darin, dass ihr moralisches Urteil an männlichen Standards gemessen wird und so die weibliche Stimme zum Schweigen bringt. Zwischen den Geschlechtern bestehen zwei unterschiedliche Konzeptionen moralischer Rationalität: eine männliche Ethik der Rechte und Gerechtigkeit und eine weibliche Ethik der Verantwortung und Fürsorge. (Vgl. dazu: Carol Gilligan: Die andere Stimme. Lebenskonflikte und Moral der Frau. München 1984.) Die Frau ist Natur, der Mann ist Kultur, auf diese bündige Formel kommt die ›Popart.Feministin‹ Camilla Paglia (Die Masken der Sexualität. München 1992.) So wichtig die Neuentdeckung der Geschichte der Frau für das Selbstbewusstsein der Frau sein mag, so richtig die Forderung nach neuen Formen der Sprache, des Schreibens, der Symbolik für eine Änderung des Subjekts und der phallozentrischen Gesellschaft zweifelsfrei ist, so fragwürdig ist das Fundament des ›gynozentrischen Feminismus‹, das auf der traditionellen, biologistischen Definition von Weiblichkeit gebaut ist. Der Gynozentrismus liefert dem patriarchalen Machtgefüge jene Argumente, die Männer schon Jahrhunderte gegen den sozialen Aufstieg der Frauen ins Treffen führen, mit dem Unterschied, dass sie diesmal (wie schon zu Zeiten der moralischen Mütterlichkeit im 19. Jhdt.) aus der eigenen Feder geronnen sind. Die »weibliche Stimme«, die männliche Werte als körperfeindlich und egoistisch desavouiert gerät zum selbstkomponierten Todes - Choral, bei dem die Männer den Taktstock schwingen.

[57] Vgl. dazu: Bundesministerium für Frauenangelegenheiten (Hg.): Frauenbericht 1995. Wien 1995, S. 626.

[58] Vgl. dazu: Bundesministerium für Frauenangelegenheiten (Hg.): Frauenbericht 1995. Wien 1995, S. 625. Dort heißt es: »Die Sphären institutioneller Frauenpolitik werden im großen und ganzen zwar nach wie vor mit großer Skepsis betrachtet, wenngleich auch nicht von allen sich als ›autonom‹ verstehenden Frauen mit gleicher Vehemenz und Animosität abgelehnt, wie dies früher oftmals der Fall war.« (S.625) Die Bandbreite der politischen Einstellungsmuster unter den autonomen Frauen reicht von der These der Zusammenarbeit mit den Institutionen »weil der Kampf dort auch wichtig ist und er dort verstärkt werden Müsste« (S. 626) bis zur Ablehnung einer Zusammenarbeit mit den politischen Eliten, weil es zu einer »Instrumentalisierung der autonomen Frauenbewegung durch die Institutionalisierung in der allgemeinen Politik, zB. das Frauenbüro, das Frauenministerium« führt, die der Bewegung »den Wind aus den Segeln nimmt.« (S. 625) Neben der fundamentalistischen Position gibt es durchaus eine ›Realo-Strategie‹, die bereits seit den 70er

Jahren (Frauenhausdiskussion) verfolgt wird. Intern beklagen sich die ›autonomen Frauen‹ über die »Defensivpolitik, die die meisten Gruppierungen der Frauenbewegung mittlerweile betreiben« und den »Verlust des Utopiebegriffs, der langfristigen Vision« in der Frauenbewegung. (S. 626) Die Hauptstrategie der ›autonomen Frauenbewegung‹ ist unverändert »die Hoffnung auf Verbünden und Vernetzen ... zur Sicherung und Verteidigung des in der Vergangenheit erkämpften. Erträumt wird für die ganz unmittelbare frauenpolitische Zukunft, dass sich wirklich einmal alle Flügel der Frauenbewegung – der außerparlamentarische, der autonome, der institutionelle, die Frauen, die in gemischten Zusammenhängen arbeiten – dass dies wirklich einmal schaffen, sich an einen Tisch zu setzen und über Politik und Strategien zu diskutieren, Bilanz zu ziehen, was hat es gebracht, in diesen gemischten Institutionen zu arbeiten, was hat es gebracht, weibliche Gesellschaftsflügel zu haben, gibt es andere Aktions- und Handlungsformen, auch darüber zu diskutieren, was ist kurzfristige, was ist mittelfristige, was ist langfristige Politikstrategie. Endlich einmal die Illusion wegzustreichen, dass sich Frauen immer, überall und jederzeit lieben müssen.« (S. 626f)

[59] Vgl. dazu: [sic!]. Forum für feministische Gangarten. Nr. 20/21. Wien 1997, S. 7.

[60] Eva Kreisky: Kooperative Selbstorganisation: Eine bürokratische Alternative zum bürokratischen Verwaltungsstaat? In: Österreichische Zeitschrift für Politikwissenschaft. Wien 80/1, S. 44.

[61] Wie sehr die Quantität der Interessensträgerinnen ein Anliegen zum öffentlich-politischen Anliegen macht, lässt sich an der Informationsarbeit mit Journalistinnen erkennen. »Wenn weniger als 150 Leute zu dieser Aktion kommen, werden wir nicht darüber berichten«, argumentieren Medienleute (und es ist dies nicht bloß der Spruch eines ORF-Journalisten anlässlich der Aktion zum 2. Punkt des Frauenvolksbegehrens).

[62] Ich denke dabei an die Pensionsansprüche der UNO-Friedenssoldaten, die ohne großes Medienlobbying schnell und unbürokratisch umgesetzt wurden. Es stellt sich vielmehr die Frage nach der Notwendigkeit und Dringlichkeit politischer Themen und diese wird von den Trägerinnen in der Politik beantwortet, ist ergo von Männern und ihren Meinungen dominiert.

[63] In der bereits erwähnten programmatischen Kurzpräsentation des UFF »Wir über uns« ist festgehalten: »Männer können finanzielle oder materielle Unterstützung leisten, nicht aber aktiv im Verein mitarbeiten oder diesem beitreten«.

4. Last Exit – die Frauenpartei?

»Es ist typisch, dass am Podium nur Promi-Frauen zu finden sind und keine einzige, die von der Basis kommt.« Diese Wortmeldung aus dem Publikum trifft die Podiumsdiskutantinnen und irritiert. Wir schreiben den Spätherbst 1995. Mindestens 300 Frauen finden sich in der Volkshochschule Ottakring ein, um über die Zukunft einer Frauenpartei zu beraten. Den Anlass liefert Deutschland: 1995 formiert sich eine Frauenpartei in Hamburg. Diskutiert wird dieses Modell für österreichische Verhältnisse. Alle Frauen sind unzufrieden, weil das Sparpaket 95 die ersten Auswirkungen spüren lässt und alle Frauen wollen vor allem eines nicht mehr, dass ihnen Politiker vorschreiben können, was sie zu tun und zu unterlassen haben. Darüber herrscht Einigkeit. Sowohl am Podium, wo die frauenfeindliche Politik von Elfriede Hammerl, Johanna Dohnal, Friedrun Huemer (Wiener Gemeinderätin der Grünen), Bolognese-Leuchtenmüller (Liberales Forum), Rotraud Perner (Juristin und Sexualtherapeutin) u.a. kommentiert wird, als auch im Publikum. In den Lösungsansätzen gehen die Meinungen auseinander. Einige Podiumsfrauen sprechen sich – mit Vorbehalten – für die Frauenpartei aus. Andere lehnen sie ab, wie etwa die Grün-Politikerin Friedrun Huemer, die in einer Frauenpartei die Schwächung derjenigen Parteien befürchtet, die sowieso eine akzentuierte Frauenpolitik vertreten. In den Augen vieler Hörerinnen aber hat die institutionalisierte Frauenpolitik versagt. Sie wünschen eine radikalere Gangart und klare Positionierungen. Andere Teilnehmerinnen zeigen sich ob der Vielfalt der Fraueninteressen und der Radikalität ihrer Formulierungen enttäuscht. Zu den letzteren gehört Edith Stohl.[1] Wenige Monate später zählt sie zu den Mitinitiatorinnen des FVB. Damals aber ist ihr Ziel eine Frauenlobby. Die Stimmung in der Volkshochschule lässt das Ziel in weite Ferne rücken. Noch an diesem Abend lernt sie Christa Pölzbauer, die ebenfalls im Publikum sitzt, und Elfriede Hammerl kennen. Knapp zwei Jahre später zählen Stohl, Hammerl und Pölzlbauer zu jenen UFF-Frauen, von denen die Öffentlichkeit befürchtet, dass sie im Stillen eine eigene Frauenpartei planen und formieren.

Nicht ganz. Denn eine zentrale Person fehlt dabei und das ist Johanna Dohnal. Immer wieder streut sie das Reizwort Frauenpartei in die Tagespolitik. Im Zuge der Vorbereitungen zur Demonstration am Frauentag 96 schreibt *News*: »Immer häufiger fällt das Wort von einer Frauenpartei. Was die zurückhaltende Dohnal dazu sagt, klingt beinahe wie eine Drohung: »Ich werde mir jetzt die Entwicklung in aller Ruhe ansehen. Aber natürlich ist es nicht ausgeschlossen, dass Frauen in Österreich einmal sagen: Jetzt reicht's.««[2] Und einige Tage später steht im *Kurier*, dass »Frauenministerin Helga Konrad nichts von der Idee hält, eine eigene Frauenpartei zu gründen.«[3] Eine Frauenpartei wurde eine Woche zuvor in der »WirtschaftsWoche« von Johanna Dohnal ins Spiel gebracht, weil das Sparpaket die Frauen einseitig belastet.

Die Idee einer Frauenpartei irritiert grundsätzlich, nicht bloß die Frauenministerin. Wird diese Idee von einer Ex-Politikerin wie Johanna Dohnal vorgetragen, die sich zweifelsohne breiter Loyalitäten innerhalb der sozialdemokratischen Frauen, aber nicht nur dieser, erfreut, so ist der Sprung zwischen Utopie und Realität mitunter ein winzig kleiner. Dieses Bewusstsein entscheidet und ist schnell verdrängt.

Im Sommer 96 ist es vergleichsweise ruhig um Johanna Dohnal. Ihre Aktivitäten gelten u.a. dem FVB. Die Frage nach einer Frauenpartei schwappt erst wieder in den öffentlichen Diskurs, als das FVB publik wird und für Furore sorgt. Bereits einen Tag nach der Pressekonferenz zum FVB wird Johanna Dohnal in einem *News*-Interview nach der Notwendigkeit einer Frauenpartei gefragt. Dohnal: »Ich habe wiederholt darüber diskutiert und habe auch einige Gegenargumente. Dafür spricht, dass eine Partei, die in Konkurrenz zu anderen tritt, ihnen Stimmen wegnimmt, und damit ergeben sich Veränderungen auch in den anderen Parteien.«[4] Johanna Dohnal ist indifferent: »Ich kann die Entwicklung nicht voraussehen.«

Etwas konkreter äußert sich Johanna Dohnal bei einer Podiumsdiskussion am 8.11.96 zum Thema: Brauchen wir eine Frauenpartei? In ihrem Referat konkretisiert Johanna Dohnal das Ziel einer Frauenpartei: Ihre zentrale Aufgabe muss »die Umverteilung von Macht, von Reproduktionsarbeit, von Erwerbsarbeit, von Ressourcen, von Einfluss usw. sein.« Über die Art und Weise: »Eine Partei von Frauen für Frauen Müsste ihre Politik so gestalten, dass dadurch eine neue Qualität in der politischen Kultur entstehen kann.« Argumente für eine Frauenpartei: »Eine neue Partei tritt auf jeden Fall in Konkurrenz mit zu den bestehenden Parteien und zwingt diese zum politischen Handeln«; die öffentliche Präsenz würde von Frauen bestimmt; eine Frauenpartei wäre für viele Frauen auch eine Art Ventil, »d.h. Frustration verpufft nicht, sondern kann sich konstruktiv kanalisieren«; Argumente, die gegen eine Frauenpartei sprechen: »Der Rückzug der Frauen in eine eigene Enklave und damit eine weitere Stärkung der ohnehin männlich dominierten Einflusssphären«; Ressourcen sind erforderlich, die mitunter Abhängigkeiten schaffen; »wenn das Auftreten einer Frauenpartei eine Art Minderheitenfeststellung wird, dann hat sie damit mehr Schaden angerichtet, als sie nutzen kann – möglicherweise.« Resümee: »Überparteilich gut organisierte Initiativen von Frauen, die punktuell und zeitlich begrenzt agieren« sind zum gegenwärtigen Zeitpunkt wichtiger »als eine Frauenpartei-Diskussion«. »Sowohl als Druckmittel gegen die herrschende Politik als auch als Artikulationsmöglichkeit für die vielen Frauen, die aus der Bewegung verschwunden sind. Und an diesen Ergebnissen und Erfahrungen wird sich zeigen, ob damit ein mehr an Geschlechterdemokratie herstellbar ist, oder ob tatsächlich ein nächster Schritt in Richtung einer Frauenpartei zu gehen ist.« Damit formuliert Johanna Dohnal eine Absicht, die gegenwärtig, infolge der weitgehenden Stagnation in der Umsetzung von FVB aber auch anderer frauenpolitischer Anliegen, relevant wird.[5]

Am 4. Dez. beschäftigt die Frauenpartei erneut die Öffentlichkeit. Zwölf Prozent der ÖsterreicherInnen, so eine Gallup-Umfrage für die Wochenzeitschrift *News*, würden bei der nächsten Nationalratswahl eine Frauenpartei wählen, darunter 15 % der Frauen und 9 % der Männer. Weitere 25 Prozent der Österreicher und Österreicherinnen können sich die Wahl einer Frauenpartei vorstellen. Für 18 Prozent kommt das eher nicht, für 31 Prozent sicher nicht in Frage. Die größte Zustimmung kommt von unter 30jährigen (10 % sicher, 40 % vielleicht), von Arbeiterinnen (19 % sicher), von SchülerInnen und StudentInnen (41 % vielleicht) und von Hausfrauen (26 % vielleicht).[6] Seit Veröffentlichung dieser Studie ist die mediale Öffentlichkeit endgültig in Richtung Frauenpartei sensibilisiert und die Parteizentralen dementsprechend verunsichert. Auch die Initiatorinnen des FVB beziehen Stellung zum Thema Frauenpartei. Eva Rossmann: »Wenn Regierung und Parlament unsere Forderungen ernst nehmen und umsetzen, braucht man keine Frauenpartei.«[7]

Für viele Beobachterinnen[8] ist es, als ob in Österreich Ähnliches geschehen könnte wie etwa in Schweden 1993. Zu jener Zeit geht die Frauenqoute in den politischen Zentralen Schwedens zurück. Als Antwort gründet Maria Pia Boethius mit einer Gruppe prominenter Frauen aus Medien, Kultur und Wirtschaft die »Stodstumporna«, übersetzt Stützstrümpfe. Sie starten eine Umfrage, um zu erfahren, wie groß der Wunsch nach Geschlechterparität in den politischen Funktionen ist. 40 Prozent der Schweden stimmen dafür. Die Hälfte der Befürworterinnen sind Männer. Die Stützstrümpfe drohen mit einer eigenen Partei, wenn sich die Parteien weiterhin weigern sollten, genügend Frauen auf ihre Listen zu setzen. Aufgescheucht von diesen Umfragewerten und einer eigenen Frauenpartei, ordnen die Parteien ihre Kandidatinnenliste nach dem Reißverschlussprinzip. Nach der folgenden Wahl sind 41 % der Abgeordneten und insgesamt acht von 21 Ministerinnen weiblich.

Seither erfüllt »das Gespenst«[9] Frauenpartei vor allem einen Zweck: Wenn die Politikerinnen die Forderungen des FVB nicht umsetzen, kommt die Frauenpartei, werden den »Regierungsparteien die Wählerinnen abhanden kommen«[10]. Während Elfriede Hammerl eine Frauenpartei als »notwendig« betrachtet, »wenn nichts oder zu wenig passiert«, lässt Eva Rossmann, zumindest vor dem FVB, »offen, ob das dann eine Frauenpartei wäre oder ob nicht eine andere Initiative. Da gibt es viele Formen. Nur klar ist, sie sollen sich ruhig fürchten.«[11]
Ist die Frauenpartei zur Zeit des FVB und kurz danach lediglich eine Drohung an die Politikerinnen, so verändert sich zwar nicht das Muster der Rute im Fenster, wohl aber die Sprache, mit der eine Frauenpartei ins Spiel gebracht wird. Rossmann: »Wenn es nicht geht, in den Parteien Politik für Frauen zu machen, dann bleibt uns nur als Ausweg die Gründung einer eigenen.«[12] Wie sehr die Idee einer eigenen Frauenpartei im UFF aktuell ist, zeigt sich an den internen Diskussionen. Zumindest ein Teil der UFF-Aktivistinnen hält die Option für gangbar. Der andere Teil will bis zur Deadline Endc 1998 warten. Sicher aber ist, dass die nächsten Wahlen wieder kommen. Für Niederösterreich gibt es eine Wahlempfehlung. Die Route lautet: Immer eine Dosis mehr an Solidarität, Transparenz und Parteilichkeit. Ob am Ende die Frauenpartei steht, bleibt jedoch ungewiss. Die Wahrscheinlichkeit einer Frauenpartei steigt mit der gesellschaftlichen Akzeptanz. Und diese steigt. Laut Gallupumfrage würden Ende 96 12 Prozent der Bevölkerung eine Frauenpartei wählen. Bereits ein Vierteljahr später (April 97) sind 15 Prozent bereit dies zu tun.

ANMERKUNGEN

[1] Interview mit Edith Stohl vom 20.10.97. Zufälligerweise bin auch ich im Publikum anwesend. Allerdings habe ich die Veranstaltung nach rund zwei Stunden verlassen.
[2] News. 10/96. S. 22.
[3] Kurier. 11.3.96. S.2.
[4] News. 47/96. S. 27.
[5] AEP. Arbeitskreis Emanzipation und Partnerschaft. 4/96. S.10f. Bei dieser Veranstaltung referieren auch die Politikwissenschaftlerin Erna Appelt, die Frauenreferentin des Landes Tirol, Elisabeth Stögerer-Schwarz und Christa Pölzlbauer. Erna Appelt und Elisabeth Stögerer Schwarz argumentieren akzentuiert für eine Frauenpartei.
[6] APA, 4. Dez. 96. News.49/96. S. 32.
[7] Ebenda.
[8] Profil. 48/96. S. 90. Kleine Zeitung (Stmk). 29.12.96. S. 27.
[9] Vgl. dazu: Kleine Zeitung (Stmk) 9.3.97. Neue Zeit. 6.4.97.
[10] Der Standard. 16.4.97.
[11] News. 14/97. S. 14.
[12] Profil. 46/97. S.43.

Interviews

EVA ROSSMANN

INTERVIEW AM 3.1.1998

1962 in Graz geboren; Drin.; lebt im nö. Waldviertel. Zuerst Verfassungsjuristin im Bundeskanzleramt, dann Mitarbeiterin im ORF-Hörfunk, bei der Neuen Züricher Zeitung, Leiterin der Wiener Redaktion der Oberösterreichischen Nachrichten bis 1994. Seither freie Journalistin und Autorin. Letzte Buchveröffentlichung: Frauensache. Folio 1997. Mitglied des UnabhängigenFrauenForums und Mitinitiatorin des ersten österreichischen Frauenvolksbegehrens (April 1997).

WAS HAT SIE MOTIVIERT, BEIM UNABHÄNGIGENFRAUENFORUM MITZUARBEITEN?

Ich hatte schon lange den Gedanken: Es kann einfach nicht mehr so weiter gehen, dass wir einmal im Jahr – am internationalen Frauentag – sagen: Es ist schon wieder nicht besser für Frauen geworden, es ist schon wieder schlechter geworden. Und als am Frauentag 1996 der Aufruf kam »Treffen wir uns und überlegen wir uns, was wir politisch tun können.«, da habe ich gedacht, wenn wir etwas verändern wollen, dann müssen wir uns einmischen, dann muss sich jede selbst einmischen. Gerade mir ist es aufgrund meiner Lebenszustände möglich, etwas zu tun.

SPIELEN PERSÖNLICHE ERFAHRUNGEN MIT GESCHLECHTSSPEZIFISCHER DISKRIMINIERUNG EINE ROLLE?

Ich war lang nicht eine bewusste Frau. Ich habe studiert, habe sofort einen Superjob im Verfassungsdienst des Bundeskanzleramtes als Verfassungsjuristin bekommen, und es hat eigentlich immer alles gepasst. Damals sind mir Frauen auf die Nerven gegangen, die immer gesagt haben, »ich hab die und die Beförderung nicht bekommen, nur weil ich eine Frau bin« . Ich habe mir gedacht, was sich Frauen, die es geschafft haben, immer denken. Streng dich halt ein bisschen an! Sei nicht so wehleidig! Es wird schon andere Gründe auch gegeben haben... Das hat sich langsam dorthin verschoben, dass mir inzwischen völlig klar ist, dass quer durch alle Schichten Frauen zwar anders, aber benachteiligt werden. Persönliche Erlebnisse mit Diskriminierung hatte ich auch. Als ich – noch als Studentin - bei einem Anwalt um einen Ferialjob angefragt habe, hat der mich gefragt, ob ich Kinder haben will. Darauf meint er: »Frauen, die keine Kinder wünschen sind unreif, sie wissen nicht was sie vom Leben wollen, was sie sich erwarten sollen und mit so unreifen Menschen möchte ich eigentlich nicht arbeiten.«

SIE HABEN IN EINIGEN INTERVIEWS VOM BÜRGERLICHEN ZUHAUSE GESPROCHEN...

Mein Vater ist das, was ich immer der gutartige Patriarch nenne. Er versucht, für seine Schäfchen zu sorgen, alles gut zu machen und viel Geld heim zu bringen. So macht er es auch in seinem Unternehmen. Aber wehe er wird in seiner Rolle als Patriarch, der gewährt, in Frage gestellt! Ich war immer die Rebellin und habe mich dagegen aufgelehnt. Ich habe andererseits auch sehr viel von ihm mitbekommen, was das Durchsetzungsvermögen betrifft oder was auch, das sehe ich jetzt nach der großen Rebellionsphase immer mehr, was sein grundsätzlich soziales Engagement angeht. Also ich hatte nicht die wirklich schrecklichen Eltern, wo's dann psychologisch so wunderbar heißt, ja, ja, die musste ja eine wilde Emanze werden.

SIE SIND EINE UFF-AKTIVISTIN DER ERSTEN STUNDE. WAREN DIE ERSTEN TREFFEN ERFOLGREICH?

Also bei diesen ersten Treffen habe ich mir gedacht, mein Gott, wir werden uns zwei, drei Stunden anweinen, dann wissen wir, dass es uns schlecht geht, dass die Regierung bös ist und dass viele Männer bös sind und dann gehen wir halt wieder auseinander. Es war auch das ganze Ambiente unglaublich, die haben uns in einen Keller gesteckt dort, in ein ehemaliges Probelokal, wo es eigentlich sehr finster war. Es war nur ein Spot auf ein paar Frauen gerichtet, die waren ganz hell beleuchtet und wurden geblendet, die anderen waren im Halbdunkel – und muffig war's außerdem. Fast schon surreal. Dann stand plötzlich die Idee einer Frauenpartei im Raum. Das haben viele Frauen als zu diffus eingeschätzt. Irgend jemand hatte dann die Idee, ein Volksbegehren zu machen. Ich habe mir gedacht, dass das völlig unrealistisch ist und hab eher noch geunkt und gewarnt. Es war dann aber so, dass wir gesagt haben, schauen wir uns die Idee näher an und treffen wir uns nächsten Montag wieder. So haben wir uns immer wieder getroffen, ein Teil der Frauen ist abgesprungen, neue sind dazugekommen. Irgendwann gab es dann erste Finanzkonzepte, Ideen über potentielle Unterstützerinnen und langsam auch konkret ausformulierte Forderungen. Dann war der Punkt da, wo ich mir gedacht habe: Okay, das rennt jetzt, und jetzt kann ich mich nur noch voll dahinterhauen.

WAREN DIE RAHMENBEDINGUNGEN ODER DIE ENTSCHEIDUNGSSTRUKTUREN KLAR?

Die Entscheidungsstrukturen wurden eigentlich nie besprochen. Das ist fast typisch Frauenprojekt. Das, was aber schon sehr bald besprochen wurde ist, was wollen wir jetzt, wollen wir ein utopisches Projekt oder etwas Pragmatisches, das sehr vielen Leuten näher gebracht werden kann, ohne wirklich den Anspruch zu verlieren, dass es ein feministisches Projekt ist. Das war schon wichtig. Wir hätten auch sagen können, wir sind für gleiche Rechte für Frauen, wir wollen gleichen Lohn für gleichwertige Arbeit, Punkt. Das hätten noch viel mehr Leute unterschrieben, das ist völlig klar. Aber das war uns zu wenig.
Zum Anspruch »feministisches Projekt« fällt auf, dass das Wort feministisch äußerst selten im Zusammenhang mit dem UnabhängigenFrauenForum gebraucht wird.
Ich habe nicht immer und überall wo ich aufgetreten bin gesagt, das ist ein feministisches Projekt. Ich habe die Inhalte erzählt. Das Problem ist, was natürlich sehr wichtig ist, sich zu Wörtern wie Feminismus und Emanzipation zu bekennen. Auf der anderen Seite gilt es aber auch immer wieder darauf aufmerksam zu machen, dass diese Worte von Männern derartig Missbraucht werden, dass irrsinnige Barrieren im Kopf dagegen entstehen. Wie es auch anderen Bewegungen gut tut, tut es auch der Frauenbewegung gut, die eigene Sprache und Sprachbilder immer wieder zu hinterfragen. Gerade wenn es um ein so pragmatisches Projekt wie das FVB geht, kommt das Wort Feminismus automatisch nicht so häufig vor. Natürlich hat es in der medialen Vermittlung auch damit was zu tun, dass die Journalistinnen und es sind meistens Frauen, die darüber schreiben, genau wissen, wenn sie das Wort auch nur verwenden, sagt ihr Chefredakteur: »Diese Geschichte wird nur ein Einspalter oder sie fliegt raus.« Diese Worte sind derart kaputt gemacht worden, dass es unglaublich schwer ist, sie wieder positiv zu besetzen. Daher werden sie oft fallengelassen.
Statt dessen hat das UFF – und haben Sie – lieber Worte wie Frauen oder Frauenanliegen verwendet.
Es ist mir schon wichtig, Menschen, die beim Wort »Feminismus« Schüttelkrämpfe kriegen, klarzumachen, dass sie diese Schüttel-

krämpfe zu Unrecht kriegen. In diesem Zusammenhang ist mir auch folgendes wichtig. Es wäre ganz idiotisch gewesen so zu tun, als wären wir jetzt eine neue Frauenbewegung. Wir sind eine Fortsetzung von vielen Frauenbewegungen - insoferne wohl auch etwas Neues. Aber wir zehren von dem, was in den letzten 30 Jahren passiert ist.
War die Formulierung der Forderungen des Frauenvolksbegehrens von einem ähnlichen Pragmatismus geprägt?
Wir haben die Punkte ganz bewusst so formuliert, wie sie pragmatisch formuliert werden sollen. Möglichst einfach, damit sie alle verstehen. Und nicht mit dieser Frauensprache, wo man dazu sagen muss, dass diese Sprache nur gewisse Frauen verstehen. Ich bin ein relativ pragmatischer Mensch und wollte das Frauenvolksbegehren nicht mit alten Sprachbildern belasten. Es ging schließlich um ein gemeinsames Minimalprogramm. Und da waren die autonomen Frauen genauso dahinter wie Frauen, die sich noch nie mit Feminismus beschäftigt hatten. Weil es gewisse Themen gibt, die gemeinsam formuliert werden konnten. Quer durch alle möglichen Ideologien. Das hat sich auch auf das politische Zusammmenspiel ausgewirkt. Ein Beispiel: Die Gewerkschaftsfrauen haben vor den autonomen Frauen immer Angst gehabt. Umgekehrt haben die autonomen Frauen die Gewerkschaftsfrauen als viel zu angepasst überhaupt nicht ernst genommen. Seit dem Frauenvolksbegehren machen diese beiden gemeinsame Aktionen. Das hat sich über eine Entideologisierung der Sprache gefunden, indem sie bemerkt haben, dass sie beide eigentlich genau das Gleiche wollen. Nach dem Motto: Die ist genauso eine Kämpferin wie ich, auch wenn sie nicht sagt: Alle Männer, Schwanz ab. Da gab es plötzlich gemeinsame Ansprüche, die sich gefunden haben.

WER HAT DIE FORDERUNGEN FORMULIERT?

Es gab im Sommer erste Entwürfe, da war ich zwei dreimal nicht dort. Da gab es Themenentwürfe. Das hab ich nach Hause genommen und dort einen Punktekatalog gebastelt. Der wurde an Expertinnen ausgeschickt.

AN WEN?

Von der ÖGB-Frauenvorsitzenden Schmidtleithner über Brigitte Hornik, Vorsitzende der österreichischen Juristinnen, bis hin zu Expertinnen im grünen Parlamentsklub. Die Endformulierung lag dann wieder bei mir – und schließlich ist Punkt für Punkt abgestimmt worden.
Die Abgrenzung zu den Parteien war immer ein Thema in der autonomen Frauenbewegung; die Angst davor, nicht vereinnahmt zu werden

und doch vereinnahmt worden zu sein. Ist das UFF von einer Partei vereinnahmt worden?
Wir haben schon das Glück gehabt, dass bei uns Frauen mit unterschiedlicher Parteibindung oder Parteinichtbindung dabei waren. Zwar alle aus dem fortschrittlicherem linken Lager, von eher liberal bis eher sozialistisch oder eher sehr grün. Ein Problem zeigt das Thema Vereinnahmung sehr gut auf. Es wurde ernsthaft diskutiert, ob Johanna Dohnal mitarbeiten darf. Ich hab so den Eindruck gehabt, das ist mir völlig Wurscht, dass sie SPÖ-Ministerin war, sie hat derartig viel für Frauen getan, dass sie sozusagen auch bei einer Partei gewesen sein darf und trotzdem ist sie derartig wichtig, dass man auf sie ganz einfach nicht verzichten kann. Insoferne muss es einfach klar sein, dass Frauen, die ganz engagiert in Parteien gearbeitet haben und arbeiten, ihren Platz im UnabhängigenFrauenForum haben müssen. Platz, aber nicht den Alleinvertretungsanspruch.

WIE BEWERTEN SIE DIE ZUSAMMENARBEIT MIT DEN PARTEIEN?

Die Punkte des Frauenvolksbegehrens sind zum Teil vor Jahren von den ÖVP-Frauen gefordert worden. Und jetzt wissen sie schon gar nicht mehr, dass sie sie gefordert haben. Auf der anderen Seite war es so, dass in der SPÖ sehr viele Frauen in der zweiten und dritten Ebene sind, die sehr gerne aktive Frauenpolitik gemacht hätten, aber in ihrer Partei weder die Themen noch die Strukturen vorgefunden haben. Diese Frauen haben daher sofort gesagt, super, das ist überparteilich, da kann niemand sagen, dass wir uns nicht anschließen dürfen. Bei den Grünen gab es keinen einzigen Diskussionspunkt, bei den Liberalen war das geteilt. Mit den liberalen Frauen haben wir uns voll gedeckt, mit dem liberalen Wirtschaftsflügel war es nicht ganz so.

WURDE DAS UFF VOM FRAUENMINISTERIUM UNTERSTÜTZT?

Ich würde sagen, Barbara Prammer ist zu brav. Das hat man bei der Reaktion auf die Pensionsreform gemerkt. Ich hätte mir ein Veto im Ministerrat von ihr erwartet. Wir vom Frauenvolksbegehren haben einen entsprechenden Brief an sie geschrieben. Aber natürlich muss man auch hier Legendenbildungen vorbeugen. Auch die Johanna Dohnal hat zu anderen Themen mit ihrem Veto gedroht, gemacht aber hat sie es niemals. Es ist sehr schwierig. Ich kenne nicht die Innensicht der Regierung aber von halb außen würde ich sagen. Zu brav ist mir die Frauenministerin schon, gerade in den letzten Monaten.

WIE GEHT ES MIT DEM UNABHÄNGIGENFRAUENFORUM WEITER?

Ich glaube, dass es sinnvoll ist für gewisse Aktionsformen eine Deadline zu setzen. Sonst verlaufen sie genauso wie andere Frauenprojekte auch. Die Deadline ist 1998. Dann schauen wir uns an, was alles gemacht wurde und dann werden wieder konkrete Entscheidungen getroffen.

WELCHE KÖNNTEN DAS SEIN?

Von der Frauenpartei bis hin zu ganz neuen Formen, die ich mir im Moment überlege. Unter Umständen neue Formen, wo ich mir denke, es wäre ganz interessant die Frauen des UFF in alle möglichen Organisationen zu bringen, sozusagen das System von innen zu infiltrieren. Eine andere Chance bietet das Internet, etwa mit einem österreichischen Frauennetz.

HABEN SIE PERSÖNLICHE POLITISCHE AMBITIONEN?

Vor Jahren hat mich die ÖVP in Graz gefragt, ob ich nicht ein Gemeinderatsmandat haben möchte. Ich habe abgelehnt. Nicht, weil ich Parteien grundsätzlich ablehne. Sie sind eines der Fundamente des Staates, auch wenn sie mir immer wieder sehr auf die Nerven gehen. Für mich selber ist es unheimlich schwer, mich einer Parteilinie unterzuordnen. Wenn es mir gelingt, mich sonst öffentlich zu Wort zu melden und mich einzumischen, so wie ich das jetzt mit dem Frauenvolksbegehren gemacht habe, das ist für mich der an sich sympathischere Weg.

JOHANNA DOHNAL

INTERVIEW AM 1.12.1997

SPÖ Politikerin, kämpft in den 70er Jahren für die Straffreiheit der Abtreibung, für die Errichtung des Frauenhauses, für eine Familienrechtsreform. Ab 1979 Staatssekretärin für allgemeine Frauenfragen. Von 1990 bis 1995 Bundesministerin für Frauenangelegenheiten. Prominente Unterstützerin des ersten österreichischen Frauenvolksbegehrens (April 1997).

IM MOMENT HAT FRAU DEN EINDRUCK, DASS JOHANNA DOHNAL SICH AUS DER EBENE AKTUELLER TAGESPOLITIK VERABSCHIEDET HAT.

Ich habe vor wegzubleiben. Die Unterstützung im Vorfeld war klar, auch, dass das öffentliche Auftritte impliziert. Dann habe ich ein ExpertInnenkomitee gegründet, dass öffentliche Aussagen treffen wird. Es ist jetzt nicht der Zeitpunkt dafür, aber es kommt wieder.

WIEVIEL AN REALISIERUNG GEBEN SIE DEM FVB?

Wenn ich mir die Entwicklung in der SPÖ anschaue, dann sehe ich im Moment ganz formal gesehen, keine Realisierungschancen. Das muss in der Regierung geschehen. Allerdings ist da noch etwas Zeit, viel nicht mehr. Das FVB war erfolgreich vom Tag an, an dem es initiiert wurde. Es ist erfolgreich, das ist die Gegenwart, aber es muss auch in die Zukunft geschaut werden.
Welche politischen Instrumentarien sind für die Realisierung des FVB wichtig?
Ich möchte sagen, dass das FVB und die Aktion Halbe-halbe das Ärgerlichste für die Machtträger hier war. Alleine die Diskussionen waren sehr gut. Das FVB hat sehr viel bewegt. Die Machtinstrumentarien der Frauen sind nicht sehr groß und das ist eigentlich nichts Neues. Es ist die Öffentlichkeit, die das FVB erzeugt hat und das muss ausgenützt werden.

DAS ÖFFENTLICHE HEARING ZUM FRAUENVOLKSBEGEHREN HAT STATTGEFUNDEN. WELCHEN EINDRUCK HATTEN SIE DAVON?

Es war eher enttäuschend. Logisch, wenn ich die Politik anschaue, die sich in Österreich und weltweit abspielt. Aber: Das Hearing ist wichtig, es ist aber gleichzeitig auch nicht sehr bedeutend. Bedeutend wäre Druck auszuüben, dass sich die Regierungsparteien verpflichten, Inhalte des FVB umzusetzen. Wir können dies nicht auf das Parlament abschieben. Die Entschließungs- und Initiativanträge haben keine Realisierungshintergrund.

DIE POLITIK SCHEINT WEITGEHEND IGNORANT ZU REAGIEREN.

Weil sie halt im Moment glauben, dass sie es sich leisten können, und jetzt muss ihnen jemand zeigen, dass sie es sich nicht leisten können.

ZURÜCK ZUM FRAUENVOLKSBEGEHREN AN SICH: SIE UNTERSTÜTZEN DIE FORDERUNGEN, ABER WIEWEIT WAREN SIE IN DIE ENTWICKLUNG DIESER FORDERUNGEN INVOLVIERT?

Ich habe mich inhaltlich nicht eingemischt und mir war schon klar, dass viele Bereiche noch angesprochen gehören. Ich habe das dann so argumentiert, dass das Frauenvolksbegehren nur eine breite und öffentliche Aktion sein kann und dem was folgen muss.

EINE NEUE FRAUENBEWEGUNG?

Ich kann das nicht einschätzen. Meine Hoffnung ist, dass viele Frauen sich zusammenschließen, das war die Hoffnung ja schon immer. Je stärker sich die Frauen politisch artikuliert haben, desto stärker war ich in der politischen Umsetzung.

IST DAS FRAUENVOLKSBEGEHREN FÜR SIE EINE KONSEQUENTE FORTENTWICKLUNG DER FRAUENBEWEGUNG AUS DEN 70ER JAHREN?

Eine Fortentwicklung insoferne, als sie fortschreitend ist und eine neue Form ist. Es ist aber auch die alte, es haben sich Frauen zusammengefunden, die sehr verkürzt und treffend gesagt haben, uns reichts. Und es hat ihnen zurecht gereicht.
Welche Strategie empfehlen Sie den Proponentinnen des Frauenvolksbegehrens?
Meines Erachtens ist es gefährlich, wenn sich die Initiatorinnen des

FVB totstreicheln lassen. Sie müssen erkennen, wem und wofür sie verantwortlich sind. Sie sind keine Partei, Verhandlungen können sie nicht führen, weil die können sie nicht gewinnen. Sie müssen sich darauf zurückziehen, auf das was es ursprünglich war, nämlich aufzuzeigen. Analysen erstellen und daraus Forderungen abzuleiten und jetzt mit verschiedenen Aktionsformen darauf zu drängen, dass diese Forderungen von den Verantwortlichen umgesetzt werden. Und wenn das nicht geschieht, aufzeigen, dass es nicht geschieht.

HALTEN SIE DIE GRÜNDUNG EINER FRAUENPARTEI FÜR NAHELIEGEND UND SINNVOLL?

Es ist als Idee vorhanden, es ist nicht zu beurteilen, ob es gut ist oder nicht. Dass es so ist, wie es ist hängt mit der allgemeinen Politik zusammen. Die Entwicklung wird zeigen, wie die allgemeine Politik und die Idee korrespondieren.

KANN EINE FRAUENPARTEI MIT IHRER UNTERSTÜTZUNG RECHNEN?

Gerne bin ich Beobachterin und »nicht aktiv im Kampfgeschehen« . Ich werde mich nie entziehen, wenn Frauen schlecht behandelt werden. Wenn es notwendig ist und gewünscht ist, werde ich auch vorhanden sein. Aber gerne bin ich das, was ich jetzt bin.

URSULA KUBES-HOFMANN

INTERVIEW AM 30.10.1997

Dr., geb. 1953. Erwerbstätig seit 1969. Studium der Musiktherapie, Aktivistin der Antipsychiatriebewegung. 1979: Studium der Medizin, der Philosophie, der Geschichte, der Germanistik und der Politologie. 1985 Promotion. Seit 1979 Vortragende und Lehrende in der Erwachsenenbildung. Seit 1991 Lehrbeauftragte an Universitäten im In- und Ausland. Von 1981-1985 Obfrau des Dachverbandes autonomer Frauenprojekte in Österreich. 1993 Mitglied im Wissenschaftsbeirat des Büros der Frauenministerin. 1993 Gründerin und Redakteurin der Zeitschrift [sic!] Forum für Feministische Gangarten. Initiatorin und Leiterin des EU-Sokrates-Projektes. »Feministisches Grundstudium und Gender-Forschung« im Verband Wiener Volksbildung und im Bundesinstitut für Erwachsenenbildung St.Wolfgang/Strobl. Letzte Buchpublikation: Sagen, was ist. Zur Aktualität Hannah Ahrendts. 1994.

IM FRAUENBERICHT 1995 STEHT: *»Autonome Frauenpolitik entwickelte sich primär zu projektorientierter Arbeit. Charakteristisch für die letzten zehn Jahre ist die Intensivierung der Zusammenarbeit zwischen dem »autonomen« und dem »institutionellen« Teil der Frauenbewegung.« Ist die Strategie des autonomen Feminismus gescheitert?*

In den 70er Jahren ist es darum gegangen, gegen die erstarrten, institutionalisierten Strukturen zu sein, den Marxismus und den herkömmlichen Politikbegriff zu kritisieren. In den achtziger Jahren ist es darum gegangen, nicht zuletzt durch eine sich herausbildende Frauenprojekteszene und der Schaffung eines Staatssekretariats für Frauenfragen, die Nähe zu Institutionen nicht mehr in Frage zu stellen und inzwischen gibt es auch den Effekt eines »beamteten« Feminismus, z.B. eines Quoten-Feminismus. Und die Überlebenskämpfe von Frauenprojekten, aufgrund des notorischen Geld- und Subventionsmangels, die von autonomen Frauen initiiert und gegründet wurden, waren und sind bestens geeignet, sich historisch auf Kämpfe des Proletariats zu

beziehen. Die Frauen wollen heute Brot, Brot, Brot! Auf die Rosen verzichten sie inzwischen in jeder Hinsicht.
Auch die Generationenablöse spielt eine große Rolle. Oft fehlt Frauen der politische Hintergrund zu den feministischen Bewegungen. Früher haben wir kritisiert, über Sozialprojekte keine unterbezahlte Reparaturarbeit für den Staat leisten zu wollen. Inzwischen sind wir schon froh, sie nicht ganz gratis machen zu müssen. Die Frauen in Frauenprojekten waren die ersten in den achtziger Jahren, die vorwiegend einem akademischen Proletariat zuzuordnen sind und heute oft keine Chancen auf dem Arbeitsmarkt mehr haben. In den Medien werden außerdem immer neue Legitimierungen für den Ausschluss von Frauen auf dem Arbeitsmarkt via Kleinunternehmerinnen geschaffen. Die sogenannten Karrierefrauen sind in der Regel gut verheiratet, haben ein bis zwei Kinder und sind oft teilzeitbeschäftigt. Der eigentliche Unternehmer und »Beschützer« ist jedoch der Ehemann oder der Vater, der hinter der »unabhängigen« Mittelstandsfrau steht. Das hat mit Feminismus nichts zu tun. Darüber hinaus gibt es eine internationale Entwicklung hin zu einer Dienstbotinnengesellschaft. Ein Beispiel von vielen: hochqualifizierte Frauen aus dem ehemaligen Jugoslawien putzen in österreichischen oder deutschen Haushalten bei Frauen, die selbst von einer kontinuierlichen Dequalifikation, bezogen auf ihre Ausbildungen, bedroht sind.

IST DAS URSPRÜNGLICHE PROJEKT ALSO GESCHEITERT?

Der Feminismus zeitigt oberflächliche Effekte, strukturell aber hat sich nichts verändert. Und die sozialdemokratische Frauenpolitik will seit hundertfünfzig Jahren nichts anderes als aus der »dazuverdienden Ehefrau und Mutter« die vollberufstätige Ehefrau- und Mutter machen. Das heißt, sie kämpft in erster Linie für flankierende Maßnahmen, um die Mütter zu entlasten, fordert kaum je die Aufhebung der geschlechtsspezifischen Arbeitsteilung und die derzeitige Frauenministerin steht auf dem Standpunkt, dass, so vor einiger Zeit ein wörtliches Zitat »Alleinstehende und angeblich nicht Unterhaltspflichtige jedenfalls reich« sind. Also auch unverheiratete, kinderlose Frauen. Es geht also nie darum, schon gar nicht in der Medienöffentlichkeit, darüber laut nachzudenken, wie die Existenz von unverheirateten, kinderlosen Frauen im Zusammenhang mit einer enorm steigenden Arbeitslosigkeit aussieht. Hier die guten Frauen - Mütter, Ehefrauen - dort die »freien« Frauen, also potentiell bösen Frauen, weil sie ihr gesellschaftlich erwünschtes Plansoll nicht erfüllen wollen. Das macht sie potentiell zu Konkurrentin der »guten« Frauen. Den Hintergrund bildet die Geschlechtermetaphysik des 18. und 19. Jahrhunderts. Man Müsste die geschlechtsspezifische Zuschreibung hinterfragen. Ein Beispiel: Die Mutter-Hure-Problematik manifestiert sich im Neuen Wiener Prostituiertengesetz, wo Frauen auf Verdacht schon kraft ihrer Kleidung abgeschoben werden können. Solange es Feministinnen nicht öffentlich wirksam gelingt, gemeinsam mit Migrantinnen und Prosituierten, mit lesbischen Frauen und kinderlosen, alleinlebenden Frauen eine feministische Bewegung zu machen, wird sich nichts verändern. Da können wir uns noch so häufig vor die Oper setzen und uns über die Pensionsreform aufregen. Es sollte vielmehr darum gehen, den patriarchalen Mechanismus von guten und bösen Frauen aufzubrechen, indem ein Bewusstsein entsteht, und politisch gemeinsam gehandelt wird. So lange das nicht passiert, wird es immer die Pendelbewegung zwischen Scheitern und faschistischen Manifestationen geben.

STELLT DAS UFF UND DAS FRAUENVOLKSBEGEHREN EINE FORTSETZUNG DER AUTONOMEN FEMINISTISCHEN POLITIK AUF STRATEGISCHER EBENE DAR?

Das UFF ist die Folge der Amalgamierung von sozialdemokratischer Frauenpolitik und autonomer feministischer Politik seit den achtziger Jahren. Parteienunabhängig ist es also keineswegs und z.B. weit davon entfernt, Migrantinnen miteinzubeziehen. Das UFF scheint das »geringere Übel« zur Politik der Frauenministerin zu sein. Also sehr österreichisch aber etwas weniger bieder. Darüber hinaus ärgert mich persönlich an einigen Repräsentantinnen des Frauenvolksbegehrens nicht das generelle Anliegen, das ist ja auch ganz ehrenwert, sondern oftmals die Form des Auftretens. Es gibt so eine Art von infantilem, öffentlichen Auftreten, wo ich sage, dass haben Frauen heute nicht mehr nötig. Außerdem entkommen wir dieser katholisch-nationalsozialistischen Kultur nicht, wie Thomas Bernhard es formuliert hat, wenn wir hier leben. Es gibt keine Kultur des öffentlichen kollektiven Widerstandes. Hier ist man stolz darauf, wenn nicht gestreikt wird. Diese Mentalität haben auch viele Frauen und solche, die sich als Feministinnen begreifen. Warum sollten sie anders sein? Zumindest ist das wieder einmal zu benennen. Das UFF ist kein unabhängiges Frauenforum, sondern eine Unterstützung der SPÖ. Ich denke, dass die UFF-Frauen auch so einen Effekt »akademische Hausfrau im Öffentlichen« in mancher Hinsicht repräsentieren. Aber es geht auch immer um Frauengenerationen. Das Problem der mittleren Generation ist oft, so ab 35, dass sie nach ihrem Rebellentum mit z.B. 20, gegenüber ihren Eltern einerseits eine Form der Versöhnungshaltung einnehmen und anderseits die Anpassung an das Bestehende bereits lange eingeübt haben. Das ist quer zu allen Schichten

WAR DAS FRAUENVOLKSBEGEHREN STRATEGISCH RICHTIG?

Also strategisch und vor dem Hintergrund der Entwicklung der letzten 12 Jahre gesprochen: Wenn ich denke, dass die FPÖ Volksbegehren für plebiszitäre Entscheidungen heranzieht, muss man vorsichtig sein. Der Zusammenhang mit dem Gentechnikvolksbegehren stört mich zusätzlich. Ich glaube einfach nicht, dass 650.000 ganz einfach das Frauenvolksbegehren unterschrieben haben. Ich glaube, dass es einen Effekt durch die Parallelität des Gentechnikvolksbegehrens ergeben hat. Das verwässert.

DIE METHODE VOLKSBEGEHREN ALSO STÖRT SIE?

Es hängt immer davon ab, wer es initiiert, zu welchem Zweck und in welcher politischen Zeit. Grundsätzlich geht es um ein Instrumentarium der direkten Demokratie und das kann auch sinnvoll sein.

WAR DAS FRAUENVOLKSBEGEHREN ZU BRAV?

Ich halte schon die erste Forderung in der Umsetzbarkeit für problematisch. Da bin ich schon für die Abschaffung der Unternehmen. Das UFF bewegt sich mit den Forderungen innerhalb eines patriarchal- kapitalistischen Systems, der Turbokapitalismus wird gar nicht in Frage gestellt. Bei solchen Forderungen und mit dieser wirtschaftlichen Logik können die Kammern und VP sofort einhaken und sie argumentativ zunichte machen. Darüber hinaus sehe ich im Frauenvolksbegehren keine Zeile über Migrantinnen. Hier wird indirekt ein Nationalismus gefördert, wo ich nicht unterstellen will, dass man das beabsichtigt. Man denkt einfach nicht daran, dass bei politischen Äußerungen auch der Effekt in der Öffentlichkeit mitgedacht werden muss. Darum sage ich, dieser feministische Patriotismus, der hier transportiert wird, ist ein bisschen bieder und halt sehr österreichisch.

GENERELL: WELCHES POLITISCHE BILD GENERIEREN DIE FORDERUNGEN DES FRAUENVOLKSBEGEHRENS?

Für mich generieren sie die Tradition der sozialdemokratischen Frauenpolitik. Wer die geringfügige Beschäftigung sozial absichern will, Müsste mitbedenken, wer davon getroffen ist. Sollen also Frauen drei, vier geringfügige Beschäftigungen haben, um ihre Existenz abzusichern? Ich verstehe nicht, weshalb das überhaupt frauenpolitisch gefordert werden kann, wo jede weiß, dass das soziale Elend besonders Alleinerzieherinnen, Migrantinnen, etc. trifft und grundsätzlich allen Frauen in ihrer ökonomischen Selbständigkeit schadet. Ich weiß nicht, was sich die Frauenministerin dabei denkt. Drei Mac-Jobs für Frauen, ein Vollzeitarbeitsplatz für Männer, was soll das bitte sein? Die Zukunft? Die Lohnschere geht seit Jahren ohnehin auseinander und liegt in manchen Branchen schon bei 40 Prozent. Hier fördert Frauenpolitik bewusst soziales Elend mit und dagegen bin ich vehement. Ich bin für ein generelles Grundeinkommen.

SIE KRITISIEREN AUSSERDEM DIE FORDERUNG DES FRAUENVOLKSBEGEHRENS NACH AUSBILDUNG UND SOZIALRECHTLICHER ABSICHERUNG VON TAGESMÜTTERN.

Verkürzt gesagt, es findet seit langem die Professionalisierung weiblicher Tätigkeiten im Privatbereich statt und eine Facette davon ist das Tagesmuttermodell, ein Kniefall vor der ÖVP. Es soll auch die hohe Frauenarbeitslosigkeit kompensieren, indem durch geringfügige Entlohnung von Kinderaufzucht, der Anschein einer Erwerbstätigkeit geweckt wird. Und ob Halbe/halbe gesetzlich verankert wird, wie das die Vorgängerin der jetzigen Frauenministerin, Helga Konrad, gefordert hat, wird nicht nur durch solche Modelle obsolet, sondern scheitert u.a. auch an wesentlichen Maßnahmen im Bildungsbereich. Generationen von LehrerInnen repräsentieren die traditionellen Frauenbilder, die Kinder und Jugendliche in den meisten Schulbüchern vorfinden, daher ändert sich in den Schulbüchern sehr wenig. Es geht ja nicht darum, immer wieder festzustellen, dass es auch Männer gibt, die staubsaugen und bügeln. Das ist ja blöd, solange sich die Lohnstrukturen und Zugangsbedingungen in der außerhäuslichen Erwerbsarbeit nicht ändern. In den jetzigen Wahnsinns-Zeiten wird dies nicht der Fall sein. In Wahrheit fehlt den politisch engagierten Frauen die Möglichkeit, überhaupt den Zusammenhang von Arbeitsmarktpolitik, reproduktiven Bereich und Macht- und Herrschaftsstrategien offizieller Regierungs- und Oppositionspolitik zu sehen. Außerdem zählen feministische Kunst- und Kulturinitiativen in diesem Land nichts, weil Kunst und Aktion generell hier nichts zählt, außer sie ist marktkonform. Sonst könnte der Bundeskanzler, als ehemaliger Boss in der verstaatlichen Industrie, nicht auch Kunstminister sein. Eine Groteske, die nur hier möglich ist.

IST ÜBER DAS UFF EINE NEUE FRAUENBEWEGUNG ENTSTANDEN?

So würde ich das nicht sagen. Es gibt eine Transformation feministischer Bewegungen seit den sechziger Jahren und die damit verbundenen Effekte. Entscheidend sind Gedanken wie: »Was ist der Staat? Was bedeutet meine Handlung im öffentlichen Raum? Wie schaffen wir Rahmenbedingungen für Solidarität mit den Schwächsten innerhalb einer von Mehrheiten betrachteten »Minderheit«? Doch diese fehlen. Die Differenzen zwischen Frauen sind überhaupt in diesem Lande kein Thema. Zur Zeit haben wir einen Markt von Frauen-Initiativen im Managementbereich und in den sogenannten Kommunikationsberufen. Uns sollte aber klar sein, dass Marketing, Coaching oder Supervision per se noch nichts an den strukturellen Gewaltverhältnissen verändern. Das ersetzt Politik keinesfalls und hat auch mit feministischer Politik nichts zu tun. Politisch sollte es um die Neudefinition der »sozialen Frage« gehen. Ein Mainstream, der wirtschaftliche Überlegungen zum Zentrum von Politik überhaupt macht und die PolitikerInnen wählt, die die Interessen des »kleinen Mannes« der Nachkriegszeit hier in Österreich vertreten, unterscheidet sich nicht wirklich von jenem Bewusstsein einer Generation, die Hitler zur Macht verholfen hat. Eine linke Opposition von Frauen gibt es nicht. Die Entwicklung der Hillary Clinton zeigt, wie sie sukzessive kleingearbeitet wurde, und jetzt als bürgerliche Hausmutter auftritt, konservative Familienwerte quasi als Strategie gegen Rechtsextremismus oder gegen christlichen Fundamentalismus setzt. Das halte ich für problematisch. Diese Form der Vermarktung von Frauen im öffentlichen Leben ist die postfaschistische Auflage der Vermarktung der berufstätigen Frau im Deutschland der 30iger Jahre. Wie es geendet hat ist inzwischen bekannt.

HAT DAS UFF EINE NEUE FRAUENBEWEGUNG INITIIERT?

Nein. Es war eine gute Initiative. Sie unterscheidet sich aber im Effekt nicht von anderen Frauen-Initiativen seit der neuen Frauenbewegung in den siebziger Jahren. Letztlich hängt es auch immer mit den Personen zusammen, die solche Initiativen tragen und welche Motivation die einzelnen haben, solche Initiativen zu setzen. Die Motive sind oft auch sehr persönlich und privat, was dann auf fatale Weise zum Politischen erklärt wird. In diesem Widerspruch bleibt man immer gefangen, aber meistens, und dass ist meine Kritik, möchte man das gar nicht zur Kenntnis nehmen, um das »höhere Ziel« angeblich nicht zu gefährden.

HABEN SIE DAS FRAUENVOLKSBEGEHREN UNTERSCHRIEBEN?

Nein. Ursprünglich hatte ich das vor, »weil ich in diesem Lande lebe«, wie ich in einem [sic!]- Artikel geschrieben habe. Zu dem Zeitpunkt war die Sache mit den Gentechnik-Volksbegehren noch nicht klar, also die gleichzeitige Eintragungsfrist. Aber gemeinsam mit einem Gentechnikvolksbegehren, bei dem absehbar war, dass eine hohe Beteiligung hauptsächlich auf Aberglaube und Mythenbildungen und weniger auf sachlichen Informationen beruhen würde, zu diesem Zeitpunkt ein Frauenvolksbegehren zu unterschreiben, das strategisch damit eine hohe Zahl an Unterschriften bringen sollte - dieser Symbolcharakter war mir dann doch zuviel.

ELFRIEDE HAMMERL

INTERVIEW AM 26.11.1997

Geb. 1945 in der Steiermark, aufgewachsen in Wien. Studium der Germanistik und der Theaterwissenschaft an der UNI Wien. 1970-1977 Kolumnistin beim Kurier; Redakteurin mit den Themenschwerpunkten Frauen, Sozialpolitik, Bildungspolitik. Seit 1970 freie Autorin. 1982 Geburt von Tochter Julia. Kolumnistin bei stern (bis 1995), Freizeit-Magazin des Kurier (bis 1997) und bei profil. Fernsehspiele für den ORF, Kurzgeschichten und Essays für diverse Magazine, Theaterstücke. Letzte Buchveröffentlichung: Steile Typen im Supermarkt/ oder die Hausfrau braucht Herausforderungen. Ueberreuter 1998. Mitglied des UnabhängigenFrauenForums und Mitinitiatorin des ersten österreichischen Frauenvolksbegehrens (April 1997).

WIE GEHT ES MIT DEM UNABHÄNGIGENFRAUENFORUM NACH DEM VOLKSBEGEHREN WEITER?

Die Anforderungen, die inzwischen an das UFF gestellt werden, sind die, die man an eine Behörde, an eine Partei, oder an eine sonst fix verankerte Institution stellt. Es ist zwar sehr ehrenhaft, aber in dieser Formation nicht zu erfüllen. Eigentlich haben wir uns gefunden, um das FVB durchzuziehen und seine Realisierung anzustreben. Jetzt gibt es immer wieder Leute, die sagen, macht, und ich sage immer darauf, mache selber. Und dann kommt, ja, ich kann nicht, weil ich habe einen Beruf, ich habe Kinder, ich habe einen Ehemann, ich habe Verpflichtungen. Das ist schon auch etwas, was mich frustriert, diese Erwartungshaltung, dass es ein paar Depperte gibt und die machen es immer noch nicht gut genug. Wir sind an dem Punkt angelangt, wo wir uns überlegen müssen, was wir machen, was wir machen können. Was noch dazukommt, ist der Punkt, wo jede sagt, ich kann nicht mehr, ich muss meinem Beruf nachgehen usw. Zum Gefühl der Überforderung kommt, dass sich die Umsetzung des FVB mehr als frustrierend anlässt. Man hat das Gefühl, gegen Mauern zu rennen, mit Windmühlen zu kämpfen. Die Regierung rührt nicht bloß kein Ohrwaschel, sondern setzt dauernd Maßnahmen, die frauenfeindlich sind, tätschelt uns dann beschwichtigend und sagt, wir meinen das in Wirklichkeit eh frauenfreundlich. Das ist alles ein unglaublicher Pflanz.

ES GIBT SO EINE KRITIK, DIE DA HEIẞT, DASS DIE FRAUENMINISTERIN DIE UNTERSTÜTZUNG DES VB NICHT NUTZT?

Ich bin sehr im wiggel-waggel. Ich weiß schon, auf der einen Seite die Frauenministerin, die sich in Opposition zu der eigenen Partei befindet, die nicht viele Durchsetzungsmöglichkeiten hat, auf der anderen Seite stimmt es aber schon, dass sie eine ganze Reihe von Maßnahmen nicht hätte begrüßen müssen. Also man muss nicht sagen, die Pensionsreform ist frauenfreundlich, wenn sie es definitiv nicht wirklich ist, oder sie hat nicht nach einer eigenen Bundespräsidenschaftskandidatin verlangt. Das ist immer das Dilemma, dass Leute ihre Position zu halten versuchen und eine Gratwanderung probieren, aber in Wirklichkeit natürlich längst zu viele Kompromisse schließen.

FEMINISMUS, DIESER BEGRIFF IST NICHT SO HÄUFIG GEFALLEN. WAR DAS ZUFALL ODER KALKÜL?

Wenn wir den Feminismus stärker ins Spiel gebracht hätten, dann wäre man in theoretische Debatten hineingekommen, das aber war nicht die Intention der Geschichte. Es war eine ganz pragmatische Ausgangssituation. Da gab es das zweite Sparpaket und wir waren irrsinnig böse. Das Hauptgefühl war, es ist unglaublich, was die sich alles trauen. Punkt. Und dann haben wir uns nach der Demo im Lokal getroffen. Ich bin etwas später gekommen, einige haben theoretisch debattiert, andere haben Binsenweisheiten vermittelt, eigentlich war es eine komische Mischung aus Frauen mit unterschiedlichem Bewusstsein. Ich habe das Wort Volksbegehren ins Spiel gebracht. Es war immer die Idee, wir hauen jetzt einmal auf den Tisch und kommen mit dem Offensichtlichen. Das Offensichtliche betrifft natürlich viele, viele Frauen, die sich über Feminismus noch nicht den Kopf zerbrochen haben. Es war nicht der Zeitpunkt, wo wir anfangen wollten, aus allen Frauen Feministinnen zu machen. Es genügt, dass sie es ansatzweise sind, indem sie begreifen, dass ihre Situation in einem unglaublichen Ausmaß verbesserungsbedürftig ist. Die Idee, ein VB zu machen, ist mir auf dem Weg ins Kaffee blitzartig gekommen. Ich habe im Radio wieder eine Geschichte über das Tierschutzvolksbegehren gehört. Da habe ich mir gedacht, die haben damit ganz schön viel Öffentlichkeit erreicht. Das wäre eine Möglichkeit für unsere Forderungen. Dass das derartig missachtet wird, das war damals noch nicht ersichtlich.

GAB ES IRGENDWANN WÄHREND DER VORBEREITUNG ZUM VB DIE ANGST, DASS DIESE GESCHICHTE NICHT GUT GEHEN KÖNNTE?

Ich bin der ehrlichen Überzeugung, dass Frauen rund herum ganz einfach kochen, auch diejenigen, die nicht Feministinnen sind und lange genug versucht haben, sich mit dem System zu arrangieren. Die Unzufriedenheit ist enorm und da habe ich mir schon gedacht, eine Unterschrift, die kriegst du, aber du kriegst sie nicht unbedingt dazu, ihr ganzes Leben in den Dienst der Sache zu stellen, was verständlich und legitim ist. Natürlich sind immer wieder Bedenken im Sinne »die Frauenbewegung wird zählbar« gekommen, vor allem von außen. Das ist ein Risiko, auf das wir uns trotz allem eingelassen haben.

GAB ES EINE GRUNDSATZDISKUSSION, EHE DIE VBFORDERUNGEN FORMULIERT WURDEN?

Nein, die gab es nicht und ich glaube das ist ein Grund, warum das VB zustande gekommen ist. Es war als Aufschrei gedacht, der auf das Offensichtliche verweist und da war es nicht notwendig zu debattieren. Das unterscheidet die Erfolgschancen eines VB von einer Frauenpartei. Denn bei einer Frauenpartei wird es notwendig zu diskutieren, was wir unter Feminismus verstehen, welches Rollenbild wir vertreten und ob wir überhaupt in diesem patriarchalischen System arbeiten wollen. Wobei ich glaube, dass das parlamentarische System auf andere Geschlechterverhältnisse übertragbar ist.

WELCHE FEMINISTISCHE STRÖMUNG VERTRETEN SIE?

Ich würde meinen Zugang dem humanistischen Feminismus zuordnen. Ich bin nicht radikal in dem Sinn, dass ich das gesamte System in Frage stelle. Ich habe natürlich überhaupt nichts mit diesen biologistischen Strömungen im Sinn. Ich glaube nicht, dass die Frauen per se die besseren Menschen sind oder was immer. Ich meine, dass die Geschlechtszugehörigkeit noch nicht bestimmte Eigenschaften mit sich bringt. Ich bin grundsätzlich der Meinung, dass ich eine Gesellschaft möchte, in der Menschen nicht über ihr Geschlecht definiert werden.

DEN VBFORDERUNGEN WIRD SP-LASTIGKEIT VORGEWORFEN. IST DIESER VORWURF BERECHTIGT?

Die Überlappungen sind nicht zufällig, sie sind zwingend. Ich finde auch, dass es nicht sozialdemokratische Forderungen sind, denn die Forderungen der Johanna Dohnal und auf die geht beispielsweise die Verfassungsgeschichte zurück, haben sich sehr oft mit denen der SPÖ keineswegs gedeckt. Aber natürlich haben wir auf der Vorarbeit der anderen aufgebaut. Wir haben nicht angefangen, die Welt neu zu erfinden, das hätten wir nicht können, dazu wären wir von den Ressourcen her nicht in der Lage gewesen und das wollten wir auch nicht. Sondern wir wollen, dass das Nächstliegende passiert, denn solange da nichts passiert, kann nichts weitergehen. Im übrigen hätten die Grünen die Forderungen nicht so dezidiert unterstützt, wenn es nicht auch deren Vorstellungen von Frauenpolitik entsprochen hätte.

DIE ZEITUNGEN SCHREIBEN VON EINER NEUEN FRAUENBEWEGUNG. GIBT ES EINE KONTINUITÄT ZUR ALTEN FRAUENBEWEGUNG, ZUR AUTONOMEN FRAUENBEWEGUNG?

Es gibt diese Kontinuität in der Person der Personen. Ich komme auch aus den 70er Jahren, wobei ich weniger auf der Straße war, sondern als Journalistin dieses Thema präsent hielt. Ich habe viele Veteraninnen getroffen und wir haben uns zugerufen: « Mein Gott vor zwanzig Jahren haben wir es schon gemacht!« und »Wird das nie aufhören?« Einige davon sind ziemlich lustlos und mutlos geworden und denen hat das VB wieder ein bisschen Zuversicht gegeben. Ob es eine neue Frauenbewegung gibt, das weiß ich nicht. Ich glaube das sind auch immer so ein bisschen Medienzirkuspferde, die in der Manege herumtänzeln dürfen. Es gibt ständig neue Frauen, den neuen Mann, das neue Rollenverständnis und dann gibt es das Post-Postphänomen und genauso gibt es dann die neue Frauenbewegung, weil dazwischen die Frauenbewegung für überflüssig erklärt wird. Das natürlich alles immer unter der Prämisse, dass vorgespiegelt wird, es ist eh alles schon nimmer notwendig, es ist alles schon erfüllt, was wollt ihr noch. Wenn dann unübersehbar ist, dass nichts erfüllt ist, dann heißt es, es gibt eine neue und die distanziert sich von der alten und die macht das besser und die macht das weiblicher oder so. Ich glaube, dass die Kontinuität das Stärkste in der ganzen Geschichte ist. Es haben sich die Verhältnisse nicht wirklich radikal verändert, es sind die Rollenzuweisungen immer noch ganz stark, die Ungerechtigkeit ist nicht aufgehoben aufgrund der Rollenzuweisungen und es gibt Frauen, die das überreißen wollen, und andere die den Kopf in den Sand stecken, daran hat sich nicht soviel geändert.

WIE SEHR TRIFFT DIE KRITIK VON URSULA KUBES-HOFMANN, DIE UFF-FRAUEN SEIEN »AKADEMISCHE HAUSFRAUEN IM ÖFFENTLICHEN«?

Ich verstehe die Bösartigkeit nicht, die da immer wieder in der Frauenbewegung zum Tragen kommt. Aber ich sage es immer ungern, denn dann heißt es wieder, die Frauen können nichts gemeinsam erreichen, weil sie sich ständig streiten. Das ist nicht wahr, die Männer streiten natürlich auch, bloß sie haben eine andere Ausgangsposition, das heißt, sie haben die Macht und die Frauen haben sie eben nicht. Akademische Hausfrauen, ja das stimmt sogar. Wir sind durch die Bank einigermaßen gebildet, wir sind in der glücklichen Lage Zugang zu Bildungsinstitutionen gehabt zu haben und natürlich sind wir Hausfrauen in diesem Sinne, dass wir ein durchschnittliches Frauenleben leben, mit Partnern und Kindern und einem Haushalt und genau deswegen kommen diese pragmatischen Forderungen zustande. Aber deswegen haben wir auch die Zustimmung all derer gekriegt, die auch so leben. Warum müssen wir als feministische Frauen z. B. Hausfrau als verächtliches Wort verwenden. Ich sehe die Zuweisung - sei nur Hausfrau - als Zumutung. Sie ist eine unzulässige Einschränkung unserer Fähigkeiten. Die Idee, dass wir davon leben können, oder unseren Lebensunterhalt davon bestreiten sollen, ist absurd. Man muss also alle, die sagen, sie möchten nur im Haushalt werken, selbstverständlich darauf hinweisen, dass es eine sehr riskante Lebensform ist. Aber nur deswegen, weil die Frauen all diese Arbeit tun, und sie zum Teil ja auch fluchend tun, weil sie halt notwendig ist, zunächst einmal zum Wohl der Kinder, es geschieht ja nicht alles wegen der lieben Männer, sie deswegen zu verachten, das finde ich also schon ein starkes Stück.

DER VORWURF GEHT IN RICHTUNG, DAS FVB SEI AUF DIE BERUFSTÄTIGE MUTTER ZUGESCHNITTEN, WO ABER BLEIBEN DIE ANDEREN LEBENSZUSAMMENHÄNGE VON FRAUEN?

Der Knackpunkt sind immer die Kinder. In dem Moment, wo du Kinder hast und die Verantwortung für sie hast und selbst wenn ein zweiter da ist, hast du immer noch ein schönes Schippel Verantwortung zu tragen, schaut dein Leben ganz anders aus als zuvor. Ich behaupte nicht, dass Frauen, die keine Kinder haben, grundsätzlich auf Rosen gebettet sind. Wir wissen alle, dass sie auch unglaublichen Einschränkungen in ihrem beruflichen Fortkommen und allen möglichen Dingen unterliegen. Aber trotzdem es ist immer noch die weniger problematische Situation und ich denke mir, es ist zunächst einmal ganz vernünftig, sich mit der problematischeren Variante auseinanderzusetzen. Natürlich ist uns klar, dass weite Bereiche fehlen wie Homosexualität, Migrantinnen, Gewalt. Wir haben gewußt, dass es ein beschränktes Programm ist, und es ist nicht so, dass wir uns alles umhängen wollten. Wir wollten den ersten Schritt tun und das ist uns gelungen. Nur, das finde ich auch so witzig, zuerst passiert gar nichts und dann heißt es, da fehlt dies und das. Warum tun denn die alle nichts? Es behauptet ja niemand, dass es das Einzige sein muss, das passiert. Ich denke, dass alles miteinander notwendig ist. Ich halte das, was die autonome FB getan hat, für durchaus wertvoll. Es ist aber auch symptomatisch, dass sie zu spüren bekommen, wer mächtig ist und wer ohnmächtig ist, aber in Wirklichkeit trifft das auf das FVB auch zu. Da müssen wir uns nichts vormachen, auch wir kriegen im Moment gezeigt, wer die Macht hat und das sind sicher nicht die Vertreterinnen des FVB und nicht die 645.000, die es unterschrieben haben.

HAT DAS FVB IHR LEBEN VERÄNDERT?

Es war wahnsinnig spannend. Es war eine Möglichkeit, mich ein bisschen aus der Isolation herauszubringen. Schreiben ist eine sehr einsame Tätigkeit. Jetzt habe ich kräftig den Eindruck, das zu tun, was ich verabsäumt habe und ich habe natürlich wieder das Gefühl - und da sind wir wieder bei dem alten Mutterproblem -, das Gefühl, dass ich wieder meinem Kind durchaus weniger Abwesenheiten zumuten muss. Es war schon recht stressig und ich habe es gerne gemacht, weil ich immer davon ausgegangen bin, dass es sich um eine begrenzte Zeit handelt. Auf die Dauer würde ich es nicht durchhalten. Aber ich stehe dazu und ich halte das nicht für ein Defizit. Ich denke auch, dass das etwas ist, das man zurecht wieder Leuten vorwirft, dass sie eben nicht mehr Atem holen, nicht mehr auf Distanz gehen, nicht mehr nachdenken können über etwas. Das möchte ich nicht. Es war eine gewisse Zeitspanne sehr interessant und es wird wieder Zeitspannen haben in meinem Leben, wo ich mich hineinstürze. Die Distanz dazwischen brauche ich.

WIE WAHRSCHEINLICH IST EINE FRAUENPARTEI?

Frau sein ist kein Programm, davon war ich immer überzeugt. Mittlerweile denk ich mir, es wird uns aufgezwungen, ganz wurscht, ob wir das wahrhaben wollen oder nicht. Es gibt eben eine ganze Reihe von Problemen, die wir gemeinsam haben, von Benachteiligungen, die wir gemeinsam haben, daher auch gemeinsame Interessen. Wenn es um die geht, dann ist die Zusammenarbeit möglich. Eine Frauenpartei ist problematisch und ich bin wahnsinnig unschlüssig. Es wäre vielleicht notwendig, damit es wirklich einmal konzentriert um Fraueninteressen geht. Die Grünen zeigen jedenfalls, dass ausgehend von einem gemeinsamen Interesse durchaus etwas entstehen kann und sich ausweiten lässt. Das müsste bei Frauen ja erst recht möglich sein.

WÜRDEN SIE IN EINER FRAUENPARTEI MITARBEITEN?

Ich würde sie wählen. Ich würde sie unterstützen, wenn ich mit ihrem Programm einverstanden wäre. Aber in Wirklichkeit möchte ich schreiben.

LILIAN HOFMEISTER

Zum Abschluss

Frausein in Österreich: Das heißt für mich, einer Gruppe anzugehören, die die Mehrheit der Bevölkerung darstellt, sich aber als solche nicht wahrnimmt; sich anpassen statt sich durchzusetzen; jederzeit und von allen geliebt werden zu wollen statt sich Respekt zu verschaffen; »im Namen der Liebe« zu (fast) allem bereit zu sein statt das eigene Leben zu planen und für sich die Verantwortung zu übernehmen; lieb und jung zu sein; unsichtbar zu werden, wenn frau älter und wissender wird; so aufzutreten, dass Männer sich – um Himmels willen – nicht schrecken müssen! Frausein in Österreich bedeutet für mich als Frau, immer wieder in Konkurrenz mit dem sog. Weiblichen zu stehen – vom Patriarchat konstruiert und von meinen Schwestern internalisiert.

Seit mehr als fünfzehn Jahren begleite ich die staatliche Frauenpolitik als juristisch-feministische Expertin. Ich bin in der Nachkriegszeit des 2. Weltkrieges aufgewachsen und habe die Repatriarchalisierung der Gesellschaft nach dem »Zusammenbruch« hautnah miterlebt. Ich habe die Konstruktion von Weiblichkeit in den Sechzigerjahren selbst Teenager mitgemacht. Mit Minirock, Ballerinas, toupiertem Haar und Nylons gaben wir uns doof sexy, auch wenn wir spürten, dass in uns mehr drinnen steckte als von uns erwartet wurde. Bereitwillig verbogen wir uns die Zehen in viel zu spitzen Schuhen und froren uns die Schenkel im Winter.

Ich erinnere mich an die »Heimkehrer-Väter«, die krank und zerschunden, verbittert und grimmig ihren Ehefrauen den Platz streitig machten und die Familien oft jahrzehntelang tyrannisierten – als »Haupt der Familie«, wie es bis in die Siebzigerjahre im Gesetz hieß. Ich erinnere mich, dass wir alle unbedingt einen Mann finden wollten, weil das Verheiratetsein Status, Prestige und – Frausein versprach. Auch wenn wir studierten, wollten wir eine Familie gründen, weil uns die »Blaustrümpfe«, also die weiblichen Intellektuellen, lächerlich vorkamen.

Ich erinnere mich, wie befreiend es war, Jahre später zur Frauenszene zu stoßen und zu lernen, dass die eigenen Wahrnehmungen in vielen Lebenssituationen mit einem Begriff Zusammengefasst werden konnten: Frauen-Diskriminierung!
Die staatliche Frauenpolitik waren von Erfolgen gekrönt. Ein echtes gesellschaftliches Umdenken fand aber in Österreich nicht statt! Die Frauen waren in der Defensive, »beruhigten« sich mit den Errungenschaften der Konsumgesellschaft und schoben ihre Verstimmtheit und Unzufriedenheit auf die eigene Undankbarkeit gegenüber dem Schicksal und andere ungünstige Charaktereigenschaften, an denen sie schuld waren und arbeiten mussten! Der Frauenpolitik wurde wiederholt vorgeworfen, sie agiere an den Frauen vorbei; sie wisse gar nicht, was die Frauen wirklich wünschten; sie störe den Geschlechterfrieden zwischen Männern und Frauen durch aufrührerische Forderungen.
Die Medien lancierten diese öffentliche Meinung und verstärkten sie. Themen wie sexuelle Gewalt in der Familie, ja überhaupt Gewalt an Frauen und die damit erzielte kollektive Einschüchterung aller Frauen waren tabu. Staat und Gesellschaft sahen einfach weg. Unter diesen Bedingungen war Frauensolidarisierung nahezu unmöglich. Die staatliche Frauenpolitik schien sich – einem kafkaesken »Lufthund« gleich – im Raum zu bewegen ohne Anbindung an die Basis.
Gerade, als die staatliche Frauenpolitik im Jahre 1996 unter maximalen Druck geriet und zu stagnieren begann, schlug der Plan, ein Frauen-Volksbegehren zu starten, wie eine Bombe ein. Allein der Begriff war schon fast anarchisch: Frauen, die begehren; Frauen, die sich als Volk verstehen und etwas fordern; das hat's no nie geben in Österreich!
In die Ängste der Mächtigen über die Ankündigung dieses Volksbegehrens mischte sich gleich die Hoffnung, dass die Aktion spektakulär scheitern würde: Boshaft wurde vorausgesagt, das Frauen-Volksbegehren würde allen Frauen nur schaden und damit endlich der Beweis erbracht sein, dass kein Handlungsbedarf bestehe. Aber es kam bekanntlich anders.
Das Frauen-Volksbegehren war ein großer Erfolg, und zwar mE aus drei Gründen:

1)Entpolitisierte wurden politisiert.
2)»Individualismus« als Konstruktion von weiblicher Ohn-Mächtigkeit wurde als destruktiv entlarvt.
3)Konkrete Information über die reale Lage der Österreicherinnen vor medialer Manipulation war angesagt.

Zu 1) Die wichtigste weibliche Tugend der Nachkriegszeit, die Politik den Männern zu überlassen, ist seit dem Frauen-Volksbegehren k e i n e mehr. Das wissen jetzt alle: Auch jene jungen Frauen und Mädchen, die die Doppelbelastung ihrer Mütter für sich ablehnen und deshalb zur »Nur-Hausfrau« regredieren wollen. In Zukunft werden m. E. Menschen ohne eigene Existenzsicherung für die gesamte Gesellschaft untragbar sein. In einer Demokratie, die von Lobbys und Mehrheiten geprägt ist, ist es auch nicht »chic« oder gar »sexy«, unwissend zu sein, darüber, was mit der eigenen Gruppe passieren wird und wie es mit der Verwirklichung der ureigensten Interessen aussieht!

Zu 2) Viele Frauen haben es in den letzten Jahrzehnten als Ausdruck ihrer Eigenständigkeit und »Individualität« angesehen, wenn sie sich ihre, das Geschlechterverhältnis betreffenden Angelegenheiten unreflektiert »selbst gerichtet« haben. Oft wurden sie von den Männern dazu noch ermuntert. Ach, wie schön harmonisch war das doch! Und auch der Staat wollte viele dieser Angelegenheiten als »Privatsache« dem freien Spiel der Kräfte in der Familie und am Arbeitsplatz überlassen – privat ist eben privat, wen kümmert es. Leider hat das im praktischen Leben dazu geführt, dass die Frauen – auf sich gestellt – unfähig waren, daheim und am Arbeitsplatz ebenbürtige, ihrer Würde entsprechende Arrangements auszuhandeln. Erst im Krisenfall erkannten sie, dass der Rechtsstaat – als Instrument zur Stabilisierung des Patriarchats – Regeln vorschreibt und zwangsweise durchsetzt, die häufig geschlechtsstereotypes Rollenverständnis und entsprechendes Verhalten von den Frauen fordern, sodass die Betroffenen auch noch »schuldig« wurden am Scheitern ihrer Rechtsbeziehungen. »Vater Staat« hatte halt wenig Sinn für seine Töchter!

Frauen, die zuerst mit ihrem »individualistischen« Ansatz das Kollektiv der Frauen geschwächt und damit das Patriarchat gestützt hatten, wurden von heute auf morgen zum Problemfall und wollten jetzt in ihrem persönlichen Scheitern Hilfestellung von den starken Schwestern! Und dies zu einem Zeitpunkt, als sie für Allianzen bereits zu schwach und entkräftet waren! Diese Art von »Individualismus« ist nun als das aufgedeckt worden, was er in Wahrheit ist: Als Deal mit dem Patriarchat, der in einen persönlichen, »individuell«-gesellschaftlichen Absturz mündet. Das schadet allen Frauen und ist nicht länger tolerierbar! Der Katalog der Forderungen des Frauen-Volksbegehrens zeigt so viele schwerwiegende Gleichstellungsdefizite auf, dass die »Naivitätsmasche« einfach nicht mehr beeindruckt. Jede Frau, die auch heute noch diesen Weg des – nur vordergründig – geringsten Wi-

derstandes geht, ist nicht nur die Feindin ihrer eigenen Würde und Ansprüche, sondern auch eine Belastung für alle Frauen.
Zu 3) Die Medien haben viele Jahre lang Frauenthemen als lächerlich abqualifiziert. Zuletzt gingen die männerdominierten Redaktionen dazu über, Frauenpolitik von jenen Frauen verbal »abschießen« zu lassen, die als freiberufliche, meist auch jüngste Redaktionsmitglieder »um ihre Existenz und ihr Leben« schrieben. Auch dieses böse Machtspiel ist längst durchschaut. Um so wichtiger war es, dass sich unter den Mitinitiatorinnen des Frauen-Volksbegehrens auch namhafte Journalistinnen befanden, die den Schwerpunkt auf Information über Gleichstellungsdefizite statt auf Manipulation legten. Erst jetzt ist es allgemeines Wissen geworden, dass Frauen in Österreich weder gleichen Lohn für gleiche noch für gleichwertige Arbeit erhalten; dass der öffentliche Dienst ein »Männerverein« ist; dass Frauen, die sich trauen in die Politik zu gehen »unter Wölfe« geraten etc. Die vielen Veranstaltungen der Initiatorinnen haben zur Bewusstseinsbildung in der Gesellschaft außerordentlich beigetragen.
Abschließend möchte ich festhalten: Das Frauen-Volksbegehren hat schon heute Geschichte geschrieben. Es hat bewiesen, dass die ÖsterreicherInnen nicht länger passiv bleiben wollen, sondern ein waches Wählerinnen-Potential darstellen. Die Initiatorinnen haben aufgeräumt mit dem Vorurteil, dass alles schon erreicht wäre und die Frauen faktisch gleichgestellt sind.
Defizite gröbster Art wurden im Forderungskatalog des Frauen-Volksbegehrens Zusammengefasst und öffentlich gemacht, sodass sich niemand mehr darauf berufen kann, die permanente, krasse Ungleichbehandlung der Frauen in dieser Gesellschaft nicht zu kennen. Die Volksbegehrerinnen haben mit ihrem Erfolg letztendlich auch bewiesen, dass die staatliche Frauenpolitik an den richtigen Themen »dran« war. Wie es auch immer weitergehen wird: Vielen Dank allen Initiatorinnen für das, was sie für die Frauen, also für uns alle, geleistet haben!

RISS

Zeitschrift für Psychoanalyse · Freud · Lacan

Begründet von Dieter Sträuli und Peter Widmer

13. Jahrgang / 1998

Herausgegeben von Ernst Ammann, Raymond Borens, Hans-Dieter Gondek, Christian Kläui und Michael Schmid

Inhalt von Heft 41 (1998/I)

ISBN 3-85132-180-4, 140 S., 16 x 24 cm

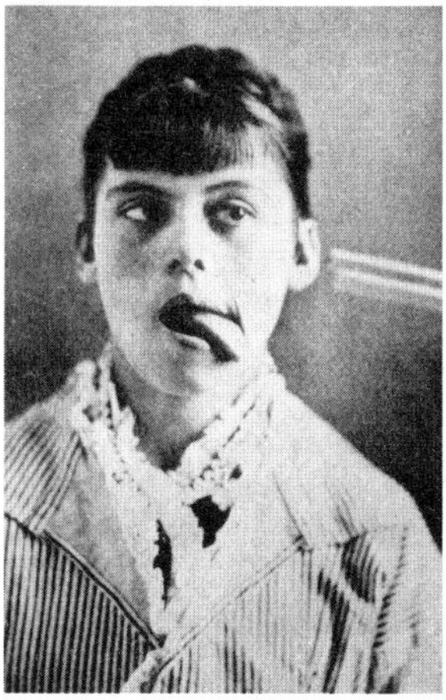